기본서 반영
최신 개정판

합격으로 가는 하이패스
토마토패스

CFP®
지식형
핵심정리문제집

김범곤 편저

자자직강 동영상강의 www.tomatopass.com

PROFILE

김범곤 CFP® ※ 저자직강 출강문의(bumgon84@naver.com)

- 경기대학교 경영학과 졸업
- 경기대학교 경영학과 졸업
- 금취사 네이버 카페(금융자격증 취득하는 사람들)
- 금취사 금융자격증 온라인 캠퍼스(https://edufinance.co.kr/)
- 금취사 TV(https://tv.naver.com/since2020)

전 포도재무설계/한국재무설계 근무
전 패스원 KG CFP 전문강사
전 이그잼잡스쿨 AFPK/CFP 전문강사
현 예문사, 시대고시, 에듀윌 금융수험서 저자
현 삼성증권 투자권유대행인 퇴직연금모집인
현 골든트리투자자문 투자권유대행인 전문강사
현 토마토패스 금융전문교수

PREFACE 머리말

CFP 자격시험을 준비하는 이유는 개인의 목적에 따라 다릅니다. 하지만 수험생 여러분에게 한 가지 분명하고 공통된 목표는 CFP 자격시험의 합격일 것입니다. 이 책을 집필하면서 CFP 자격시험을 준비했던 수험생 시절의 마음으로 돌아가 정말 꼭 필요한 내용만을 담기 위해 노력했으며, 집필 의도가 여러분의 목표와 부합될 수 있도록 총력을 기울였습니다. 그중에서도 가장 주안점을 둔 부분은 다음과 같습니다.

1. 지식형 Ⅰ 한우물만 파야 합격이 보인다.
방대한 양의 지식형 교재를 모두 암기하는 것은 사실상 불가능에 가깝기 때문에 모든 내용을 파악해야 한다는 강박에서 먼저 벗어나야 합니다. 또한 예습 없이 강의를 청취하는 실수를 범하는 경우가 많은데 효율이 떨어지는 학습방법을 선택하지 말고, 본서와 기본서를 적절히 활용하여 효율적으로 공부하는 학습방법을 안내하고자 합니다.

> **효율적으로 CFP 지식형을 공부하는 방법**
> - 1단계 : 학습하고자 하는 과목의 문제를 읽고 해설을 참고해서 기본서 페이지를 확인합니다.
> - 2단계 : 기본서 페이지에 수록되어 있는 내용을 학습합니다.
> - 3단계 : 기본서 강의 청취를 통해 해당 부분의 내용을 복습합니다.
> - 4단계 : 본서에 수록되어 있는 문제풀이를 진행합니다.
> - 5단계 : 2단계와 4단계를 반복합니다.

2. 단일사례 Ⅰ 유형을 알아야 합격이 보인다.
CFP 사례형 시험에서 단일사례 30문제를 풀이하는 데 주어진 시간은 약 1시간 30분 정도이며, 이는 사례형 한 문제를 풀이하는 데 주어진 시간이 약 3분이라는 것을 뜻합니다. 따라서 3분 이내에 한 문제를 풀이하기 위한 가장 중요한 학습방법은 먼저 문제의 유형을 익히는 것과 이후 실전처럼 테스트를 진행하는 것입니다. 본서에는 CFP 사례형의 유형을 분석하고 여러 가지 변형된 다양한 문제의 유형을 풀이할 수 있도록 구성하였습니다.

3. 복합 & 종합사례 Ⅰ : 고객정보에 따른 문제 유형을 알아야 합격이 보인다.
복합사례와 종합사례의 경우 지문에 해당하는 고객정보를 분석하고 분석한 내용과 문제에서 주어지는 추가 정보를 혼합하여 문제를 풀이하는 형식입니다. 단일사례와 복합·종합사례의 개별문제 난이도는 크게 다르지 않지만, 한 문제에 모든 정보를 제공하는 단일사례와는 달리 복합·종합사례는 문제를 풀이하기 위해 필요한 정보가 분산되어 있다는 차이점을 알고 계셔야 합니다. 따라서 본서에서는 분산된 정보를 한눈에 파악할 수 있도록 고객정보에 따른 지문 해석 방법과 문제 유형을 분석하여 내용을 구성하였습니다.

CFP 국제공인재무설계사 자격시험 공부는…
한 번의 학습만으로 그 완성도를 100%로 만들 수 없습니다. 따라서 처음 CFP 공부를 할 때는 용어 파악과 이해 위주로 학습을 하면서 회독수를 늘리도록 해야 합니다. 이때 주의할 점은 회독 시 이해가 잘 안 되거나 내용의 구조가 잘 잡히지 않더라도 해당 내용에 너무 몰입하지 말고 일단 스킵한 후 다음 회독 때 다시 이해하여야 한다는 것입니다. 또한 CFP 자격시험에 합격하더라도 CFP 학습 내용을 완벽히 이해하는 것이 힘들 수 있으며, 시험에 합격하여 실무를 수행하면서 조금씩 깨닫게 되는 부분도 있을 것입니다. 그만큼 CFP 자격시험에서 다루는 모든 과목의 내용을 스킵 전략과 다회독 전략을 적절히 활용하는 것이 합격에 다가가는 지름길이 될 것입니다.

저자는…
출간만으로 의무를 다했다고 생각하지 않으며 온라인과 오프라인 강의와 커뮤니티(네이버카페 : [금취사] 금융자격증 취득하는 사람들)를 통하여 계속해서 CFP 자격시험을 준비하는 독자들과 소통하며 호흡할 것을 약속합니다. 또한 본서에 대한 내용 중 부족하다는 점과 독자분들께서 주시는 조언들을 밑거름으로 더 좋은 책을 만들기 위한 노력을 계속해 나갈 것입니다. 끝으로 본서의 출간을 위해 힘써주신 토마토패스 관계자 여러분에게 고마움의 뜻을 전합니다.

편저자 김범곤CFP® 씀

CFP®
시험 가이드

CFP 자격시험 구성

- 제1일차(토요일)

구분	시간	시험 과목	문항 수
지식형	1교시 15:00~17:00	재무설계 원론	15
		재무설계사 직업윤리	5
		위험관리와 보험설계	25
		은퇴설계	25
		부동산설계	20
	2교시 17:30~19:20	투자설계	28
		세금설계	27
		상속설계	25
	총계		170문항

- 제2일차(일요일)

구분	시간	시험 과목	문항 수
사례형	3교시 10:00~12:00	단일사례(1세트)	30
		복합사례(1세트)	10
	4교시 12:30~15:00	복합사례(2세트)	20
		종합사례(1세트)	20
	총계		80문항

합격 기준 및 유효기간

- 전체 합격 : 전체 평균이 70점 이상이며, 과락 기준을 통과한 경우
  - 지식형 : 170문항 × 70% = 119문항 이상 득점
  - 사례형 : 80문항 × 70% = 56문항 이상 득점
  - 과락 : 지식형 한 과목이라도 40% 미만이 나온 경우이거나, 사례형에서 40% 미만인 경우
- 부분합격 : 전체 평균이 70% 이하이거나, 한 유형에서 합격 기준을 통과한 경우
  - 지식형 : 지식형 평균이 70% 이상이며, 각 과목별로 40% 이상인 경우
  - 사례형 : 사례형의 전체 평균이 70% 이상인 경우
- 합격유효기간
  - 전체합격 : 합격월로부터 5년
    ※ 합격유효기간 5년 이내에 CFP 인증을 신청하지 않을 경우 합격사실이 취소되며, CFP 인증을 원할 경우에는 다시 CFP 시험에 재응시해야 함
  - 부분합격 : 합격월로부터 1년(연이은 2회 시험)
    ※ 부분합격 후 1년 이내(연이은 2회 시험)에 다른 유형 시험에 합격하지 못할 경우, 해당 유형의 부분합격 사실이 취소됨

응시원서 접수

- 인터넷 접수
  - 한국 FPSB 홈페이지(www.fpsbkorea.org)에서 접수
- 우편 접수
  - 한국 FPSB 홈페이지(www.fpsbkorea.org)에서 응시원서 다운로드 및 작성
  - 응시원서에 지정된 계좌로 응시료 입금 후 응시원서 및 응시료 납입 증명서 사본을 제출처(서울특별시 마포구 큰우물로75, 성지빌딩 17층 한국FPSB (우)04158 CFP 인증시험담당자 앞)로 발송
- 응시료
  - 전체(지식형과 사례형) 응시료 : 242,000원(부가세 포함)
  - 부분(지식형 또는 사례형) 응시료 : 121,000원(부가세 포함)

시험 유의사항

- 지참물

항목	비고
수험표	–
규정 신분증	주민등록증, 운전면허증, 공무원증, 유효기간 만료 전 여권, 외국인등록증
계산기	• 휴렛패커드사 : 10B, 10B II, 12C, 12C Platinum, 17B II, 17B II PLUS • 텍사스인스트루먼트사 : BA II PLUS, Professional • 일반계산기(단, 메모리 기능이 있는 계산기 및 공학용 계산기 등은 지참 불가)
컴퓨터용사인펜	기타 필기도구 사용 시 답안지 오류로 인해 0점 처리
수정테이프	이중 마킹, 오기 등은 오답 처리

- 부정/부당행위

시험 부정행위 유형	세부처리기준	
	최소(경미한 행위)	최대(중대한 행위)
1. 시험 중 다른 응시자와 대화를 하는 행위	당해 시험 무효	응시제한 3년
2. 시험 중 컨닝용 책자 또는 메모 등을 소지하거나 답안을 보여주는 행위 및 다른 응시자의 답안을 베끼거나 보여주길 강요하는 행위	응시제한 1년	응시제한 5년
3. 시험 종료 후에도 계속 답안지를 작성하는 행위	당해 시험 무효	응시제한 3년
4. 중도 퇴실이 허용되기 전에 퇴실하는 행위	당해 시험 무효	응시제한 3년
5. 휴대가 금지된 물품(휴대폰을 포함한 각종 통신장비, 소형 카메라, 카메라가 부착된 전자기기 및 시계 등)을 휴대하고 있는 경우(시험문제 유출의 의도가 판단되는 경우)	응시제한 3년	응시제한 5년
6. 사전에 시험문제를 알고 시험을 치르거나 시험장 내외의 다른 사람으로부터 도움을 받아 시험을 치르는 행위	응시제한 3년	응시제한 5년
7. 대리시험을 치르거나 대리시험을 치르게 하는 행위	응시제한 3년	응시제한 5년

8. 시험문제를 촬영하거나, 의도적으로 문제 내용 및 시험지 일부 또는 건체를 고사장 밖으로 유출하려는 행위	응시제한 3년	응시제한 5년
9. 시험감독관의 정당한 지시에 따르지 않거나 시험 진행을 방해하고 감독자를 모욕하는 언행을 하는 행위	당해 시험 무효	응시제한 3년
10. 감독자 또는 고사장 감독책임자가 부정행위라고 판단하는 기타 행위	당해 시험 무효	응시제한 3년

Ⅲ CFP 자격인증

- **CFP 자격인증**
  CFP 자격인증시험에 합격한 자로서 자격인증 결격사유에 해당하지 않으며 실무경험요건을 충족하는 자는 CFP 자격인증신청서류를 작성·제출하고 라이센스비를 납부함으로써 CFP 자격 취득이 가능

- **자격인증 신청**
  - 인터넷 접수 : 한국 FPSB 홈페이지(www.fpsbkorea.org) [마이페이지]의 자격인증신청을 통해 접수
  - 우편 접수 : 자격인증신청서류(CFP 자격인증신청서, 윤리규정준수서약서, FPSB Korea Certificated Users Agreement, 재직증명서(경력증명서), 이력서)와 라이센스비 납부 증빙 사본을 제출처(서울특별시 마포구 큰우물로75, 성지빌딩 17층 한국FPSB (우)04158 CFP 자격인증 담당자 앞)로 제출
  - 라이센스비 : 220,000원

- **인증 전 계속교육학점의 요구**
  CFP 자격인증시험에 합격한 후 12개월이 경과한 뒤에 CFP 자격인증을 신청하는 경우 경과된 기간에 대해 계산된 계속교육학점을 취득하여야만 CFP 자격인증 가능

자격인증 신청시기	계속교육요건	학점인정기간
합격 후 1년 이내	유예	–
1년 경과 5년 이내	(합격 발표 후 경과 월×1.25학점)+윤리 2학점	인증신청시점에서 최근 2년 이내
5년 경과 8년 이내	75학점(윤리 2학점 포함)	인증신청시점에서 최근 2년 이내

Ⅲ 자격인증갱신

- **자격인증갱신**
  CFP 자격인증의 인증서 및 인증카드, CFP 표장 사용 자격의 유효기간은 2년이며, 이를 계속 사용하기 위해서는 CFP 자격갱신규정에 따라 2년마다 갱신해야 함

- **자격인증갱신 안내**
  인증 유효기간 만료 3개월 전과 1개월 전, 총 2차례 갱신 안내

- **자격인증갱신 요건**
  - 자격갱신서류(CFP 자격갱신신청서, CFP 윤리규정준수서약서, FPSB Korea Certificated Users Agreement) 제출
  - 한국 FPSB가 승인한 윤리과정 2학점을 포함한 총 20학점의 계속교육학점 취득
  - 라이센스비(220,000원) 납부

CONTENTS 차례

PART 01 재무설계 원론

CHAPTER 01 | 재무설계의 이해 — 012
CHAPTER 02 | 재무설계 프로세스 — 017
CHAPTER 03 | 재무상태 분석과 적용 — 024
CHAPTER 04 | 화폐의 시간가치 — 032
CHAPTER 05 | 재무설계 실무사례 — 037
CHAPTER 06 | 고객의 이해와 커뮤니케이션 — 048

PART 02 재무설계사 직업윤리

CHAPTER 01 | 재무설계사의 직업윤리 — 054
CHAPTER 02 | CFP® 자격표장 사용기준 — 063
CHAPTER 03 | 재무설계사 업무수행 시 유의사항 — 066

PART 03 위험관리와 보험설계

CHAPTER 01 | 위험과 보험 — 072
CHAPTER 02 | 사회보험 — 086
CHAPTER 03 | 보장성보험 — 092
CHAPTER 04 | 저축성보험 — 109
CHAPTER 05 | 생명보험설계 프로세스 — 114
CHAPTER 06 | 손해보험설계 프로세스 — 117

PART 04 은퇴설계

CHAPTER 01 | 은퇴설계 개요 — 122
CHAPTER 02 | 은퇴설계 프로세스 — 127
CHAPTER 03 | 은퇴소득 — 141
CHAPTER 04 | 공적연금 — 145
CHAPTER 05 | 사적연금 — 154
CHAPTER 06 | 연금계좌 — 166
CHAPTER 07 | 은퇴자산의 인출 및 관리 — 170
CHAPTER 08 | 근로자복지제도 — 174
CHAPTER 09 | 은퇴생활설계 — 177

PART 05　부동산설계

CHAPTER 01 ｜ 부동산활동과 부동산설계	184
CHAPTER 02 ｜ 부동산설계를 위한 시장분석	188
CHAPTER 03 ｜ 부동산 가치분석	193
CHAPTER 04 ｜ 부동산설계 대상의 유형분석	205
CHAPTER 05 ｜ 부동산설계 프로세스와 사례	214

PART 06　투자설계

CHAPTER 01 ｜ 투자설계 프로세스	224
CHAPTER 02 ｜ 경제환경 분석	230
CHAPTER 03 ｜ 투자이론	238
CHAPTER 04 ｜ 주식 가치평가 및 투자전략	246
CHAPTER 05 ｜ 채권 가치평가 및 투자전략	253
CHAPTER 06 ｜ 파생상품 운용전략	263
CHAPTER 07 ｜ 자산배분전략	274
CHAPTER 08 ｜ 자산배분과 금융상품	279
CHAPTER 09 ｜ 투자성과평가	283

PART 07　세금설계

CHAPTER 01 ｜ 세금설계 총론	290
CHAPTER 02 ｜ 소득세의 이해	295
CHAPTER 03 ｜ 사업자와 세금	305
CHAPTER 04 ｜ 금융자산 관련 세금	315
CHAPTER 05 ｜ 부동산 관련 세금	322
CHAPTER 06 ｜ 노후복지 관련 세금	329

PART 08　상속설계

CHAPTER 01 ｜ 상속설계 프로세스와 재무설계사의 역할	336
CHAPTER 02 ｜ 상속설계의 준비와 기본대책	339
CHAPTER 03 ｜ 유언설계	351
CHAPTER 04 ｜ 상속설계의 실행과 조정	356
CHAPTER 05 ｜ 상속세 및 증여세	361
CHAPTER 06 ｜ 가업승계설계	375

PART 01
재무설계 원론

CONTENTS

CHAPTER 01 | 재무설계의 이해 [1~2문항]
CHAPTER 02 | 재무설계 프로세스 [1~2문항]
CHAPTER 03 | 재무상태 분석과 적용 [3~4문항]
CHAPTER 04 | 화폐의 시간가치 [4~5문항]
CHAPTER 05 | 재무설계 실무 사례 [1~4문항]
CHAPTER 06 | 고객의 이해와 커뮤니케이션 [1~2문항]

재무설계의 이해

PART 01

학습 가이드

출제 비중 : 7~13%(1~2문항)

학습 목표	교재 페이지	학습 중요도
개념(이론)의 특징과 상호 비교 중심의 학습 필요		
1-1. 재무설계와 관련된 이론적 배경을 이해하고 설명할 수 있다.	9~29	★★★
1-2. CFP 자격인증자의 역할과 사명 필요 역량을 알고 습득할 수 있다.	30~42	★★★
1-3. 재무설계에 대한 보수형태별 특징을 알 수 있다.	45~46	★★★

★★★
01 개인의 의사결정을 설명하는 이론 중 적절하지 않은 것은?

① 소비자선택이론에서는 소비자가 완전한 정보를 갖기 어렵고 선호에 변화가 있을 수 있으며 항상 이성적이지 않기 때문에 가장 큰 만족을 주는 선택을 결정하기 어렵다고 본다.
② 기대효용이론은 개인의 위험수용성향에 따라 다른 결정이 이루어진다고 본다.
③ 특성이론은 소비자가 제품이나 서비스 자체가 지니는 속성이나 특성 때문에 만족을 얻는다고 본다.
④ 교환이론은 조지 호만스(George C. Homans)가 창시한 것으로 개인이나 사회적 관계에서 행동은 그에 따른 보상에 의해 이루어진다는 호혜성을 기반으로 하는 이론이다.
⑤ 조절초점이론은 히긴스(Higgins)에 의해 제시된 것으로 개인의 행동은 항상초점과 예방초점에 따라 조절된다는 이론이다.

정답 | ③
③ 특성이론은 소비자가 제품이나 서비스 자체가 아닌 제품이 지니는 속성이나 특성 때문에 만족을 얻는다고 본다.

02 소득과 소비지출 관련 이론에 대한 설명으로 적절한 것은?

① 생애주기가설은 케인즈가 제시한 가설로 개인의 소비는 절대적인 소득에 의해 결정된다는 이론이다.
② 소득이 증가하는 경우 소비도 증가하지만, 소득이 감소하는 경우에는 소비도 함께 감소하지 않는다는 이론은 전시효과에 대한 설명이다.
③ 항상소득가설에 따르면 항상소득과 임시소득 등 소득원에 따라 소비성향이 달라질 수 있다.
④ 생애주기가설에 의하면 단기적으로 볼 때 한계소비성향과 평균소비성향은 같지만 장기적으로는 일치하지 않는다.
⑤ 항상소득가설은 모딜리아니에 의해 제시된 가설로 현재의 소비는 일생에 걸친 소득(항상소득)에 의해 결정된다는 이론이다.

정답 | ③

① 절대소득가설은 케인즈가 제시한 가설로 개인의 소비는 절대적인 소득에 의해 결정된다는 이론이다.
② 소득이 증가하는 경우 소비도 증가하지만, 소득이 감소하는 경우에는 소비도 함께 감소하지 않는다는 이론은 톱니효과에 대한 설명이다.
④ 생애주기가설에 의하면 장기적으로 볼 때 한계소비성향과 평균소비성향은 같아진다.
⑤ 항상소득가설은 프리드먼이 제시한 가설로 현재의 소비는 일생에 걸친 소득(항상소득)에 의해 결정된다는 이론이다.

03 소득과 소비지출 관련 이론에 대한 적절한 설명으로만 모두 묶인 것은?

> 가. 소득과 지출의 관계를 보여주는 대표적인 이론으로는 소비자선택이론, 절대소득가설, 상대소득가설, 항상소득가설, 생애주기가설 등이 있다.
> 나. 절대소득가설은 케인즈가 제시한 가설이다.
> 다. 항상소득가설에서는 임시소득과 임시소비는 상호보완적이라고 가정하고 있다.
> 라. 상대소득가설은 소비를 결정짓는 소득이 자신의 소득보다는 자산의 상대적인 위치에 의해 결정된다는 것으로 톱니효과와 전시효과로 설명된다.
> 마. 생애주기가설은 개인의 소득과 지출을 설명하는 이론들 중에서 가장 많이 사용되는 이론이다.

① 가, 나, 다
② 나, 마
③ 다, 라, 마
④ 다, 마
⑤ 나, 라, 마

정답 | ⑤

가. 소비자선택이론은 개인의 의사결정을 설명하는 이론이다.
다. 항상소득가설에서는 임시소득과 임시소비는 서로 독립적이라고 가정하고 있다.

04 생애주기모형(Life Cycle Model)에 대한 적절한 설명으로만 모두 묶인 것은?

가. 사회초년기의 재무관심사는 투자 및 결혼자금을 마련하는 것이고 재무설계사는 경제개념과 소비지출 관리 능력에 대해서 점검해야 한다.
나. 가족형성기는 주택자금 마련과 노후자금 준비를 시작하는 단계이며 부부 간의 투자성향의 차이를 점검해야 한다.
다. 가족확장기의 재무관심사는 주택확정 및 자녀교육자금 마련이며 지출 증가에 대비한 소비성향 관리를 점검해야 한다.
라. 가족성숙기에서 가장 중요한 점검사항은 노후자금 준비를 점검하는 것이다.
마. 은퇴/노후 생활기에는 노후자금 운용 및 인출전략이 주된 재무관심사이며 상속, 증여에 대한 세금관리를 점검해야 한다.

① 가
② 가, 나
③ 가, 나, 다
④ 가, 나, 다, 라
⑤ 가, 나, 다, 라, 마

정답 | ⑤
모두 옳은 설명이다.

05 금융소비자보호와 재무설계에 대한 설명으로 적절하지 않은 것은?

① 금융소비자를 전문금융소비자와 일반금융소비자로 구분한다.
② 전문 또는 일반 금융소비자를 불문하고 모든 금융소비자는 금융소비자보호법상 보호대상이 된다.
③ 한국FPSB는 재무설계사 자격인증과 갱신을 위한 조건을 둠으로써 재무설계사의 금융소비자 보호 책임을 금융소비자보호법이 시행되기 이전부터 중요시해 왔다.
④ 금융소비자보호법 시행으로 재무설계사의 금융소비자에 대한 책무가 더욱 중요해지고 있다.
⑤ 재무설계사들의 금융소비자보호는 전문가로서 갖추어야 하는 가장 기본적이고 중요한 역량이다.

정답 | ②
일반금융소비자는 서비스를 제공하는 금융회사에 비해 정보력과 교섭력이 떨어지기 때문에 보호에 대상이 된다.

06 CFP® 자격인증자에 대한 설명으로 적절하지 않은 것은?

① 재무설계 프로세스를 이용하여 고객의 재무목표, 인생목표를 달성하기 위한 종합적 재무계획을 수립하는 전문가이다.
② 재무설계를 진행하는 과정에서 다른 전문가와 협조가 필요한 때에는 고객의 사전동의 없이 업무를 수행할 수 있다.
③ CFP® 자격인증자는 개인이 재무목표를 달성할 수 있도록 도와주는 사람이지 상품을 판매하는 세일즈맨이 아니다.
④ CFP® 역량 프로파일에서는 재무설계사가 갖추어야 하는 역량을 전문지식(Knowledge), 전문능력(Ability), 전문기술(Skill)의 복합체로 정의하고 있다.
⑤ CFP® 자격인증자의 역량 중 전문기술의 구성요소는 전문가적 책임, 업무수행, 커뮤니케이션, 인지로 구성되며, 재무설계 전반에 반영되어 수행되는 것이지 각 영역별로 구분되는 것은 아니다.

정답 | ②
② 재무설계를 진행하는 과정에서 다른 전문가와 협조가 필요한 때에는 고객의 사전동의가 필요하다.

07 능력 있는 CFP® 자격인증자의 역량에 대한 설명으로 적절한 것은?

① 기본적인 회계원리에 대한 이해가 필수적이고, 위험 및 투자관련 지식과 이론, 미시경제에 대한 이해는 재무설계에서 아주 중요하다.
② 기술에 속하는 화폐의 시간가치에 대한 개념은 재무설계에 있어 매우 중요한 개념이므로 CFP® 자격인증자는 이 부분에 대한 확실한 이해가 필수적이다.
③ 전문적 지식이란 기술을 실제 사례에 적용할 수 있는 능력을 의미한다.
④ CFP® 자격인증자가 얼마나 효과적인 분석 능력을 가지고 있느냐에 따라 재무설계가 성공할 수도 있고 실패할 수도 있다.
⑤ 개인 고객뿐 아니라 공공의 이익을 위해서도 CFP® 자격인증자들의 보다 철저한 윤리의식과 책임 있는 행동이 요구된다.

정답 | ⑤
① 미시경제가 아니라 거시경제에 대한 이해이다.
② 화폐의 시간가치에 대한 개념은 기술이 아니라 전문지식에 포함된다.
③ 기술이란 전문적 지식을 실제 사례에 적용할 수 있는 능력을 의미한다.
④ 분석 능력이 아니라 대화 스킬이다.

08 재무설계사의 보수형태에 대한 설명으로 적절하지 않은 것을 고르시오.

① Fee-Only 방식은 정해진 서비스에 대한 수수료 이외의 수수료를 받을 수 없다.
② Commission 방식은 고객의 니즈에 부합하는 보험이나 투자관련 금융상품을 판매하는 조건으로 서비스를 제공한다.
③ Salary 방식은 소속된 회사에서 지급하는 급여 외에도 재무설계안 작성이나 실행에 대한 개별적인 보수를 받을 수 있다.
④ Fee & Commission 방식은 고객의 FP에 대한 신뢰가 전제되면 자산관리의 정밀성, 지불수수료의 적정성으로 고객에게 가장 유리하다.
⑤ 현실적으로 가장 많은 재무설계사들이 선택하는 보수방식은 Fee & Commission 방식이다.

정답 | ③
③ Salary 방식은 재무설계안 작성이나 실행에 대한 개별적인 보수를 받을 수 없다.

09 재무설계사의 보수형태에 대한 설명으로 적절한 것은?

① Salary 방식의 재무설계사는 금융상품을 판매하는 조건으로 고객에게 서비스를 제공하게 되므로 재무설계사의 객관성 유지와 독립성에 의문을 제기할 수도 있다.
② Fee-Only 재무설계사의 장점은 좀 더 객관적이면서 독립적일 수 있는데 그 이유는 상품 선정 시 고객과 재무설계사 사이의 이해상충이 발생할 확률이 적기 때문이다.
③ Commission 방식의 재무설계사는 고객에게 제공하는 재무설계 서비스에 대한 보수로서 상담수수료와 판매수수료를 모두 받을 수 있다.
④ 최근 우리나라에서도 Fee 위주였던 보수방식이 고객과의 관계를 더욱 중요시 하는 경향이 증가하면서 Commission를 받는 사례가 많아지고 있다.
⑤ Fee-Only 재무설계사는 재무설계안의 작성이나 실행에 대해 소속회사로부터 급여를 받는 재무설계사이다.

정답 | ②
① Commission-Only 방식
③ Fee and Commission 방식
④ 최근 우리나라에서도 Commission 위주였던 보수방식이 고객과의 관계를 더욱 중요시 하는 경향이 증가하면서 fee를 받는 사례가 많아지고 있다.
⑤ Salary 재무설계사는 재무설계안의 작성이나 실행에 대해 소속회사로부터 급여를 받는 재무설계사이다.

CHAPTER 02 재무설계 프로세스

PART 01

학습 가이드 ■ ■

출제 비중 : 7~13%(1~2문항)

학습 목표	교재 페이지	학습 중요도
• 프로세스 각 단계별 내용과 순서에 대한 학습 필요 • 순서형 문제가 빈번히 출제됨		
2-1. 재무설계 프로세스 단계별 업무수행 내용을 알고 실행할 수 있다.	49~75	★★★

★★★
01 재무설계 프로세스 1단계(고객과의 관계정립)에서 CFP® 자격인증자가 고객에게 설명해야 하는 내용으로 적절하지 않은 것은?

① 재무설계가 무엇이고 왜 필요하며 고객이 재무계획을 함으로써 얻는 이익은 무엇이고 어떤 과정을 거쳐서 진행되는지 등을 설명한다.
② 고객의 사정상 충분한 정보가 확보되지 못할 때 서비스 범위가 제한되거나 업무 수행을 종료해야 함을 고객에게 설명한다.
③ 재무설계는 단기투자를 위한 투자상담이나 투자상품 또는 보험상품 세일즈가 목적이 아님을 고객에게 확실히 이해시키는 것이 중요하다.
④ CFP® 자격인증자는 자신의 경력, 보유 자격증, 특별히 자신 있는 서비스 분야 등을 고객에게 밝히도록 한다.
⑤ 개인 프로파일 문서를 작성하여 고객에게 제시하는 경우 반드시 고객의 동의가 필요하며 CFP® 자격인증자의 전문분야, 자격증, 소속되어 있는 단체, 학력사항, 보수방식이나 서비스 범위 등을 기재할 수 있다.

정답 | ⑤
⑤ CFP® 자격인증자가 고객들에게 자신의 경력이나 프로파일을 밝히기 위해서 사용하는 것이 개인 프로파일이므로 고객으로부터 동의를 받을 필요는 없으나 보수방식이나 서비스 범위를 포함시킬 경우에는 반드시 고객의 동의가 필요하다.

02 재무설계 프로세스 1단계(고객과의 관계정립)에 대한 설명으로 적절하지 않은 것은?

① 재무설계에 대한 설명과 CFP® 자격인증자의 역할, 그리고 CFP® 자격인증자는 다른 재무전문가와 어떻게 다른지 설명한다.
② 고객의 사정상 충분한 정보가 확보되지 못할 때 서비스 범위가 제한되거나 업무수행을 종료해야 함을 고객에게 설명해 준다.
③ 업무수행계약서는 고객과 커뮤니케이션을 하는 유용한 도구로서 본격적인 재무설계 업무를 시작하면서 작성하게 된다.
④ 자신의 경력, 보유자격증, 특별히 자신 있는 서비스 분야 등을 고객에게 밝힌다.
⑤ 업무영역이 허용된 범위일지라도 고객이 요구하지 않은 사항에 대해서는 수행해서는 안 되며 자기 전문분야가 아닐 때는 반드시 다른 전문가의 도움을 받아 수행하도록 한다.

정답 | ③

③ 본격적인 재무설계 업무를 시작하기 전에 자격인증자와 고객은 프로세스를 진행하는 동안 제공하는 서비스의 범위에 대해 상호 합의하여 결정하고, 이를 문서화한 업무수행계약서를 작성한다.

03 CFP® 자격인증자가 고객 관련 정보를 수집하는 2단계 프로세스 과정에 대한 설명으로 적절하지 않은 것은?

① 재무목표의 우선순위를 결정할 때 먼저 고려해 볼 사항은 '다른 목표 달성을 포기하거나 목표를 조정하더라도 반드시 이루고 싶은 것'이 무언인지 생각하는 것이다.
② 고객과 직접 면담하는 방법은 재무적 정보뿐만 아니라 비재무적 정보를 파악할 수 있어 고객에 대한 이해를 돕는 가장 좋은 정보 수집 방법이다.
③ 현재 투자자산에 대한 내역, 종업원 복지와 개인연금 정보 등은 재무적(정량적) 정보에 해당된다.
④ 고객의 성향이나 태도, 감정 등은 설문지를 통해서 파악한다.
⑤ 전화를 통한 인터뷰는 장기간 통화할 경우 성실한 답변을 기대하기 어렵기 때문에 이미 수집한 정보에 대한 확인 등에만 이용하는 것이 좋다.

정답 | ④

④ 고객의 성향이나 태도, 감정 등은 설문지를 통해서 파악하기에는 한계가 있다.

04 재무설계 프로세스 2단계(고객 관련 정보의 수집)에서 고객의 재무적(정량적) 정보로만 모두 묶인 것은?

> 가. 공적연금, 퇴직연금(퇴직금), 개인연금 등 연금자산 내역
> 나. 소득, 지출, 저축 및 투자 내역
> 다. 보장성 보험 가입 내역
> 라. 원천징수영수증, 세금 납부 내역 등
> 마. 고용에 대한 상황 및 기대
> 바. 투자경험 및 위험 수용성향

① 가, 나, 다, 라
② 가, 나, 다, 라, 마
③ 가, 나, 다, 라, 마, 바
④ 가, 나, 라, 바
⑤ 마, 바

정답 | ⑤
마, 바는 비재무적(정성적) 정보에 대한 내용이다.

05 재무설계 프로세스 2단계(고객 관련 정보의 수집)에서 고객의 정보수집 방법의 장·단점에 대한 적절한 설명으로만 모두 묶인 것은?

> 가. 고객과의 면담은 재무설계사와 고객간의 신뢰형성에 좋은 영향을 미칠 수 있는 방법이다.
> 나. 전화 이용 방법은 효과적인 방법으로 많은 질문을 고객과 주고받을 때 효과적이며 의사소통에 오해의 소지가 없다.
> 다. 고객과의 면담방법은 시간을 절약할 수 있고, 자료 수집 과정을 훨씬 빠르게 진행시킬 수 있는 장점이 있다.
> 라. 전자우편방법은 자료가 타인에게 노출될 가능성이 있으므로 주의해야 한다.
> 마. 설문지방법은 고객의 입장에서는 본인의 생각을 잘 나타낼 수 있다.

① 가, 나
② 나, 다, 마
③ 다, 마
④ 가, 라, 마
⑤ 가, 다

정답 | ④
나. 전화이용방법은 효과적인 방법이 아닐 뿐 아니라 의사소통에 오해의 소지도 있다.
다. 설문지방법에 대한 설명이다.

06 재무설계 프로세스 3단계(고객의 재무상태 분석 및 평가)에서 고객의 소득과 지출 현황을 토대로 파악해야 하는 사항으로 적절하지 않은 것은?

① 생활수준 파악
② 가계수지의 흑자 혹은 적자 여부 파악
③ 순자산 증감 여부 파악
④ 저축(투자)의 적정성 파악
⑤ 장기적 저축(투자) 시스템 수립 여부 등

정답 | ③
순자산 증감 여부 파악은 소득과 지출 현황을 토대로 파악해야 하는 사항이 아니다.
※ 소득 및 지출, 저축투자 상태에 대한 분석 중 중요사항
- 생활수준 파악
- 가계수지의 흑자 혹은 적자 여부 파악
- 예산에 근거한 소비지출 여부 파악
- 지출 예산의 적정성 파악
- 저축(투자)의 적정성 파악
- 정기적 저축(투자) 시스템 수립 여부 파악 등

07 재무설계 프로세스 3단계(고객의 재무상태 분석 및 평가)에 대한 적절한 설명으로만 모두 묶인 것은?

가. 순자산 증감 여부에 대한 분석을 통해 고객의 재무관리 습관, 형태, 총체적 재무활동 상황 등을 짐작할 수 있다.
나. 필요자금 분석을 통해 현재의 재무상황으로 재무목표 달성을 위한 자금을 충족할 수 있을지를 파악할 수 있다.
다. 고객의 현재 재무상태를 분석한 뒤 재무적 강점과 문제점을 평가하고 이를 고객의 목표, 니즈, 우선순위와 비교한다.
라. 정보수집 과정에서 파악한 고객의 목표와 니즈 중 고객이 간과하고 있는 것은 없는지 파악하고, 재무목표 간 우선순위는 한정된 가계자원의 효율적 배분 관점에서 다룬다.
마. 필요자금 분석에서 가장 중요한 것은 생애기간에 걸쳐 자금이 필요한 시기와 규모를 한 치의 오차도 없이 완벽하게 계산하는 것이다.

① 가
② 가, 나
③ 가, 나, 다
④ 가, 나, 다, 라
⑤ 가, 나, 다, 라, 마

정답 | ④
마. 생애기간에 걸쳐 자금이 필요한 시기와 규모를 한 치의 오차도 없이 완벽하게 계산하는 것은 어렵다.

08 재무설계 프로세스 4단계(재무설계 제안서 작성 및 제시)에서 재무설계 제안서에 반영될 내용으로만 모두 묶인 것은?

> 가. 고객의 프로파일
> 나. 고객의 재무목표 및 우선순위
> 다. 예산 및 현금흐름 관리
> 라. 금융상품과 서비스의 선별 및 확보

① 가, 나
② 다, 라
③ 가, 나, 다
④ 나, 다, 라
⑤ 가, 다, 라

정답 | ③
라. 금융상품과 서비스의 선별 및 확보는 실행단계에서 재무설계사가 고객과 협의할 내용이다.

09 재무설계 프로세스 4단계(재무설계 제안서의 작성 및 제시)에 대한 설명으로 적절하지 않은 것은?

① 재무설계 대안은 하나 또는 여러 가지가 도출될 수도 있고 경우에 따라서는 어떠한 대안도 도출되지 않을 수 있다.
② 재무설계안 수립 시 유연성, 유동성, 실천 가능성, 고객별 개별성이 고려된 대안을 수립해야 한다.
③ 기존 투자자산을 새로 구성된 자산배분 전략에 따라 재배치할 경우 어느 시점에서 기존 자산을 해약하거나 팔아야 하는지 등은 재무설계사가 재무설계안 수립 시 고려해야 한다.
④ 재무설계안을 문서화하는 목적은 제안내용을 명확하게 남겨두고 고객과 실행과정을 함께 점검하면서 정기적으로 모니터링하기 위한 것이다.
⑤ 재무설계 제안서의 구성은 크게 도입, 본론, 요약으로 구분하여 작성한다.

정답 | ③
③ 기존 투자자산을 새로 구성된 자산배분 전략에 따라 재배치할 경우 어느 시점에서 기존 자산을 해약하거나 팔아야 하는지 등은 재무설계사가 실행단계에서 고려해야 한다.

10 재무설계 프로세스 5단계(재무설계 제안서의 실행)에서 고객과 협의해야 할 사항으로 적절하지 않은 것은?

① 재무설계안 실행에 필요한 고객과 재무설계사 각각의 역할
② 다른 전문가의 도움이 필요한 경우 해당 전문가의 자격내용과 소개 근거
③ 자산배분 및 투자전략에 관한 사항
④ 다른 전문가와 정보 공유를 할 경우 그 범위
⑤ 금융상품 및 서비스에 부과되는 비용

정답 ③
③ 자산배분 및 투자전략에 관한 사항은 제안서의 작성 및 제시단계에서 작성돼야 할 내용이다.

11 재무설계 프로세스 6단계(고객 상황의 모니터링)에 대한 설명으로 적절하지 않은 것은?

① 재무설계사와 고객은 고객의 상황을 모니터링하고 재평가하는 제반 조건에 대해 상호 합의하여 결정해야 한다.
② 재무설계사는 정기적인 모니터링 과정의 중요성을 고객에게 정확히 알려야 하며 고객의 상황을 적절하게 모니터링 할 수 있도록 고객의 적극적인 협조도 당부해야 한다.
③ 모니터링의 가장 핵심적인 사항은 고객의 상황 변화와 이로 인한 재무목표의 변화 여부를 파악하는 것이다.
④ 재무목표 달성을 위해 마련된 재무설계안이 현재의 경제금융환경 속에서도 적절한 방안인지를 평가해야 한다.
⑤ 모니터링 과정이 종료됨에 따라 각 단계별 업무는 유기적, 통합적으로 이루어지며 재무설계는 완성된다.

정답 | ⑤
⑤ 모니터링이 끝났다고 해서 재무설계가 완성된 것은 아니다. 각 단계별 업무는 유기적, 통합적으로 이루어지며 그 전체 과정은 일회성으로 끝나지 않고 지속되며, 때로는 단계가 순환되기도 한다.

12 재무설계 6단계 프로세스에 대한 설명으로 적절하지 않은 것은?

① CFP® 자격인증자로서 제공할 서비스의 범위, 고객과 재무설계사가 해야 할 일, 책임한계 등을 문서로 작성하여 고객에게 설명하는 단계는 1단계이다.
② 다른 전문가에게 의뢰하고 정보를 공유하며 금융상품 및 서비스 선별 등을 고객과 협의하는 과정은 5단계이다.
③ 수집한 정보를 바탕으로 고객의 현재 재무상태를 분석한 뒤 재무적으로 강점과 문제점을 평가하고 이를 고객의 목표, 니즈, 우선순위와 비교하는 단계는 2단계이다.
④ 제안서를 작성하여 제시하는 4단계에서 고객과 재무설계사는 상호 협의하여 업무수행 범위, 일반경제가정, 고객의 재무목표 및 우선순위, 예산 등을 제안서에 반영한다.
⑤ 투자금융기관에 대한 점검, 고객의 개인정보 사항 또는 재무목표의 적절한 운영 결과 검토 등은 6단계에서 이루어진다.

정답 | ③
③ 수집한 정보를 바탕으로 재무적 강점과 문제점을 평가하는 단계는 3단계이다.

13 재무설계 프로세스 각 단계별 업무수행 내용으로 적절한 것은?

① 1단계 : 인생에 있어서 재무적으로 중요한 사건이 무엇인가에 초점을 맞추어 재무목표를 정하고 재무계획을 세우는 것은 기간별로 재무목표를 구분해보면 확연히 알 수 있다.
② 3단계 : 자산평가 시 개인연금은 고객의 자산부채상태표 작성기준일의 납입금액으로 표시한다.
③ 4단계 : 재무설계안을 문서화하는 목적은 제안내용을 명확하게 남겨두고 고객과 실행과정을 점검하면서 정기적으로 모니터링하기 위한 것이다.
④ 5단계 : 실행과 관련하여 고객과 협의할 사항으로는 실행에 필요한 활동내역, 고객과 재무설계사 간의 역할 분담 및 서비스 범위와 책임한계, 금융상품과 서비스의 선별 및 확보 등이다.
⑤ 6단계 : 내·외부적 변화에 의해 재무설계가 실패할 경우도 있음을 예상하여 고객에게 그 내용을 설명해 준다.

정답 | ③
① 개인의 생애주기에 따른 재무목표를 살펴보는 것은 재무설계 프로세스 2단계이다.
② 개인연금은 고객 자산부채상태표 작성기준일의 평가금액으로 표시한다.
④ 서비스 범위와 책임한계는 1단계에서 협의할 내용이다.
⑤ 4단계 재무설계 제안서 작성 및 제시 단계에 대한 내용이다.

CHAPTER 03 재무상태 분석과 적용

PART 01

학습 가이드 ■ ■

출제 비중 : 20~27%(3~4문항)

학습 목표	교재 페이지	학습 중요도
• 고객의 자산부채상태표와 현금흐름표를 작성할 수 있는 문제에 대비한 학습 필요 • 재무비율의 정의뿐 아니라 고객 사례에 대한 재무비율 수치를 계산할 수 있는 계산형 문제에 대비한 학습 필요		
3-1. 자산부채상태표를 작성하고 분석할 수 있다.	82~95	★★★
3-2. 현금흐름표를 작성하고 분석할 수 있다.	96~112	★★★
3-3. 재무상태를 분석하고 종합하여 재무설계 전략개발 및 제안에 반영할 수 있다.	113~132	★★★

★★★
01 재무상태 분석의 의의와 방법에 대한 설명으로 적절하지 않은 것은?

① 재무상태 분석 및 평가는 고객 재무상태의 강점을 살리고 약점을 보완하며, 기회가 되는 요소를 적극적으로 활용하고 위협이 되는 요소를 없앨 수 있는 재무설계안 마련을 위한 진단을 한다.
② 재무상태를 분석하고 평가하는 이유는 고객이 생각하고 이루고 싶은 재무목표와의 차이를 파악하기 위함이다.
③ 절댓값 분석은 고객의 자산과 부채, 소득과 지출항목을 정리한 후 그 금액과 구성을 우리나라 전체 평균 또는 고객과 유사한 특성을 갖는 가계들과 비교하여 분석하는 것이다.
④ 재무비율 분석에서 주의할 점은 타인과의 비교로 인해 야기될 수 있는 부정적인 측면이 부각될 수 있다는 것이다.
⑤ 재무비율 분석은 절댓값을 이용한 평가에 비해 개인 및 가계의 재무활동을 객관적으로 평가할 수 있다.

정답 | ④
④ 절댓값 분석에서 주의할 점은 타인과의 비교로 인해 야기될 수 있는 부정적인 측면이 부각될 수 있다는 것이다.

02 자산부채상태표 작성 시 자산의 특성과 분류에 대한 설명으로 적적한 것은?

① 현금성 자산의 종류에는 현금, 정기적금, CMA, 6개월 미만의 양도성 예금증서(CD) 등이 있다.
② 저축성 자산은 일정한 만기가 있고 확정적인 수익을 보장하는 확정금리형 자산으로 은행의 정기예적금과 저축성보험, 세제적격연금 등이 있다.
③ 투자자산의 경우 원금 손실 가능성이 있으나 저축성 자산보다는 상대적으로 높은 수익을 기대할 수 있다.
④ 연금계좌 중 세제혜택이 있는 연금저축과 확정기여형 퇴직연금(DC), 확정급여형 퇴직연금(DB), 개인형 퇴직연금(IRP)은 금융투자자산으로 분류한다.
⑤ 투자를 염두에 두지 않고 현재 사용목적으로 보유하고 있는 자산을 사용자산으로 분류하는데, 주의할 점은 거주 목적으로 지불한 임차보증금의 경우 기타자산으로 분류한다는 것이다.

정답 | ③
① 현금성 자산의 종류에는 현금, 보통예금, CMA, 6개월 미만의 양도성 예금증서(CD) 등이 있다.
② 저축성 자산은 일정한 만기가 있고 확정적인 수익을 보장하는 확정금리형 자산으로 은행의 정기예적금과 저축성보험, 세제비적격연금 등이 있다.
④ 연금계좌 중 세제혜택이 있는 연금저축, 확정기여형 퇴직연금(DC), 개인형 퇴직연금(IRP)은 금융투자자산으로 분류한다. (확정급여형 퇴직연금은 기타자산으로 분류한다.)
⑤ 투자를 염두에 두지 않고 현재 사용목적으로 보유하고 있는 자산을 사용자산으로 분류하는데, 거주 목적으로 지불한 임차보증금의 경우 사용자산으로 분류할 수 있다.

03 자산부채상태표 작성 시 자산의 가치평가 방법에 대한 설명으로 적절하지 않은 것은?

① 현금성 자산의 경우 원금 또는 작성일 해지 가정 시 환급금으로 평가한다.
② 저축성 자산의 경우 작성일 해지 가정 시 해지환급금으로 평가한다.
③ 상장주식의 경우 거래가 또는 공정가치평가금액으로 평가한다.
④ 부동산의 경우 감정평가액, 개별공시지가 또는 개별주택가격, 실거래가격 등으로 평가한다.
⑤ 확정급여형(DB) 퇴직연금의 경우 작성일 당시 퇴직한다고 가정 시 받을 수 있는 예상 퇴직급여로 평가한다.

정답 | ③
③ 비상장주식 평가에 대한 설명이며, 상장주식의 경우 작성일 종가로 평가한다.

04 자산부채상태표 작성에서 자산의 분류 및 기록 시 주의사항에 대한 설명으로 적절하지 않은 것은?

① 저축성보험은 공시이율이 적용되므로 별도로 저축성 자산으로 분류하고, 보험자산의 가치는 납입원금이 아닌 작성일 현재의 해지환급금을 기록한다.
② 변액보험은 투자자산으로 분류하고, 자산부채상태표에는 특별계정적립금액을 기록한다.
③ 보장성보험은 비용의 개념으로 보아 자산부채상태표에 자산으로 기록하지 않는 것이 일반적이다.
④ 연금계좌는 세제혜택이 있는 연금저축으로 각 특성에 따라 현금성, 저축성, 투자자산으로 분류할 수 있다.
⑤ 국민연금이나 공무원연금, 군인연금, 사학연금과 같은 공적연금은 자산부채상태표에 포함하지 않는다.

정답 | ②
② 변액보험은 투자자산으로 분류하고, 자산부채상태표에는 해지환급금을 기록한다.

05 자산부채상태표 작성 시 부채의 분류와 주의사항에 대한 적절한 설명으로만 모두 묶인 것은?

> 가. 부채의 분류와 표기방법은 매 작성 시마다 유연하게 작성해야 한다.
> 나. 부채는 그 기준에 따라 상환기간, 사용목적, 담보여부로 구분할 수 있고 모든 부채는 작성일을 기준으로 앞으로 상환해야 하는 원금 잔액을 기록한다.
> 다. 단기부채는 3년 이내 원금을 상환할 의무가 있는 부채를 의미하며 대표적으로 신용카드 미결제액을 단기부채로 분류한다.
> 라. 현재 부채로 확정되지 않았지만 부채가 될 가능성이 있다면 이를 우발채무로 고려하고 자산부채상태표에 주석으로 설명해 두는 것이 좋다.
> 마. 임차보증금으로 받은 돈을 부채로 기록하여 계약만료 시 보증금 반환으로 인한 문제가 발생하지 않도록 관리해야한다.

① 가
② 나, 다
③ 다
④ 다, 라, 마
⑤ 라, 마

정답 | ⑤
가. 부채의 분류와 표기방법은 매 작성 시마다 일관성이 있어야 한다.
나. 부채는 그 기준에 따라 상환기간, 사용목적, 담보여부로 구분할 수 있고 모든 부채는 작성일을 기준으로 앞으로 상환해야 하는 원리금 잔액을 기록한다.
다. 단기부채는 1년 이내 원금을 상환할 의무가 있는 부채를 의미하며 대표적으로 신용카드 미결제액을 단기부채로 분류한다.

06 자산부채상태표 검토 방법에 대한 설명으로 적절하지 않은 것은?

① 자산의 분류가 자산이 지닌 속성이나 특성에 따라 분류되었는지 확인한다.
② 자산의 가치평가가 제대로 이루어졌는지 확인한다.
③ 부채의 분류와 평가는 고객의 사용목적과 작성일 현재 남은 원리금이 기록되었는지 확인한다.
④ 자산과 부채의 분류는 일관성이 있어야 한다.
⑤ 자산과 부채 항목 중 기록되지 않았거나 0으로 기록된 자산 및 부채 항목은 자산부채상태표에 반영하지 않는다.

정답 | ⑤
⑤ 자산과 부채 항목 중 기록되지 않았거나 '0'으로 기록된 자산 및 부채 항목은 삭제하지 않고 그대로 표시하여 둔다.

07 현금흐름표 작성 시 현금 유입의 분류와 기록에 대한 설명으로 적절하지 않은 것은?

① 현금의 유입은 현금흐름표의 좌변에 기록하고, 소득과 기타유입으로 구분하여 표기한다.
② 노동력의 대가로 지급받은 상여금은 근로소득으로 분류한다.
③ 가족이나 친지, 이혼한 배우자 등으로부터 받는 양육비나 용돈은 기타유입으로 분류한다.
④ 일시적이고 불규칙적으로 발생한 소득은 기타소득으로 분류하는데, 대표적으로 사고보험금과 복권당첨금 등이 있다.
⑤ 금융상품 만기로 인하여 수령한 금액과 빌려준 돈을 돌려받는 경우의 현금유입은 기타유입으로 분류한다.

정답 | ③
③ 가족이나 친지, 이혼한 배우자 등으로부터 받는 양육비나 용돈은 이전소득으로 분류한다.

08 현금흐름표 작성 시 현금 유출의 분류와 기록에 대한 설명으로 적절하지 않은 것은?

① 변액보험 보험료, 일반저축성보험 납입액, 연금계좌 납입액은 저축 및 투자로 분류하지만 보장성보험의 보험료는 고정지출로 분류한다.
② 개인의 임의 조정이 어려운 지출을 고정지출로 분류하고, 고정지출은 소비생활 향상에 영향에 직접적인 영향을 주는지의 여부에 따라 소비지출과 비소비지출로 구분할 수 있다.
③ 비소비지출에 해당하는 부채의 원금상환액은 총부채를 감소시켜 결과적으로 순자산의 증가를 가져오기 때문에 저축이나 투자로 분류해야 한다.
④ 변동지출 중에서 비용 예측이 가능하고 정기적, 지속적으로 지출되는 항목은 고정지출로 포함할 수 있다.
⑤ 대부분의 변동지출은 소비지출 항목에 해당하나 부모님께 드리는 용돈 및 경조사비 등은 비소비지출로 분류한다.

정답 | ③

③ 비소비지출에 해당하는 부채의 원금상환액은 총부채를 감소시켜 결과적으로 순자산의 증가를 가져오기 때문에 지출보다는 저축이나 투자로 보아야 한다는 견해도 있지만 현금흐름의 작성 목적 중 하나가 현금유출의 관리, 즉 최소한의 연간 유출이 유입을 초과하지 않도록 관리하는 것임을 고려하였을 때 고정지출로 구분하는 것이 효과적이다.

09 현금흐름표의 순현금흐름이 양수(+)가 나온 경우 확인해야 할 사항으로만 모두 묶인 것은?

> 가. 비정기적인 소득으로 들어온 금액은 없었는가?
> 나. 누락된 유출항목이 있는 것은 아닌가?
> 다. 중복된 소득항목은 없는가?
> 라. 자산을 현금화하여 사용한 것은 없는가?
> 마. 원천징수된 항목을 소득에는 포함하였으나 유출에는 기록하지 않은 것은 아닌가?
> 바. 마이너스 통장을 사용하지 않았는가?

① 가, 나, 다
② 가, 라, 바
③ 나, 다, 마
④ 가, 나, 다, 라
⑤ 나, 다, 마, 바

정답 | ③

'나, 다, 마'는 순현금흐름이 양수(+)가 나온 경우 확인해야 할 사항에 대한 내용이며, '가, 라, 바'는 순현금흐름이 음수(-)가 나온 경우 확인해야 할 사항에 대한 내용이다.

10 재무비율분석에 대한 설명으로 적절하지 않은 것은?

① 재무비율 가이드라인은 이상적인(ideal), 적절한(reasonable), 반드시 지켜야 하는(danger point) 가이드라인으로 구분된다.
② 가계수지지표, 총저축성향지표, 금융투자성향지표는 재무적 성장을 위한 이상적으로 제안된 가이드라인이다.
③ 보장성보험준비지표와 비상예비자금지표는 재무적 웰빙을 위해 적절한 수준의 가이드라인이 제안된 것이다.
④ 부채상환과 부채부담 관련 지표들은 제시된 가이드라인을 벗어날 경우 재무적 성장성에 심각한 위험요소로 작용할 수 있음을 의미한다.
⑤ 가이드라인은 전향적(forward-looking)인 차원에서 접근해야 하므로 개인의 투자성향과 재무목표 등에 따라 유연하게 적용될 수 있다.

정답 | ④
④ 부채상환과 부채부담 관련 지표들은 제시된 가이드라인을 벗어날 경우 재무건전성에 심각한 위험요소로 작용할 수 있음을 의미한다.

11 가계재무상태평가지표에 대한 설명으로 적절하지 않은 것은?

① 가계수지지표를 통해 미래의 삶의 위해 저축이나 투자할 수 있는 여력을 평가할 수 있다.
② 비상자금지표는 '유동자산/월평균지출'로 산출한다.
③ 총부채상환지표는 현금흐름 측면에서의 부채상환에 따른 부담 정도를 평가하는 지표이다.
④ 총저축성향지표는 총 소득 중 미래를 위해 저축하고 투자하는 정도를 평가하는 지표이다.
⑤ 가계수지지표는 100%를 초과하지 않으면 적자 상태는 아니지만 재무건전성과 성장성을 복합적으로 고려할 때 70% 이하를 절대적인 가이드라인으로 보고 있다.

정답 | ⑤
⑤ 가계수지지표는 100%를 초과하지 않으면 적자 상태는 아니지만 재무건전성과 성장성을 복합적으로 고려할 때 70% 이하를 이상적인 가이드라인으로 보고 있다.

12 가계수지상태 분석에 대한 설명으로 적절하지 않은 것은?

① 가계수지지표를 통해 미래의 삶을 위해 저축이나 투자를 할 수 있는 여력을 함께 파악할 수 있으므로 가계의 재무성장성을 복합적으로 파악할 수 있는 장점이 있다.
② 가계수지지표 값이 낮으면 소득에서 고정지출과 변동지출이 차지하는 비중이 높다는 것을 의미하므로 저축이나 투자를 할 수 있는 여력이 낮아지게 된다.
③ 가계수지지표 값이 100%를 초과하지 않으면 적자 상태는 아니지만 70% 이하를 이상적인 가이드라인으로 보고 있다.
④ 가계수지지표는 (고정지출 + 변동지출)/총소득의 비율로 40대의 경우 80% 이하를 적정 가이드라인으로 보고 있다.
⑤ 가계수지지표의 가이드라인은 일반적인 가계의 이상적인 수준을 의미하므로 절대적 기준으로 인지하여 고객의 재무상태를 평가하지 않아야 한다.

정답 | ②

② 가계수지지표 값이 높으면 소득에서 고정지출과 변동지출이 차지하는 비중이 높다는 것을 의미하므로 저축이나 투자를 할 수 있는 여력이 낮아지게 된다.

13 재무비율 계산 방법과 평가지표가 바르게 연결된 것은?

재무비율	평가지표
가. (고정지출 + 변동지출)/총소득	A. 비상예비자금지표
나. 유동자산/월평균지출	B. 가계수지지표
다. 보장성보험료/총소득	C. 금융투자성향지표
라. 총부채/총자산	D. 총부채부담지표
마. 금융투자저축액/총저축액	E. 보장성보험준비지표

① 가-B, 나-A, 다-E, 라-D, 마-C
② 가-A, 나-B, 다-E, 라-C, 마-D
③ 가-C, 나-D, 다-E, 라-A, 마-B
④ 가-D, 나-E, 다-C, 라-B, 마-A
⑤ 가-E, 나-A, 다-B, 라-D, 마-C

정답 | ①

14 SWOT 분석에 대한 설명으로 적절하지 않은 것은?

① 재무상태 분석을 바탕으로 고객의 강점과 약점, 기회와 위험 요소를 파악하는 것은 재무목표 달성을 위한 재무설계안의 실천 가능성을 높인다.
② SWOT 분석시 주의할 사항은 강점과 약점은 외부요인에서 찾고, 기회와 위협요인은 내부환경에서 찾아야 한다는 점이다.
③ SWOT 분석을 이용하여 재무설계에서도 고객의 재무적·비재무적 정보들을 통합하여 활용할 수 있다.
④ SWOT 분석은 고객의 재무목표 달성을 위한 전략을 수립하기 전에 전체적인 전략 수립에 도움이 되는 의미 있는 분석이 될 수 있다.
⑤ SWOT 분석의 결과는 재무설계사마다 약간씩 상이할 수 있다.

정답 | ②
② SWOT 분석 시 주의할 사항은 강점과 약점은 내부요인에서 찾고, 기회와 위협요인은 외부환경에서 찾아야 한다는 점이다.

CHAPTER 04 화폐의 시간가치

PART 01

학습 가이드 ■ ■

출제 비중 : 27~33%(4~5문항)

학습 목표	교재 페이지	학습 중요도
• 계산문제 중심 학습 필요 • 계산문제뿐 아니라 TVM 개념을 물어보는 문제가 출제될 수 있음 • TVM 계산은 사례형 문항에서 비중 있게 다루어지므로 이에 대비한 완벽한 학습 필요		
4-1. 화폐의 시간가치 개념을 알고 재무설계에 활용할 수 있다.	135~195	★★★

★★★
01 화폐의 시간가치에 대한 기초 개념 중 수익률에 대한 설명으로 적절하지 않은 것은?

① 명목금리 : 외부로 표현되는 금리이다.
② 실질금리 : 명목금리에서 물가상승률을 뺀 금리이다.
③ 연평균 금리 : 금융기관이 금융상품에 대한 이자율을 고시할 때 사용하는 전통적인 방법이며, 연평균금리에는 복리효과가 감안되어 있다.
④ 반기마다 5%의 이자를 지급하는 정기예금의 연평균금리는 10%가 된다.
⑤ 실효금리 : 1년 안에 있는 기간을 n번만큼 복리로 이자를 부리하면 실효금리를 구할 수 있다.

정답 | ③
③ 연평균금리에는 복리효과가 감안되어 있지 않다.

02 ★★★

나고객 씨는 토마토은행에서 2억원을 대출받았다. 대출 조건은 연 7% 월복리, 20년 만기, 매월 말 원리금균등분할상환조건이며, 대출시점부터 3년 동안 상환한 원금 총액으로 적절한 것은?

① 15,330천원
② 17,052천원
③ 22,400천원
④ 40,491천원
⑤ 59,597천원

정답 | ①

PV : 200,000, N : 240, I/Y : 7/12, CPT PMT(E)?-1,550.59천원
2ND AMORT, P1 = 1, P2 = 36, PRN? 15,330천원

03 ★★★

나고객 씨는 토마토은행에서 1억원을 대출받았다. 대출 조건은 연 5% 월복리, 20년 만기, 매월 말 원리금균등분할상환조건이다. 나고객 씨가 현재까지 5년 동안 원리금을 상환했다면 현재까지 상환한 이자총액으로 적절한 것은?

① 22,540~22,550천원
② 23,050~23,060천원
③ 25,120~25,130천원
④ 39,430~39,440천원
⑤ 39,590~39,600천원

정답 | ②

PV : 100,000, N : 240, I/Y : 5/12, CPT PMT(E)?-660천원
2ND AMORT P1 : 1, P2 : 60, INT? 23,052천원

04 ★★★

나고객 씨는 사업자금 마련을 위해 아파트를 담보로 한국은행에서 15년 만기의 연 6.5% 월복리 매월 말 원리금균등상환조건으로 2018년 5월 초에 대출을 받았다. 그동안 꾸준히 대출상환조건을 지켜온 결과 현재 대출 잔액은 92,060천원이 남았다. 나고객 씨가 처음 차입한 대출원금으로 적절한 것은?(현재는 2023년 4월 말임)

① 119,000천원~121,000천원
② 124,000천원~126,000천원
③ 129,000천원~131,000천원
④ 134,000천원~136,000천원
⑤ 139,000천원~141,000천원

정답 | ①

PV : 92,060, N : 120, I/Y : 6.5/12, CPT PMT(E)?-1,045.32천원
2ND CLR 누르지 말고, N : 180, CPT PV? 119,999천원

05 이자율채무조정(프리워크아웃)에 대한 설명으로 적절하지 않은 것은?

① 총채무액이 15억 이하인 자(담보채무 10억원, 무담보채무 5억원)로 신청일로부터 6개월 이내 신규발생 채무가 잔여 총재무액의 30% 이하인 경우 신청할 수 있다.
② 채무조정을 통해 이자율 인하 또는 이자와 연체이자를 전액 감면받을 수 있다.
③ 협약 가입 채권금융회사의 무담보채무를 조정 대상으로 한다.
④ 연체기간은 30일 초과 90일 미만이어야 한다.
⑤ 금융채무불이행자로 등록되면 안되는 사람에게 유리한 제도이다.

정답 | ②
② 채무조정을 통해 이자율 인하(최저 3.25%~최고 8%), 분할상환, 연체 이자 감면 등을 지원받을 수 있다.

06 나고객 씨는 구입대금이 900,000천원인 상가 건물을 구매하여 향후 5년 동안 첫해 말 −200,000천원, 2차연도 말 150,000천원, 3차연도 말 200,000천원, 4차연도 말 100,000천원, 5차연도 말 150,000천원의 현금흐름이 기대되며, 5년째 말에 이 상가 건물을 1,350,000천원으로 매도할 예정이라면 이 상가 투자에 대한 수정 내부수익률로 적절한 것은? (세후 투자수익률은 연 7%, 현금유출은 연 11% 이자비용이 지출되는 것으로 가정)

① IRR = 11.23%
② IRR = 12.57%
③ IRR = 13.33%
④ IRR = 14.72%
⑤ IRR = 15.13%

정답 | ③
- 현금유출
  CF0 : −900,000, C01 : −200,000, F01 : 1, I : 11, CPT NPV? −1,080,180천원
- 현금유입의 현재가치
  CF0 : 0, C01 : 0, F01 : 1, C02 : 150,000, F02 : 1, C03 : 200,000, F03 : 1,
  C04 : 100,000, F04 : 1, C05 : 1,500,000, F05 : 1, NPV, I : 7%, CPT? 1,440,044천원
- 현금유입의 미래가치
  PV : 1,440,044, N : 5, I : 7%, CPT FV? 2,019,736천원
- 5년간 이 부동산의 수정 내부수익률
  PV : −1,080,180, N : 5, FV : 2,019,736, CPT I/Y? 13.33%

07

나고객 씨는 홍제동에 있는 상가 빌딩에 10억원을 투자 시 매년 말 5,000만원의 임대료 수입을 예상하고 있으며 연간 임대료는 연 7% 연복리로 재투자될 예정이다. 빌딩의 가치는 매년 3%씩 상승한다고 가정한다면 5년 후 이 빌딩을 매각했을 때 수정IRR은 얼마인가?

① 6.52%
② 7.04%
③ 7.67%
④ 8.12%
⑤ 9.48%

정답 | ③

- 현금 유입의 미래가치
  임대수입 : PMT(E) : −50,000, N : 5, I/Y : 7, CPT FV? 287,536.95천원
  상가가치 : PV : −1,000,000, N : 5, I/Y : 3, CPT FV? 1,159,274.07천원
- 수정내부수익률
  PV : −1,000,000, FV : 1,159,274.95 + 287,536.07, N : 5, CPT I/Y? 7.67%

08

5년 후 커피전문점 오픈을 계획 중인 나고객 씨는 사업자금으로 5년 뒤 물가 기준 2억원이 필요할 것으로 예상하고 있다. 이 자금을 마련하기 위해 올해 말부터 시작해서 매년 4%씩 증액저축을 한다면 첫해 저축액으로 적절한 금액은 얼마인가? (투자수익률은 세후 연 7% 연 복리로 가정한다.)

① 30,164천원
② 31,034천원
③ 32,275천원
④ 37,757천원
⑤ 39,268천원

정답 | ③

- 5년 후 2억을 모으기 위해 현재 필요한 자금
  FV : 200,000, N : 5, I/Y : 7, PV : −142,597천원
- 첫해 저축액
  PV : 142,597, N : 5, I/Y : 3/1.04, CPT PMT(E)? 31,034 × 1.04 = 32,275천원

09 나고객 씨는 모기지대출 100,000천원, 대출기간 10년, 대출이율 연 5% 월복리 조건으로 대출을 받으려고 한다. 대출금상환방식으로 매월 말 원리금균등분할상환 조건(A안)과 만기일시상환 조건(B안)을 비교해보고 총 이자상환액의 차이는 얼마인지 적절한 것을 고르시오.

① A안이 B안보다 22,261천원 작다.
② A안이 B안보다 22,721천원 작다.
③ A안이 B안보다 22,721천원 크다.
④ A안이 B안보다 22,261천원 크다.
⑤ 차이가 없다.

정답 | ②
(A안) PV : 100,000, N : 120, I/Y : 5/12 = 0.4167, PMT(E)? 1,061천원
AMORT, P1 : 1, P2 : 120, INT? 27,279천원
(B안) 100,000×0.05×10년 = 50,000천원
이자상환액의 차이 = 50,000 − 27,279 = 22,721천원

재무설계 실무사례

PART 01

학습 가이드

출제 비중 : 7~27%(1~4문항)

학습 목표	교재 페이지	학습 중요도
제도 이해를 중심으로 학습 필요		
5-1. 고객의 니즈별 재무설계를 수행할 수 있다.	199~225 (211~215 제외)	★★★
5-2. 채무자구제제도에 대해 알 수 있다.	214~215	★★★
5-3. 거주주택 마련을 위한 재무설계를 수행할 수 있다.	227~241	★★★

01 사회초년생 재무설계 및 재무설계 프로세스에 대한 설명으로 적절하지 않은 것은?

① 사회초년생의 여러 재무적 니즈 중 공통된 니즈는 돈 관리 방법이다.
② 사회초년생의 니즈에는 돈 관리 방법을 제외하고도 학자금대출의 상환, 결혼자금 마련, 미리 하는 은퇴 준비가 있다.
③ 사회초년생은 재무목표나 재무상황이 비교적 단순하고, 재무관리에 대해 구체적으로 고민해 본 경험이 적기 때문에 재무설계사의 주도적인 상담이 매우 중요하다.
④ 재무목표는 시기와 금액이 구체적으로 명시되어야 하나, 사회초년생 재무설계를 수행할 때는 현실적으로 중장기재무목표의 구체화가 어려운 경우가 많다.
⑤ 포트폴리오에 대한 점검 등 모니터링 전반에 대한 사항은 고객과 반드시 협의하여 문서로 작성해야 할 사항이다.

정답 | ⑤
⑤ 고객과 협의해야 할 사항이지 문서로 작성해야 할 사항은 아니다.

02 신혼부부 재무설계 시 고려사항에 대한 설명으로 적절하지 않은 것은?

① 신혼부부의 재무적 관심사는 상황에 따라 다를 수 있지만 비슷한 생애주기를 겪는 이들의 일반적인 관심사와 비슷할 가능성이 높다.
② 재무설계사는 신혼부부 재무설계 시 되도록 모든 상담 과정에 부부가 함께 참여하고 정기적으로 부부 대화를 통해 가정의 재무상황을 함께 상의하고 공유할 수 있도록 유도해야 한다.
③ 맞벌이 재무관리에서 권장할 만한 방법은 맞벌이 가정임에도 불구하고 외벌이 가정처럼 재무관리를 하는 것이다.
④ 맞벌이 부부와 외벌이 신혼부부 모두 재무관리에서 가장 중요한 것은 저축 여력이 없다고 하더라도 소득 중 일부는 반드시 저축하는 습관을 갖는 것이다.
⑤ 재무설계 시 자녀 출산 및 자녀 양육으로 인한 소득구조의 변화 등 변화하는 상황에 유연하게 대처하고, 조정 가능한 재무설계안이 될 수 있도록 해야 한다.

정답 | ④
④ 외벌이 신혼부부의 재무관리에서 가장 중요한 사항이다.

03 1인 가구 재무설계의 특징과 재무설계 업무를 수행할 때 고려해야 할 사항으로 적절하지 않은 것은?

① 1인 가구는 1인이 독립적으로 취사, 취침 등 생계를 유지하고 있는 가구를 의미하며 단독가구, 독신가구와 동일하다.
② 1인 가구의 증가는 혼인율 감소, 초혼 연령의 지체에 따른 미혼 독신가구의 증가, 이혼이나 사별에 따른 독신가구 증가 및 고령화에 따른 노인 단독가구의 증가 등에 많이 기인한다.
③ 1인 가구 증가에 따른 소형임대주택 보급 확대 등 새로운 주거공간의 수요가 증대될 것이고, 가족이 아닌 자신을 위한 소비가 주축을 이룰 것으로 전망된다.
④ 1인 가구는 과소비 경향이 높으므로 상담 시 적정 예산 수립하에 지출하는 습관을 형성할 수 있도록 상담에 초점을 두어야 한다.
⑤ 여러 재무목표 중 은퇴재무목표 달성에 중점을 두고 꾸준한 저축습관을 형성할 수 있도록 조언한다.

정답 | ①
① 1인 가구는 1인이 독립적으로 취사, 취침 등 생계를 유지하고 있는 가구를 의미하는 것이지 단독가구, 독신가구와는 엄밀한 의무에서 동일한 개념이 아니다.

04 채무자 구제제도에 대한 설명으로 적절하지 않은 것은?

① 연체전 채무조정(신속채무조정), 개인워크아웃, 이자율 채무조정(프리워크아웃)은 신용회복위원회에서 운영하는 사적구제제도이다.
② 개인회생제도를 신청하기 위해서는 정기적인 수입이 있어야 한다.
③ 연체전 채무조정은 채권금융회사의 채권 중 어느 하나라도 약정한 기일 내 변제하지 아니하고 경과된 기간이 30일 이하이거나 변제하지 못할 유려가 있는 경우 신청을 고려할 수 있다.
④ 파산 및 면책제도는 자신의 모든 재산으로도 채무를 변제할 수 없을 때 채무의 정리를 위해 파산을 신청하는데 낭비 또는 사기행위 등으로 파산에 이른 경우에는 면책이 허가되지 않는다.
⑤ 총채무액이 15억원 이상인 개인채무자의 경우 개인회생과 파산 면책제도의 신청을 고려할 수 있다.

정답 | ⑤
⑤ 총채무액이 무담보 5억원, 담보채무 10억원 이하인 개인채무자의 경우 개인회생의 신청을 고려할 수 있으며 15억원을 초과하는 개인채무자의 경우 파산 면책제도를 신청할 수 있다.

05 이자율채무조정(프리워크아웃)에 대한 설명으로 적절하지 않은 것은?

① 총 채무액이 15억 이하인 자(담보채무 10억원, 무담보채무 5억원)로 신청일로부터 6개월 이내 신규발생 채무가 잔여 총재무액의 30% 이하인 경우 신청할 수 있다.
② 채무조정을 통해 이자율 인하 또는 이자와 연체이자를 전액 감면받을 수 있다.
③ 협약 가입 채권금융회사의 무담보채무를 조정 대상으로 한다.
④ 연체기간은 30일 초과 90일 미만이어야 한다.
⑤ 금융채무불이행자로 등록되면 안 되는 사람에게 유리한 제도이다.

정답 | ②
② 채무조정을 통해 이자율 인하(최저 3.25%~최고 8%), 분할상환, 연체 이자 감면 등을 지원받을 수 있다.

06 부채과다 가정 고객 상담 시 재무설계사가 중점을 두고 상담할 내용으로만 모두 묶인 것은?

> 가. 담당 재무설계사에 대한 신뢰를 바탕으로 현재의 힘든 재무상황을 해결해 나갈 수 있다는 희망을 가지게 한다.
> 나. 고객이 편안한 상태에서 자신의 재무상황을 숨김 없이 이야기할 수 있도록 배려해야 한다.
> 다. 채무의 원인을 스스로 생각해보도록 한다.
> 라. 작은 실천부터 유도하는 상담을 진행한다.
> 마. 정기적으로 변화상황을 모니터링 한다.

① 가
② 가, 나
③ 가, 나, 다
④ 가, 나, 다, 라
⑤ 가, 나, 다, 라, 마

정답 | ⑤
모두 적절한 내용이다.

07 한부모가구 중 이혼가구 재무설계 시 중점 고려사항으로 적절하지 않은 것은?

① 이혼가구 재무설계 시 자산, 부채, 수입, 지출 등의 재무정보와 각종 보험, 부동산, 이혼 후의 재무목표, 이혼과 관련한 중요한 정보를 수집해야 한다.
② 부부가 결혼생활 중에 공동으로 형성한 재산만이 재산분할청구 대상이 된다.
③ 결혼 생활 중에 부부가 공동으로 노력해서 형성한 예금, 주식 등은 명의가 일방으로 되어 있는 경우에는 재산분할 대상이 될 수 없다.
④ 이혼 후 미래 현금흐름에 대한 예측이 어렵기 때문에 어떤 지출이 발생할 것이고, 이를 어떻게 충당할지를 고객과 상의하면서 재무계획을 수립하는 것이 좋다.
⑤ 이혼 후 현금흐름 예측을 위해 이혼 전 생활비의 정확한 파악이 선행되어야 한다.

정답 | ③
③ 결혼 생활 중에 부부가 공동으로 노력해서 형성한 예금, 주식 등은 명의가 일방으로 되어 있는 경우에도 재산분할의 대상이 될 수 있다.

08 장애인 가정 재무설계와 장애인 특별부양신탁에 대한 설명으로 적절하지 않은 것은?

① 재무설계사는 장애인 가정 재무상담 시 장애인 자녀의 미래를 위한 재무적 대책을 수립하고 후견인, 전문병원, 요양소 등 다른 사람의 도움이 필요한지 특별히 관심을 가져야 한다.
② 장애인 특별부양신탁이란 부모나 조부모 등 친족이 장애인에게 증여한 후 신탁회사와 신탁계약을 체결하면 신탁회사가 고객이 정한 금융상품으로 자금을 운용하여 그 수익을 장애인에게 지급하는 방식이다.
③ 장애인 특별부양신탁은 장애인이 신탁이익의 전부를 지급받는 수익자여야 하며 지급 주기는 고객의 선택에 따라 월, 분기, 연 단위로 정할 수 있다.
④ 직계비속이나 친족이 장애인에게 자산을 증여하고 장애인 특별부양신탁에 가입하면 최대 5억원까지 증여세를 감면받을 수 있다.
⑤ 장애인 부양신탁의 신탁기간은 장애인의 종신까지이며, 신탁재산은 금전으로만 가능하다.

정답 | ⑤
⑤ 신탁재산의 종류는 금전, 유가증권, 부동산 모두 가능하다.

09 주택구입 및 임차의 장점으로 바르게 연결된 것은?

> 가. 주택을 소유하는 것은 성취감을 주며 주거이동과 관련한 정서적 불안감을 해소시켜 준다.
> 나. 거주이전의 자유
> 다. 인플레이션 헤지 효과
> 라. 유지비 부담으로부터의 자유
> 마. 세법에서 요구하는 일정 요건을 충족하는 경우 주택담보대출 이자에 대한 소득공제가 가능하다.
> 바. 자본손실위험으로부터의 자유

	주택구입의 장점	주택임차의 장점
①	가, 나, 다	라, 마, 바
②	가, 다, 라	나, 마, 바
③	가, 다, 마	나, 라, 바
④	나, 다, 바	가, 라, 마
⑤	다, 라, 마	가, 나, 바

정답 | ③
- **주택구입의 장점** : 가, 다, 마
- **주택임차의 장점** : 나, 라, 바

10 주택구입 및 임차의 단점으로 바르게 연결된 것은?

가. 재무적 위험에 노출
나. 주거 관련 비용 부담
다. 잦은 이주 위험
라. 주거 공간에 대한 재량권 부족
마. 거주이전의 불편
바. 재무적 부담과 인플레이션 위험에의 노출

	주택구입의 단점	주택임차의 단점
①	가, 나, 마	다, 라, 바
②	가, 다, 마	나, 라, 바
③	가, 다, 라	나, 마, 바
④	나, 다, 바	가, 라, 마
⑤	다, 라, 마	가, 나, 바

정답 | ①
- **주택구입의 단점** : 가, 나, 마
- **주택임차의 단점** : 다, 라, 바

11 고객과 주거관련 상담을 진행할 때 재무설계사가 사전에 숙지하고 있어야 할 고려사항으로 적절하지 않은 것은?

① 주택구입과 임차에서 발생하는 현금흐름을 분석한 후 고객의 재무상황에서 더 유리한 상황을 선택해야 하는데, 이때 중요한 것은 주택을 소유하는 경우와 임차하는 경우를 동일한 기간으로 놓고 분석해야 한다는 점이다.
② 주택구입에 따른 현금유출은 주택가격뿐만 아니라 취득세, 부동산중개보수, 양도소득세 등이 있다.
③ 주택을 보유하면서 발생하는 현금유출에는 재산세, 관리비, 유지비와 같은 주거 관련 비용이, 대출을 이용할 경우 원리금 상환액이 있다.
④ 주택구입 시 금융조달에 따른 여러 재무상황을 면밀히 검토해야 하는데 총자산에서 대출로 인한 부채비중과 매월 소득에서 부채로 인한 이자상환부담 정도를 살펴보아야 한다.
⑤ 가계부채는 계획적이고 체계적인 상환으로 인해 가계 재무건전성을 개선하는 경우로 작용할 수 있다.

정답 | ②
② 주택구입에 따른 현금유출은 주택가격뿐만 아니라 취득세, 부동산중개보수 등이 있다. 양도소득세는 주택을 양도(매도)할 때 발생하는 현금유출이다.

12 주택 마련 재무설계에 대한 설명으로 적절하지 않은 것은?

① 고객의 라이프스타일을 반영한 거주주택 재무목표를 구체적으로 세워야 하며, 현재뿐만 아니라 향후 계획도 함께 고려해야 한다.
② 기존 주택을 구입한다면 기존 매물의 시가 구입, 급매물 구입, 경매나 공매에 의한 구입 등을 신중하게 검토해야 한다.
③ 신규분양이라면 조합주택, 청약을 통한 일반분양, 미분양아파트, 재개발이나 재건축 지분투자 등 여러 수단이 있을 것이므로 고객 상황에 맞는 방법을 신중하게 검토해야 한다.
④ 자산 중 주택자금으로 활용 가능한 자금의 규모를 살피고, 신규주택 구입을 고려한다면 주택청약 관련 상품과 종류, 가입금액, 가입기간, 청약가점제에 따른 예상 점수 등 청약과 관련한 준비상황도 파악한다.
⑤ 주택구입에 부족자금이 발생되면 대출 등을 통한 자금조달 계획을 세울 수 있는데 이때 예상되는 현금흐름으로 장기대출상환에 무리가 따른다고 판단될 때는 전반적인 목표에 대한 조정 필요성에 대해 고객과 다시 의논해야 한다.

정답 | ③

③ 재개발이나 재건축 지분투자의 경우는 기존 주택을 구입할 때 신중하게 검토해야 할 사항이다.

13 주택 마련 재무설계 프로세스를 순서대로 바르게 나열한 것은?

> 가. 고객의 거주주택 마련 재무목표 파악, 현재 재무상황에 대한 파악을 마쳤다면 필요자금과 준비자금 사이의 부족자금 여부를 파악한다.
> 나. 고객의 자산과 부채, 현금흐름 상황 모두를 수집한다.
> 다. 거주주택 관련 재무목표 수립 시에는 현재뿐만 아니라 향후 계획도 함께 고려해야 한다.
> 라. 경제에 대한 가정 및 고객의 재무상황을 충분히 반영한 주택 마련 재무설계안을 제시하고 설명한다.
> 마. 거주주택 마련 재무목표 달성을 위한 저축 및 투자안을 정기적으로 점검한다.
> 바. 향후 신규주택 청약을 위한 주택청약상품, 주택자금 마련을 위한 저축투자상품, 대출상품 등을 선정했다면 고객이 이를 잘 실행할 수 있도록 돕는다.

① 가 – 나 – 다 – 라 – 마 – 바
② 나 – 다 – 가 – 바 – 라 – 마
③ 다 – 나 – 가 – 라 – 바 – 마
④ 다 – 나 – 가 – 바 – 라 – 마
⑤ 다 – 나 – 라 – 가 – 바 – 마

정답 | ③

(다) 구체적인 목표 수립 – (나) 정보수집 – (가) 부족자금 산출 및 마련 방안 검토 – (라) 주택 마련 재무설계안 제시 – (바) 재무설계안의 실행 – (마) 정기적 점검

14 주택청약제도에 대한 설명으로 적절하지 않은 것은?

① 만 19세 이상 34세 이하 청년 중 연소득 3,600만원 이하 소득자의 경우 청년우대형청약통장에 가입가능하다.
② 총급여 7,000만원 이하의 근로소득자이면서 무주택세대주의 경우 연간 불입금액 240만원 한도에서 40%까지 소득공제가 가능하다.
③ 청약예금과 청약부금에 가입되어 있는 경우 민간건설 중형국민주택, 민영주택, 민간건설 임대주택에 청약자격이 주어진다.
④ 현재 신규가입은 '주택청약종합저축'만 가능하다.
⑤ 가입한도는 월 2~20만원 한도 내에서 저축이 가능하다.

정답 | ⑤
⑤ 가입한도는 월 2~50만원 한도 내에서 저축이 가능하다.

15 주택 구입자금 대출에 대한 설명으로 적절하지 않은 것은?

① 주택담보인정비율이 40%라면 시가 6억원 짜리 아파트의 경우 최대 2억 4천만원까지 대출가능하다.
② 주택담보인정비율은 부동산시장 경기를 완화 또는 억제하고자 할 때 조정의 우선대상이 된다.
③ 총부채상환비율 기준이 엄격하게 적용될 경우 담보가치가 높더라도 소득이 충분치 않으면 대출을 받을 수 없다.
④ 총부채상환비율의 적용은 금융회사의 무분별한 대출 관행과 채무자의 부실 부채를 방지할 수 있다는 장점이 있다.
⑤ 총부채 원리금상환비율은 DSR = (해당 대출 원리금 상환액 + 기타 대출 이자상환액)/연간소득으로 계산할 수 있다.

정답 | ⑤
⑤ 총부채 원리금상환비율은 DSR = (모든 대출 원리금 상환액)/연간소득으로 산정하며 서민금융상품 등 일부 대출(새희망홀씨, 바꿔드림론, 3백만원 이하 소액 신용대출, 중도금 및 이주비 대출)의 경우 예외를 허용한다.

16 대출상환방식에 대한 설명으로 적절하지 않은 것은?

① 총 대출기간 동안의 이자부담금액이 가장 큰 대출상환방식은 만기일시상환이다.
② 원금균등분할상환의 경우 매달 원금을 상환해 나가기 때문에 원금총액의 감소로 이자금액도 서서히 줄어드는 방식이다.
③ 대출방식 중 총이자부담이 가장 낮은 상환방식은 원금균등분할상환 방식이다.
④ 원금균등분할상환 방식은 매월 상환금액이 달라지는 반면, 원리금균등분할상환은 매월 상환금액이 동일하여 지출의 관리가 가장 용이한 방식이다.
⑤ 경기하락에 따른 부동산 경기 침체 시 금융위험에 빠질 가능성이 높고 하우스푸어 문제의 발생원인이 되는 대출상환방식은 원리금균등분할상환방식이다.

정답 | ⑤
⑤ 만기일시상환방식에 대한 설명이다.

17 주택구입자금 대출에 대한 설명으로 적절하지 않은 것은?

① 원금과 이자를 같이 갚아 나가는 방식의 대출상환방식은 원리금균등상환방식이며 보통 3년 이내 원금상환 시 중도상환수수료가 발생한다.
② 코픽스 금리는 은행들의 자금조달 관련 정보를 기초로 산출되는 자금조달비용지수로 신규취급액기준 코픽스, 잔액기준 코픽스, 단기 코픽스로 구분 공시한다.
③ 우리나라 정책대출에는 내집 마련 디딤돌 대출과 보금자리론이 있으며 장기주택저당차입금 이자소득공제 요건을 충족한 경우 연말정산시 소득공제가 가능한 상품은 내집 마련 디딤돌 대출뿐이다.
④ 금리 상승이 예상되면 고정금리, 금리 하락이 예상되면 변동금리 적용을 고려하며, 장기상환을 고려하면 고정금리, 단기상환을 고려하면 변동금리 적용이 일반적이다.
⑤ 약정한 대출기간 이전에 대출금을 상환하게 되면 중도상환수수료를 부담시키고 있으며, 대출을 받은 이후에는 중도상환수수료에 대한 조건을 변경할 수 없으므로 대출신청 전에 확인해야 한다.

정답 | ③
③ 내집 마련 디딤돌 대출과 보금자리론 모두 장기주택저당차입금 이자상환액 소득공제 요건을 충족한 경우 연말정산시 소득공제가 가능하다.

18 내집 마련 디딤돌 대출에 대한 설명으로 적절하지 않은 것은?

① 신청대상은 원칙적으로 부부합산 연소득 6천만원 이하의 무주택세대주 또는 1주택자도 신청 가능하다.
② 대상주택은 주택가격 5억원 이하, 주거전용면적 85m² 이하이다.
③ 대출기간은 10년, 15년, 20년, 30년이며, 체증식 상환도 가능하다.
④ 소득세법 제52조 '장기주택저당차입금 이자상환액 소득공제' 요건을 충족하는 경우 연말정산 시 소득공제가 가능하다.
⑤ 신청시기는 소유권이전등기를 한 경우 이전등기 접수일로부터 3개월 이내 신청 가능하다.

정답 | ①
① 내집 마련 디딤돌 대출의 경우 무주택세대주만 신청 가능하다.

19 자녀 교육자금 마련 재무설계에 대한 설명으로 적절하지 않은 것은?

① 자녀교육비 관련 자금은 가계재무목표 가운데 높은 우선순위를 차지하고 가계지출 중에서도 높은 비중을 차지한다.
② 교육비의 경우 입학을 연초에 하므로 교육비 지출은 기시에 이루어지는 것으로 가정하는 것이 합리적이다.
③ 해외 유학생 자녀가 있을 경우에는 환위험에 대비한 투자 전략도 필요하다.
④ 교육자금은 은퇴자금과 마찬가지로 장기간 투자를 요하는 재무목표이므로 어느 정도 기대수익을 낼 수 있는 투자상품보다는 원금 보장이나 안정성을 목적으로 하는 보수적인 투자 상품을 선택해야 한다.
⑤ 해외유학 경비의 한도는 없으나 유학생 1인당 연간 송금액 누계가 연간 10만 달러를 초과할 경우에는 국세청과 금융감독원에 통보된다.

정답 | ④
④ 교육자금은 위험을 최소화하면서 어느 정도 기대수익을 낼 수 있는 투자 상품을 선택해야 한다.

20 은퇴자금 마련 재무설계 중 은퇴 후 삶의 단계에 대한 설명으로 적절하지 않은 것은?

① 은퇴 후 삶은 크게 활동기, 회고기, 간병기로 구분한다.
② 은퇴 전 생활자금과 비슷한 규모이거나 왕성한 활동으로 더 많은 자금이 소요될 수 있는 시기는 회고기이다.
③ 회고기에는 신체활동이 둔화되고 외부활동보다는 인생을 회고하는 시기이며 질적 여가시간 활용 여부에 따라 삶의 질이 달라질 수 있는 시기이다.
④ 부부의 은퇴기간 중 가장 적은 생활비가 소요되는 시기는 회고기이다.
⑤ 간병기는 생애 가장 많은 의료비와 간병비의 지출이 이루어지며 은퇴파산 리스크가 높아지는 시기이다.

정답 | ②
② 은퇴 전 생활자금과 비슷한 규모이거나 왕성한 활동으로 더 많은 자금이 소요될 수 있는 시기는 활동기이다.

CHAPTER 06 고객의 이해와 커뮤니케이션

PART 01

학습 가이드 ■ ■

출제 비중 : 7~13%(1~2문항)

학습 목표	교재 페이지	학습 중요도
기본개념 이해를 중심으로 학습 필요		
6-1. 커뮤니케이션 기법을 이해하고 재무상담에 활용할 수 있다.	257~296	★★★

---

01 재무설계사가 고객의 배경을 이해하는데 필요한 요소에 대한 설명으로 적절하지 않은 것은?

① 문화는 같은 사회에 있는 구성원들 사이에 공유되고, 보편적이면서 다양하며 후천적으로 학습되는 것이다.
② 우리나라는 고배경 문화의 특성이 크기 때문에 재무설계사와 고객 간의 신뢰를 바탕으로 상호작용이 일어날 때 더 효과적인 커뮤니케이션이 이루어질 수 있다.
③ 재무설계 과정에서 고객이 생각하는 준거집단이나 고객이 해당되는 사회계층의 특성을 파악하는 것은 고객의 재무적 의사결정의 배경을 이해하는 것에 도움이 된다.
④ 돈에 대한 태도는 재무관리에 대한 가치관과도 연관이 되어 있으며 소비행동이나 저축투자행동 등에 영향을 미치는 중요한 요인이다.
⑤ 자신을 중요하게 여기는 사람들은 위험에 대한 수용성향이 낮아 보다 안정적인 성향을 보인다.

정답 | ⑤
⑤ 자신을 중요하게 여기는 사람들은 위험에 대한 수용성향이 커서 보다 위험추구적인 성향을 보인다.

02 언어적 커뮤니케이션과 비언어적 커뮤니케이션에 대한 설명으로 적절하지 않은 것은?

① 말하기 능력은 정확한 발음, 정확한 표현, 적절한 단어의 사용으로 나타나며 음성의 크기와 속도, 억양, 웃음, 침묵 등 비언어적 표현과 함께 사용되어 커뮤니케이션 효과를 높인다.
② 비언어적 커뮤니케이션의 가장 기본은 대화이며 말하기와 듣기의 상호작용에 의해 이루어진다.
③ 비언어적인 표현은 신체기관에 의한 표현은 물론 상징물이나 공간, 시각물 등에 의해서 발생되는 표현도 포함한다.
④ 신체에 의한 비언어적 표현에서 고객이 몸을 지나치게 앞뒤로 움직이는 경우는 고객의 불안함을 나타낼 수 있다.
⑤ 재무설계사의 언어적 표현과 비언어적 표현이 일치하지 않을 경우 고객으로 하여금 재무설계사가 확실한 의사결정을 하지 못하고 있거나 전문성이 떨어진다고 느끼게 된다.

정답 | ②
② 언어적 커뮤니케이션에 대한 설명이다.

03 재무상담과 커뮤니케이션에 대한 설명으로 적절하지 않은 것은?

① 재무상담은 단순히 재무적 문제가 있는 개인이나 가계의 문제해결을 위한 상담만을 의미하는 것은 아니다.
② 일반적으로 커뮤니케이션을 효과적으로 이끌기 위한 방법으로는 경청, 질문, 공감, 제안, 설명, 해석, 정보제공, 직면 등의 방법이 있다.
③ 질문하기는 가장 중요하며, 가장 기본적인 커뮤니케이션 행위이다.
④ 개방형 질문은 주로 '무슨', '어떻게', '왜', '예를 들면'과 같은 단어를 사용하여 질문한다.
⑤ 공감은 긍정적인 치료적 관계를 맺는 데 도움이 된다.

정답 | ③
③ 경청이 가장 중요하며, 가장 기본적인 커뮤니케이션 행위이다.

04 재무상담에서의 커뮤니케이션 전략에 대한 설명으로 적절하지 않은 것은?

① 성공적인 상담을 위해서는 신뢰감 형성이 선행되어야 한다.
② 상담 내용은 증거자료를 이용하여 구체적으로 전달되어야 한다.
③ 고객의 행동을 강화하되 바람직하지 못한 행동을 했을 때에는 충고해야 한다.
④ 고객의 속도에 해결 속도를 맞춘다.
⑤ 고객의 문제에 대해 냉정함을 유지하여 고객 스스로 객관적 태도를 갖도록 한다.

정답 | ③
③ 고객의 행동을 강화하되 충고는 피해야 한다.

05 매체별 상담 기법에 대한 설명으로 적절하지 않은 것은?

① 전화상담은 상담의 접근성은 좋으나 상대방의 표정이나 태도, 용모 등 비언어적인 정보를 파악할 수 없다.
② 아웃바운드 전화는 고객의 전화벨이 3번 이상 울리면 일단 통화를 종료한다.
③ 전화상담은 얼굴이 보이지 않기 때문에 좀 더 솔직한 전달이 가능하다.
④ 인터넷 상담을 하는 내담자는 상담사와의 신뢰형성에 보다 더 관심이 많기 때문에 고객과 신뢰를 형성하기 위한 내용에 초점을 맞추어 진행해야 한다.
⑤ 인터넷 상담 시 무책임하거나 왜곡된 정보를 제공한다고 판단되는 경우 상담을 종료할 수 밖에 없음을 전달하고 종료한다.

정답 | ④
④ 인터넷 상담을 하는 내담자는 상담사가 어떤 사람인지보다 자신의 문제 해결에 대해 더 관심이 많기 때문에 상담의 내용에 초점을 맞추어 진행해야 한다.

06 고객불만에 대한 대응 방법 중 적절한 설명으로만 모두 묶인 것은?

> 가. 고객이 이야기하도록 한다.
> 나. 한 번에 여러 가지 문제를 해결하도록 한다.
> 다. 고객의 불만에 대해 즉각적인 해답을 제시한다.
> 라. 고객이 기대해야 하는 서비스의 기준을 재확인한다.
> 마. 고객의 불만에 대해 창의적인 답변을 한다.

① 가, 나, 마
② 가, 다, 마
③ 다, 라, 마
④ 가, 나, 다
⑤ 가, 라, 마

정답 | ⑤
나. 한 번에 한 가지 문제를 해결하도록 한다.
다. 고객의 불만에 대해 즉각적인 해답을 제시하는 것은 고객에게 그러한 불만이 항상 존재하는 것처럼 느끼게 할 수 있으므로 고객의 질문에 대하여 의문을 제시한다.

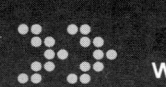 토마토패스
www.tomatopass.com

PART 02
재무설계사 직업윤리

CONTENTS

CHAPTER 01 | 재무설계사의 직업윤리 [3~4문항]
CHAPTER 02 | CFP® 자격표장 사용기준 [1~2문항]
CHAPTER 03 | 재무설계사 업무수행 시 유의사항 [0~1문항]

CHAPTER 01 재무설계사 직업윤리

PART 02

학습 가이드

출제 비중 : 60~80%(3~4문항)

학습 목표	교재 페이지	학습 중요도
• 윤리규정의 정의와 구체적인 내용 학습 필요 • 사례에서 위반한 윤리규정을 찾는 문제에 대비한 학습 필요 • 업무수행기준 단계별 내용과 프로세스 순서에 대한 학습 필요		
1-1. 고객에 대한 재무설계사의 의무를 이해하고 준수할 수 있다.	8~11	★★★
1-2. 윤리규정을 이해하고 준수할 수 있다.	12~22	★★★
1-3. 재무설계업무 수행기준을 이해하고 설명할 수 있다.	23~35	★★★

★★★
01 재무설계사의 고객에 대한 의무와 그 내용이 적절하게 연결된 것은?

가. 충실의무	나. 고지의무
다. 진단의무	라. 자문의무
마. 갱신유지의무	

A. 기본의무, 고객이익 최우선, 공명정대한 조언
B. 투자자의 적합성 개념, 고객의 기본정보 파악
C. 모든 정보를 미리 알려줌, 투자에 내재된 위험 통보
D. 능력의 한계인식, 다른 전문가 그룹과 network 구성
E. 각종제도와 정보 숙지, 계속 교육이수

	(가)	(나)	(다)	(라)	(마)
①	A	C	B	D	E
②	A	B	C	D	E
③	E	A	D	B	C
④	E	C	A	D	B
⑤	B	C	D	A	E

정답 | ①
가-A, 다-B , 나-C, 라-D, 마-E

02 다음 보기에 해당하는 고객에 대한 재무설계사의 의무로 적절한 것은?

> 투자설계에 따른 투자방안을 제안하는 경우에는 재무설계사 자신에 대한 수입보다도 고객에 대한 서비스를 우선하여야 하며, 자산운용을 위한 투자방안 제시와 관련하여 자신과 고객 간에 이해상충이 있는 사항은 모두 고객에게 사전에 통보하여야 한다.

① 충실의무
② 고지의무
③ 진단의무
④ 자문의무
⑤ 갱신유지의무

정답 | ①
① 충실의무에 대한 설명이다.

03 재무설계사의 고객에 대한 의무와 관련된 설명으로 적절하지 않은 것은?

① 충실의무는 언제나 자신의 이익보다는 고객의 합법적 이익을 최우선 순위로 두어야 한다.
② 고지의무는 투자에 내재된 위험을 포함하여 주요사항을 고객에게 미리 통보하여야 하는 것이며, '투자자 적합성'이라는 개념이 내포되어 있다.
③ 진단의무는 고객 관련 정보를 수집하고 분석할 때 고객에게 적절한 제안을 하기 위하여 필요한 모든 사항을 이해하려고 노력해야 한다는 것이다.
④ 자문의무는 자신의 능력의 한계를 알고 있어야 하고 자신의 능력의 한계를 넘는 사항은 해당 분야의 전문가로부터 자문을 받아야 한다는 것이다.
⑤ 갱신유지의무는 금융서비스산업은 제도와 상품의 종류와 내용이 끊임없이 변화하고 있기 때문에 그 변화가 고객의 재무계획에 어떠한 영향을 미치게 될지 항상 유의해야 한다는 것이다.

정답 | ②
② 고지의무가 아닌 진단의무에 대한 설명이다.

04 ★★★ 재무설계사의 고객에 대한 의무와 관련된 설명이 적절하게 연결된 것은?

가. 충실의무	나. 고지의무
다. 진단의무	라. 자문의무
마. 갱신유지의무	

A. 제안되는 투자방안에 내포된 위험을 고객에게 알려주는 것
B. 모든 전문직업인에게 요구되는 고객에 대한 기본적인 의무
C. 재무설계사는 자신의 능력의 한계를 알고 있어야 함
D. CFP® 자격인증자는 2년마다 정해진 계속교육의 요건을 이수하여야 함
E. 투자자의 투자성향, 재무상황, 투자위험수용수준이 투자방안과 적절하게 조화되는 여부를 나타냄

	(가)	(나)	(다)	(라)	(마)
①	A	B	C	D	E
②	B	A	E	C	D
③	A	B	C	E	D
④	B	A	C	D	E
⑤	E	B	C	A	D

정답 | ②

가 – B, 나 – A, 다 – E, 라 – C, 마 – D

05 다음 중 윤리원칙과 관련규칙의 내용이 적절하게 연결된 것은?

가. 객관성의 원칙 나. 능력개발의 원칙
다. 공정성의 원칙 라. 성실성의 원칙

A. 자격인증자는 성실성을 기초로 이해상충을 관리하고 전문가로서 건전한 판단을 하여야 한다.
B. 자격인증자는 충분한 전문지식과 기법을 습득하고 유지하여야 한다.
C. 자신이 받기 원하는 것과 동일하게 다른 사람을 대우하는 것이다.
D. 모든 거짓을 배척해야 한다.

	(가)	(나)	(다)	(라)
①	A	B	C	D
②	D	B	C	A
③	D	A	C	B
④	C	A	D	B
⑤	D	B	A	D

정답 | ①
가 – A, 나 – B, 다 – C, 라 – D

06 윤리원칙 중 성실성의 원칙에 대한 적절한 설명으로만 모두 묶인 것은?

가. 모든 거짓을 배척해야 한다.
나. 윤리규정상에 서술된 규정의 내용뿐만 아니라 내재된 기본적인 정신에도 충실해야 한다.
다. 고객 이익을 최우선으로 하는 것은 전문직 종사자의 기본적 덕목이다.
라. 자격인증자는 성실성을 기초로 이해상충을 관리하고 전문가로서 건전한 판단을 해야 한다.
마. 고객이 당연하게 기대하는 것을 고객에게 합리적으로 제공한다.

① 가, 나 ② 가, 나, 다
③ 가, 나, 라 ④ 다, 라, 마
⑤ 가, 다, 라

정답 | ①
다. 고객우선의 원칙
라. 객관성의 원칙
마. 공정성의 원칙

07 윤리원칙 중 전문가 정신의 원칙에 대한 설명으로 적절하지 않은 것은?

① 자격인증자는 자부심과 책임감을 가지고 전문가로서 모범이 되는 태도와 방법으로 업무를 수행해야 한다.
② 업무수행과 관련하여 고객뿐 아니라 동료 전문가 및 다른 관계자들을 존중한다.
③ 자만심은 금물이며 항상 겸허한 자세로 전문능력 향상을 위하여 지속적으로 노력해야 한다.
④ 관련 규정과 법률 및 전문가로서의 자격요건을 준수한다.
⑤ 자격인증자는 공익에 대한 봉사능력을 유지하고 향상시켜야 한다.

정답 | ③
③ 전문가 정신의 원칙이 아닌 능력개발의 원칙이다.

08 다음 보기에서 설명하는 윤리원칙이 올바르게 연결된 것은?

> 가. 고객의 이익을 최우선으로 하는 것은 전문직 종사자의 기본적인 덕목이다.
> 나. 재무설계사는 자신이 받기 원하는 것과 동일하게 다른 사람을 대우해야 한다.
> 다. 재무설계사는 자기 자신의 한계를 인식하고 적절한 시기에 다른 전문가의 자문을 구할 수 있는 지혜와 결단력이 있어야 한다.

	(가)	(나)	(다)
①	객관성의 원칙	성실성의 원칙	전문가정신의 원칙
②	고객우선의 원칙	공정성의 원칙	능력개발의 원칙
③	고객우선의 원칙	객관성의 원칙	전문가정신의 원칙
④	고객우선의 원칙	성실성의 원칙	능력개발의 원칙
⑤	객관성의 원칙	공정성의 원칙	전문가정신의 원칙

정답 | ②

09 자격인증자가 고객에게 서면으로 제공할 정보와 거리가 먼 것은?

① 정확하고 이해하기 쉽게 기술한 보수체계 설명서
② 자격인증자의 전문 분야에 대한 정보
③ 자격인증자의 소속회사의 연락처
④ 자격인증자의 프로파일
⑤ 고객, 자격인증자, 제3자와의 전반적인 이해상충을 기술한 요약서

정답 | ④
④ 자격인증자의 프로파일은 서면으로 제공할 정보와 거리가 멀다.

10 자격인증자는 원칙적으로 고객의 정보에 대하여 비밀을 유지해야 한다. 다음 중 비밀유지의 예외가 인정되는 사유와 거리가 먼 것은?

① 자격인증자 자신에 대한 소송에 대응하기 위한 경우
② 소속회사에 대한 의무의 이행에 필요한 경우
③ 형사소송과 관련된 경우
④ 고객을 위한 서비스 업무수행에 필요한 경우
⑤ 법적 요건 또는 관련 규제 당국의 요구가 있는 경우

정답 | ③
③ 형사소송과 관련된 경우 → 민사소송과 관련된 경우

11 다음 중 고객의 정보와 자산(9개 행동규범)에 대한 설명으로 적절하지 않은 것은?

① 고객이 대출영업기관이며, 자금 차입이 자격인증자가 제공하는 서비스와 관련 없는 경우 고객으로부터 자금의 차입이 가능하다.
② 고객의 자격인증자의 직계가족인 경우 고객으로부터 자금의 차입이 가능하다.
③ 자격인증자의 소속 회사가 대출영업기관이며, 소속회사의 자금으로 고객에게 자금을 빌려 줄 수 있다.
④ 고객이 자격인증자의 가족인 경우 고객에게 자금을 빌려줄 수 있다.
⑤ 자격인증자는 원칙적으로 고객의 자산을 자신이나 소속회사의 다른 고객의 자산과 공동으로 관리해야 한다.

정답 | ⑤
⑤ 자격인증자는 고객의 자산을 자신이나 소속 회사 또는 다른 고객의 자산과 공동으로 관리해서는 안 된다. 다만 법률이나 고객과의 서면 계약에 명백하게 허용된 경우에는 예외가 인정된다.

12 CFP® 자격인증자의 결격사유로 적절하지 않은 것은?

① 자금유용이나 자산유용의 죄를 범한 혐의로 수사기관의 조사를 받고 있거나 또는 재판 중에 있는 자
② 한국FPSB, 한국FPSB의 자격인증자 또는 회원의 명예나 신뢰를 손상하였거나 손상할 우려가 있는 자
③ 한국FPSB가 인증하는 자격을 사칭하거나, 자격표장을 무단으로 사용하거나 또는 고객의 이익을 침해한 사실이 확인된 후 1년이 경과되지 아니한 자
④ 금고 이상의 형의 선고유예의 선고를 받고 그 유예기간 중에 있는 자
⑤ 음주운전이나 마약물 사용 등의 혐의로 벌금형을 선고받고 그 집행이 종료되거나 면제된 후 1년이 지나지 아니한 자

정답 | ③
③ 1년이 아니라 3년이다.

13 재무설계사 업무수행 기준과 그 내용을 적절하게 연결한 것은?

① 2-2 : 자격인증자는 고객의 재무상태를 파악하기 위하여 업무수행범위에 대한 고객 관련 정보를 분석해야 한다.
② 3-2 : 자격인증자는 고객의 현 재무상태의 강점과 약점을 평가하고 이를 고객의 목표, 니즈, 그리고 우선순위와 비교하여야 한다.
③ 4-1 : 자격인증자는 고객의 목표, 니즈 및 우선순위를 합리적으로 충족할 수 있도록 고객의 현행 자산운용방식에 대하여 적절한 여러가지 전략을 고려해야 한다.
④ 4-3 : 자격인증자는 고객이 제안서의 내용을 잘 이해하고 적절한 결정을 내릴 수 있는 방법으로 제안사항과 합당한 근거를 함께 설명해야 한다.
⑤ 5-2 : 업무수행범위를 바탕으로 자격인증자는 고객이 수락한 재무설계 제안서에 부합되는 적절한 금융상품과 서비스를 선별하여 제시해야 한다.

정답 | ①
① 업무수행내용 3-1에 대한 설명이다. 업무수행내용 2-2는 자격인증자는 재무설계 제안서를 작성하거나 실행하기 전에 업무수행범위와 관계되는 고객에 대한 계량정보를 충분히 수집해야 한다.

14 업무수행내용 1-3에서 자격인증자와 고객이 상호 합의하여 결정하는 내용으로 적절하지 않은 것은?

① 계약 당사자 및 제3자를 포함하는 관련자의 책임
② 업무수행계약의 제반조건
③ 재무설계업무의 보수에 관한 사항
④ 다른 전문가와의 협력
⑤ 자격인증자와의 이해상충에 관한 사항

정답 | ④
④ 5-1 : 실행책임에 대한 상호합의 시 결정사항이다.

15 4단계 업무수행내용에 대한 설명으로 적절하지 않은 것은?

① 고객 자신의 재무목표, 니즈 및 우선순위를 달성할 수 있는 가능성에 대하여 제안서의 효과를 평가하여야 한다.
② 자격인증자는 자신의 의견이 증명된 사실인 것처럼 제시하여서는 아니 된다.
③ 전문가적 판단에는 주관성이 개입되므로 한 전문가가 도출한 대안은 다른 전문가의 대안과 다를 수 있다.
④ 고객의 재무목표, 욕구 및 우선순위를 합리적으로 충족시킬 수 있다고 기대되는 제안서를 작성한다.
⑤ 아직 통보되지 않은 이해상충, 보수의 근거 또는 다른 전문가와의 중요한 실질적인 관계에 관한 사항이 있다면 반드시 고객에게 알려야 한다.

정답 | ⑤
⑤ 5-1 실행책임에 대한 상호 합의에 대한 설명이며 고객이 실행책임을 이해하고 있는지를 확인하고 사전 동의를 얻어야 한다.

16 5단계 업무수행내용에 대한 설명으로 적절하지 않은 것은?

① 자격인증자는 자신의 의견이 증명된 사실인 것처럼 제시하여서는 아니 된다.
② 자격인증자는 관련 법규에서 고객에게 알리도록 되어 있는 사항을 모두 고객에게 알려야 한다.
③ 자격인증자는 고객과 합의한 내용을 바탕으로 고객과 원래 합의하여 결정하였던 업무수행범위를 변경할 수도 있다.
④ 자격인증자가 다른 관련 전문가에게 고객을 소개하는 경우에는 해당 전문가의 자격 내용과 소개의 근거를 설명해야 한다.
⑤ 아직 통보되지 않은 이해상충, 보수의 근거 또는 다른 전문가와의 주요한 실질적인 관계가 있다면, 그러한 사항을 이 단계에서 통보해야 한다.

정답 | ①
① 업무수행내용 4-3(재무설계 제안서의 제시)에 해당하는 업무이다.

CFP® 자격표장 사용기준

PART 02

학습 가이드

출제 비중 : 20~40%(1~2문항)

학습 목표	교재 페이지	학습 중요도
올바른 자격표장 사용 용법과 틀린 사용 용법을 찾는 문제에 대비한 학습 필요		
2-1. CFP® 자격표장 사용 용법과 틀린 사용 용법을 찾는 문제에 대비한 학습 필요	38~46	★★★

★★★
01 CFP® 자격표장의 사용방법으로 적절하지 않은 것은?

① CERTIFIED FINANCIAL PLANNER™
② CFP®와 CERTIFIED FINANCIAL PLANNER™ 자격상표를 도메인 이름의 일부로 사용하여서는 아니 된다.
③ CFP®와 CERTIFIED FINANCIAL PLANNER™ 자격상표를 이메일 주소의 일부로 사용하여서는 아니 된다.
④ 김범곤, CFP® 자격인증자의 이름 바로 다음에 표시하는 경우 독자적 사용이 가능하다.
⑤ CERTIFIED FINANCIAL PLANNER™ 자격상표는 항상 대문자로 사용하여야 하며 큰 대문자와 작은 대문자의 혼용은 불가능하다.

정답 | ⑤
⑤ CERTIFIED FINANCIAL PLANNER™ 자격상표 사용 시 큰 대문자와 작은 대문자는 혼용이 가능하다.

02 CFP® 자격표장 사용기준에 대한 설명으로 적절하지 않은 것은?

① CFP® 자격표장이라 함은 CFP® 상표 2개 이상을 집합적으로 지칭하는 용어이다.
② CFP®는 항상 대문자로 사용하여야 한다.
③ CFP®라는 표장은 어떠한 경우라도 명사형으로 사용하여서는 아니 된다.
④ CFP®라는 자격상표를 이메일 주소의 일부로 사용하여서는 안 된다.
⑤ 인터넷의 개별 웹 사이트에 CFP® 자격표장을 사용하는 경우에는 쉽게 판별할 수 있는 적절한 위치에 태그라인을 표시하는 것을 원칙으로 한다.

정답 | ③
③ CFP® 자격상표를 자격인증자의 이름 바로 다음에 표시하는 경우에는 독자적으로 사용할 수 있다.

03 CFP® 자격표장의 사용기준으로 적절하지 않은 것은?

① CERTIFIED FINANCIAL PLANNER™를 형용사형으로 사용해서는 안 된다.
② CFP®와 CERTIFIED FINANCIAL PLANNER™ 자격상표를 도메인 이름의 일부로 사용하여서는 아니 된다.
③ CFP®와 CERTIFIED FINANCIAL PLANNER™ 자격상표를 이메일 주소의 일부로 사용하여서는 아니 된다.
④ 인터넷의 개별 웹사이트에 CFP®자격 표장을 사용하는 경우에는 쉽게 판별할 수 있는 적절한 위치에 태그라인을 표시하는 것을 원칙으로 한다.
⑤ CFP® 자격표장이라 함은 CFP® 상표 중 2개 이상을 집합적으로 지칭하는 용어이다.

정답 | ①
① CFP® 자격인증 표장은 적절한 명사를 수식하는 형용사형으로 사용하여야 하며, 제한된 경우를 제외하고는 명사형으로 사용하여서는 아니 된다.

04 다른 회원국의 CFP® 자격인증자가 대한민국 내에서 국내의 CFP® 자격인증자와 동등하게 아무런 제약 없이 CFP® 영업활동에 종사하고자 하는 경우 필요한 사항으로 적절하지 않은 것은?

① 회원국 간 CFP® 자격의 상호 인정 및 별도로 한국FPSB의 CFP® 자격인증
② 한국FPSB의 Cross-Border CFP® 윤리규정 준수서약서
③ 거주지확인서
④ CFP® 라이선스비 납입증명서
⑤ 한국FPSB가 시행하는 CFP® 자격시험 중 지식형 시험의 합격증서

정답 | ⑤
⑤ 한국 FPSB가 시행하는 CFP® 자격시험 중 사례형 시험의 합격증서

CHAPTER 03 재무설계사 업무수행 시 유의사항

PART 02

학습 가이드

학습 목표	교재 페이지	학습 중요도
금지행위와 법률 위반 사항에 대한 내용 중심으로 학습 필요		
4-1. 재무설계업무수행 시 다른 법률 규정을 준수하고 협업할 수 있다.	60~81	★★★

출제 비중 : 0~20%(0~1문항)

01 세무사의 의무에 대한 설명으로 적절하지 않은 것은?

① 세무사는 다른 사람에게 자기의 성명 또는 상호 등을 사용하여 세무대리를 하게 해서는 아니 된다.
② 세무사와 세무사였던 자는 직무상 알게 된 비밀을 누설하여서는 아니 된다.
③ 세무사는 성실하게 직무를 수행하고 품위를 유지하여야 한다.
④ 세무사는 계쟁권리를 양수할 수 있다.
⑤ 세무사는 상시 근무를 필요로 하지 아니하는 공무원이 되거나 공공기관에서 위촉한 업무를 행할 수 있다.

정답 | ④
④ 세무사는 계쟁권리를 양수할 수 없다.

★★★
02 변호사의 직무에 속하는 사건으로 적절하지 않은 것은?

① 법령에 따라 설치된 조사기관에서 취급 중인 조사사건
② 소송사건, 비송사건
③ 수사기관에서 수사를 마친 사건
④ 행정심판 또는 심사의 청구나 이의신청
⑤ 행정기관에 대한 불복신청사건

정답 | ③
③ 수사기관에서 취급 중인 수사사건

★★★
03 자본시장과 금융투자업에 관한 법률상 투자자문업 및 투자일임업의 업무와 관련된 사항으로 적절하지 않은 것은?

① 자기 또는 관계인수인이 인수한 증권을 투자일임재산으로 매수하는 행위를 하여서는 아니 된다.
② 계약으로 정한 수수료 외에 인센티브를 받을 수 있다.
③ 투자자문업자는 투자자에 대하여 선량한 관리자의 주의로써 투자자문에 응하여야 한다.
④ 투자일임업자는 보고서를 작성하여 매 3개월마다 1회 이상 투자일임계약을 체결한 일반투자자에게 교부하여야 한다.
⑤ 계약서에는 투자일임재산이 예탁된 투자매매업자, 투자중개업자, 그 밖의 금융기관의 명칭 및 영업소명이 기재되어 있어야 한다.

정답 | ②
② 계약으로 정한 수수료 외의 대가를 추가로 받는 행위는 불건전 영업행위이므로 금지되어 있다.

04 개업공인중개사의 금지행위로 적절하지 않은 것은?

① 거래상의 중요사항에 대하여 거짓된 방법으로 중개의뢰인의 판단을 그르치게 하는 행위
② 중개대상물의 매매를 업으로 하는 행위
③ 실비의 한도를 초과하여 금품을 받는 행위
④ 중개의뢰인 일방을 대리하는 행위
⑤ 탈세 목적의 부동산 매매를 중개하는 등 부동산 투기 조장행위

정답 | ④
④ 일방이 아닌 쌍방대리 행위가 금지행위이다.

PART 03
위험관리와 보험설계

CONTENTS

- **CHAPTER 01** | 위험과 보험 [4~7문항]
- **CHAPTER 02** | 사회보험 [2~4문항]
- **CHAPTER 03** | 보장성보험 [11~14문항]
- **CHAPTER 04** | 저축성보험 [0~2문항]
- **CHAPTER 05** | 생명보험설계 프로세스 [1~2문항]
- **CHAPTER 06** | 손해보험설계 프로세스 [1~2문항]

CHAPTER 01 위험과 보험

PART 03

학습 가이드

출제 비중 : 16~28%(4~7문항)

학습 목표	교재 페이지	학습 중요도
• 프로세스 각 단계별 내용과 순서에 대한 학습 필요 • 조기사망 위험 측정에 대한 계산형 문제가 출제될 수 있으며, 사례형에서 비중 있게 다루어짐 • 조기사망 위험 측정의 경우 '제5장 생명보험 설계 프로세스'와 연계하여 학습 필요 • 보험가액 평가에 대한 계산형 문제가 출제될 수 있음 • 배상책임 위험 관련 법률 규정에 대한 학습 필요 • 후유장애나 사망 시 상실수익액은 자동차보험 후유장애 보험금 및 사망보험금과 연계하여 학습 필요		
1-1. 위험관리 프로세스를 이해하고 실행할 수 있다.	7~19	★★★
1-2. 조기사망 니즈를 파악하고 평가할 수 있다.	20~35 (283~319)	★★★
1-3. 상해·질병위험의 니즈를 파악하고 평가할 수 있다.	36~42	★★★
1-4. 재산분류별 위험평가방법을 이해할 수 있다.	43~62	★★★
1-5. 배상책임위험을 분류하고 평가할 수 있다.	63~86	★★★

★★★
01 위험관리프로세스에 대한 설명이 순서대로 올바르게 나열된 것은?

> 가. 고객이 요청하거나 또는 고객에게 필요로 하는 서비스에 대해 본인의 기술, 지식, 경험이 적절한지 고려해야 하며, 이해상충이 있을 경우 고객에게 고지해야 한다.
> 나. 업무수행범위와 관련된 고객에 대한 정성적인 정보도 충분히 수집해야 한다.
> 다. 고객의 현재 재무상태와 위험관리상태의 강점과 약점을 평가하고 이를 고객의 목표, 니즈, 우선순위와 비교한다.
> 라. 재무설계사는 고객이 제안서의 내용을 잘 이해하고 적절한 결정을 내릴 수 있도록 제안사항과 합당한 근거를 함께 설명해야 한다.
> 마. 이미 보험을 통해 위험을 이전한 위험에 대해서는 측정된 위험금액과 기존 보험 가입금액의 차액만큼만 보험을 구입하면 된다.
> 바. 제안서가 여전히 적절한지를 결정하고 수정이 필요한 사항에 대해서는 상호 합의하여 결정한다.

① 가-나-다-라-마-바
② 나-가-다-라-마-바
③ 나-다-가-마-바-라
④ 가-다-나-라-마-바
⑤ 바-마-라-다-나-가

정답 | ①
① '가-나-다-라-마-바' 순이다.

02 위험관리과정에 대한 설명으로 적절하지 않은 것은?

① 위험관리의 목표는 경제성, 걱정의 제거, 법적 의무수행 등의 손실 전 목표와 생존, 소득의 안정성, 지속적 성장, 사회적 책임 등 손실 후 목표로 구분할 수 있다.
② 체계적인 위험인식을 위해서는 위험분류 질문표, 노출 체크리스트, 보험증권 체크리스트, 플로우차트, 재무제표 분석, 기타 내부자료, 현장검사, 인터뷰 등 여러 가지 방법이 이용된다.
③ 위험을 평가할 때는 손실의 심각성, 즉 재무적 영향에 따라 치명적 위험, 중요한 위험, 일반적 위험으로 분류하여 관리하는 것이 바람직하다.
④ 위험관리 제안서의 작성 및 제시 단계에서는 위험관리 상태를 분석하고 평가하는 수단으로서 위험요소의 분석과 위험의 평가를 진행할 필요가 있다.
⑤ 최소한 1년 또는 2년에 한 번씩은 치명적 위험이 제대로 보장되고 있는지 살펴보아야 한다.

정답 | ④
④ 3단계 위험관리를 위한 분석 및 평가 단계에 대한 설명이다.

03 위험관리에 특화된 정보와 자료에 해당하는 것으로만 모두 묶인 것은?

> 가. 고객의 잠재적인 재무적 의무
> 나. 위험노출에 대한 고객의 성향
> 다. 보험 보장 변경 시의 영향
> 라. 재무적 위험의 노출 정도
> 마. 고객과 가족의 건강문제
> 바. 재무적 위험에 대한 관리의 적극성 검토

① 가, 나, 마
② 가, 다, 라
③ 가, 마, 바
④ 가, 나, 마, 바
⑤ 나, 다, 라, 마

정답 | ④
'가, 나, 마, 바'는 2단계 프로세스의 위험관리에 특화된 정보와 자료에 해당한다. '다, 라'는 3단계 프로세스의 위험관리의 특수성을 고려하여 점검해야 할 사항이다.

04 위험관리의 목표에 대한 설명으로 적절한 것은? ★★★

① 경제성은 개인 또는 가족의 잠재적 손실에 대해 가장 경제적인 위험처리방법을 모색하여야 한다는 것을 의미한다.
② 손실 후 목표에는 생활유지, 소득의 안정성, 지속적 성장, 법적 의무수행 등이 있으며, 이 중 가장 중요한 것은 가족의 생활유지이다.
③ 생활유지란 손실발생 시 손실을 충당할 수 있을 뿐만 아니라, 가족의 삶이 손실발생 전의 생활수준을 유지할 수 있도록 소득이 안정적으로 확보되도록 하는 것이다.
④ 소득의 안정성은 손실발생 전의 생활수준을 유지할 뿐만 아니라 그 전에 계획되었던 재무목표를 달성할 수 있도록 하여야 한다는 것을 의미한다.
⑤ 법적 의무수행은 손실의 파급효과가 타인 또는 사회에 최소화되어야 한다는 것이다.

정답 | ①
② 손실 후 목표에는 생활유지, 소득의 안정성, 지속적 성장, 사회적 책임 등이 있다.
③ 소득의 안정성
④ 지속적 성장
⑤ 사회적 책임

05 손실형태에 의한 순수위험을 설명한 것으로 적절하지 않은 것은? ★★★

① 손실형태에 의한 분류는 치명적 위험, 중요한 위험, 일반적 위험으로 분류된다.
② 이 방법의 장점은 특정 위험과 관련된 잠재적 손실을 잘 분석할 수 있다는 것이다.
③ 단점으로는 일부 재무설계사는 부보 가능한 위험에만 전적으로 의존함으로써 부보 가능하지 않은 위험을 간과할 수 있다는 것이다.
④ 인적위험에는 조기사망, 장기생존, 질병과 상해, 실업이 있다.
⑤ 재산위험에는 직접손해, 간접손해, 시간요소손해가 있다.

정답 | ①
① 손실의 형태에 따른 분류는 인적위험, 재산위험, 배상책임위험으로 분류된다.

06 재무적 영향에 따른 위험의 평가에 대한 설명으로 적절하지 않은 것은?

① 모든 배상책임위험은 치명적 위험으로 평가한다.
② 개인을 파산으로 이끌 수 있는 잠재적 손실의 노출은 치명적 위험으로 평가한다.
③ 잠재적 손실이 파산까지는 아니지만 개인이 손실을 회복하기 위해서는 외부의 자금을 차입해야 하는 정도의 위험은 중요한 위험으로 평가한다.
④ 현재의 소득이나 자산으로 보전할 수 있는 손실의 노출은 일반적 위험으로 평가한다.
⑤ 인적위험 중 조기사망, 장기생존, 질병과 상해, 실업은 치명적 위험으로 평가한다.

정답 | ⑤
⑤ 실업은 중요한 위험으로 평가한다.

07 조기사망 니즈 중 개인 니즈에 대한 설명으로 적절하지 않은 것은?

① 미처 상환되지 않은 대출 잔액은 유가족에게 부채로 남게 되는데, 생명보험을 가입하여 고객 사망 시 지급되는 사망보험금으로 대출 잔액을 상환하는 데 활용한다.
② 연생지급방식을 선택하는 경우 지급기간이 길어지기 때문에 지급금액은 고객의 사망 시에 지급이 정지되는 단생지급방식보다 현저히 적어진다.
③ 종신연금 중에는 본인의 생존기간에만 연금을 지급하는 단생지급방식과 본인뿐 아니라 배우자의 생존기간에도 연금을 지급하는 연생지급방식이 있다.
④ 개인적 목표란 자선기부를 위한 목표를 의미한다.
⑤ 자선 및 학습, 종교 등 공익사업을 위해 출연한 재산은 상속세와 증여세가 과세되므로 생명보험의 보험금 중 일부를 자선기부를 위한 목표로 활용할 때는 세금문제를 고려해야 한다.

정답 | ⑤
⑤ 자선 및 학습, 종교 등 공익사업을 위해 출연한 재산은 상속세와 증여세가 과세되지 않는다. 따라서 생명보험의 일정 금액을 자선기부에 사용할 수 있다.

08 조기사망 니즈 중 가족 니즈에 대한 설명으로 적절한 것은?

① 최후 비용은 사망 직전의 응급의료비나 장례비 등 사망 전후의 비용뿐만 아니라 상속절차가 완료된 후에 지출되는 비용을 총칭한다.
② 최후 비용에는 의료비용과 장례비, 법정비용, 회계비용, 감정비용, 사망선고비용 및 피상속인의 부채 잔액 등이 포함되며, 상속재산이 많은 경우에는 상속세가 포함된다.
③ 소득이 없던 배우자가 하던 가사일을 처리하기 위해서는 더 많은 수입을 필요로 하기 때문에 일반적으로 소득이 없는 배우자는 질병보험이나 상해보험의 가입이 필요하다.
④ 사망위험에 따른 고객의 니즈를 분석할 때 배우자의 사망으로 인한 생존 배우자의 심적 고통을 치유하기 위한 여행, 위안을 얻기 위한 물품구입 등의 조정자금은 일상적이지 않은 비용이므로 생명보험 필요보장금액을 논의할 때 고려할 필요가 없다.
⑤ 특히 건강이 좋지 않은 부모님을 돌보기 위해서는 부모님의 생활비와 치료비를 위한 특별한 준비를 원할 수도 있는데, 이러한 경우에 생명보험 외에 부모를 피보험자로 하는 소득보상보험이 해결책의 하나가 될 수 있다.

정답 | ②
① 최후 비용은 사망 직전의 응급의료비나 장례비 등 사망 전후의 비용뿐만 아니라 상속절차가 완료되기 전에 지출되는 비용을 총칭한다.
③ 일반적으로 소득이 없는 배우자도 생명보험의 가입이 필요하다.
④ 조정자금과 같은 일상적이지 않은 비용은 수일 또는 수개월간 지속되므로 생명보험 필요보장금액을 논의할 때 고려되어야 한다.
⑤ 생명보험 외에 부모를 피보험자로 하는 장기간병보험이 해결책 중 하나가 될 수 있다.

09 생애가치방법의 특징에 대한 적절한 설명으로만 모두 묶인 것은?

가. 가족을 부양하기 위한 소득의 크기, 즉 가족의 부양비가 생애가치를 결정할 때 중요한 변수가 된다.
나. 피보험자의 생애에 걸친 미래 예측에 많은 가정이 필요하고 계산이 복잡하다.
다. 국민연금의 유족 연금과 같은 다른 수입원이나 금융자산을 고려한다.
라. 사망 시 상실수익액 계산방법과 동일한 논리적 근거를 갖고 있기 때문에 현실 적응력이 있다.
마. 자녀나 상속자에게 상속하기 위한 상속재산의 보전이라는 것을 빠뜨리고 있다.

① 가
② 가, 나
③ 다, 라
④ 다, 마
⑤ 가, 라

정답 | ⑤
나, 마. 니즈분석방법의 단점
다. 국민연금의 유족 연금과 같은 다른 수입원을 고려하지 않는다.

10 나고객 씨는 30세의 남성으로 아내와 두 자녀를 둔 가장이며, 현재의 직장에서 54세 말까지 수입을 창출할 것으로 예상하고 있다. 다음의 경우 생애가치방법을 통해 산출된 추가적인 생명보험 필요보장액으로 적절한 것은?

- 평균 연봉 : 30,000천원
- 각종 세금, 생명보험의 보험료, 가장의 용돈 및 지출 : 10,000천원
- 할인율 : 연 6%
- 정기보험 가입금액 : 50,000천원

① 205,667천원
② 221,007천원
③ 255,667천원
④ 271,007천원
⑤ 305,667천원

정답 | ①

※ 추가적인 생명보험 필요보장액 = 생명보험 총 필요보장액 − 준비금액
- PMT(E) : 30,000 − 10,000 = 20,000천원(부양비)
- N : 25
- I/Y : 6
- CPT PV? : 255,667천원(생명보험 필요보장액)
- 추가적인 생명보험 필요보장액 = 255,667 − 50,000천원 = 205,667천원

11 니즈분석방법에 의한 조기사망위험 중 가족니즈에 대한 설명으로 적절하지 않은 것은?

① 일시적 자금니즈에는 사후정리자금, 자녀 결혼자금, 부채상환자금, 비상예비자금이 있다.
② 계속적 수입니즈로는 조정기 수입, 교육자금, 양육기 수입, 배우자 생애수입이 있다.
③ 사후 정리자금에는 장례비용, 최후 의료비용, 상속세 및 유언검인비용 등이 포함된다.
④ 우리나라의 경우 자녀의 교육자금 외에 자녀의 결혼비용이 자금 니즈의 별도 항목으로 설정되기도 한다.
⑤ 배우자 생애수입은 막내 자녀가 독립한 후부터 배우자가 사망할 때까지의 수입을 말하며 만약 생존 배우자가 현직에 있다면 은퇴 전 수입 니즈는 고려대상이 아니다.

정답 | ⑤
⑤ 만약 생존배우자가 현직에 있다면 은퇴 전 수입 니즈는 크게 축소되거나 없을 수도 있다.

12 니즈분석방법에 대한 적절한 설명으로만 모두 묶인 것은?

> 가. 인간의 생애가치를 금전적으로 환산한다.
> 나. 다른 수입원이나 금융자산을 고려하며 실업 및 은퇴설계에도 응용될 수 있다.
> 다. 주어진 소득금액을 창출하기 위해서는 생명보험 구입 금액이 거액이어야 한다.
> 라. 자녀나 상속인에게 상속하기 위한 상속재산의 보전이라는 것을 빠뜨리고 있다.
> 마. 피보험자의 생애에 걸친 미래 예측에 많은 가정이 필요하고 계산이 복잡하다.

① 가, 나
② 나, 다, 라
③ 다, 라, 마
④ 나, 라, 마
⑤ 가, 나, 다

정답 | ④
가. 생애가치방법의 장점
다. 자본보유방법의 단점

13 조기사망 위험 측정에 대한 설명으로 적절하지 않은 것은?

① 조기사망의 위험을 측정하는 방법에는 생애가치방법, 니즈분석방법, 자본보유방법이 있다.
② 니즈분석방법은 가장이 조기 사망할 경우 충족되어야 할 가족의 다양한 니즈를 분석하고, 이 니즈에 합당한 총 필요금액을 결정한 다음, 현재 보유하고 있는 생명보험과 금융자산을 공제한 차액이 조기 사망보장을 위한 금액이 된다.
③ 생애가치방법은 구입할 생명보험금액을 결정하는 데 가장 정밀한 방법이다.
④ 니즈분석방법의 단점 중 하나는 피보험자의 생애에 걸친 미래 예측에 많은 가정이 필요하고 계산이 복잡하다는 점이다.
⑤ 자본보유방법은 단순성, 이해의 용이성 및 상속자금의 준비라는 장점을 갖고 있다.

정답 | ③
③ 니즈분석방법의 장점

14 상해와 질병 위험에 대한 설명으로 적절한 것은?

① 질병이 단기적이고 급격하게 발생함에 비해, 상해는 장기적이고 점진적으로 발생한다.
② 질병위험이 내적 요인과 외적 요인이 결합되어 발생함에 비해, 상해위험은 내적 원인에 의해 발생한다.
③ 상해가 위험발생을 사전에 예방하는 것이 가능함에 비해, 질병위험은 사전에 예방하는 것이 쉽지 않다.
④ 자동차보험의 대인배상에서도 피보험자가 타인의 신체에 피해를 입힌 경우 피해자에게 상해, 후유 장해, 사망에 따라 각각 위자료를 지급하고 있지만, 질병의 경우 산재를 제외하고는 본인의 순수한 책임이 대부분이기 때문에 정신적 손해에 대해 보상을 받을 수가 없다.
⑤ 수입감소액은 치료기간 중 실제의 수입감소액을 말하는데, 무직자나 학생, 연금생활자, 가사 종사자 등은 수입의 감소가 없는 것으로 본다.

정답 | ④
① 상해가 단기적이고 급격하게 발생함에 비해, 질병은 장기적이고 점진적으로 발생한다.
② 상해위험이 내적 요인과 외적 요인이 결합되어 발생함에 비해, 질병위험은 내적 원인에 의해 발생한다.
③ 상해가 위험발생을 사전에 예방하는 것이 쉽지 않음에 비해, 질병위험은 사전에 예방 가능한 부분이 존재할 수 있다.
⑤ 수입감소액은 무직자나 학생, 연금생활자 등은 수입의 감소가 없는 것으로 보며, 가사 종사자는 가사에 종사하지 못하는 기간에 타인으로 하여금 가사활동에 종사케 한 경우의 비용 등으로 한다.

15 재산의 분류에 대한 설명으로 적절한 것은?

① 보험목적에 의한 재산분류는 물권에 의한 재산, 채권에 의한 재산, 무체재산권에 의한 재산 및 기타로 구분된다.
② 우리나라 민법의 재산권의 내용을 기준으로 할 경우 재산은 계속적인 사용 여부에 따라 계속사용재와 교환재로 구분된다.
③ 교환재는 건물, 기계장치, 영업용 집기비품 및 가재 등이 있으며, 계속사용재에는 상품이 있다.
④ 계속사용재의 경우 화재나 폭풍과 같은 물리적 손인의 영향이 크지만, 교환재는 물리적 손인뿐만 아니라 도난과 같은 사회적 손인의 영향이 상대적으로 크다.
⑤ 재산에 따라 피보험이익이 다른데 운송인은 물건 소유자로서 소유권에 따른 적극적 위험 이익인 반면 송하인은 보험사고 시 생기는 배상책임을 부담하지 않는 소극적 이익이다.

정답 | ④
① 우리나라 민법의 재산권의 내용을 기준으로 할 경우 재산은 물권에 의한 재산, 채권에 의한 재산, 무체재산권에 의한 재산 및 기타로 구분된다.
② 보험목적에 의한 재산분류는 계속적인 사용 여부에 따라 계속사용재와 교환재로 구분된다.
③ 계속사용재는 건물, 기계장치, 영업용 집기비품 및 가재 등이 있으며, 교환재에는 상품이 있다.
⑤ 재산에 따라 피보험이익이 다른데 송하인은 물건 소유자로서 소유권에 따른 적극적 위험 이익인 반면 운송인은 보험사고 시 생기는 배상책임을 부담하지 않는 소극적 이익이다.

16 시간요소손해에 대한 설명으로 적절하지 않은 것은?

① 시간요소손해를 분류하면 수익의 감소와 비용의 추가로 대별될 수 있다.
② 간접손해 특히 시간요소손해는 위험관리계획 수립 시 추상성 및 예측의 곤란성으로 간과되기 쉽다는 점에서 중요한 의미를 내포하고 있다.
③ 임대수입손실은 만약 건물이 사고나 화재로 파괴되거나 사용할 수 없을 때, 임대인은 그 건물을 임대할 수 없기 때문에 발생하는 손실을 말한다.
④ 가치 있는 임차계약의 해지는 장기간 임차계약을 체결할 경우 임차비용을 낮출 수 있으나, 손해가 발생하여 임차할 수 없을 경우 새로운 임차계약은 과거의 임차비용을 초과할 가능성이 높아짐에 따라 발생하는 손해를 말한다.
⑤ 우발적 휴업손해는 예를 들어 갑을상점이 홍수로 인해 침수되어 복구기간 동안 상점을 폐쇄할 경우 갑을상점에 발생하는 손해를 말한다.

정답 | ⑤
⑤ 우발적 휴업손해는 갑을상점의 판매에 전적으로 의존하는 가나공장의 경우 가나공장이 직접적인 홍수 피해를 입지는 않았지만, 갑을상점이 폐쇄된 동안 생산을 중지하거나 또는 생산량을 축소할 경우 발생하는 손해를 말한다.

17 보험가액의 평가방법에 대한 설명으로 적절한 것은?

① 시장가액은 보험가액을 손상된 재물과 동일한 신품을 구입하는 데 소요되는 비용으로 평가하는 방식이다.
② 재조달가액은 재산이 평가되는 시점에서 재산이 시장에서 매매되는 가격으로 정하는 방법이다.
③ 현재가액에서는 도덕적 위태 가능성 때문에 감가상각액이 너무 크거나 구식화된 물건은 인수를 제한하고 있다.
④ 현재가액은 재조달가액에 경과 연수에 따른 물리적·경제적 가치하락분을 차감하여 결정하는 방식으로 물가상승과 감가상각을 모두 고려한 실손보상원칙에 가장 부합하는 방식이다.
⑤ 화재보험의 현재가액담보 특약에서는 감가율 50% 이상이나 골동품, 서화 등의 물건에 대해서는 현재가액 인수를 제한하고 있다.

정답 | ④
① 재조달가액은 보험가액을 손상된 재물과 동일한 신품을 재조달하는 데 소요되는 비용으로 평가하는 방식이다.
② 시장가액은 재산이 평가되는 시점에서 재산이 시장에서 매매되는 가격으로 정하는 방법이다.
③ 재조달가액에서는 도덕적 위태 가능성 때문에 감가상각액이 너무 크거나 구식화된 물건은 인수를 제한하고 있다.
⑤ 화재보험의 재조달가액담보 특약에서는 감가율 50% 이상이나 골동품, 서화 등의 물건에 대해서는 재조달가액 인수를 제한하고 있다.

18 보험목적별 보험가액 평가방법에 대한 적절한 설명으로만 모두 묶인 것은?

> 가. 계속사용재는 현재가액, 즉 재조달가액에서 감가공제를 함으로써 보험가액을 산출한다.
> 나. 재조달가액에는 제조원가 또는 매입가액을 기준으로 광고선전비, 로열티 등을 포함한 부대비용을 가산하여 산출한다.
> 다. 손해보험 실무에 있어서는 대표적인 건물용도 및 가계성 보험 물건에 대하여 화재보험가입금액 설정 시 참고하기 위하여 간이건물신축단가표를 사용하여 간이보험가액을 산출하고 있다.
> 라. 간이건물신축단가표는 영업현장에서 간편하게 사용하기 위해 만든 것으로, 실제 재산손해에 대한 평가 시에는 한국감정원에서 매년 고시하는 건물신축단가표를 기준으로 하고 있다.
> 마. 가계성 재물보험에 있어서 일정 금액 이하의 소액사고의 경우, 피보험자의 보험목적물인 가재의 가액을 일일이 조사하여 평가하지 않고 보험가액의 결정에 영향이 큰 네 가지 항목, 즉 주택 종류, 주택 면적, 가족 수, 월평균 수입을 조사하여 보험가액을 약식 평가하는 '가재도구 보험가액 간이평가기준'이 보험실무상 사용되기도 한다.
> 바. 가재도구 보험가액 간이평가기준의 적용대상은 명기가재인 경우를 포함해 소액사고일 경우에 적용한다.

① 가, 나, 다, 라
② 가, 다, 라, 마
③ 나, 다, 라, 마
④ 나, 다, 라, 바
⑤ 다, 라, 마, 바

정답 | ②

나. 재조달가액에는 제조원가 또는 매입가액을 기준으로 부대비용을 가산하여 산출한다. 다만 재조달에 소요되지 않는 광고선전비, 로열티 등은 제외된다.
바. 가재도구 보험가액 간이평가기준의 적용대상은 소액사고일 경우에 적용하며, 명기가재인 경우에는 제외한다.

19 2012년 1월에 신축된 일반주택(철근콘크리트조 슬래브 위 아스팔트 싱글, 2급 연면적 198m²)을 2022년 1월에 화재보험에 가입하기 위하여 보험가액을 산출할 경우 간이건물신축단가표를 사용하여 계산한 것으로 가장 적절한 것은?

용도	구조	m²당 단가(천원)	경년감가율(%)
일반주택	목조 목조기붕틀 기와	684.8	2
	시멘트벽돌조 목조지붕틀 슬레이트	833.6	1
	시멘트벽돌조 목조지붕틀 기와	663.6	1
	치장벽돌조 슬래브기와	827.3	1
	치장벽돌조 슬래브지붕	793.9	1
	철근콘크리트조 슬래브	890.9	1

① 158,758천원
② 173,796천원
③ 175,332천원
④ 180,885천원
⑤ 182,456천원

정답 | ①

※ 건물 간이보험가액 = 간이건물신축단가표 m² 당 단가 × 연면적 × {1 − (감가율 × 경과년수)}
※ 건물 간이보험가액 = 890.9천원 × 198m² × (1 − 0.01 × 10년)} = 158,758.38천원

20 배상책임위험에 대한 설명으로 적절하지 않은 것은?

① 배상책임위험은 순수위험 중 가장 추상적이며, 위험발생 경로가 다양하다.
② 배상책임위험에 대한 접근의 난이성은 배상책임이 발생하는 손인인 고의 또는 과실로 인한 불법행위와 관련되어 있다.
③ 불법행위는 계약관계에 있지 않은 사람 사이에서 일어난 사고의 사후적 처리가 문제가 되기 때문에 예측가능성은 별로 문제가 되지 않고 피해자의 사후적인 타당한 구제가 중요하다.
④ 형사책임은 행위자에 대한 응보 및 장래에 있어서의 해악의 발생을 방지할 목적인 반면, 민사책임은 피해자에게 생긴 손해의 전보를 목적으로 한다는 점에서 차이가 있으나 미수도 처벌된다는 공통점이 있다.
⑤ 과실책임주의는 고의 또는 과실에 의하여 타인에게 손해를 준 경우에만 가해자가 손해배상의 책임을 지는 것인 반면, 무과실책임주의는 가해자에게 과실이 없더라도 그 가해자의 행위에 의하여 손해가 발생하였다는 관계가 있으면 그것만으로 배상책임이 발생하는 것으로 하는 것이다.

정답 | ④

④ 형사책임은 행위자의 악성, 위험성 등이 문제되기 때문에 미수도 처벌되는 반면, 민사책임은 현실적인 손해가 발생되지 않은 미수의 경우에는 문제 삼지 않는다.

21 형사책임과 민사책임에 대한 설명으로 적절하지 않은 것은?

① 형사책임은 행위자에 대한 응보 및 장래에 있어서의 해악의 발생을 방지할 목적으로 행위자의 사회에 대한 책임을 묻는 것이다.
② 민사책임은 피해자에게 생긴 손해의 전보를 목적으로 하여 행위자의 피해자 개인에 대한 책임을 묻는 것이다.
③ 형사책임은 행위자의 주관적 사정을 중시하여 고의범만을 벌하는 것이 원칙이고, 과실범에 대한 처벌은 예외적이다.
④ 민사책임은 가해자의 고의나 과실을 가리지 않고서 어느 쪽이든 그로 말미암아 생긴 손해는 모두 배상하도록 하는 것이며, 현실적인 손해가 발생하지 않은 미수의 경우에는 문제 삼지 않는다.
⑤ 형사재판에서 유죄 판결을 받고 형의 집행을 받으면 민사상의 책임도 면하게 된다.

정답 | ⑤
⑤ 형사재판에서 유죄의 판결이 있다 하더라도 그것으로 행위자의 모든 민사상의 책임이 확인된 것이라 할 수 없으며, 반대로 행위자가 형의 집행을 받았다고 해도 민사상의 책임을 면하게 되는 것은 아니다.

22 일반불법행위에 의한 배상책임을 설명한 것으로 적절하지 않은 것은?

① 과실책임주의, 자기책임의 원칙 또는 개인책임의 원리를 기본 원칙으로 한다.
② 책임무능력자의 감독자의 책임, 사용자의 배상책임, 공작물 등의 점유자와 소유자의 책임, 동물점유자의 책임 등이 있다.
③ 배상책임자는 자신의 고의 또는 과실 있는 행위에 대해서만 책임을 지며, 타인의 행위에 대해서는 책임을 지지 않는다.
④ 일반불법행위의 성립요건인 가해자의 고의 또는 과실의 입증책임은 피해자에게 있다.
⑤ 배상책임은 가해행위에 위법성이 있어야 발생하지만, 정당방위, 긴급피난 등의 사유가 있었을 경우에는 그 위법성이 배제되어 가해자에게 배상책임이 발생하지 않는다.

정답 | ②
② 특수불법행위에 대한 설명이다.

23 특수한 불법행위에 의한 배상책임을 설명한 것으로 적절하지 않은 것은?

① 책임무능력자의 감독자의 책임은 책임무능력자, 즉 미성년자나 심신상실자가 고의 또는 과실로 인한 불법행위로 타인에게 정신적 또는 물질적 피해를 입히는 경우, 책임무능력자가 손해에 대한 책임을 지지 않는 경우에도 보충적으로 그 감독자가 책임을 지게 되는 것을 말한다.
② 사용자의 책임은 타인을 사용하여 어느 사무에 종사하게 한 자는 피용자가 그 사무집행에 관하여 제3자에게 가한 손해를 배상할 책임을 지는 것을 의미한다.
③ 공작물 등의 점유자·소유자의 책임은 1차로 공작물의 점유자가 책임을 지고, 2차로 공작물의 소유자가 그 책임을 지며, 점유자와 소유자 모두에게 면책이 인정되지 않고 있다.
④ 동물의 점유자는 그 동물이 타인에게 가한 손해를 배상할 책임이 있다.
⑤ 공동불법행위에 의한 배상책임은 수인이 공동으로 불법행위를 하여 타인에게 손해를 주는 경우에 발생하며, 교사자나 방조자도 공동행위자로 분류된다.

정답 | ③
③ 점유자가 손해의 방지에 필요한 주의를 다했을 경우 그는 면책되고, 소유자에게는 면책이 인정되지 않는다.

24 민법상 규정된 특수불법행위에 대한 설명으로 적절하지 않은 것은?

① 미성년자로서 행위의 책임을 변식할 지능이 없는 자나 심신상실자가 고의 또는 과실로 인한 불법행위로 타인에게 정신적 또는 물질적 피해를 입히는 경우, 책임무능력자가 손해에 대한 책임을 지지 않는 경우에도 보충적으로 그 감독자가 책임을 지게 된다.
② 공동불법행위에 의한 배상책임은 공동으로 불법행위를 한 그 수인에게 연대하여 배상책임을 지움으로써 피해자는 가해자 중의 1인에게 손해배상액 전부를 요구할 수 있다.
③ 동물의 점유자는 그 동물이 타인에게 가한 손해를 배상할 책임이 있다.
④ 자기를 위하여 자동차를 운행하는 자가 다른 사람을 사망하게 하거나 부상케 한 경우, 자기 및 운전자가 자동차의 운행에 관하여 주의를 게을리 하지 않은 사실, 피해자 또는 제3자에게 고의 또는 과실이 있었다는 사실, 자동차에 구조상의 결함 또는 기능의 장해가 없었다는 사실을 모두 입증하지 않으면 배상책임을 면할 수 없다.
⑤ 공작물의 설치 또는 보존의 하자로 인하여 타인에게 손해를 준 때에는 1차로 공작물의 점유자가 책임을 지며, 그가 손해의 방지에 필요한 주의를 다한 때에는 그는 면책되고 이때에는 2차로 공작물의 소유자가 그 책임을 지며, 소유자에게는 면책이 인정되지 않고 있다.

정답 | ④
④ 민법상의 특수불법행위가 아니라 특별법인 자동차손해배상보장법에서 규정하는 내용이다.

25 배상책임의 위험 평가에 대한 적절한 설명으로만 모두 묶인 것은?

가. 입원치료비에는 상해의 치료방법으로 인정되는 한 한약대도 포함되며, 입원 중인 환자의 식비는 물론 간병인의 식비도 각각 입원부수비용, 개호부수비용에 포함된다.
나. 상실수익액을 산출하는 방식으로 노동능력상실률로 평가하는 평가설, 이전의 수입액과 재취업으로 인한 수입액을 공제하는 차액설이 있으며, 현재 우리나라 법원은 두 가지 방법을 모두 인정하고 있다.
다. A.M.A.방식은 미국 의학협회에서 전문분야별로 작성한 것으로 직업과 성별 등을 고려, 최신의학을 반영하여 국내에서는 상해보험의 후유장해의 각 등급별 내용에 대한 기준으로 활용되고 있다.
라. 배상책임위험을 담보하는 보험의 경우 일반적으로 기회비용을 보상한다.
마. 우리나라 판례에서는 먼저 손익상계를 적용하고 다음에 과실상계하도록 되어 있다.
바. 맥브라이드방식은 미국의 정형외과교수 맥브라이드가 만든 것으로 특히 손해배상 사건에서 가장 널리 사용되는 방법이다.

① 가
② 가, 나, 바
③ 나, 라
④ 나, 마, 바
⑤ 다, 라, 마

정답 | ②
다. A.M.A.방식은 직업과 성별 등을 고려하지 않고 있다.
라. 배상책임위험을 담보하는 보험의 경우 일반적으로 기회비용을 보상하지 않는다.
마. 우리나라 판례에서는 먼저 과실상계를 적용하고 다음에 손익상계하도록 되어 있다.

26 배상책임 위험의 평가에 대한 설명으로 적절하지 않은 것은?

① 손해에 대한 배상 방법에는 원상회복주의와 금전배상주의가 있으나 현행 우리나라 민법은 금전배상주의를 원칙으로 하고 있다.
② 최근에는 법원이 자유로운 판단에 따라 호프만방식이나 라이프니쯔방식을 사용하고 있으며, 동일한 사안인 경우 라이프니쯔방식에 의해 산출한 상실수익액이 호프만방식에 의해 산출한 금액보다 크다.
③ 자동차보험에서도 후유장해의 경우 개호인을 인정하고 있으나 개호인원을 1인으로 제한하고 기준임금도 일용근로자 임금을 기준으로 하고 있다.
④ 우리나라 판례는 먼저 과실상계를 적용하고 다음에 손익상계하도록 되어 있다.
⑤ 배상책임위험을 담보하는 보험의 경우 일반적으로 기회비용을 보상하지 않기 때문에, 재무설계사는 고객의 배상책임 위험관리 시 고객에 따라 이 비용을 별도의 방법으로 준비하도록 조언할 필요가 있을 수도 있다.

정답 | ②
② 동일한 사안인 경우 호프만방식에 의해 산출한 상실수익액이 라이프니쯔방식에 의해 산출한 금액보다 크다.

CHAPTER 02 사회보험

PART 03

학습 가이드

출제 비중 : 8~16%(2~4문항)

학습 목표	교재 페이지	학습 중요도
각 제도별 적용범위, 보험료, 급여 등에 대한 학습 필요		
2-1. 국민건강보험의 주요 내용을 알고 설명할 수 있다.	89~96	★★★
2-2. 노인장기요양보험의 주요 내용을 알고 설명할 수 있다.	97~101	★★★
2-3. 산업재해보상보험의 주요 내용을 알고 설명할 수 있다.	102~113	★★★
2-4. 고용보험의 주요 내용을 알고 설명할 수 있다.	114~129	★★★

★★★
01 사회보험 상품에 대한 설명으로 적절하지 않은 것은?

① 국민건강보험에서 제공하는 급여는 크게 현물급여와 현금급여로 이원화되어 있다.
② 산업재해보상보험의 특별급여를 지급한 경우, 수급권자는 동일한 사유에 대해 보험가입자에게 민법, 기타 법령의 규정에 의한 손해배상청구를 할 수 없다.
③ 노인장기요양보험은 고령이나 노인성 질병 등으로 인하여 3개월 이상 동안 혼자서 일상생활을 수행하기 어려운 노인 등에게 신체활동 또는 가사지원 등의 장기요양급여를 제공하는 사회보험제도이다.
④ 산업재해보상보험은 산업장 단위로 가입이 이뤄지고 개별 근로자의 관리는 별도로 이루어지지 않는다.
⑤ 상병보상연금은 요양급여를 받는 근로자가 요양개시 후 2년이 경과된 날 이후에도 당해 부상 또는 질병이 치유되지 아니한 상태에 있는 경우 휴업급여 대신 지급하는 급여이다.

정답 | ③

③ 노인장기요양보험은 고령이나 노인성 질병 등으로 인하여 6개월 이상 동안 혼자서 일상생활을 수행하기 어려운 노인 등에게 신체활동 또는 가사지원 등의 장기요양급여를 제공하는 사회보험제도이다.

02 국민건강보험의 보험급여에 대한 설명으로 적절한 것은?

① 일반건강검진은 2년마다 1회 실시하되, 사무직에 종사하는 직장가입자에 대하여는 1년에 1회 실시한다.
② 영유아건강검진은 7세 미만의 가입자 및 피부양자가 대상이다.
③ 입원 시에는 총 진료비의 10%가 가입자의 본인부담금이다.
④ 요양기관 외의 장소에서 출산을 한 때에는 그 요양급여에 상당하는 금액을 보건복지부령이 정하는 바에 의하여 그 가입자 또는 피부양자에게 요양비로 지급된다.
⑤ 장애인 보조기기 보험급여는 장애인복지법에 의하여 등록한 장애인인 가입자에 한하여 보조기기에 대하여 보험급여를 지급한다.

정답 | ④
① 사무직에 종사하지 아니하는 직장가입자에 대하여는 1년에 1회 실시한다.
② 6세 미만이다.
③ 입원 시에는 총 진료비의 20%가 가입자의 본인부담금이다.
⑤ 장애인보장구급여는 장애인복지법에 의하여 등록한 장애인인 가입자 및 피부양자에게 보장구에 대하여 보험급여를 지급한다.

03 국민건강보험의 보험급여에 대한 설명으로 적절하지 않은 것은?

① 현물급여에는 요양비와 요양급여, 건강검진 등이 있다.
② 요양비는 부득이한 사유가 있을 경우 요양급여의 보완적 역할로서 예외적으로 현금급여를 인정한다.
③ 일반건강검진의 경우 직장가입자, 세대주인 지역가입자, 40세 이상인 지역가입자 및 40세 이상인 피부양자가 대상이다.
④ 건강검진은 2년마다 1회 이상 실시하되 사무직에 종사하지 않는 직장가입자는 1년에 1회 실시한다.
⑤ 본인부담금은 입원 시에는 총 진료비의 20%, 상급종합병원 외래 시에는 진찰료 총액과 나머지 진료비를 합산한 금액의 60%이다.

정답 | ①
① 요양비는 현금급여에 해당한다.
  ※ 현금급여에는 요양비, 장애인보장구, 본인부담액 상한제, 임신·출산 진료비 등이 있다.

04 노인장기요양보험에 대한 적절한 설명으로만 모두 묶인 것은?

> 가. 치매 · 중풍의 노화 및 노인성 질환 등으로 일상생활이 어려운 65세 이상 고령자를 대상으로 하는 선택적 복지제도이다.
> 나. 노인장기요양보험제도의 서비스 재원은 국가 및 지방자치단체가 전액 부담한다.
> 다. 요양시설 및 재가 장기요양기관을 통해 신체활동 또는 가사지원 등의 서비스를 제공한다.
> 라. 특별현금급여에는 가족요양비, 특례요양비, 요양병원간병비 등이 있다.
> 마. 신청인이 일상생활을 하는 데 다른 사람의 도움을 받아야 할 정도를 나타내는 것을 요양필요도라 한다.

① 가
② 나, 다
③ 다, 라, 마
④ 가, 다, 라, 마
⑤ 나, 다, 라, 마

정답 | ③

가. 장기요양이 필요한 65세 이상 노인 및 노인성질환을 가진 65세 미만의 국민을 포함하는 보편적 제도이다.
나. 노인장기요양보험제도의 서비스 재원은 '장기요양보험료 + 국가 및 지방자치단체 + 이용자 본인부담'이다.

05 노인장기요양보험의 인정신청에 대한 설명으로 적절하지 않은 것은?

① 65세 이상의 노인 또는 65세 미만으로서 치매, 뇌혈관질환 및 노인성질병을 가진 자에 한하여 신청자격이 주어진다.
② 1~2급 등록 장애인이 활동지원급여를 이용 중이거나 이용을 희망하는 경우 장기요양등급이 인정되면 장애인 활동 지원 신청이 제한되며, 장애인 활동지원 신청을 위해 이미 인정된 장기요양등급을 취소할 수 없게 된다.
③ 등급판정을 위한 사전단계로 인정조사를 실시하는데 조사자는 65개 항목으로 구성된 장기요양인정조사표에 의해 신청의 조사를 진행한다.
④ 신청의 조사 중 재활영역은 운동장애 정도와 관절제한 정도 두 부분으로 나누어 조사한다.
⑤ 요양필요도는 도움을 받아야 할 서비스 시간이 길어질수록 높아지게 된다.

정답 | ③

③ 등급판정을 위한 사전단계로 인정조사를 실시하는데 조사자는 90개 항목으로 구성된 장기요양인정조사표에 의해 신청의 조사를 진행한다.

06 산업재해보상보험에 대한 설명으로 적절하지 않은 것은?

① 유족보상연금에 대해서는 형제자매는 받을 권리가 부여되지 않는다.
② 유족보상연금 수급 자격자의 자녀는 25세, 손자녀는 19세에 달하면 자격을 상실한다.
③ 제3자의 행위에 의한 재해로 인하여 보험급여를 지급한 경우에는 그 급여액의 한도 안에서 급여를 받은 자의 제3자에 대한 손해배상청구권을 대위한다.
④ 근로자가 야유회에 참가 중 사고로 인하여 사상한 경우에 이 법에 따라 보상을 받을 수 있다.
⑤ 근로자가 정당한 이유 없이 요양에 관한 지시를 위반함으로써 부상, 질병 또는 신체장해의 상태를 악화시키거나 그 치유를 방해한 경우에는 보험급여의 전부 또는 일부를 지급하지 않을 수 있다.

정답 | ①
① 형제자매도 19세 미만이거나 60세 이상인 경우 받을 수 있다.

07 산업재해보상보험의 보험급여에 대한 설명으로 적절하지 않은 것은?

① 요양급여는 요양비의 전액으로 하되, 요양기간이 4일 이상인 경우에 지급하며, 3일 이내의 요양으로 치유될 수 있는 경미한 재해에 대해서는 요양급여를 지급하지 아니한다.
② 휴업급여는 요양으로 인해 취업하지 못한 기간에 대해 지급하되 1일당 지급액은 평균임금의 80%를 지불한다.
③ 부분휴업급여는 산재근로자가 요양과 취업을 병행하는 경우에는 취업한 날 또는 시간에 해당하는 근로자의 평균임금에서 취업한 날 또는 시간에 받은 실제 임금과의 차액의 90%에 해당하는 금액을 지급한다.
④ 재요양을 시작한 지 2년이 지난 후에 상병상태가 상병보상연금 지급요건 모두에 해당하는 자에게는 휴업급여 대신 폐질등급에 따라 상병보상연금을 지급한다.
⑤ 장제를 지낼 유족이 없거나 유족이 아닌 자가 장제를 지낸 경우 평균임금의 120일분에 상당하는 금액의 범위에서 실제 드는 비용을 그 장제를 지낸 자에게 지급한다.

정답 | ②
② 휴업급여는 요양으로 인해 취업하지 못한 기간에 대해 지급하되 1일당 지급액은 평균임금의 70%를 지불한다.

08 산업재해보상보험에서 유족보상연금 수급자격 권리의 순위를 올바르게 연결한 것은?

가. 배우자	나. 자녀
다. 부모	라. 손자녀
마. 조부모	바. 형제자매

① 가 – 나 – 다 – 라 – 마 – 바
② 가 – 다 – 나 – 라 – 마 – 바
③ 가 – 나 – 다 – 마 – 라 – 바
④ 가 – 다 – 나 – 마 – 라 – 바
⑤ 가 – 나 – 다 – 라 – 바 – 마

정답 | ①

① 유족보상연금을 받을 권리의 순위
배우자 → 자녀 → 부모 → 손자녀 → 조부모 → 형제자매의 순서로 한다.

09 고용보험 적용범위(가입자)로 적절한 것은?

① 65세 이후에 고용된 자
② 1주일간 소정근로시간이 15시간 미만인 자
③ 예술인 및 보험설계사
④ 사립학교교직원연금법의 적용을 받는자
⑤ 65세 이후 자영업을 개시한 자

정답 | ③

예술인(2020.12), 특수형태근로종사자(2021.7), 플랫폼종사자(2022.1)로 고용보험 확대 적용됨에 따라 보험설계사도 고용보험 가입대상이 되었다.

10 실업급여 수급요건에 대한 적절한 설명으로만 모두 묶인 것은?

> 가. 이직일 이전 18개월간 피보험단위기간이 통산하여 120일 이상일 것
> 나. 근로의 의사와 능력이 없어 취업하지 못한 상태
> 다. 이직 사유가 수급자격의 제한 사유에 해당하지 아니할 것
> 라. 재취업을 위한 노력을 적극적으로 할 것
> 마. 사업주측의 사정으로 더 이상 근로하는 것이 곤란하여 이직한 경우

① 가, 나
② 나, 다
③ 라, 마
④ 다, 라, 마
⑤ 나, 다, 마

정답 | ④
가. 이직일 이전 18개월간 피보험단위기간이 통산하여 180일 이상일 것
나. 근로의 의사와 능력이 있음에도 불구하고 취업하지 못한 상태

11 고용보험의 보험급여 제한 사유로 적절하지 않은 것은?

① 거짓 등 부정행위로 지원을 받거나 받으려는 자 다만 그 급여와 관련된 이직 이후에 새로 수급자격을 취득한 경우
② 소개된 직업 등을 받도록 지시된 직종이 수급자의 능력이 맞지 않은 경우
③ 정당한 사유 없이 근로계약 또는 취업규칙 등을 위반하여 장기간 무단결근한 경우
④ 전직 또는 자영업을 하기 위하여 이직한 경우
⑤ 형법 또는 직무와 관련된 법률을 위반하여 금고 이상의 형을 선고받은 경우

정답 | ②
구직급여 지급사유에 해당한다.

CHAPTER 03 보장성보험

PART 03

학습 가이드

출제 비중 : 44~56%(11~14문항)

학습 목표	교재 페이지	학습 중요도
• 생명보험의 경우 고객 사례에 가장 적합한 보험상품, 특약 등을 선택하는 문제가 출제될 수 있음 • 상해보험과 질병보험의 경우 특징, 종류, 담보위험 등에 대한 학습 필요 • 실손의료보험의 경우 계산형 문제가 출제될 수 있으므로, 사례집과 연계하여 학습 필요 • 손해보험(재산보험, 배상책임보험, 자동차보험 등)의 경우 응용형 문제, 계산형 문제가 출제될 수 있으므로, 사례집과 연계하여 학습 필요		
3-1. 위험관리 프로세스를 이해하고 실행할 수 있다.	133~149	★★★
3-2. 조기사망 니즈를 파악하고 평가할 수 있다.	150~165	★★★
3-3. 상해·질병위험의 니즈를 파악하고 평가할 수 있다.	165~176	★★★
3-4. 재산분류별 위험평가방법을 이해할 수 있다.	177~181	★★★
3-5. 배상책임위험을 분류하고 평가할 수 있다.	183~195	★★★
3-6. 재산보험의 특징 및 담보를 알고 재무설계에 활용할 수 있다.	195~221	★★★
3-7. 장기손해보험의 정의 및 특징을 설명할 수 있다.	222~230	★★★
3-8. 배상책임보험의 정의 및 특징을 알고 재무설계에 활용할 수 있다.	231~238	★★★
3-9. 자동차보험의 특징 및 담보를 알고 재무설계에 활용할 수 있다.	239~260	★★★

★★★
01 정기보험에 대한 적절한 설명으로만 모두 묶인 것은?

> 가. 체증정기보험은 인플레이션에 따른 사망보장급부의 실질가치 하락을 막기 위하여 개발되었다.
> 나. 주택담보대출상환보험의 보험수익자는 보험금을 반드시 대출금 상환을 위해 사용할 의무가 있다.
> 다. 가족수입보장보험이 체감정기보험인 이유는 보험기간이 경과함에 따라 생활자금을 받는 기간이 짧아져 생활자금 총 수령액이 줄어들기 때문이다.
> 라. 신용생명보험은 보험기간 내에 피보험자가 사망하면 보험금이 채권자에게 직접 지급되는 것이 특징이다.
> 마. 평준정기보험은 특정한 기간, 즉 보험기간 동안 동일한 사망보험금의 지급을 보장하는 상품이다.
> 바. 갱신정기보험은 피보험자의 증가된 나이를 이유로 보험료를 인상할 수는 없지만, 피보험자의 높아진 위험도를 기준으로 인상된 보험료를 부과한다.

① 가, 다, 라, 마
② 가, 다, 마, 바
③ 다, 라, 마, 바
④ 가, 나, 다, 바
⑤ 나, 다, 마, 바

정답 | ①
나. 주택담보대출상환보험의 보험수익자는 보험금을 대출금 상환을 위해 사용할 의무는 없다.
바. 갱신정기보험은 피보험자의 높아진 위험도를 이유로 보험료를 인상할 수 없지만, 피보험자의 증가된 나이를 기준으로 인상된 보험료를 부과한다.

02 정기보험의 장점에 대한 적절한 설명으로만 모두 묶인 것은? ★★★

> 가. 최초 보험가입 시 가장 싼 보험료로 사망보장을 받을 수 있다.
> 나. 일시적 사망보장 니즈에 가장 적합한 상품이다.
> 다. 젊은 사람의 경우 현재 필요보장금액보다 더 많은 보장금액을 적은 비용으로 구입한 후, 결혼이나 자녀 출생 시 늘어난 보장액을 충당시킬 수 있다.
> 라. 현재 보험료납입 여력이 없을 경우에도 정기보험을 통해 필요보장액만큼 가입한 후, 경제적 상황이 좋아질 경우 갱신 조항과 전환특권을 통해 보장기간을 연장하거나 적립금을 적립할 수 있다.
> 마. 보험계약준비금의 과세이연 효과 및 10년 경과 시 보험차익 비과세가 가능하다.

① 가
② 가, 나
③ 가, 나, 다
④ 가, 나, 다, 라
⑤ 가, 나, 다, 라, 마

정답 | ④
마. 종신보험의 장점에 대한 설명이다.

03 정기보험을 권유하기에 적절한 경우로만 모두 묶인 것은?

> 가. 경제활동을 이제 막 시작한 사람
> 나. 자기 재산을 전부 새로운 사업에 투자하여 사업을 막 시작한 사람
> 다. 자녀를 양육하는 기간 동안 기존의 생명보험을 보완하는 수단을 고려하는 부모
> 라. 모기지나 대출금이 상환될 때까지 피보험자의 사망 시 발생하는 소득상실 및 미상환부채의 문제를 해결하고자 하는 사람
> 마. 소득이 많아 높은 보장을 원하는 사람

① 가
② 가, 나
③ 가, 나, 다
④ 가, 나, 다, 라
⑤ 가, 나, 다, 라, 마

정답 | ④
마. 소득은 적은데 높은 보장을 원하는 사람

04 다음 중 종신보험에 대한 설명으로 적절하지 않은 것은?

① 종신보험은 피보험자가 언제 사망하든지 보험가입금액을 사망보험금으로 지급하는 상품이다.
② 종신보험은 자연보험료, 적립금, 그리고 사망보험금과 예정이율의 보증 등의 특징을 갖고 있다.
③ 종신보험상품은 적립금을 갖고 있으며 이는 계약의 급부를 지급하기 위해 보험회사가 관리·운영한다.
④ 단기납 종신보험의 보험료는 전기납 종신보험에 비해 비싸다.
⑤ 종신보험은 고객이 보험료를 납입하던 도중 납입이 중지되어 보험계약이 해지될 경우 해지시점까지 적립된 해지환급금을 지급한다.

정답 | ②
② 종신보험은 평준보험료, 적립금, 그리고 사망보험금과 표준이율의 보증 등의 특징을 갖고 있다.

05 다음 중 종신보험에 대한 적절한 설명만을 묶은 것은?

> 가. 계단식 보험료 종신보험은 보험료가 계약 초년도에는 상당히 낮고, 일정 기간마다 보험료가 계속 상승하여 최종보험료에 이르게 된다.
> 나. 하이브리드 종신보험은 기본보장금액이 보험가입금액보다 높게 되어 있으므로 동일한 보험가입금액의 일반 종신보험보다 보험료가 비싸다.
> 다. 보험료수정 종신보험은 전형적인 계약형태는 수년 동안 정기보험과 유사한 낮은 보험료를 납입한 후에 종신보험의 보험료로 보험료가 증가한다.
> 라. 전기납 종신보험은 평생 사망보장을 제공하며 피보험자가 사망 시까지 보험료를 납입하는 종신보험이다.
> 마. 보험료수정 종신보험의 최종 보험료는 최종 보험료에 도달하는 시기에 전기납 종신보험을 구입하는 경우의 보험료보다 약간 비싸다.

① 가, 나, 다
② 가, 다, 라
③ 가, 다, 마
④ 나, 다, 마
⑤ 다, 라, 마

정답 | ②
나. 하이브리드 종신보험은 기본보장금액이 보험가입금액보다 낮게 되어 있으므로 동일한 보험가입금액의 일반 종신보험보다 보험료가 저렴하다.
마. 약간 저렴하다.

06 다음 전통형 생명보험의 종류와 설명이 적절하게 연결된 것은?

> 가. 전통적 종신보험
> 나. 단기납 종신보험
> 다. 보험료수정 종신보험
> 라. 계단식 보험료 종신보험
> 마. 하이브리드 종신보험
> 바. 생사혼합보험

> A. 보험료가 계약 초년도에는 상당히 낮고 일정 기간마다 보험료가 계속 상승하여 최종보험료에 이르게 된다.
> B. 보험가입금액은 모기지의 대출원금과 동일하게 설정되어 있어서, 보험기간 만기 전에 고객이 사망한 경우에는 사망보험금이 지급되어 모기지 대출원금을 상환할 수 있고 만기가 되면 만기 보험금으로 모기지 대출원금을 상환할 수 있게 된다.
> C. 전형적인 계약형태는 수년 동안 정기보험과 유사한 낮은 보험료를 납입한 후에 종신보험의 보험료로 보험료가 증가한다.

① A-라, B-바, C-다
② A-라, B-가, C-나
③ A-나, B-라, C-다
④ A-나, B-가, C-마
⑤ A-마, B-바, C-다

정답 | ①
※ A : 계단식 보험료 종신보험   B : 생사혼합보험   C : 보험료수정 종신보험

07 생사혼합보험의 특징에 대한 설명으로 적절하지 않은 것은?

① 피보험자가 일정 기간 내에 사망했을 때에 사망보험금을 지급하고 만기까지 생존했을 때에 만기보험금을 지급한다.
② 생사혼합보험은 주로 만기시점에 해지환급금과 사망보험금이 동일해진다.
③ 생사혼합보험은 정기보험에 비해 보험료가 높고, 동일한 보험료의 사망보장기능이 없는 저축성보험보다 적립금이 적다.
④ 유럽에서는 모기지 상환을 위한 용도로 생사혼합보험이 이용되고 있으며 모기지생사혼합보험이라고 부른다.
⑤ 생사혼합보험을 활용한다면 보험기간 만기 전에 고객이 사망한 경우에는 사망보험금으로 모기지 대출원금을 상환할 수 있으나 만기가 되면 사망보험금이 지급되지 않기 때문에 모기지 대출 원금을 상환할 수 없다.

정답 | ⑤
⑤ 보험기간 만기 전에 고객이 사망한 경우에는 사망보험금이 지급되어 모기지 대출원금을 상환할 수 있고 만기가 되면 만기보험금으로 모기지 대출 원금을 상환할 수 있다.

08 생명보험 상품에 대한 설명으로 적절하지 않은 것은?

① 연생보험은 복수의 피보험자에 대해 보장을 제공한다.
② 선사망자보험의 보험료는 단생보험에 비해 보험료가 높지만, 두 사람이 각각 보장을 받는 보험상품의 보험료 합계보다는 낮다.
③ 후사망자보험의 보험료는 일반적으로 개별적인 복수 보험의 보험료보다 낮다.
④ 소액서민보험은 빈곤층의 무담보 소액신용대출과 유사한 개념으로 보험료의 부담 없이 최소한의 보장을 받을 수 있도록 한 공적부조 형태의 보험이다.
⑤ 장애인을 보험수익자로 하는 보험계약의 보험금은 연간 4,000만원 한도 내에서 증여세가 비과세된다.

정답 | ④
④ 소액서민보험은 빈곤층의 무담보 소액신용대출과 유사한 개념으로 저소득층이 아주 적은 보험료를 내고 최소한의 보장을 받을 수 있도록 한 공적부조 형태의 보험이다.

★★★
09 다음 중 상해보험에 대한 설명으로 적절하지 않은 것은?

① 상해보험의 보험사고는 급격성, 우연성, 외래성을 동시에 충족하여야 하며 또한 사고 발생과 신체의 상해 사이에 인과관계가 존재하여야 한다.
② 유독가스 또는 유독물질을 우연하게도 일시에 흡입하는 경우 발생하는 중독증상 등은 상해로 보지 않는다.
③ 장기상해보험은 3년 이상의 장기계약으로 일반장기상해보험, 운전자보험, 실손의료비보험 등이 있다.
④ 사람의 생명, 신체를 대상으로 하는 상해보험은 이를 금전으로 환산할 수 없기 때문에 피보험이익이 존재하지 않는다.
⑤ 신체의 손상이더라도 질병에 의한 것이나 자연발생적인 것은 상해로 보지 않는다.

정답 | ②
② 우연하게도 일시에 흡입하는 경우에는 상해로 보지만 상습적으로 흡입, 또는 흡수하는 경우에는 상해로 보지 않는다.

★★★
10 다음 중 상해보험의 특징 및 종류와 담보위험에 대한 설명으로 적절하지 않은 것은?

① 사람의 생명, 신체를 대상으로 하는 상해보험은 이를 금전으로 환산할 수 없기 때문에 피보험이익이 존재하지 않는다.
② 상해보험은 우연성, 급격성, 외래성 이외에도 사고와 신체손상과의 인과관계가 반드시 있어야 한다.
③ 상해보험은 보험기간에 따라 3년 미만 일반상해보험과 3년 이상 장기상해보험으로 나눈다.
④ 생명보험회사의 상해보험은 재해분류표 도는 교통재해분류표, 특정재해분류표 등을 이용하여 담보위험을 열거하고 있다.
⑤ 단체상해보험은 가입 시 건강진단을 받거나 불확실성을 보완하기 위한 다른 보증서류를 제출하지 않기 때문에 피보험자에게 유리하지만 보험료가 비싼 단점이 있다.

정답 | ⑤
⑤ 단체상해보험은 가입 시 건강진단을 받거나 불확실성을 보완하기 위한 다른 보증서류를 제출하지 않기 때문에 피보험자에게 유리하며, 보험료가 저렴하다.

11 다음 중 질병보험에 대한 적절한 설명만을 묶은 것은?

가. 질병보험은 질병 또는 질병으로 인한 입원, 수술 등의 위험(질병으로 인한 사망 제외)에 관하여 금전 및 그 밖의 급여를 지급할 것을 약속하고 대가를 수수하는 보험이다.
나. 질병사망을 담보하는 계약에서 만 15세 미만자, 심신상실자 또는 의사능력이 없는 심신박약자를 피보험자로 한 경우 보험이 무효가 된다.
다. 타인의 사망을 보험사고로 하는 계약에서 계약체결 시까지 그 타인의 서면에 의한 동의를 얻지 아니한 경우 보험이 무효가 된다.
라. 상해보험에 비해 도덕적 위태가 발생할 가능성이 높기 때문에 질병보험에는 면책기간 등을 설정하기도 하며, 예를 들어 암보험의 경우 일반적으로 90일의 면책기간을 두고 있다.
마. 손해보험회사가 질병을 원인으로 하는 사망을 제3보험의 특약의 형식으로 담보해야 하는 경우에는 보험만기는 80세 미만, 보험가입금액은 2억원 이내 등의 요건을 충족해야 한다.

① 가
② 가, 나
③ 가, 나, 다
④ 가, 나, 다, 라
⑤ 가, 나, 다, 라, 마

정답 | ⑤
⑤ 모두 적절한 설명이다.

12 질병보험의 특징 및 종류와 담보위험에 대한 설명으로 적절하지 않은 것은?

① 일반적으로 암을 담보하는 계약에서는 대기기간 중 암진단이 확정되는 경우에는 보장하지 않는다.
② 생명보험사의 질병보험은 주로 특약의 형태로 판매된다.
③ 암 입원일당이 지급된 최종 입원일로부터 180일이 경과하도록 퇴원 없이 계속 입원 중인 경우에는 암 입원일당이 지급된 최종입원일의 그 다음날을 퇴원일로 본다.
④ 암 사망보험금은 암을 직접적인 원인으로 사망하거나 암으로 인하여 80% 이상의 장해상태가 되었을 경우 보상한다.
⑤ CI보험의 보험금은 중대한 질병이나 수술 등 발생 시 사망보험금의 일부를 사망 전에 지급한다.

정답 | ②
② 손해보험사의 질병보험은 주로 특약의 형태로 판매된다.

★★★
13 3세대 및 4세대 실손의료비보험에 대한 설명으로 적절하지 않은 것은?

① 4세대 실손의료비 보험은 이용한 만큼 보험료를 납부하는 할인, 할증 제도를 도입했다.
② 3세대 실손의료비 보험은 비급여 도수치료, 비급여 주사, 비급여 MRI를 특약으로 분리하였다.
③ 3세대 실손 표준형 질병 또는 상해 입원비의 경우 보상대상 의료비의 80% 해당액을 보상한다.
④ 상급병실료 차액은 상급병실과 기준병실료의 차액에 50% 해당액을 입원일수를 곱하여 지급하되 1일 평균금액 10만원을 한도로 보상한다.
⑤ 4세대 실손의료비보험의 재가입주기는 15년이다.

정답 | ⑤
⑤ 4세대 실손의료비보험의 재가입주기는 5년이다.

★★★
14 나고객 씨가 가입한 3세대 실손의료비보험에서 지급하는 입원의료비 보험금으로 가장 적절한 것은?

[표준형 실손의료비보험 질병 입원 · 통원형 가입]
• 급여와 비급여 80% 보장
• 약관상 보장하는 질병으로 총 10일간 입원치료
• 입원기간 10일 중 5일간은 기준병실, 5일간은 1인실을 사용하여 병실차액 80만원이 발생
• 병실차액을 포함한 본인부담 총액은 170만원

① 72만원 ② 90만원
③ 112만원 ④ 136만원
⑤ 170만원

정답 | ③
• **상급병실료 차액을 제외한 본인부담금** : 170만원 − 80만원 = 90만원
• **입원실료** : 90만원 × 80% 보장 = 72만원
• **상급병실료 차액** : 80만원 × 50% 보장 = 40만원
• **지급보험금** : 입원실료 72만원 + 상급병실료 차액 40만원 = 총 112만원

15 다음 장기간병보험에 대한 설명으로 적절하지 않은 것은?

① 장기간병보험은 노인장기요양보험 등급과 연계되어 보험금이 지급되며, 보험상품의 주계약으로만 판매된다.
② 생명보험사에서는 LTC(Long Term Care)보장보험, 손해보험사에서는 장기간병보험이라는 이름으로 판매되고 있다.
③ 보험회사가 판매하는 장기간병보험은 정부가 운영하는 요양보험의 운영기준과 다르며 가입한 보험약관에서 정한 지급요건을 충족해야 보험금을 지급한다.
④ 질병으로 발생하는 보험사고는 발생원인에 따라 치매 2년, 활동불능의 경우 90일이 경과한 후부터 보장이 시작된다.
⑤ 계약방식은 갱신형과 비갱신형 두 가지 형태가 있으며 갱신형은 보험기간이 끝날 때 자동재가입되나 갱신시점의 피보험자 나이와 위험률을 반영해 보험료를 다시 계산하므로 보험료가 인상될 수 있다.

정답 | ①
① 장기간병보험은 노인장기요양보험 등급과 연계되어 보험금이 지급되며, 주계약으로 가입하거나 선택특약으로도 가입할 수 있다.

16 다음 보기는 장기간병보험의 주요내용에 대한 설명이다. (가)~(다)에 들어갈 내용을 순서대로 나열한 것은?

- 질병을 원인으로 중증 치매는 (가) 활동불능은 (나)을 경과한 후부터 보장한다.
- 상해를 원인으로 중증 치매 또는 활동불능상태가 된 경우 (다) 로부터 바로 보장한다.

① 가 : 1년, 나 : 90일, 다 : 보장개시일
② 가 : 1년, 나 : 180일, 다 : 보험계약일
③ 가 : 2년, 나 : 90일, 다 : 보험계약일
④ 가 : 2년, 나 : 180일, 다 : 보장개시일
⑤ 가 : 2년, 나 : 90일, 다 : 보장개시일

정답 | ③
③ 가 : 2년, 나 : 90일, 다 : 보험계약일

17 장해소득보상보험에 대한 설명으로 적절하지 않은 것은?

① 질병이나 상해로 취업불능상태가 되었을 때 피보험자가 상실한 소득의 일정비율을 보험금으로 지급한다.
② 소득에 따라 보험료와 지급보험금을 차등하여 적용한다.
③ 빈번한 소액 청구로 인한 제반 경비지출 및 역선택을 방지하기 위한 면책기간을 두고 있으며 보통 면책기간은 4주에서 52주 내로 결정한다.
④ 보험이 다수인 경우 비례보상하나 자동차보험 등 법적 성격을 달리하는 보험은 비례보상하지 않는다.
⑤ 보험금은 약정만기 전이라도 재취업을 하면 약정만기까지 남은 기간에 대하여 보험금이 지급되는 정액방식이다.

정답 | ⑤
⑤ 보험금은 약정만기 전이라도 재취업하면 지급이 중단되는 비정액방식이다.

18 손해보험 종류에 대한 적절한 설명으로만 모두 묶인 것은?

> 가. 보험가입주체에 따라 단독보험과 중복보험으로 분류하며, 특정 위험을 담보받을 수 있는 보험계약이 하나밖에 존재하지 아니하는 경우에 그 보험을 단독보험이라 한다.
> 나. 보험가입인원에 따라 개인보험과 단체보험으로 분류하며, 단체보험은 사업주 또는 단체의 대표자가 보험계약자가 되고 사업장 또는 단체소속의 집단을 보험가입 대상으로 한다.
> 다. 보험목적의 특정 여부에 따라 특정보험과 총괄보험으로 분류하며, 특정보험이란 다수의 보험목적을 보험목적별로 특정하여 체결하는 보험계약을 말한다.
> 라. 보험가액의 평가시기에 따라 기평가보험과 미평가보험으로 분류하며, 보험계약체결 당시에는 원칙적으로 보험가액을 산정하지 않는 보험을 미평가보험이라고 한다.
> 마. 보험가액의 평가기준에 따라 현재가액보험과 재조달가액보험으로 분류하며, 보험목적이 입은 손해에 대하여 현재가액을 한도로 보상하는 보험을 현재가액보험이라고 한다.

① 가
② 나, 다
③ 가, 나, 다
④ 가, 나, 다, 라
⑤ 나, 다, 라, 마

정답 | ⑤
가. 보험가입주체에 따라 가계보험과 기업보험으로 분류하며, 단독보험과 중복보험은 보험계약수에 따른 분류이다.

19 화재보험의 종류와 특징에 대해 적절한 설명으로만 모두 묶인 것은?

> 가. 형식적으로는 화재사고만을 담보하는 보험종목이지만, 실질적으로는 포괄담보방식에 의하여 보험목적에 관한 모든 우연한 사고를 담보하는 보험종목이다.
> 나. 폭발사고, 풍수재사고 등 열거담보방식에 의한 화재사고는 일반약관에서 보상한다.
> 다. 화재보험료는 화재보험가입금액에 해당 화재보험요율을 곱하여 산출한다.
> 라. 보험요율은 주택화재보험료율, 일반물건요율, 공장물건요율로 구분된다.
> 마. 최종 적용요율은 기본요율에 할증요율, 할인요율, 특약요율을 반영하여 산출한다.

① 가, 다
② 나, 라
③ 라, 마
④ 다, 라, 마
⑤ 나, 다, 라

정답 | ④

가. 형식적으로는 화재사고만을 담보하는 보험종목이지만, 실질적으로는 열거담보방식에 의하여 보험목적에 관한 모든 우연한 사고를 담보하는 보험종목이다.
나. 폭발사고, 풍수재사고 등 열거담보방식에 의한 화재사고 이외의 모든 우연한 사고는 특별약관에서 보상한다.

20 화재보험에 대한 설명으로 적절하지 않은 것은?

① 보험의 목적 또는 보험의 목적을 수용하는 건물의 구조를 변경, 개축, 증축하거나 계속하여 15일 이상 수선할 경우에는 계약자 및 피보험자는 지체 없이 서면으로 회사에 통지해야 한다.
② 화재보험은 의무보험의 성격을 가지고 있는데 이와 연결된 법이 '실화책임에 관한 법률'이다.
③ 대규모 인명피해가 우려되는 특수건물 소유자의 경우 신체손해배상특약부 화재보험을 의무적으로 가입해야 한다.
④ 특수건물 소유자가 화보법에서 정하고 있는 보험에 가입하지 않을 경우 500만원 이하의 벌금에 처할 수 있다.
⑤ 일반화재보험은 폭발과 파열, 소방손해, 피난손해를 보상한다.

정답 | ⑤

⑤ 주택화재보험은 폭발과 파열, 소방손해, 피난손해를 보상하며, 일반화재보험은 폭발과 파열은 보상하지 않는다.

21 화재보험의 담보위험에 대한 적절한 설명으로만 모두 묶인 것은?

> 가. 화재보험 약관에는 주택화재, 일반화재, 특수건물화재보험 및 FOC영문 약관 등이 있다.
> 나. 화재보험의 보험목적은 주택물건, 일반물건, 공장물건으로 대별된다.
> 다. 주택화재보험에서는 화재, 폭발, 파열, 소방손해, 피난손해를 보상한다.
> 라. 지하층을 제외한 11층 이상의 건물을 소유한 소유자는 신체손해배상특약부 화재보험에 의무적으로 가입해야 한다.
> 마. 다중이용업주는 화재배상책임담보 특별약관을 의무가입해야 하며, 미가입자의 경우 1,000만원 이하의 과태료를 부과한다.
> 바. 화재보험 보통약관에서 담보하는 위험 외에 위험을 추가하고자 할 경우 소정의 특별요율에 해당하는 보험료를 납입하고 보장받을 수 있다.

① 가, 나, 라, 마
② 나, 라, 마, 바
③ 나, 다, 라
④ 가, 나, 다, 라
⑤ 다, 라, 마, 바

정답 | ④
마. 다중이용업주는 화재배상책임담보 특별약관을 의무가입해야 하며, 미가입자의 경우 300만원 이하의 과태료를 부과한다.
바. 화재보험 보통약관에서 담보하는 위험 외에 위험을 추가하고자 할 경우 소정의 특약요율에 해당하는 보험료를 납입하고 보장받을 수 있다.

22 화재보험의 보험금 지급방식에 대한 설명으로 적절하지 않은 것은?

① 주택 및 일반물건(재고자산 제외)은 보험가입금액이 보험가액의 80% 이상인 경우 손해액 전액에 대하여 보상한다.
② 공장물건의 전부손해 발생 시 초과보험에서는 보험가액을 한도로 손해액 전액을 보상한다.
③ 공장물건은 일부보험의 경우 보험가입금액이 보험가액의 80% 미만인 경우 비례보상한다.
④ 재산보험금과 잔존물제거비용의 합계액은 보험가입금액을 한도로 한다.
⑤ 잔존물제거비용 보험금은 실제의 잔존물 제거비용을 지급하되 재산손해액의 10%를 초과할 수 없다.

정답 | ③
③ 공장물건은 일부보험인 경우 보험가입금액과 보험가액의 비율에 따라 비례보상한다.

23 재산보험의 종류와 그 설명이 올바르게 연결된 것은?

> 가. 동산종합보험　　　　　　　　　나. 재산종합보험
> 다. 해상보험　　　　　　　　　　　라. 풍수해보험

> A. 보험계약자의 선택에 따라 보관 중은 물론 사용 중, 휴대 중, 운송 중의 사고까지 담보한다.
> B. 피보험자의 전 재산이 모든 우연한 사고로 입은 교환가치를 보상하는 보험을 말한다.
> C. 적하보험, 선박보험, 운임보험, R&I 보험으로 구분한다.
> D. 보험료의 일부를 정부가 지원할 수 있으며 일부 보험료 부담 능력이 없는 자에게는 지방자치단체가 보험을 대신 가입하여 줄 수 있다.

① 가-A, 나-B, 다-C, 라-D
② 가-A, 나-B, 다-D, 라-C
③ 가-A, 나-C, 다-B, 라-D
④ 가-A, 나-D, 다-C, 라-B
⑤ 가-D, 나-B, 다-C, 라-A

정답 | ①
① '가-A, 나-B, 다-C, 라-D'의 연결이 적절하다.

24 장기손해보험의 특징으로만 모두 묶인 것은?

> 가. 기업성 보험　　　　　　　　　나. 자동복원제도
> 다. 환급금 지급　　　　　　　　　라. 1년 만기보험
> 마. 다양한 형태로 조립　　　　　　바. 보험가입금액의 다양화

① 가, 나, 라　　　　　　　　② 나, 다
③ 나, 다, 마　　　　　　　　④ 다, 바
⑤ 나, 라, 마

정답 | ②
※ 장기손해보험의 특징
- **보험기간** : 3년
- **보험료 구성** : 순보험료 = 위험보험료 + 저축보험료
　　　　　　　　　부가보험료 = 예정신계약비 + 예정유지비 + 예정수금비
- **환급금** : 납입보험료 또는 보험가입금액의 일정액을 중도, 만기에 환급
- **자동복원제도** : 있음

25 장기손해보험에 대한 설명으로 적절하지 않은 것은?

① 장기화재보험은 주택화재보험에 저축기능 등 장기손해보험의 특징을 가미한 상품이다.
② 일반화재보험과 동일하게 장기화재보험에서도 보험계약대출이 가능하다.
③ 시설소유관리자, 임차자배상책임, 가스사고배상책임, 일상생활배상책임 특별약관은 장기종합보험의 주요 배상책임보험이다.
④ 장기운전자보험은 운전자를 주 가입대상으로 자동차보험의 자손부분을 보완하고 자동차보험에서 보상하지 않는 생활유지비, 벌금, 방어비용 등을 보상하는 일종의 패키지 보험이다.
⑤ 장기운전자보험은 신체상해와 관련하여 받은 벌금액을 1사고당 3,000만원 한도로 실손보상한다.

정답 | ②
② 장기화재보험은 보험계약대출이 가능한 반면, 일반화재보험은 보험계약대출이 불가능하다.

26 배상책임보험에 대한 설명으로 적절하지 않은 것은?

① 가해자로서의 피보험자가 보험사고로 타인에게 손해를 입힘으로써 법률상 배상책임이 있는 금액을 보험약관상 제반조건에 따라 보상하는 보험이다.
② 임의배상책임보험은 피해자에 대한 가해자의 손해배상 이행자력을 확보하기 위한 수단이다.
③ 전문직 배상책임보험은 전문인의 주의의무 위반과 제3자의 손해발생 간에 상당 인과관계가 존재한다.
④ 의무보험에 가입된 특수건물에서 영업 중인 다중이용업소 주인은 화재배상책임보험에 가입하지 않아도 된다.
⑤ 영업배상책임보험에는 전문직업 업무에 기인한 배상책임위험은 포함되지 않는다.

정답 | ②
② 의무배상책임보험은 피해자에 대한 가해자의 손해배상 이행자력을 확보하기 위한 수단이다.

27 자동차보험의 특징에 대한 설명으로 적절하지 않은 것은?

① 상법상 손해보험에 속하지만 제3보험의 담보종목 성격도 가진다.
② 강제보험 성격을 지니고 있으며 강제보험 계약체결을 거부할 경우 2,000만원 이하의 과태료를 부과한다.
③ 저축보험료가 없는 소멸성보험이며, 자동차보험의 기명피보험자는 피보험이익이 존재해야 한다.
④ 과실상계는 피해자의 과실비율에서 가해자의 과실비율을 제하고 나머지 비율에 대해서 가해자가 피해자에게 손해배상을 하는 방식이다.
⑤ 자동차를 소유·사용·관리하는 과정에서 발생할 수 있는 배상책임손해, 자기신체상해에 따른 손해 또는 자기차량손해 등의 보상을 목적으로 하는 보험이다.

정답 | ④
④ 과실상계는 가해자의 과실비율에서 피해자의 과실비율을 제하고 나머지 비율에 대해서 가해자가 피해자에게 손해배상을 하는 방식이다.

28 자동차보험의 종류와 담보위험에 대한 적절한 설명으로만 모두 묶인 것은?

> 가. 법정정원 10인승 이하의 개인소유 자가용 승용차는 개인용자동차보험 가입대상이다.
> 나. 대인배상 I은 강제보험이고 제1차 위험보험방식을 취하므로 초과전보조항이다.
> 다. 대물보상은 2,000만원까지는 가입이 강제된 책임보험이며, 대물 2,000만원을 초과하는 보상한도는 임의보험이다.
> 라. 영업용화물차, 승용차, 승합자동차는 대인배상 I은 물론 대인배상 II까지 강제보험이다.
> 마. 대인사고로 대인배상 I의 보상한도를 초과하면 초과손해는 100% 본인부담이다.

① 가, 나, 마 ② 가, 다, 라
③ 나, 마   ④ 나, 다, 마
⑤ 다, 라, 마

정답 | ②
나. 대인배상 I은 강제보험이고 제1차 위험보험방식을 취하므로 보상한도가 정해져 있는 유한보험이며, 대인배상 II는 손해보상금이 대인배상 I의 보상한도를 초과하면 초과손해를 보상하는 초과전보조항이다.
마. 대인배상 I 보상한도를 초과하면 초과손해는 대인배상 II에서 보상한다.

29 자동차보험의 보험료 산정 및 할증 체계와 담보위험에 대한 설명으로 적절하지 않은 것은?

① 특약요율은 운전자의 연령범위를 제한하는 특약 등 가입 시에 적용하는 요율이다.
② 특별할증은 자동차 사고 시 기본할증 외에 사고횟수와 규모, 인수거절 계약 건에 대해서 추가로 최고 10~40%의 특별할증보험료를 부과한다.
③ 무사고자에 대한 보험료 할인은 3년간 무사고이면 그 다음해에 1등급 할인이 적용된다.
④ 자기신체사고 담보를 가입하게 되면 자동차상해 담보가 자동으로 적용된다.
⑤ 자동차상해 보상한도는 사망한도를 초과하여 가입할 수 없다.

정답 | ④
④ 자동 적용되지 않으며 자기신체사고와 자동차상해를 동시에 가입할 수 없다.

30 가족운전자한정특약에서 담보하는 운전자의 범위로 모두 묶인 것은?

> 가. 형제자매를 제외한 기명피보험자와 기명피보험자의 부모, 양부모, 계부모
> 나. 기명피보험자의 법률상 배우자 또는 사실혼 관계에 있는 배우자
> 다. 법률상 혼인관계 또는 사실혼관계에서 태어난 기명피보험자의 자녀, 계자녀
> 라. 사실혼 관계에 있는 기명피보험자의 배우자의 부모, 계부모, 양부모
> 마. 사실혼 관계에 있는 기명피보험자의 며느리 또는 사위

① 가, 다
② 가, 나, 다
③ 나, 마
④ 나, 라, 마
⑤ 다, 라, 마

정답 | ②
라, 마. 사실혼 관계에 있는 부모, 자녀, 며느리, 사위는 가족운전자한정특약의 운전자 범위에서 제외된다.

31 자동차보험의 보험금지급기준에 대한 설명으로 적절하지 않은 것은?

① 자동차보험에서는 정신적 손해 항목인 위자료가 있으나, 산재보험에서는 위자료가 없다.
② 자동차보험에서는 과실상계가 있지만, 무과실책임주의인 산재보험에서는 과실상계가 없다.
③ 자동차보험은 보험금 지급이 일시금 형태이지만, 산재보험은 원칙적으로 연금이 지급된다.
④ 사망자 본인 및 유족의 위자료는 약관지급기준으로 65세 미만 8,000만원, 65세 이상은 5,000만원이다.
⑤ 약관지급기준 및 법원판결지급기준에 의한 중간이자공제는 모두 라이프니쯔방식으로 계산한다.

정답 | ⑤
⑤ 약관지급기준에 의한 중간이자공제는 라이프니쯔방식으로, 법원판결지급기준에 의한 중간이자공제는 호프만식으로 계산한다.

32 자동차보험금 청구와 지급절차에 대한 적절한 설명으로만 모두 묶인 것은?

> 가. 음주운전과 무면허, 뺑소니사고 시 사고부담금은 1사고당 대인배상과 대임대상에 모두 1억원 한도 내 지급한다.
> 나. 자기차량손해 지급보험금은 보험증권이 기재된 보험가입금액을 한도로 보상하며 보험가입금액이 보험가액보다 많은 경우에는 보험가액을 한도로 보상한다.
> 다. 피보험자가 법률상의 손해배상책임을 지는 사고가 생기더라도 손해배상청구권자는 보험회사에 직접 손해배상금을 청구할 수 없다.
> 라. 자동차보험의 보험기간은 원칙적으로 보험증권에 기재된 보험기간의 첫날 24시부터 마지막날 24시까지이다.
> 마. 자동차보험에 처음 가입하는 자동차란 자동차 판매업자 등으로부터 인도될 날부터 10일 이내에 처음으로 자동차보험에 가입하는 신차 및 중고차를 말한다.

① 가
② 가, 나
③ 나, 라, 마
④ 다, 라
⑤ 다, 라, 마

정답 | ③
가. 음주운전, 무면허, 뺑소니사고 시 사고부담금은 1사고당 배인배당은 1억5,000만원 한도 내 지급 보험금 전액, 대인배상은 1억원까지 지급된다.
다. 피보험자가 법률상의 손해배상책임을 지는 사고가 생긴 경우 손해배상청구권자는 보험회사에 직접 손해배상금을 청구할 수 있다.

CHAPTER 04 저축성보험

PART 03

학습 목표	교재 페이지	학습 중요도
• 저축성보험 상품별 특징, 장점, 단점 등에 대한 학습 필요		
• 고객에게 가장 적합한 저축성보험 상품을 선택하는 문제가 출제될 수 있음		
4-1. 저축성 보험의 특징을 알고 재무설계에 활용할 수 있다.	263~280	★★★

출제 비중 : 0~8%(0~2문항)

01 공시이율형 보험에 대한 적절한 설명으로만 모두 묶인 것은?

> 가. 저축보험료의 부리이율을 공시이율로 적용하는 보험이며, 공시이율은 객관적인 외부지표금리를 가중평균하여 산출한다.
> 나. 공시이율은 보험개발원의 공시기준이율에서 각 보험사가 조정률을 감안하여 결정한다.
> 다. 시중금리가 아무리 하락해도 일정 정도의 보험금을 보증하는 최저보증금리가 있다.
> 라. 주식시장이 급격하게 하락하면 공시이율은 하락한다.
> 마. 주식시장이 상승하게 되면 추가금리를 가산한다.

① 가, 나, 다
② 가, 나, 마
③ 가, 다, 라
④ 나, 라, 마
⑤ 다, 라, 마

정답 | ①
라. 주식시장이 급격하게 하락할 때에도 직접적인 영향을 받지 않는다.
마. 주식시장의 상승으로 인한 혜택을 받지 못한다.

02 유니버설보험의 종류와 특징에 대한 적절한 설명으로만 모두 묶인 것은?

> 가. 보험료 금액과 납입에 유연성이 있으며 필요에 따라 변경 가능하다.
> 나. 제1회 보험료가 납입되면 보험회사는 사업비와 첫 번째 달의 위험보험료를 공제하고 잔액은 적립금으로 이전된다.
> 다. 평준형 유니버설생명보험은 사망보험금이 최초 가입금액과 적립금을 합한 보장급부를 제공한다.
> 라. 증가형 사망급부의 경우, 연령 증가에 따라 정기보험 코스트, 즉 순보장금액의 단위당 위험보험료는 감소한다.
> 마. 비정기적인 보험료 납입 또는 최소필요금액만을 납입하려는 시도는 유니버설보험을 값비싼 정기보험으로 만들어 버린다.

① 가, 나, 마
② 나, 다, 라
③ 다, 라, 마
④ 나, 라, 마
⑤ 가, 다, 라

정답 | ①
다. 증가형 유니버설생명보험은 사망보험금이 최초 가입금액과 적립금을 합한 보장급부를 제공하기도 한다.
라. 평준형 사망급부의 경우, 연령 증가에 따라 정기보험 코스트, 즉 순보장금액의 단위당 위험보험료는 증가한다.

03 유니버설보험에 대한 적절한 설명으로만 모두 묶인 것은?

> 가. 유니버설보험의 정기보험의 요소가 종신보험의 그것보다 저렴하기 때문에 비교적 젊은 연령에서는 종신보험 대신 유니버설보험을 구입하는 것이 좋다는 의견이다.
> 나. 증가형 유니버설생명보험은 사망보험금이 최초 가입금액과 적립금을 합한 보장급부를 제공한다.
> 다. 평준형 사망급부의 경우, 연령 증가에 따라 정기보험 코스트, 즉 순보장금액의 단위당 위험보험료는 감소한다.
> 라. 종신보험보다 금리상승시기에 더 천천히 반응한다.
> 마. 고객들이 유니버설생명보험의 연차보고서에 표시된 적립금과 해지환급금을 보고 이를 다른 용도로 활용할 가능성을 초래한다.

① 가, 라, 마
② 나, 다
③ 다, 마
④ 가, 나, 마
⑤ 나, 라, 마

정답 | ④
다. 평준형 사망급부의 경우, 연령증가에 따라 정기보험 코스트, 즉 순보장금액의 단위당 위험보험료는 증가한다.
라. 종신보험보다 금리상승시기에 더 빠르게 반응한다.

04 변액보험에 대한 적절한 설명으로만 모두 묶인 것은?

> 가. 전통적 생명보험의 보장기능과 저축기능에 뮤추얼펀드 투자형태의 잠재적 성장을 결합하여 설계되었다.
> 나. 투자실적이 나쁠 경우에도 최저사망보험금으로 기본보험금액이 지급되며, 이를 보증하기 위해 보험회사는 최저사망보험금 보증비용을 매일 특별계정에서 차감한다.
> 다. 해지환급금은 투자수익률에 따라 매일 변동되며 최저보증이율이 없어 투자실적이 나쁠 경우에는 원금손실이 발생할 수 있다.
> 라. 계약자가 납입한 보험료는 제1회 보험료의 경우 청약철회기간 내에 승낙된 경우에는 청약철회기간이 종료한 날, 청약철회기간이 지난 후 승낙된 경우에는 승낙일에 특별계정 투입보험료를 일반계정에서 특별계정으로 이체한다.
> 마. 보험계약자는 모든 투자위험을 스스로 감수하여야 한다.

① 가, 나, 다, 마
② 가, 다, 라, 마
③ 나, 다, 라, 마
④ 가, 라, 마
⑤ 다, 라, 마

정답 | ①
라. 제1회 보험료의 경우 청약철회기간 내에 승낙된 경우에는 청약철회기간이 종료한 날의 다음 날에 이체한다.

05 변액보험에 대한 적절한 설명으로만 모두 묶인 것은?

> 가. 펀드 선택에 따른 적립금 이동 시 세금이 부과되지 않는다.
> 나. 계약자는 보험료와 적립금의 투자에 대한 선택권을 갖고 있다.
> 다. 적립금에 대한 최저보증이 있다.
> 라. 보험계약자는 모든 투자위험을 스스로 감수하여야 한다.
> 마. 보험료는 동일한 사망보장금액을 가지는 전통형 종신보험이나 변액유니버설보험에 비하여 낮은 편이다.
> 바. 자금 니즈가 있을 경우에도 보험계약대출은 불가능하다.

① 가, 나, 라, 마
② 가, 다, 마, 바
③ 다, 바
④ 다, 마, 바
⑤ 나, 다, 마, 바

정답 | ①
다. 적립금에 대한 최저보증이 없다.
바. 자금 니즈가 있을 경우 보험계약대출이 가능하다.

06 변액보험의 구조에 대한 설명으로 적절하지 않은 것은?

① 변액보험 계약의 적립금은 보증되지 않는다.
② 보험료는 정액이지만 사망보험금은 투자성과에 따라 변동된다.
③ 사망보험금이 최초 가입금액보다 낮아지지 않도록 보증한다.
④ 해지환급금은 투자수익률에 따라 매일 변동된다.
⑤ 투자실적이 나쁠 경우에도 최저사망보험금으로 기본보험금액이 지급되므로 이를 보증하기 위해 최저사망보험금 보증비용을 매일 또는 매월 일반계정에서 차감한다.

정답 | ⑤
⑤ 투자실적이 나쁠 경우에도 최저사망보험금으로 기본보험금액이 지급되므로 이를 보증하기 위해 최저사망보험금 보증비용을 매일 또는 매월 특별계정에서 차감한다.

07 변액유니버설 보험에 대한 설명으로 적절하지 않은 것은?

① 유니버설보험의 유연성과 변액보험의 투자측면을 결합한 것으로 계약 당시 정해지는 의무납입기간이 지나면 보험료 납입이 자유롭다.
② 경제상황이 어려워 적립금을 납입할 수 없는 상황이 되면 언제든지 보험료 납입을 중단할 수 있다.
③ 변액보험과 똑같이 계약자의 책임하에 다양한 펀드를 선택할 수 있다.
④ 적립형의 경우 투자 및 저축기능을 원하는 고객에게 적합하며, 대체로 보장형보다 적립형의 펀드가 주식편입비중이 높다.
⑤ 납입중지상태가 장기간 지속되어 인출될 재원이 부족한 경우 보험계약이 해지될 수 있다.

정답 | ②
적립금이 사망과 사업비를 충당할 수 있을 정도로 충분히 있을 경우 보험료 납입을 중단할 수 있다.

08 금리형 연금보험에 대한 적절한 설명으로만 모두 묶인 것은?

> 가. 금리형 연금보험과 투자실적형 연금보험의 연금액은 변동성이 큰 편이다.
> 나. 금리연동형 보험 가입자는 종합소득세 연말정산 시 세액공제를 적용받을 수 있다.
> 다. 연금개시 연령은 만 45세에서 80세까지를 연금지급개시 가능시기로 하고 있다.
> 라. 계약 당시에 가입자는 연금형태 또는 일시금형태로 연금수령방식을 선택할 수 있다.
> 마. 극단적인 저금리 상황에 요긴하게 활용할 수 있는 최저보증이율 보장옵션이 있다.

① 가, 마
② 나, 라
③ 가, 나, 라
④ 나, 다, 라
⑤ 다, 라, 마

정답 | ⑤
가. 금리형 연금보험은 투자실적형 연금보험에 비하면 연금액의 변동성이 크지 않다.
나. 금리연동형 보험은 일정 요건 충족 시 소득세 비과세 혜택을 적용받을 수 있다.

09 연금보험에 대한 설명으로 적절하지 않은 것은?

① 즉시연금에 가입하면 보험료를 납입한 후 바로 연금수령이 가능하다.
② 즉시연금보험은 대부분 일시납의 형태로 이루어진다.
③ 투자실적형 연금보험은 투자성과가 좋을 경우 높은 연금액을 지급받을 수 있으며 투자실적이 나쁠 경우에도 금리형 연금보다 높은 연금액을 받을 수 있다.
④ 변액연금보험은 연금소득 확보를 위한 최저적립금보증(GMAB) 기능이 있다.
⑤ 자산연계형 연금보험은 금리형 연금보험보다 더 많은 추가수익을 바라는 가입자에게 적합하다.

정답 | ③
③ 투자실적형 연금보험은 투자성과가 좋을 경우와 높은 연금액을 나쁠 경우 금리형 연금보다 낮은 연금액을 받을 수 있다.

CHAPTER 05 생명보험설계 프로세스

PART 03

학습 가이드

출제 비중 : 4~8%(1~2문항)

학습 목표	교재 페이지	학습 중요도
• 의미 이해 중심으로 학습 필요 • 기존계약의 평가에 대한 계산문제가 출제될 수 있음		
5-1. 생명보험 상품 선택 및 기존 보험계약을 평가하고 대체할 것을 조언할 수 있다.	320~328	★★★

---

01 생명보험 필요보장액 결정 프로세스 1단계는 고객과 가족에 관한 정보를 수집하고 분석하는 것이다. 다음 중 고객 정보 수집 과정에 영향을 미치는 정보로 모두 묶인 것은?

가. 고객 프로파일	나. 고객의 재무목표
다. 가족의 니즈	라. 상속재산을 위한 유동자산
마. 위험수용성향	바. 기가입 보험계약
사. 필요 보장금액	

① 가, 나, 다
② 가, 나, 다, 라
③ 가, 나, 다, 라, 마
④ 가, 나, 다, 라, 마, 바
⑤ 가, 나, 다, 라, 마, 바, 사

정답 | ④

'사'는 해당사항이 없으며 이외에도 변화하는 니즈, 가용재원, 경제가정도 고객 정보 수집 과정에 영향을 미치는 정보이다.

02 다음 중 사망 시 유동자산 평가에서 유동자산으로 분류될 수도, 분류되지 않을 수도 있는 자산으로만 모두 묶인 것은?

> 가. 미술품이나 골동품 등의 수집품
> 나. 상속받게 될 자산
> 다. 자녀교육을 위해 준비하고 있는 자산과 같이 특정한 목적에 사용하기로 되어 있는 자산
> 라. 가입하고 있는 모든 생명보험 계약의 순일반사망보험금
> 마. 부동산
> 바. 개인연금

① 가, 다, 마
② 나, 다, 라
③ 가, 마, 바
④ 나, 다, 바
⑤ 다, 마, 바

정답 | ③
나, 다. 유동자산이나 비유동자산 어느 쪽으로도 분류할 수 없는 자산
라. 유동자산으로 분류해야 할 자산

03 생명보험 선택 재무설계사가 유의해야 할 일반화된 인식 및 고려사항으로만 모두 묶인 것은?

> 가. 보험료 측면에서 종신보험보다 정기보험이 유리하다고 생각한다.
> 나. 변액형 보험상품이 전통형 보험상품보다 선진적이라고 생각한다.
> 다. 여러 종류의 보험상품을 다양하게 구입해야 한다고 생각한다.
> 라. 고객이 자신이 돈으로 보험회사가 할 수 있는 것보다 더 잘 투자할 수 있다고 믿고 있다.
> 마. 재무적으로 여유가 없어 종신보험에 가입하기 어렵다면 단기적으로 필요한 자금은 종신보험으로 하고, 장기적으로 필요한 보장금액은 정기보험으로 설계하면 좋은 제안이 될 것이다.

① 가
② 가, 나
③ 가, 나, 다
④ 가, 나, 다, 라
⑤ 가, 나, 다, 라, 마

정답 | ④
마. 장기적으로 필요한 자금은 종신보험으로 하고 단기적으로 필요한 보장금액은 정기보험으로 설계하면 좋은 제안이 될 것이다.
 ※ 생명보험 선택 시 유의해야 할 일반화된 인식
  (1) 보험료 측면에서 정기보험이 종신보험보다 유리하다고 생각하는 것
  (2) 변액형 상품이 전통형 상품보다 선진적이라고 가정하는 것
  (3) 보험회사의 투자수익률보다 더 높은 수익률을 올릴 수 있다는 믿음
  (4) 여러 종류의 보험상품을 다양하게 구입해야 한다는 생각

04 벨쓰방식의 코스트 평가 방법에 대한 설명으로 적절하지 않은 것은?

① 각 보험계약의 사망보험금액을 결정한다.
② 당해 보험연도가 끝나는 시점에서 해당 계약의 해지환급금을 결정한다.
③ 직전 보험연도 초의 해지환급금을 결정한다.
④ 연간 보험료를 결정하는 데 있어 보험료 납입이 완료된 계약은 연간보험료를 '0'으로 한다.
⑤ 가장 최근에 지급된 연간 배당금을 결정한다.

정답 | ③
③ 직전 보험연도 말의 해지환급금을 결정한다.

05 보험계약 대체 시 고려사항으로 적절하지 않은 것은?

① 환급금이 있는 보험에서 환급금이 있는 다른 보험으로 대체하는 것은 고객에게 이익이 되지 않는다.
② 환급금이 있는 보험을 정기보험으로 대체하는 것은 현명하지 못한 일이다.
③ 대체계약이 성립될 때까지 기존 계약을 먼저 해지하지 않는다.
④ 계약의 대체에 대해 기존의 보험설계사와 상의하는 것은 바람직하지 않다.
⑤ 환급금이 있는 보험계약을 가입한 지 얼마 되지 않아 다른 계약으로 대체한다면 고객은 손해를 감수해야만 한다.

정답 | ④
④ 계약의 대체에 대해 기존의 보험설계사 및 새롭게 보험제안을 한 설계사와 상의한다.

손해보험설계 프로세스

PART 03

학습 가이드

출제 비중 : 4~8%(1~2문항)

학습 목표	교재 페이지	학습 중요도
• 프로세스 각 단계별 내용과 순서에 대한 학습 필요 • 프로세스 각 단계별 내용 중 손해보험 상품 자료에 대한 학습 필요		
6-1. 손해보험설계 프로세스를 통해 고객에게 적합한 상품을 제안할 수 있다.	331~373	★★★

★★★
01 손해의 심각성에 대한 평가에 있어서 프로우티가 제안한 내용으로 적절하지 않은 것은?

① 일반적으로 재물보험에 있어서는 각 재산에 대하여 추정최대손실을 평가하는 경향이 높다.
② 최대가능손실은 최악의 상황에서 일어날 수 있는 손실의 최대금액을 의미한다.
③ 추정최대손실은 주어진 상황에서 평균적으로 일어날 수 있는 손실의 최대금액을 의미한다.
④ 손해보험의 위험관리에 있어서는 개인 또는 기업의 한정된 자원의 효율적 활용이라는 측면과 주요 손해에 효율적으로 집중할 수 있다는 측면에서 최대가능손실을 위험평가의 기본 원칙으로 하는 것이 일반적이다.
⑤ 위험평가 시 손해 발생 후 원상회복이라는 관점에서 재조달가액으로 손실금액을 평가하는 것이 바람직하다.

정답 | ④
④ 손해보험의 위험관리에 있어서는 개인 또는 기업의 한정된 자원의 효율적 활용이라는 측면과 주요 손해에 효율적으로 집중할 수 있다는 측면에서 추정최대손실을 위험평가의 기본 원칙으로 하는 것이 일반적이다.

02 손해보험에서 유의하여야 할 위험의 중요도 평가 지침에 대한 설명으로 적절하지 않은 것은?

① 위험의 중요도는 일반적으로 잠재적 손해의 심각성보다는 손해 발생 빈도에 달려 있다. 그러나 심각한 손실은 많은 손실의 결과일 수도 있고, 하나의 대규모 손실일 수도 있다.
② 잠재적 손해의 심각성을 결정함에 있어 하나의 사건으로 발생할 수 있는 모든 손해의 재무적 영향을 고려하여야 한다.
③ 하나의 사고가 복수의 사람이나 시설, 사무기기 등에 피해를 입힐 수 있다.
④ 사고 발생으로 인한 최종 재무적 영향은 발생 전에 예측했던 직접손해와 간접손해의 합을 초과할 수 있다.
⑤ 손해의 심각성을 평가함에 있어서는 손실 규모뿐만 아니라 준비기간도 고려하여야 한다.

정답 | ①
① 위험의 중요도는 일반적으로 손해 발생 빈도보다는 잠재적 손해의 심각성에 달려 있다.

03 손해보험설계 프로세스 중 위험관리를 위한 분석 및 평가에 대한 설명으로 적절하지 않은 것은?

① 한정된 재산을 소유하거나 또는 일부 재산의 손해가 개인 또는 기업의 미래에 치명적인 영향을 미치는 부분에 대해서는 최대가능손실보다 추정최대손실로 위험을 평가하는 것이 바람직하다.
② 위험의 중요도는 일반적으로 손해 발생 빈도보다는 잠재적 손해의 심각성에 달려 있다.
③ 하나의 사고가 복수의 사람이나 시설, 사무기기 등에 피해를 입힐 수 있다.
④ 프로우티는 개별적인 수치적 손실 확률을 사용하는 것보다 확률을 거의 0, 약간, 중간, 확정의 4개의 범주로 구분하여 사용하는 것을 제안하였는데, 손해 발생 확률에서 고려하여야 할 것은 중간 및 확정 범주에 속한 위험이다.
⑤ 잠재적 손해의 심각성을 결정함에 있어 하나의 사건으로 발생할 수 있는 모든 손해의 재무적 영향을 고려하여야 한다.

정답 | ①
① 한정된 재산을 소유하거나 또는 일부 재산의 손해가 개인 또는 기업의 미래에 치명적인 영향을 미치는 부분에 대해서는 추정최대손실보다 최대가능손실로 위험을 평가하는 것이 바람직하다.

04 위험관리계획의 실행 과정에서 재무설계사가 주의하여야 할 내용으로 적절하지 않은 것은?

① 필요보장에 대해 효율성, 즉 최소 비용으로 필요보장액을 구입하여야 한다는 것이다.
② 손해보험 선택 시 고려하여야 할 것은 동일한 위험 노출 및 동일 보장 니즈에 대해 장기손해보험과 일반손해보험에 대한 선택의 문제가 있다는 것이다.
③ 개인이나 조직이 직면한 위험 중 보험으로 부보 가능하지 않거나 보험으로 부보할 경우 코스트가 높은 위험에 대해 보험 이외의 위험처리방법을 고려하여야 한다.
④ 필요보장의 선택 시 보장금액이 가능한 위험평가에서 재무적 손실로 평가한 금액보다 높게 설정하여야 한다.
⑤ 치명적 위험에 대해서는 필수보장, 중요한 위험에 대해서는 중요보장, 일반적 위험에 대해서는 선택보장으로 각각 분류하여야 한다.

정답 | ④
④ 필요 보장의 선택 시 보장금액이 가능한 위험평가에서 재무적 손실로 평가한 금액과 동등하게 설정하여야 한다.

05 손해보험설계 상품 선택 시 고려사항으로 적절하지 않은 것은?

① 보험가입금액이 커지면 납입해야 하는 보험료도 커지므로 경제사정 등을 감안해야 한다.
② 같은 보장 대비 저렴한 보험상품을 선택하고자 할 때는 예정이율이 낮은 상품을 선택해야 한다.
③ 단기간에 비교적 큰 위험에 대비하고자 할 경우에는 저축기능이 없는 소멸성보험을 가입하는 것이 바람직하다.
④ 재물손해를 보장하는 보험에 가입할 경우 보험가입금액을 실제 가치보다 낮게 설정하면 사고 발생 시 보험가입금액의 비율에 따라 비례보상됨을 유념해야 한다.
⑤ 자동차보험은 피보험자가 실제로 입은 손해를 보상하는 실손보상이 원칙이다.

정답 | ②
② 예정이율이 낮을수록 보험료가 높아진다.

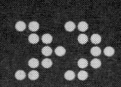 토마토패스
www.tomatopass.com

PART 04
은퇴설계

CONTENTS

CHAPTER 01 | 은퇴설계 개요 [1~2문항]
CHAPTER 02 | 은퇴설계 프로세스 [4~6문항]
CHAPTER 03 | 은퇴소득 [0~1문항]
CHAPTER 04 | 공적연금 [7~8문항]
CHAPTER 05 | 사적연금 [5~7문항]
CHAPTER 06 | 연금계좌 [3~5문항]
CHAPTER 07 | 은퇴자산의 인출 및 관리 [1~2문항]
CHAPTER 08 | 근로자복지제도 [0~1문항]
CHAPTER 09 | 은퇴생활설계 [0~1문항]

CHAPTER 01 은퇴설계 개요

PART 04

학습 가이드 ■■

출제 비중 : 4~8%(1~2문항)

학습 목표	교재 페이지	학습 중요도
구체적인 수치의 암기보다 개괄적인 내용 이해 중심의 학습 필요		
1-1. 은퇴준비 현황을 알고 필요성을 설명할 수 있다.	11~18	★★★
1-2. 은퇴설계의 이론적 근거에 대해 이해할 수 있다.	19~40	★★★

★★★
01 우리나라의 은퇴준비 현황에 대한 설명으로 적절하지 않은 것은?

① 생애설계(life planning)의 관점에서 은퇴 이후 생활에 대한 다양한 분야를 전 생애에 걸쳐 준비하는 것으로 개념이 확장되고 있다.
② 우리나라는 이미 고령사회에 진입하였다.
③ 노후 일자리와 여가활동은 노후생활에 있어서 가장 중요한 두 가지 핵심요소이다.
④ 노후준비는 정부의 정책적인 지원만으로 해결할 수 없기 때문에 일찍부터 스스로 준비하는 자세가 필요하다.
⑤ 고령화는 국가경제에 큰 위협이 되기도 하지만 새로운 수요창출의 기회라는 양면성을 내포하고 있다.

정답 | ③
③ 돈과 건강이 노후생활에 있어서 가장 중요한 핵심요소이다.

02 국내외 은퇴준비 현황에 대한 설명으로 적절하지 않은 것은?

① 고령화는 커다란 위협이 되기도 하지만 새로운 수요 창출의 기회라는 양면성을 내포하고 있다.
② 4050세대의 노후준비 방법으로 공적연금 및 연금보험 등 활용도가 매우 낮은 것으로 나타났다.
③ 대부분의 국가에서 은퇴 이후 실제 소득과 지출 규모가 은퇴 전에 예상한 것과 상당한 차이를 보이는 것으로 파악된다.
④ 미국 등 선진국의 경제적 여유가 있는 베이비부머 세대가 고령층에 진입됨에 따라 새로운 소비계층으로 부상하였다.
⑤ 여유로운 은퇴 후 소득은 예상소득보다 20% 정도 줄이고 생활비 등 지출규모는 10% 이상 늘릴 필요가 있다.

정답 | ②
② 공적연금의 활용도는 51%로 높은 편이지만, 연금보험 등 사적연금 활용도는 7.2%로 낮게 나타났다.

03 최근 은퇴설계 이슈에 대한 적절한 설명으로만 모두 묶인 것은?

> 가. 은퇴설계는 노후자금 계산 및 장기투자의 중요성을 강조했던 협의의 개념에서 은퇴 후 어떻게 살 것인지 등 인생설계 측면을 강조하는 광의의 개념으로 확장되고 있다.
> 나. 기존에 축적한 은퇴자산을 어떻게 잘 운용하고 효과적으로 인출하여 안정적으로 은퇴생활을 유지할 것인지에 대한 은퇴자산 인출(Decumulation)전략과 모니터링의 중요성이 높아지고 있다.
> 다. 가계 주소득자인 배우자의 사망 이후 남은 배우자와 자녀 등 유족의 은퇴소득을 확보하는 것이 필요하다.
> 라. 노년의료비와 간병비를 마련하기 위해서 보험 등 보장 장치가 추가적으로 필요하므로, 위험관리 및 보험설계와 결합된 은퇴설계가 요구된다.

① 가, 다
② 나, 라
③ 가, 나, 라
④ 나, 다, 라
⑤ 가, 나, 다, 라

정답 | ⑤
⑤ 모두 적절한 설명이다.

04 절대소득가설에 대한 설명으로 적절한 것은?

① 소비를 결정하는 가장 중요한 요인은 이자율이다.
② 한계소비성향은 주어진 소득수준이 변화할 경우 소비증가분 중의 소득증가의 비율을 의미한다.
③ 절대소득가설은 은퇴설계에서 은퇴자금 마련을 위해 현재 소비를 줄이고 저축을 증가시키는 행동을 설명하는 근거가 된다.
④ 평균저축성향은 소득이 증가함에 따라 감소한다.
⑤ 이자율은 이론적으로 소비에 영향을 미칠 수 있지만 소득이 주어진 상태에서는 그 영향이 크지 않으며, 소비는 가처분소득과 불안정한 함수관계에 있다.

정답 | ③
① 소비를 결정하는 가장 중요한 요인은 소득이다.
② 한계소비성향은 주어진 소득수준이 변화할 경우 소득증가분 중의 소비증가의 비율을 의미한다.
④ 소득이 증가함에 따라 평균소비성향은 감소하고, 평균저축성향이 증가한다.
⑤ 안정적인 함수관계에 있다.

05 프리드만의 항상소득가설에 대한 설명으로 적절하지 않은 것은?

① 항상소득이란 장기적으로 예측이 가능한 소득의 평균을 의미하고, 임시소득은 일시적인 여건의 변화로 예측할 수 없는 환경하에서의 소득을 말한다.
② 특별상여가 일상적인 경우로 예측이 가능한 경우는 항상소득으로 간주한다.
③ 사람들은 항상소득을 기준으로 소비수준을 결정한다.
④ 일반적으로 항상소득과 임시소득에 영향을 주는 것이 경기변동이다.
⑤ 은퇴설계를 이론적으로 뒷받침하는 가장 적절한 이론이다.

정답 | ⑤
⑤ 은퇴설계를 뒷받침하는 가장 적절한 이론은 생애주기가설이다.

06 생애주기가설에 대한 설명으로 적절하지 않은 것은?

① 청장년기에 소득의 일부를 저축하고 은퇴 이후에는 과거의 저축자금을 소비에 충당한다는 것으로 생애 동안의 소득과 지출이 평준화를 이룬다고 설명한다.
② 생애주기가설에 따르면 사람들은 소득활동을 할 때와 하지 않을 때 모두 일정한 소비효용을 기대한다.
③ 소득과 소비 관계가 시간적으로 불가역적이라면, 사람들은 소비행동의 기준을 과거의 최고소득 수준에 둔다.
④ 소비자의 효용은 현재의 소비와 일생 동안 기대할 수 있는 소득의 크기에 의해 결정된 일생 동안의 소비에 의해서도 영향을 받는데, 이때 소득은 자산소득과 노동소득으로부터 얻어진다.
⑤ 은퇴 이전에 대부분의 소비가 집중될 경우 소비에 대한 한계효용도 점차 줄어들게 되므로 소비를 은퇴 이후로 조금씩 이전시킨다면 일생 동안의 총 효용을 증가시킬 수 있다.

정답 | ③
③ 상대소득가설에 대한 설명이다.

07 은퇴설계와 행동재무학이론에 대한 설명으로 적절하지 않은 것은?

① 행동학적 생애주기가설에서는 가계가 지닌 부의 현금화 정도에 따라 현재소득계정, 자산소득계정, 미래소득계정이라는 3개의 심적계정으로 구분한다.
② 피시바인과 아젠(Fishbein & Ajzen, 1975)의 계획적 행동이론은 개인의 은퇴준비 행동을 설명하는 근간이 된다.
③ 심적회계는 개인이나 가계의 의사결정자가 재무 대안을 인식하고 평가하여 분류하는 인지적 과정을 말한다.
④ 심적회계에서는 현재의 소비성향이 자산이나 미래소득의 소비성향보다 크기 때문에 현재의 소비성향을 증가시키기 위해서는 미래의 소득과 자산보다 현재 소득을 더 많이 확보하는 것이 바람직하다.
⑤ 연금의 이론적 가치와 실제 사람들의 구매패턴이 보이는 괴리를 연금퍼즐이라고 한다.

정답 | ④
④ 심적회계에서는 현재의 소비성향이 자산이나 미래소득의 소비성향보다 크기 때문에 저축성향을 증가시키기 위해서는 현재 소득의 크기보다 자산과 미래소득을 더 많이 확보하는 것이 바람직하다.

08 은퇴설계 시 중점적으로 고려할 사항으로 적절하지 않은 것은?

① 재무설계사는 소득보장, 주거보장, 의료보장, 자기발전과 같은 은퇴설계 대안을 마련해 주어야 하며, 이 중에서 가장 큰 문제는 의식주 등 생활비와 노후의료비 자금의 준비이다.
② 대다수의 사람들은 상당한 걱정을 하면서 은퇴를 맞이하므로 재무설계사는 고객에게 일과 삶으로부터 은퇴한 것이라는 점을 인식시키고 구체적인 준비를 하도록 추천해야 한다.
③ 장기간병설계는 개인을 보호한다는 측면보다는 가족을 보호하는 측면이 더 크다.
④ 재무설계사는 고객 스스로 일자리를 찾고 평생교육과 자기계발을 통해 자기 경쟁력을 확립하는 방안에 대해 조언해야 한다.
⑤ 재무설계사는 제2의 인생을 위한 맞춤형 서비스와 관련 정보를 제공하는 등 은퇴 전문 카운슬러, 코치의 역할을 해야 한다.

정답 | ②

② 재무설계사는 고객에게 일로부터 은퇴한 것이지 삶으로부터 은퇴한 것이 아니라는 점을 인식시키고 구체적인 준비를 하도록 추천해야 한다.

CHAPTER 02 은퇴설계 프로세스

PART 04

학습 가이드

출제 비중 : 16~24%(4~6문항)

학습 목표	교재 페이지	학습 중요도
• 프로세스 각 단계별 내용과 순서에 대한 학습 필요 • 은퇴설계 정보요약표의 경우 항목의 구분, 평가방법 등에 대한 구체적인 내용 학습 필요 • 계산문제가 출제될 수 있으므로 '제8장 은퇴설계 사례연구'와 연계하여 학습 필요 • 프로세스의 경우 이론을 보고 사례에 접근하기보다, 사례집에 있는 계산문제를 풀어보고 이론을 보면 프로세스 이해가 더 용이할 수 있음		
2-1. 은퇴설계 프로세스의 핵심요소를 이해하고 재무설계에 활용할 수 있다.	43~114 (323~384)	★★★

★★★
01 은퇴설계 프로세스 의의와 재무설계사의 역할에 대한 설명으로 적절하지 않은 것은?

① 재무설계사는 은퇴설계의 필요성과 의의에 대해 고객이 확실하게 이해하도록 해야 한다.
② 은퇴 이후 살고 싶은 삶의 방식을 파악하기 위해 고객의 삶의 가치와 우선순위, 희망사항 등에 대한 정보가 중요하다.
③ 은퇴설계를 하는 시점에서 고객의 은퇴준비 상황에 대한 정확한 파악이 필요하다.
④ 은퇴설계는 은퇴 이후에 발생하는 다양한 삶을 예측하고 준비하는 것을 전제로 이루어진다.
⑤ 은퇴시기, 기대수명, 은퇴자산 등 은퇴설계를 위해 필요한 제반 가정에 대해 고객과 합의하는 것이 중요하다.

정답 | ④
④ 은퇴설계는 은퇴 이전에 발생하는 다양한 삶의 사건들을 잘 처리하는 것을 전제로 이루어진다.

02 은퇴설계 프로세스를 순서대로 바르게 나열한 것은?

> 가. 고객과 상담을 통하여 은퇴목표를 포함한 고객의 은퇴 관련 정보를 수집한다.
> 나. 대안을 포함한 제안서를 작성하여 고객에게 제시한다.
> 다. 실행에 대한 성과측정과 고객 및 시장환경을 모니터링한다.
> 라. 재무설계사와 고객 사이의 관계를 설정하고 정립한다.
> 마. 고객의 상황을 분석하고 은퇴목표 달성 가능성에 대해 평가한다.
> 바. 은퇴설계 제안서를 실행한다.

① 가 – 나 – 다 – 라 – 마 – 바
② 라 – 가 – 나 – 마 – 바 – 다
③ 라 – 가 – 마 – 나 – 바 – 다
④ 가 – 라 – 마 – 나 – 다 – 바
⑤ 가 – 라 – 나 – 마 – 다 – 바

정답 | ③
③ '라 – 가 – 마 – 나 – 바 – 다'의 순서이다.

03 다음 중 은퇴설계 프로세스 1단계의 주요 내용에 대한 설명으로 적절하지 않은 것은?

① 가장 중요한 것은 고객과 재무설계사 상호 간에 신뢰를 쌓는 것이다.
② 재무설계사는 자신의 경력, 교육, 훈련, 경험 등을 고객에게 알리게 된다.
③ 고객과의 관계정립 단계에서는 특별히 정형화된 원칙에 맞춰 재무설계사가 제공하게 될 서비스의 형태와 범위에 대해서 명확한 설명을 해야 한다.
④ 앞으로 제공하게 될 서비스의 종류와 프로세스, 그리고 설계 후에는 고객의 입장에서 어떤 이익이 있는지 등을 정확히 전달해야 한다.
⑤ 은퇴설계의 중요성과 은퇴설계 6단계의 프로세스 기본내용에 대해서 충분히 이해하도록 설명한다.

정답 | ③
③ 고객과의 관계정립 단계는 특별히 정형화된 원칙이 있는 것은 아니다.

04 고객에게 제공되는 서비스의 범위에 대해 상호합의해야 할 사항으로만 모두 묶인 것은?

> 가. 제공되는 서비스에 대한 정의
> 나. 재무설계사의 보수에 대한 사항
> 다. 고객과 재무설계사의 책임에 대한 사항
> 라. 계약기간 설정
> 마. 서비스 범위를 결정하고 제약하는 데 필요한 다른 부가적인 정보제공에 대한 사항

① 가
② 가, 나
③ 가, 나, 다
④ 가, 나, 다, 라
⑤ 가, 나, 다, 라, 마

정답 | ⑤
⑤ 모두 적절한 설명이다.

05 은퇴설계 질문표 항목에 대한 적절한 설명으로만 모두 묶인 것은?

> 가. 은퇴설계에서 현재의 은퇴자산에 대한 평가는 가장 우선적으로 이루어져야 하는데, 이때 비상예비자금이나 자녀를 위해 은퇴 이전에 사용될 예정인 자산까지 포함해야 한다.
> 나. 현재까지의 퇴직급여는 반드시 기입하여 퇴직급여가 다른 용도로 전용되는 것을 막아야 한다.
> 다. 고객이 예상하는 은퇴나이는 국민연금을 수령하는 나이를 기준으로 설정해야 한다.
> 라. 은퇴자산은 기본적으로 은퇴 이전에 사용되지 않는 것을 원칙으로 하고 있으나, 필요에 따라 은퇴 이전에 은퇴자산에서 사용할 부분이 예상된다면 은퇴자산과 구분할 필요가 있다.
> 마. 은퇴자산을 위한 투자는 은퇴시점까지 하는 것이 일반적이나 방금 은퇴한 65세 고객의 경우 은퇴자산의 투자기간은 3~5년 단위로 운영될 가능성이 높다.

① 가, 나, 라
② 가, 라, 마
③ 나, 다, 라
④ 나, 라, 마
⑤ 다, 라, 마

정답 | ④
가. 비상예비자금이나 자녀를 위해 은퇴 이전에 사용될 예정인 자산은 제외해야 한다.
다. 은퇴시점을 파악하는 일을 힘들어 하는 고객에게 제안할 수 있는 부분일 뿐, 모두에게 국민연금수령 나이를 은퇴시점으로 적용하는 것은 바람직하지 않다.

06 은퇴설계 질문표에 대한 설명으로 적절하지 않은 것은?

① 현재의 은퇴자산에 대한 정보는 질문표 이외에도 자산부채상태표와 현금흐름표로 파악이 가능하다.
② 은퇴자산은 기본적으로 은퇴 이전에 사용하지 않는 것을 원칙으로 하되, 고객의 필요에 따라 은퇴 이전에 은퇴자산에서 사용할 부분이 예상된다면 은퇴자산과 구분할 필요가 있다.
③ 은퇴시기가 가까운 고객의 경우에는 투자기간을 은퇴 이후 시점까지 정할 수도 있다.
④ 고객이 퇴직연금에 가입하고 있다면 추가적인 정보를 수집하여 구체적인 은퇴시점에서 예상되는 퇴직연금에 대한 평가를 진행해야 한다.
⑤ 은퇴자산에 대한 투자와 관련한 답변을 분석한 결과 동일한 위험수용성향을 가졌다면 투자유형도 동일하게 나올 것으로 판단할 수 있다.

정답 | ⑤
⑤ 동일한 위험수용성향을 가진 고객이라도 다른 형태의 투자유형을 보일 수 있다.

07 은퇴소득목표에 대한 설명으로 적절하지 않은 것은?

① 은퇴목표는 비재무적 요소를 반영하여 최종적으로 금액이라는 재무적 수치로 나타나며, 은퇴설계 프로세스 2단계에서 목표한 금액은 3단계에서 분석을 바탕으로 수정될 수 있다.
② 고객이 목표를 단계적으로 실현해 갈 수 있도록 은퇴생활자금을 3가지로 구분하는데, 이 중 기본적인 생활유지에 필요한 필수생활비 규모의 자금을 표준생활비라고 한다.
③ 일반적으로 소득대체율 70%~80%를 적정 수준의 은퇴필요소득으로 보고 있으나, 은퇴소득목표를 설정하는 과정에서 은퇴 후 예상되는 지출의 변화를 파악하여 조정할 필요가 있다.
④ 은퇴 후 필요로 하는 소득수준은 고객에 따라 다르지만, 재무설계사는 일정한 가이드라인을 제기할 수 있어야 한다.
⑤ 은퇴소득목표를 설정하는 방법에는 소득대체율을 활용하는 방법 이외에도 라이프스타일 또는 현재 지출수준을 근거로 하는 방법 등이 있다.

정답 | ②
② 기본적인 생활유지에 필요한 필수생활비 규모의 자금은 기본(필수)생활비이다.

08 은퇴설계 정보요약표에 대한 설명으로 적절한 것은?

① 은퇴설계 정보요약표에는 현재 투자하고 있거나 계획하고 있는 은퇴자산, 공적연금 등의 자산을 기재하되, 고객과 합의한 은퇴시기, 물가상승률, 세후투자수익률, 소득세율 등의 가정은 기재하지 않는다.
② 은퇴 후 필요한 연간소득은 부부 은퇴기간과 일방 배우자 사망 후 유족 배우자의 독거기간을 통합하여 고객의 연간 희망 은퇴소득 목표를 기재한다.
③ 은퇴기간별로 은퇴소득목표를 달리 정하여 은퇴설계를 요구하는 경우에는 단계별 은퇴소득목표를 구분하여 기재할 수 있다.
④ 은퇴 후 필요한 연간소득은 은퇴시점에 예상되는 물가를 기준으로 표시한다.
⑤ 은퇴설계 정보요약표는 재무설계사가 고객의 정보를 분석하기 위해 통합 정리한 자료이므로 고객은 해당 내용을 검토할 수 없다.

정답 | ③

① 은퇴설계 정보요약표에 고객과 합의한 은퇴시기, 물가상승률, 세후투자수익률, 소득세율 등의 가정도 함께 기재한다.
② 부부 은퇴기간과 일방 배우자 사망 후 유족 배우자의 독거기간을 구분하여 고객의 연간 희망 은퇴소득 목표를 기재한다.
④ 은퇴 후 필요한 연간소득은 현재 물가기준의 금액으로 표시한다.
⑤ 고객은 은퇴설계에 대한 분석이 자신의 상황을 올바르게 반영하고 있는지 확인할 필요가 있을 때 은퇴설계 정보요약표를 통해 관련 정보들을 검토할 수 있다.

09 은퇴소득목표에 대한 설명으로 적절하지 않은 것은?

① 은퇴소득목표는 은퇴설계 프로세스 제3단계에서 현재의 저축여력 등 재무상황에 대한 분석을 바탕으로 현실성 있는 목표로 수정될 수 있다.
② 일반적으로 적정 수준의 은퇴필요소득은 소득대체율의 70~80% 수준이다.
③ 은퇴목표는 최종적으로 금액이라는 재무적 수치로 나타나며, 비재무적인 요소는 고려대상이 아니다.
④ 은퇴소득은 예상 은퇴시점 및 기간, 은퇴별 라이프스타일, 연간 필요소득금액을 추정한다.
⑤ 은퇴소득 목표는 현실적으로 필요한 은퇴소득금액을 마련할 수 있는 저축 여력 수준을 고려한다.

정답 | ③

③ 은퇴목표는 최종적으로 금액이라는 재무적 수치로 나타나며, 비재무적인 요소인 고객의 라이프스타일이 반영된 것이다.

10. 은퇴설계 정보요약표의 주요 항목에 대한 적절한 설명으로만 모두 묶인 것은?

> 가. 확정급여형 퇴직연금은 현재 퇴직했을 경우 받게 될 금액은 기타자산에 기록하고 앞으로 추가적으로 근무함으로써 받게 되는 추가적인 금액은 미래 저축투자에 기록한다.
> 나. 은퇴 후 필요한 연간소득은 부부 은퇴기간과 일방 배우자 사망 후 유족 배우자의 독거기간을 구분하여 기재하며 은퇴시점의 금액으로 표시한다.
> 다. 현재 퇴직했을 경우 받는 퇴직금과 앞으로 추가적으로 근무함으로써 받게 되는 추가적인 퇴직금은 미래 저축투자에 기록한다.
> 라. 국민연금과 직역연금 등 물가상승률에 연동되어 지급되는 연금은 은퇴연금으로 분류한다.
> 마. 저축 및 투자자산의 은퇴시점 평가는 개별 자산의 세후투자수익률을 반영하여 순미래가치를 산출한다.

① 가, 나, 다
② 가, 나, 라
③ 가, 라, 마
④ 나, 다, 마
⑤ 다, 라, 바

정답 | ③

나. 은퇴 후 필요한 연간소득은 부부 은퇴기간과 일방 배우자 사망 후 유족 배우자의 독거기간을 구분하여 기재하며 현재 물가 기준의 금액으로 표시한다.
다. 현재 퇴직했을 경우 받는 퇴직금은 기타자산에 기록하고, 앞으로 추가적으로 근무함으로써 받게 되는 추가적인 퇴직금은 미래 저축투자에 기록한다.

11. 은퇴설계 정보요약표에 대한 설명으로 적절하지 않은 것은?

① 은퇴자산을 위해 저축 또는 투자하고 있는 자산으로 인출 시 이연된 세금이 없는 자산이다.
② 현재의 거주주택을 축소하여 은퇴자산으로 사용할 계획이라면 축소에 따른 차액을 부동산자산에 기입한다.
③ 주택연금의 연금액은 은퇴시점에서 일시금으로 평가하여 기재한다.
④ 직역연금은 연금 및 일시금으로 수령할 수 있기 때문에 기타자산이나 미래 저축투자에 기재한다.
⑤ 국민연금은 총 은퇴일시금 산정 시 연간 필요소득에서 차감하는 형태로 반영하기 때문에 은퇴자산에 포함시키기 않는다.

정답 | ④

④ 직역연금을 일시금으로 수령할 계획일 경우에만 기타자산이나 미래 저축투자에 기재한다.

12 은퇴설계를 위한 가정과 그 설명이 바르게 연결된 것은?

> 가. 은퇴시점은 고객이 현재 종사하고 있는 직종의 평균 퇴직연령, 고객의 의사 및 라이프사이클 등을 고려하여 고객과 협의 후 결정한다.
> 나. 은퇴 이후 사망 시까지의 기간으로, 은퇴자금이 필요한 기간을 말한다.
> 다. 은퇴설계 전 기간에 걸쳐 영향을 미친다.
> 라. 고객의 투자 위험수용성향, 위험수용능력, 역사적 수익률에 따라 결정된다.

> A. 은퇴자산에 대한 세후투자수익률
> B. 은퇴기간
> C. 물가상승률
> D. 은퇴까지 남은 기간

① 가-A, 나-B, 다-C, 라-D
② 가-B, 나-A, 다-D, 라-C
③ 가-C, 나-A, 다-B, 라-D
④ 가-A, 나-D, 다-C, 라-B
⑤ 가-D, 나-B, 다-C, 라-A

정답 | ⑤

⑤ '가-D, 나-B, 다-C, 라-A'의 연결이 적절하다.

13 워크시트 접근법 6단계의 분석과정이 순서대로 바르게 나열된 것은?

> 가. 모든 자산을 매각 또는 배분할 경우 예상되는 세금과 비용을 공제한 순미래가치를 계산한다.
> 나. 각 자산의 예상수익률을 이용하여 각 자산이 고객이 은퇴하는 시점에서 얼마만큼의 가치를 가질 것인지 계산한다.
> 다. '은퇴설계 정보요약표'상의 은퇴 후 필요한 연간소득에서 국민연금을 차감하여 계산시점에서 은퇴 후 필요한 연간소득의 부족분을 구한다.
> 라. 물가상승률을 반영하여 은퇴 첫 해 소득의 부족액을 계산하고 은퇴기간 중 매년 부족액을 은퇴시점에서 일시금의 형태로 계산한다.
> 마. 추가적으로 필요한 은퇴일시금을 마련하기 위한 연간저축액을 결정한다.
> 바. 은퇴시점에서 필요로 하는 총 은퇴일시금에서 '은퇴시점에서 자산의 순미래가치'를 공제하면 은퇴 시 추가적으로 필요한 은퇴일시금이 된다.

① 가-나-다-라-마-바
② 가-나-라-다-마-바
③ 나-가-다-라-바-마
④ 나-가-라-다-바-마
⑤ 가-나-다-라-바-마

정답 | ③

③ '나-가-다-라-바-마'의 순서이다.

14 은퇴설계 프로세스 3단계 분석 및 평가에 대한 설명으로 적절하지 않은 것은?

① 세후투자수익률에 대한 현실적 적용은 4단계에서 이루어지나, 고객과의 상담을 통해 고객이 생각하는 세후투자수익률을 일부 조정하여 분석한다.
② 계산의 결과로 나온 추가적인 연간저축액이 고객의 저축여력을 초과하거나 지나치게 적은 금액이 나왔다면 재검토하고, 조건들에 대한 수정작업을 해야 한다.
③ 은퇴예비자금은 준비자금의 성격으로 보아 총 은퇴일시금에서 차감하여 추가적으로 필요한 은퇴일시금을 계산한다.
④ 물가상승률 조정으로 고객의 은퇴목표를 충족시키는 것은 바람직하지 않다.
⑤ 부동산 비중이 높은 경우 비중을 조정하여 조정된 여유 금액을 은퇴자산으로 활용할 수 있다.

정답 | ③
③ 일반적으로 은퇴예비자금은 필요비용적 성격으로 보아 총 은퇴일시금에 가산한다.

15 은퇴설계와 자산배분에 대한 설명으로 적절하지 않은 것은?

① 저평가된 자산은 매수하고, 고평가된 자산은 매도하는 역투자전략은 전술적 자산배분에 대한 설명이다.
② 전략적 자산배분은 위험과 기대수익률 간 최적 균형을 제공하는 효율적 포트폴리오를 구성하는 데 활용된다.
③ 위험자산의 가격에 대한 미래예측치를 사용하지 않고 현재의 시장가격에 대한 변화추세만 반영하여 매우 단기적으로 위험자산과 무위험자산 간의 자산 구성비를 변경해 나가는 전략은 보험자산배분이다.
④ 은퇴설계 제안서의 작성 및 제안 단계에서 수행하는 자산배분은 전술적 자산배분을 의미하며 실행 단계에서는 전략적 자산배분을 진행한다.
⑤ 전략적 자산배분 시 세웠던 자본시장에 대한 가정들이 변화하여 자산집단별 상대적 가치가 변화할 때 일정한 기간 단위로 자산구성을 변경하는 적극적인 투자전략은 전술적 자산배분이다.

정답 | ④
④ 은퇴설계 제안서의 작성 및 제안 단계에서 수행하는 자산배분은 전략적 자산배분을 의미하며 실행 단계에서는 전술적 자산배분을 진행한다.

16 투자포트폴리오 구성방법과 그에 대한 설명이 올바르게 연결된 것은?

> 가. 현재와 미래의 경제상황 등을 투자자 직관으로 판단하여 구성하는 것으로 직관적 근거가 부족하여 객관적 신뢰성이 담보되지 않는다.
> 나. 경제지표 등에 대한 예측은 직관적 판단에 의존한다.
> 다. 투자환경에 대한 예측을 정확하게 반영할 수 없다.
> 라. 투자자가 이론적 배경을 이해하지 못하고 자신의 상황 변화에 적극적으로 대응할 수 없다.

> A. 모델포트폴리오를 활용한 포트폴리오 구성
> B. 직관적 판단에 의한 포트폴리오 구성
> C. 다중 시나리오 분석에 의한 포트폴리오 구성
> D. 위험 – 수익 최적화 방법에 의한 포트폴리오 구성

① 가 – A, 나 – B, 다 – C, 라 – D
② 가 – A, 나 – C, 다 – D, 라 – B
③ 가 – B, 나 – D, 다 – A, 라 – C
④ 가 – B, 나 – C, 다 – D, 라 – A
⑤ 가 – C, 나 – D, 다 – A, 라 – B

정답 | ④
④ '가 – B, 나 – C, 다 – D, 라 – A'의 연결이 적절하다.

17 RM 포트폴리오 원칙과 가정에 대한 설명으로 적절하지 않은 것은?

① 제1원칙 – 은퇴자산에 대한 위험성향과 자산 배분은 현재시점을 기준으로 한다.
② 제2원칙 – 은퇴시점에서 은퇴자산에 대한 위험성향은 매우 안정형, 안정형 또는 중립형이며, 은퇴 이전에는 충분한 시간을 갖고 천천히 변한다.
③ 제1가정 – 은퇴자산 중 부동산에 대한 바람직한 비중은 60%이다.
④ 제2가정 – 전체 금융자산 중 주식의 비중은 매우 안정형, 안정형, 중립형, 공격형, 매우 공격형에 대해 각각 10%, 20%, 40%, 60%, 80%이다.
⑤ 제3가정 – 은퇴시점에서의 현금성자산과 채권의 비중은 각각 50%씩이다.

정답 | ①
① 은퇴시점을 기준으로 한다.

18. 다음 보기를 참고하여 RM포트폴리오의 제1가정(부동산)을 포함했을 때 (가)~(라)에 들어갈 각 자산의 비중으로 적절한 것은?

구분	부동산	확정금리형	채권	주식
매우 안정형	60%	18%	(가)	( )
안정형	60%	16%	( )	(나)
중립형	60%	12%	(다)	( )
공격형	60%	8%	( )	(라)
매우공격형	60%	4%	( )	(마)

	(가)	(나)	(다)	(라)	(마)
①	20%	16%	12%	8%	4%
②	18%	8%	12%	24%	32%
③	20%	16%	16%	8%	4%
④	18%	8%	16%	20%	32%
⑤	4%	16%	12%	24%	30%

정답 | ②

구분	채권	주식
매우 안정형	18%	4%
안정형	16%	8%
중립형	12%	16%
공격형	8%	24%
매우공격형	4%	32%

19 다음과 같은 조건하에서 세후 투자수익률 6%를 달성하기 위한 추가저축 중 주식형 상품의 투자 비중으로 적절한 것은?

- 연간 추가저축액 2,000천원(기말급 정액저축)
- 저축기간 20년
- 추가저축액에 대한 세후투자수익률 연 6%
- 확정금리형 상품의 세후투자수익률 연 4.5%
- 채권형 상품 세후 투자수익률 연 5.5%,
- 주식형 상품 세후 투자수익률 연 9%

① 15.2%
② 17.3%
③ 19.5%
④ 20.3%
⑤ 23.6%

정답 | ④

구분	PMT(E)	N	I/Y	CPT FV
포트폴리오 평가액	2,000	20	6	73,571천원
확정금리	2,000	20	4.5	62,743천원 ①
채권형	2,000	20	5.5	69,737천원 ②
주식형	2,000	20	9	102,320천원 ③
(확정금리 + 채권)/2	(① + ②) / 2			66,239천원 ④
주식형 상품 비중	(73,571 − ④) / (③ − ④)			20.32%

20 나고객 씨는 CFP® 자격인증자와 은퇴설계 상담을 통해 본인이 목표하는 은퇴생활목표를 달성하기 위해서는 20년간 매년 초 12,000천원을 저축하여야 한다는 제안을 받았으나, 저축 여력이 부족할 것으로 예상되어 15년간 매년 초에 8,400천원을 저축하기로 하였다. 추가저축액과 보유한 은퇴용 자산(금융자산과 투자부동산)의 운용을 통해 은퇴자산을 마련할 때 은퇴시점에서 추가로 필요한 은퇴일시금은 210,000천원이 된다. 이러한 경우 은퇴자산의 조정을 통한 포트폴리오 변경으로 추가로 필요한 은퇴일시금을 해결할 수 있다. 다음 자료를 참고하여 나고객 씨가 은퇴시점에서 추가로 필요한 은퇴일시금을 달성하기 위해 현재시점에서 금융자산으로 이전할 부동산 금액으로 가장 가까운 금액을 고르시오.

[고객정보]
나고객(남) : 40세, 자영업자, 연수입 60,000천원

[은퇴설계를 위한 정보]
- 60세에 은퇴를 계획하고 있으며, 은퇴기간은 85세까지 25년간임
- 추가저축 실행 후 은퇴시점에서 추가로 필요한 은퇴일시금이 210,000천원임
- 은퇴자산
  - 금융자산 : 350,000천원
  - 투자부동산 : 250,000천원
- 은퇴자산의 세후 투자수익률
  - 금융자산 연 6%, 투자부동산 연 3%

① 50,000천원
② 70,000천원
③ 100,000천원
④ 150,000천원
⑤ 200,000천원

정답 | ④
- 금융자산으로 이전할 부동산 금액 $X = S / \{(1+i)^n - (1+r)^n\}$
- $210,000천원 / \{(1+0.06)^{20} - (1+0.03)^{20}\} = 149,890천원$

21 정액분할 투자법에 대한 설명으로 적절하지 않은 것은?

① 일정 금액을 일정 기간별로 투자하는, 매우 체계적이면서도 쉬운 방법이다.
② 소액의 투자자금으로도 시작할 수 있는 편한 방법이다.
③ 잘못된 시기에 투자자금 전부를 일시에 투자하지 않도록 도와준다.
④ 위험자산의 가격이 지속적으로 하락하는 경우 매입단가를 낮출 수 있기 때문에 수익을 극대화할 수 있다.
⑤ 위험자산의 변동성이 큰 경우에도 원래 세웠던 은퇴계획을 계속하여 지키도록 하는 근거를 제공한다.

정답 | ④
④ 위험자산의 가격이 지속적으로 하락하는 경우 매입단가는 평가시점에서의 투자기간 중 평균 기준가격보다 높아지기 때문에 투자손실이 발생된다.

22 정액분할 투자법의 장·단점에 대한 설명으로 적절하지 않은 것은?

① 월이나 분기와 같이 일정한 기간별로 고정된 금액을 계속하여 투자하는 방법으로, 은퇴자금 마련에 적합한 투자 방법이다.
② 소액의 투자자금으로도 시작할 수 있는 편한 방법이다.
③ 잘못된 시기에 투자자금 전부를 일시에 투자하지 않도록 도와준다.
④ 위험자산에 대한 투자위험 분산과 매입단가 평준화 효과로 위험자산의 변동성에도 불구하고 투자수익을 얻을 수 있다.
⑤ 이 방법은 투자손실을 방지하는 데 결정적인 방법으로, 폭락하는 시장에서도 원래 세웠던 은퇴계획을 계속하여 지키도록 근거를 제공한다.

정답 | ⑤
⑤ 정액분할 방법이 투자손실을 방지하는 데 결정적인 방법은 아니다. 즉 주식가격이 계속 하락하면 투자손실을 피할 수 없다.

23 모니터링과 실행의 성과측정 과정에서 주의할 사항으로 적절하지 않은 것은?

① 고객에게 제시한 프로그램이 잘 진행되고 있는지 수시로 검토한다.
② 성급하고 기계적인 성과측정은 내용 없는 자산운용을 가져올 수 있다.
③ 성과측정은 투자목적에 맞게 이루어져야 한다.
④ 투자과정에서 측정의 기준을 바꿀 수도 있다.
⑤ 시간과 비용을 줄이기 위해 중복측정을 피하는 것이 중요하다.

정답 | ①
① 수시가 아니라 정기적으로 검토한다.

24 투자의 성과측정 지표와 그 설명이 적절하게 연결된 것은?

가. 알파(젠센척도)	나. 베타
다. 결정계수	라. 샤프척도
마. 트레이너척도	

A. 시장의 변화에 따른 수익률 변화의 민감도를 나타내는 것으로서, 일반적으로 CAPM을 이용한다.
B. 측정된 위험 수준하에서 자산의 실제 유형수익률과 기대수익률의 차이를 표시한다.
C. 자산의 수익률 변화가 시장수익률의 움직임으로 설명할 수 있는 비율을 의미한다.
D. 위험조정수익률을 측정하는 척도로 사용하며, 위험의 척도로 체계적 위험인 베타를 사용한다.
E. 위험조정수익률의 척도로 사용하며 위험 한 단위당 무위험 초과수익률의 정도를 의미한다.

① 가-A, 나-B, 다-C, 라-D, 마-E
② 가-B, 나-A, 다-C, 라-D, 마-E
③ 가-A, 나-B, 다-C, 라-E, 마-D
④ 가-B, 나-A, 다-C, 라-E, 마-D
⑤ 가-C, 나-B, 다-A, 라-E, 마-D

정답 | ④
④ '가-B, 나-A, 다-C, 라-E, 마-D'의 연결이 적절하다.

CHAPTER 03 은퇴소득

PART 04

학습 가이드

출제 비중 : 0~4%(0~1문항)

학습 목표	교재 페이지	학습 중요도
개념 이해 중심으로 학습 필요		
3-1. 적정 은퇴소득 수준을 산출하고 소득 유형을 설명할 수 있다.	117~124	★★★
3-2. 은퇴소득 확보계획을 이해할 수 있다.	125~137	★★★

★★★
01 적정 은퇴소득 수준 산출방법에 대한 설명으로 적절하지 않은 것은?

① 소득대체율은 은퇴 후 소득수준 / 은퇴 전 소득수준으로 소득대체율이 40%라는 의미는 은퇴 직전 소득을 100만원으로 가정했을 경우 은퇴 후 60만원의 소득을 확보할 수 있다는 것을 의미한다.
② 소득대체율을 추정하는 방법에는 은퇴가구와 비은퇴가구의 평균소비 비교, 비은퇴가구의 가계소비지출함수 추정, 동일 가구의 은퇴 전후의 소비 비교 등이 있다.
③ 은퇴가구와 비은퇴가구의 평균소비를 비교하는 방법은 간편하게 소득대체율을 구할 수 있다는 장점이 있다.
④ 동일가구의 은퇴 전후의 소비 비교는 패널조사에 의한 자료를 이용하여 은퇴가구의 은퇴 전후 소비를 비교할 수 있다.
⑤ 소득대체율은 물가상승률, 투자수익률과 같은 거시경제 변수뿐만 아니라 개인의 은퇴시점과 기대여명, 은퇴생활수준에 따라서도 민감하게 변화할 수 있다.

정답 | ①

① 소득대체율은 은퇴 후 소득수준 / 은퇴 전 소득수준으로 소득대체율이 40%라는 의미는 은퇴직전 소득을 100만원으로 가정했을 경우 은퇴 후 40만원의 소득을 확보할 수 있다는 것을 의미한다.

02 적정 은퇴소득 수준을 결정할 때 고려사항으로 적절하지 않은 것은?

① 은퇴시기를 결정하는 것은 은퇴기간이나 은퇴자산 마련을 위한 저축가능기간 등에 영향을 미치므로 신중하게 검토해야 한다.
② 구조조정 등으로 조기은퇴할 가능성이 있는 경우 공적연금과 퇴직연금의 감소 문제를 고려해야 한다.
③ 건강문제로 정년을 채우지 못할 경우 은퇴소비지출에서 의료비 및 간병비 비중을 높게 설계하고 보험설계를 함께 고려해야 한다.
④ 최근에는 은퇴설계에서 은퇴기간을 최빈사망연령으로 적용하기도 한다.
⑤ 은퇴 라이프스타일에 따라 기본생활비, 표준생활비, 유락생활비로 구분하며 표준생활비는 건강하고 문화적인 생활을 영위하는 데 여유 있게 생활할 수 있는 월평균생활비를 의미한다.

정답 | ⑤
⑤ 은퇴 라이프스타일에 따라 기본생활비, 표준생활비, 유락생활비로 구분하며 유락생활비는 건강하고 문화적인 생활을 영위하는 데 여유 있게 생활할 수 있는 월평균생활비를 의미한다.

03 은퇴소득 유형에 대한 설명으로 적절하지 않은 것은?

① 은퇴 이후 소득의 유형은 근로소득, 연금소득, 자산소득, 이전소득, 기타소득으로 구분한다.
② 국가보장은 국민연금과 같이 국가가 주체가 되어 국민들의 기본적인 의식주 생활을 보장하기 위해 실시하는 공적연금을 의미한다.
③ 부동산자산을 은퇴소득원으로 활용하는 방법은 토지나 임야보다는 상가나 주택과 같은 임대 가능한 부동산을 보유하여 임대수입을 얻음으로써 정기적인 현금흐름을 창출하는 것이다.
④ 주택연금은 주택소유자가 근저당설정일 기준으로 만 60세 이상이어야 하며, 부부 기준 1주택을 소유하거나 다주택자이더라도 보유주택의 합산가격이 9억원 이하인 경우 가입이 가능하다.
⑤ 농지연금은 만60세 이상, 영농경력이 5년 이상인 고령 농업인의 소유 농지를 담보로 연금을 수령할 수 있다.

정답 | ④
④ 주택연금은 주택소유자 또는 배우자가 근저당설정일 기준으로 만 55세 이상이어야 하며, 부부 기준 1주택을 소유하거나 다주택자이더라도 보유주택의 합산가격이 12억원 이하인 경우 가입이 가능하다(9억 초과 2주택자는 3년 이내 1주택을 팔면 가능).

04 은퇴소득 확보계획에 대한 설명으로 적절하지 않은 것은?

① 은퇴소득은 연금형태로 준비하는 것이 바람직하여, 물가상승률을 헷지할 수 있어야 한다.
② 공적연금과 퇴직연금은 물가상승률을 반영하여 연금액이 조정되나, 개인연금의 경우 동일한 금액이 고정적으로 지급되어 물가상승을 반영하지 못한다.
③ 연금소득대체율은 '[(국민연금+퇴직연금+개인연금)/생애평균소득]×100'으로 계산하며 연금액이 개인의 생애 평균소득의 몇 %가 되는지 보여준다.
④ 연금자산은 개인이 은퇴자산의 유동성을 확보하는 데 중요한 역할을 수행하기 때문에 연금소득대체율을 높이는 것이 바람직하다.
⑤ 은퇴소득을 확보하는 세부적 방안은 은퇴소득원을 점검하고 연금소득대체율을 산출하여 추가저축 여력을 검토하는 것이다.

정답 | ②
② 공적연금은 물가상승률을 반영하여 연금액이 조정되나, 퇴직연금이나 개인연금의 경우 동일한 금액이 고정적으로 지급되어 물가상승을 반영하지 못한다.

05 생애재무설계의 단계와 그 내용이 바르게 연결된 것은?

가. 축적기(accumulation stage)　　　　나. 가속기(acceleration stage)
다. 보존기(preservation stage)

A. 은퇴소득 마련을 위한 방안으로 연금성 상품을 금융회사별로 다양하게 보유하고, 국민연금 가입을 통해 3층보장체계를 확보하는 것이 바람직하다.
B. 연금성 상품을 가입하여 소액이라도 장기적인 저축이 바람직하다.
C. 모든 자산의 공격적 운용보다 이전에 축적해 온 은퇴자산을 효과적으로 보존하는 동시에 수익을 창출하는 것이 중요하다.

① 가-A, 나-B, 다-C
② 가-A, 나-C, 다-B
③ 가-B, 나-A, 다-C
④ 가-B, 나-C, 다-A
⑤ 가-C, 나-A, 다-B

정답 | ③
A. 가속기
B. 축적기
C. 보존기

06 은퇴소득 확보방안에 대한 설명으로 적절하지 않은 것은?

① 변액연금보험은 연금개시 나이를 45세 이후부터 다양하게 선택할 수 있어 조기은퇴 시 은퇴소득을 확보할 수 있다.
② 적립식펀드를 통해 은퇴 기본생활비를 마련할 수 있는데, 주가가 하락하더라도 정해진 기간 동안 일정 금액을 계속 투자하는 것은 바람직하지만 10년 이상의 장기투자를 지속하는 것은 적절하지 않다.
③ 즉시연금은 목돈을 금융회사에 맡기고 일정 시점부터 매달 연금으로 수령할 수 있으며 확정연금형과 종신연금형 선택이 가능하다.
④ 농지연금은 국민연금 등의 공적연금을 수령하고 있는 경우에도 신청이 가능하다.
⑤ 우리사주 저축제도는 조합원이 조합의 약정에 따라 1~3년 이내에 일정 금액을 조합기금에 적립하고, 추후 해당회사의 기업공개(IPO) 및 증자 시 우리사주 취득자금을 은퇴소득원 확보 수단으로 활용할 수 있다.

정답 | ②

② 적립식펀드를 통해 은퇴 기본생활비를 마련할 수 있으며 10년 이상의 장기투자를 지속하고, 주가가 하락하더라도 중도해지하지 않고 정해진 기간 동안 일정 금액을 계속 투자하는 것이 바람직하다.

CHAPTER 04 공적연금

PART 04

학습 가이드

출제 비중 : 28~32%(7~8문항)

학습 목표	교재 페이지	학습 중요도
• 지식형 및 사례형에서 응용형 문제가 출제될 가능성이 높으므로, 제도에 대한 깊이 있는 학습 필요 • 구체적인 연금액을 계산하는 문제가 출제될 수 있으므로 이에 대한 학습 필요 • 고객 사례 제시 후 고객에게 적용될 수 있는 국민연금 혹은 컨설팅 전략에 대한 문제가 출제될 수 있으므로 이에 대한 학습 필요		
4-1. 은퇴준비 현황을 알고 필요성을 설명할 수 있다.	141~144	★★★
4-2. 은퇴설계의 이론적 근거에 대해 이해할 수 있다.	145~146	★★★
4-3. 은퇴생활에 대한 인식 변화와 고려사항에 대해 이해할 수 있다.	147~151 (170~176)	★★★
4-4. 국민연금 연금액 산정절차를 이해하고 예상 연금액을 도출할 수 있다.	151~157	★★★
4-5. 국민연금 급여 종류별 수급요건과 산정액 및 중복급여의 조정에 대해 설명할 수 있다.	157~166 (170~176)	★★★
4-6. 연계급여의 종류와 연계연금 수급요건을 설명할 수 있다.	167~169	★★★

★★★
01 공적연금과 국민연금에 대한 설명으로 적절하지 않은 것은?

① 사회보험방식의 공적연금과 공공부조방식의 노령급여로 구성되어 있다.
② 국민연금은 젊은 세대의 돈을 걷어 나이 든 세대를 부양하는 세대 간 소득재분배 기능을 수행한다.
③ 국민연금의 연금급여는 직전연도 전국소비자물가상승률로 조정하여 지급한다.
④ 세대 내 계층 간 소득재분배 기능은 연금급여 소득대체율을 저소득층에게는 낮게, 고소득층에게는 높게 함으로써 소득 계층 간 소득격차를 줄이는 기능을 가지고 있다.
⑤ 국민연금 노령연금은 연금수급자가 사망할 때까지 지급하며, 연급수급자가 사망하는 경우에는 유족배우자 생활보장을 위한 유족연금을 사망할 때까지 지급한다.

정답 | ④

④ 세대 내 계층 간 소득재분배 기능은 연금급여 소득대체율을 저소득층에게는 높게, 고소득층에게는 낮게 함으로써 소득 계층 간 소득격차를 줄이는 기능을 가지고 있다.

02 국민연금 가입자 종류 및 자격 요건에 대한 설명으로 적절하지 않은 것은?

① 국민연금 가입자는 사업장가입자, 지역가입자, 임의가입자 및 임의계속가입자로 구분한다.
② 의무가입자는 사업장가입자와 지역가입자로 구분하며 사업장가입자가 아닌 18세 이상 60세 미만인 자는 당연지역가입자가 된다.
③ 임의계속가입자는 60세가 된 때부터 65세가 될 때까지 국민연금공단에 가입을 신청할 수 있으나 연금보험료 납부한 사실이 없는 경우에는 임의계속가입이 허용되지 않는다.
④ 임의가입자는 18세 이상 60세 미만으로서 사업장·지역가입자가 아닌 경우에는 당연임의가입자가 된다.
⑤ 국민연금 당연적용사업장에 근무하는 국민기초생활수급자와 18세 미만자는 본인 희망에 의해 사업장가입자가 되지 않을 수 있다.

정답 | ④
④ 사업장·지역가입자가 아닌 18세 이상 60세 미만으로서 본인의 신청에 의해 국민연금에 가입한 사람을 임의가입자라 한다.

03 국민연금보험료에 대한 설명으로 적절하지 않은 것은?

① 연금보험료는 가입자의 기준소득월액에 연금보험료율 9%를 곱해서 산정한다.
② 신고한 소득월액이 하한액보다 적으면 그 하한액을, 상한액보다 많으면 그 상한액을 기준소득월액으로 한다.
③ 연금보험료는 월납이 원칙이며, 현금뿐만 아니라 직불카드 또는 신용카드 등으로 납부할 수 있다.
④ 연금보험료는 1년의 범위 내에서 선납이 가능하며 50세 이상 가입자는 3년의 범위 내에서 선납이 가능하다.
⑤ 납부기한이 경과한 경우 체납보험료가 가산되는데, 연체금은 체납된 보험료의 5%를 초과하지 못한다.

정답 | ④
④ 연금보험료는 1년의 범위 내에서 선납이 가능하며 50세 이상 가입자는 5년의 범위 내에서 선납이 가능하다.

04 국민연금에 대한 적절한 설명으로만 모두 묶인 것은?

> 가. 연금보험료를 납부하지 않은 기간은 가입기간에 포함되지 않지만, 납부예외기간 중 사망하거나 장해를 입는 경우 유족연금 또는 장애연금 수급권이 발생한다.
> 나. 추후납부란 가입자가 소득이 없어 연금보험료를 납입하지 못한 납부예외기간, 적용 제외기간 및 병역의 무수행기간 등의 추후납부 대상기간에 대해 가입자격 취득 후 본인이 원할 때 연금보험료를 납부하는 제도이며 강제사항이다.
> 다. 추후납부제도의 장점은 현재보다 소득대체율이 상대적으로 높은 가입기간이 복원된다는 점이다.
> 라. 연금보험료를 선납하는 경우 선납 신청일이 속하는 연도의 1년 만기 정기예금 이자율로 보험료를 할인해 준다.
> 마. 10인 미만 고용 사업장의 근로자가 일정 요건을 모두 충족한 경우 국가로부터 사용자와 가입자가 부담하는 각각의 연금보험료 중 80% 범위 내에서 지원받을 수 있다.

① 가, 나
② 가, 라, 마
③ 나, 다
④ 나, 라, 마
⑤ 다, 라

정답 | ②

나. 추후납부란 가입자가 소득이 없어 연금보험료를 납입하지 못한 납부예외기간, 적용 제외기간 및 병역의무수행기간 등의 추후납부 대상기간에 대해 가입자격 취득 후 본인이 원할 때 연금보험료를 납부하는 제도이며 강제사항은 아니다.
다. 반환일시금의 장점은 현재보다 소득대체율이 상대적으로 높은 가입기간이 복원된다는 점이다.

05 국민연금보험료 납부에 대한 설명으로 적절하지 않은 것은?

① 연금보험료 납부기한은 익월 10일까지이며 농어업·임축수산업인 등은 신청에 의해 분기별로 보험료 납부가 가능하다.
② 사업중단, 실직, 휴직 등으로 소득이 없어 보험료 납부를 면제받은 가입자 중 다시 연금보험료 납부를 시작할 경우 신고한 기준소득에 대한 연금보험료의 50%에 해당하는 월 최대 45,000원을 12개월 한도로 지원받을 수 있다.
③ 추납보험료는 납부 신청한 날이 속하는 달의 연금보험료에 납부하고자 하는 월수를 곱해서 산정하며 36개월 한도로 분할납부가 허용된다.
④ 50세 이상인 경우 5년 범위 내에서 해당하는 연금보험료의 선납이 가능하다.
⑤ 실업급여 수급자가 실업크레딧을 신청하면 퇴직 전 평균임금의 50%에 해당하는 연금보험료의 75%를 국가 및 국민연금기금에서 지원한다.

정답 | ③

③ 추납보험료는 납부 신청한 날이 속하는 달의 연금보험료에 납부하고자 하는 월수를 곱해서 산정하며 60개월 한도로 분할납부가 허용된다.

06 국민연금 연금액에 대한 설명으로 적절하지 않은 것은?

① 국민연금 연금액은 기본연금액과 부양가족 연금액을 기초로 산정하며, 지급사유에 따라 기본연금액의 지급을 제한하거나 급여 성격에 따라 부양가족 연금액을 가산하지 않는 경우도 있다.
② 출산크레딧 적용기간 중 가입자 기준소득월액은 A값을 적용하고, 재원은 국가가 전부 또는 일부를 부담한다.
③ 병역의무를 이행한 자에게 노령연금 산정에 한해 6개월의 가입기간을 추가로 인정하며 가입자의 기준소득월액(B값)은 전체 가입자의 평균기준소득월액의 평균액(A값)의 50%를 인정하며, 재원은 국가와 가입자 각각 50%씩 부담한다.
④ 가입자가 실직하여 구직급여를 받는 기간을 1년 한도로 가입기간에 가산한다.
⑤ 기본연금액의 상수는 연금의 소득대체율을 맞추기 위한 값으로 매년 상수 값은 낮아져 2028년에는 40%가 되도록 하고 있다.

정답 | ③
③ 병역의무를 이행한 자에게 노령연금 산정에 한해 6개월의 가입기간을 추가로 인정하며 가입자의 기준소득월액(B값)은 전체 가입자의 평균기준소득월액의 평균액(A값)의 50%를 인정하며, 재원은 국가가 전액 부담한다.

07 노령연금에 대한 설명으로 적절하지 않은 것은?

① 국민연금 급여는 크게 연금과 일시금으로 나눌 수 있으며 연금수급을 원칙으로 하되 일시금은 연금수급 자격이 되지 않는 경우 수급하게 된다.
② 국민연금 일시금 급여의 종류로는 반환일시금과 사망일시금이 있다.
③ 노령연금은 가입기간이 10년 이상인 가입자 또는 가입자였던 자에 대하여 연금지급 개시연령이 된 때부터 그가 생존하는 동안 기본연금액과 부양가족연금액을 합산하여 지급하는 연금이다.
④ 노령연금 수급권자가 '소득이 있는 업무'에 종사하면 노령연금은 일부 금액을 감액하여 지급하고 부양가족연금액은 지급하지 않는다. 다만 65세 이후부터는 소득에 관계없이 기본연금액과 부양가족연금액이 전액 지급된다.
⑤ 노후생활비를 충당할 수 있는 업무에 종사함으로써 현재 노령연금이 없어도 노후생활에 전혀 지장이 없는 연금수급권자는 '연금개시연령+5년의 기간' 중 연금의 전부에 대해서만 지급연기를 신청할 수 있다.

정답 | ⑤
⑤ 연금의 전부 또는 일부(50%, 60%, 70%, 80%, 90%)에 대해 지급의 연기를 신청할 수 있다. 따라서 전부에 대해서만 지급연기를 신청한다는 문장은 틀린 문장이다.

08 조기노령연금에 대한 설명으로 적절하지 않은 것은?

① 연금수급개시연령 60세인 국민연금가입자의 노령연금 기본연금액은 10,000천원, 부양가족연금액 300천원, 가입기간 20년인 경우 56세에 조기노령연금을 신청하면 기본연금액은 7,600천원이다.
② 보험료를 10년 이상 납입하고, 현재 55세(연금지급개시연령 – 5세)는 넘었으나 60세(연금지급개시연령)가 되지 않아 노령연금을 받을 수 없지만, 지금 당장 소득이 없어 60세가 되기 전에 받을 수 있도록 한 노령연금을 말한다.
③ 조기노령연금은 노령연금을 조기에 지급하는 연금이므로 일정 비율을 감액하여 지급하고 있다.
④ 조기노령연금 수급자로서 연금수급개시연령 도달 이전에 '소득이 있는 업무'에 종사하면 그 기간 동안 연금 지급이 정지된다.
⑤ 조기노령연금을 신청하는 경우 본인의 연금수급 개시연령부터 노령연금을 수령하는 것보다 총 연금수급액이 줄어들 수 있으므로 신중한 선택이 필요하다.

정답 | ①

※ 조기노령연금액 = 기본연금액 × 연령별지급률 + 부양가족연금액
※ 연령별지급률 = D – 5년(70%), D – 4년(76%), D – 3년(82%), D – 2년(88%), D – 1년(94%)
① 10,000천원 × 76% + 300 = 7,900천원

09 분할연금에 대한 설명으로 적절하지 않은 것은?

① 분할연금 신청은 수급권 발생일로부터 5년 이내에 하여야 하며 이혼한 날로부터 3년 이내에 선청구할 수 있다.
② 가입기간 중 혼인기간이 5년 이상이고, 노령연금수급권자인 배우자와 이혼하였거나, 이혼한 후에 전 배우자가 노령연금 수급권을 취득하게 될 경우에 지급된다.
③ 분할연금을 받고 있는 중에 재혼하게 되면 분할연금 지급은 정지된다.
④ 분할연금 수령 중 이혼한 배우자와 재결합하여 분할연금 수급권을 포기하면 분할연금 수급권을 포기한 사람의 배우자에게 분할연금이 발생하기 전의 온전한 노령연금을 지급한다.
⑤ 분할연금액은 이혼한 배우자의 국민연금 가입기간 중 혼인기간에 납입한 연금보험료에 해당하는 기본연금액의 1/2과 부양가족연금이 지급된다.

정답 | ⑤

⑤ 분할연금액은 이혼한 배우자의 국민연금 가입기간 중 혼인기간에 납입한 연금보험료에 해당하는 기본연금액의 1/2이며 부양가족연금은 분할대상이 아니다.

10 다음 보기를 참고하여 계산한 전업주부 B씨가 받을 수 있는 국민연금 분할연금액으로 적절한 것은?

> 전업주부인 B(55세)는 최근 국민연금 수급권자인 A(63세)와 합의이혼하였다. 결혼기간은 20년이고 A의 국민연금 가입기간은 총 30년이다. 현재 A가 수령하는 노령연금은 연간 840만원이고, 국민연금 가입기간 중 혼인기간 동안 기여된 연금보험료에 상당하는 기본연금액은 600만원이다.

① 0만원　　　　　　　　　　　② 150만원
③ 200만원　　　　　　　　　　④ 300만원
⑤ 450만원

정답 | ④

④ 분할연금은 이혼한 배우자의 국민연금 가입기간 중 혼인기간에 납입한 연금보험료에 해당하는 기본연금액의 1/2이 지급된다. 따라서 B는 본인의 연금수급개시연령 이후 연간 300만원(600만원×1/2)의 분할연금을 수령할 수 있다.

11 장애연금에 대한 설명으로 적절하지 않은 것은?

① 장애연금은 장애 정도에 따라 연금액을 차등하여 지급하며, 장애등급은 장애가 가장 심한 1등급에서 가장 약한 4등급으로 나누어져 있다.
② 질병이나 부상의 초진일 당시 일정한 가입기간이 있는 경우 완치되었으나 신체적 또는 정신적 장애가 남았을 때 이에 따른 소득감소 부분은 보전한다.
③ 연금 보험료를 한 번도 납부한 사실이 없거나 체납기간이 3년 이상인 경우에는 장애연금을 지급하지 않는다.
④ 산업재해보상법에 의한 장해급여, 선원법에 의한 장애보상을 받을 수 있는 경우에는 1/2만 지급되며 고의로 장애를 발생시켰을 경우에는 지급이 제한된다.
⑤ 장애등급 4급의 경우 '기본연금액의 225% + 부양가족연금액'을 지급한다.

정답 | ⑤

⑤ 장애등급 4급의 경우 기본연금액의 225%를 일시보상금으로 보상한다.

12 국민연금의 유족연금에 대한 설명으로 적절하지 않은 것은?

① 남녀 모두 배우자 사망일이 속한 달의 다음 달부터 3년간 지급한 후 55세까지 지급을 정지한다.
② 55세가 되기 전이더라도 유족인 배우자가 소득 있는 업무에 종사하지 않거나, 본인이 장애 2급 이상 또는 가입자 자녀(25세 미만 또는 장애 2급 이상)의 생계를 유지하는 경우에는 계속 지급된다.
③ 수급권자인 배우자가 재혼하거나 유족연금을 수령할 유족(25세 미만 자녀 등)이 없는 경우 유족연금 수급권은 소멸한다.
④ 자녀 또는 손자녀가 유족연금 수급자인 경우 유족연금 수급권이 소멸될 때까지 지급받은 유족연금액이 사망일시금보다 적을 때에는 그 차액을 일시금으로 지급한다.
⑤ 유족연금 가입기간이 20년 이상인 경우 '기본연금액 40% + 부양가족연금액'이 유족연금으로 지급된다.

정답 | ⑤
⑤ 유족연금 가입기간이 20년 이상인 경우 '기본연금액 60% + 부양가족연금액'이 유족연금으로 지급된다.

13 국민연금 가입자 또는 가입자였던 자의 유족연금 수급요건으로 적절하지 않은 것은?

① 노령연금 수급권자
② 장애등급 3급 이상의 장애연금 수급권자
③ 10년 이상 가입자 또는 가입자였던 자
④ 10년 미만 가입자 또는 가입자였던 자로서 가입대상 기간의 1/3 이상 연금보험료를 납부한 자
⑤ 10년 미만 가입자 또는 가입자였던 자로서 최근 5년간 3년 이상 연금보험료를 납부한 자

정답 | ②
② 장애등급 2급 이상의 장애연금 수급권자

14 국민연금에 대한 적절한 설명으로만 모두 묶인 것은?

> 가. 연금보험료를 한 번도 납부한 사실이 없거나 가입대상기간 중 체납기간이 3년 이상인 경우에는 장애연금을 지급하지 않는다.
> 나. 장애등급별 지급률은 1등급 100%, 2등급 80%, 3등급 60% + 부양가족연금액을 지급하며, 4등급은 기본연금액의 225%를 일시보상금으로 한 번에 전부 지급한다.
> 다. 노령연금수급권자나 장애등급 2급 이상에 해당하는 자가 사망하면 그 유족에게 유족연금을 지급한다.
> 라. 유족연금은 가입대상기간 5년 중 2년 이상의 기간 동안 납부한 가입자의 유족에게 유족연금을 지급한다.
> 마. 장애연금은 초진일 당시 가입기간이 가입대상기간의 1/2 이상이어야 수급요건을 충족한다.

① 가
② 가, 나
③ 가, 나, 다
④ 가, 나, 다, 라
⑤ 가, 나, 다, 라, 마

정답 | ③
라. 유족연금은 가입대상기간 5년 중 3년 이상의 기간 동안 납부한 가입자의 유족에게 유족연금을 지급한다.
마. 장애연금은 초진일 당시 가입기간이 가입대상기간의 1/3 이상이어야 수급요건을 충족한다.

15 국민연금 반환일시금 지급에 대한 설명으로 적절하지 않은 것은?

① 연금지급 조건인 가입기간 10년을 채우지 못한 10년 미만인 자가 60세가 된 때 지급한다.
② 국적 상실 또는 국외 이주한 때 지급한다.
③ 가입자 또는 가입자였던 자가 사망했으나 유족연금이 지급되지 않은 때 지급한다.
④ 반환일시금은 수급권 발생일로부터 10년이 경과하면 소멸시효가 완성된다.
⑤ 반환일시금의 이자는 보험료 납입일이 속한 달의 다음 달부터 60세에 도달하는 등 연금지급 사유발생일이 속한 달까지는 1년 만기 정기예금이자율을 적용한다.

정답 | ⑤
⑤ 3년 만기 정기예금 이자율을 적용한다.

16 국민연금 사망일시금에 대한 설명으로 적절하지 않은 것은?

① 가입자 또는 가입자였던 자가 사망하였으나 유족연금 또는 반환일시금을 지급받을 수 있는 유족이 없을 경우 지급한다.
② 국민연금 가입자 사망 당시 25세의 자녀만 있다면, 자녀는 국민연금법상 유족이 아니므로 사망일시금을 지급한다.
③ 수급권자가 없는 경우 8촌 이내 방계혈족으로 가입자 또는 가입자였던 자에게 생계를 지원받고 있던 자에게 지급한다.
④ 가입자 또는 가입자였던 자의 최종 기준소득월액과 가입기간 중 각 월의 기준소득월액의 평균액을 구한 다음, 양쪽 금액 중에서 많은 금액의 4배를 한도로 하여 그 금액을 초과하여 지급하지 못한다.
⑤ 사망일시금 지급 순위는 국민연금법상 유족 요건을 충족하지 못한 배우자, 자녀, 부모, 손자녀, 조부모, 형제자매 등의 순으로 지급한다.

정답 | ③
③ 8촌이 아닌 4촌 이내 방계혈족이다.

17 국민연금과 직역연금의 연계에 대한 설명으로 적절하지 않은 것은?

① 국민연금과 직역연금의 연계기간이 10년 이상이어야지 연계제도에 의한 연금을 수령할 수 있다.
② 급여는 각 연금의 가입기간에 기초하여 각각 산정·지급한다.
③ 각 연금 간의 재정이전으로 가입기간과 재직기간에 비례하여 연금을 지급한다.
④ 연금의 연계는 강제가 아닌 선택 사항이며 연계를 희망하는 경우 연금급여를 수령하지 않고 연계 신청을 해야 한다.
⑤ 연계대상기간 중 보험료 납부와 관계없는 임의계속가입기간, 출산 및 군복무, 크레딧 기간은 연계적용대상에서 제외된다.

정답 | ③
③ 각 연금 간의 재정이전 없이 각기 가입기간과 재직기간에 비례하여 연금을 지급한다.

CHAPTER 05 사적연금

PART 04

학습 가이드 ■ ■

출제 비중 : 20~28%(5~7문항)

학습 목표	교재 페이지	학습 중요도
• 제도별 특징과 상호비교 중심으로 학습 필요 • 고객 사례와 연계된 활용방안에 대한 학습 필요		
5-1. 퇴직연금의 종류와 특성을 설명할 수 있다.	179~192	★★★
5-2. 은퇴소득 확보계획을 이해할 수 있다.	192~199	★★★
5-3. 퇴직연금제도 모집인의 업무범위와 준수사항을 이해할 수 있다.	199~201	★★★
5-4. 퇴직연금의 활용 방안에 대해 설명할 수 있다.	201~206	★★★
5-5. 개인연금의 유형별 특성과 활용 방안에 대해 설명할 수 있다.	207~230	★★★

★★★
01 퇴직연금제도에 대한 설명으로 적절하지 않은 것은?

① 퇴직연금제도를 도입하기 위해서는 근로자대표의 동의를 받아야 한다.
② 퇴직연금제도는 하나의 사업장에 DB형 및 DC형 퇴직연금 중 하나를 설정하거나 복수로 설정 할 수 있다.
③ 근로자의 퇴직급여 수급권 보호를 위해 사용자부담금은 사외에 적립하여 운용해야 한다.
④ DB형 및 DC형 퇴직연금을 도입한 사업장의 사용자는 1년에 1회 이상 가입한 근로자의 퇴직급여 상당액 전액을 납입해야 한다.
⑤ 원칙적으로 퇴직연금 급여를 받을 권리를 양도하거나 담보를 제공할 수 없다.

정답 | ④

④ DC형 퇴직연금을 도입한 사업장의 사용자는 1년에 1회 이상 가입한 근로자의 퇴직급여 상당액 전액을 납입해야 하며 DB형 퇴직연금을 도입한 사업장은 근퇴법 시행령에 정한 최소적립금 수준을 유지하도록 의무화하고 있다.

02 퇴직연금의 담보제공이 허용되는 경우로만 모두 묶인 것은?

> 가. 무주택자인 가입자가 주거를 목적으로 보증금을 부담하는 경우
> 나. 12개월 이상 가입자 본인 또는 부양가족이 요양을 필요로 하는 경우
> 다. 담보를 제공하는 날부터 역산하여 3년 이내 개인회생절차 개시결정을 받은 경우
> 라. 가입자 본인 또는 부양가족의 대학등록금, 혼례비 또는 장례비를 가입자가 부담하는 경우
> 마. 사업주의 휴업 실시로 근로자의 임금이 감소한 경우

① 가, 마
② 나, 라
③ 가, 나, 다
④ 가, 라, 마
⑤ 나, 다, 라

정답 | ④
나. 6개월 이상 가입자 본인 또는 부양가족이 요양을 필요로 하는 경우
다. 담보를 제공하는 날부터 역산하여 5년 이내 개인회생절차 개시결정을 받은 경우

03 확정급여형 퇴직연금제도에 대한 설명으로 적절하지 않은 것은?

① 근로자가 받을 연금 급여의 산정방식과 금액 등이 사전에 확정되고, 사용자가 확정된 일시금 또는 연금을 지급하기 위한 모든 부담을 지는 연금제도를 말한다.
② 퇴직연금제도 설정 전 근로기간에 대하여도 가입기간으로 할 수 있지만, 퇴직금을 정산한 기간은 포함되지 않는다.
③ 사용자가 근로자의 퇴직급부를 위해 적립해야 할 적립금은 적립금의 운용결과에 관계없이 초기 투자금액을 그대로 유지하여야 한다.
④ 급여수준은 가입자의 퇴직일을 기준으로 산정한 일시금이 계속근로기간 1년에 대하여 30일분 이상의 평균임금이 되도록 해야 한다.
⑤ 노사 간 합의를 통해 법정퇴직금 이상으로 퇴직연금규약을 정할 수 있다.

정답 | ③
③ 적립금의 운용결과에 따라 변동될 수 있다.

04 확정급여형 퇴직연금에 대한 적절한 설명으로만 모두 묶인 것은?

> 가. 적립금이 최소적립금의 95%보다 적은 경우 노동조합 또는 전체 근로자에게 서면, 사내 게시 또는 정보통신망에 의한 방법으로 알려야 한다.
> 나. 적립금이 기준책임준비금의 100%를 초과한 경우 사용자가 반환을 요구하면 퇴직연금 사업자는 초과분을 사용자에게 반환할 수 있다.
> 다. 퇴직급여는 퇴직사유가 발생한 날로부터 14일 이내에 근로자가 지정한 개인형 퇴직연금(IRP)에 이전하는 방식으로 지급되어야 한다.
> 라. 확정급여형 퇴직연금 가입자의 퇴직 시 퇴직급여는 반드시 개인형 퇴직연금(IRP)로 이전해야 한다.
> 마. 근로자가 IRP 계정을 지정하지 않은 경우 해당 퇴직연금 사업자가 운영하는 계정으로 이전하며, 가입자가 해당 퇴직연금 사업자에게 IRP 계정을 설정한 것으로 본다.

① 가, 마
② 나, 라
③ 가, 다, 마
④ 다, 라, 마
⑤ 나, 다, 마

정답 | ③

나. 적립금이 기준책임준비금의 150%를 초과한 경우 사용자가 반환을 요구하면 퇴직연금 사업자는 초과분을 사용자에게 반환할 수 있다.
라. 가입자가 55세 이후에 퇴직하거나, 퇴직연금급여를 담보로 대출을 상환하거나, 퇴직급여액이 300만원 이하이거나, 근로자가 사망하여 퇴직금이 지급되는 경우에는 가입자(상속자)에게 직접 지급할 수 있다.

05 확정기여형 퇴직연금제도에 대한 설명으로 적절한 것은?

① 사용자가 부담하는 부담금의 수준이 급여지급 시점에서 결정되는 연금제도이다.
② 사용자는 결정된 금액을 일정 기간 단위로 퇴직급여충당금계정에 적립한다.
③ 기업은 최소한 근로자 개개인의 연간 평균임금의 12분의 1에 해당하는 부담금을 현금으로 근로자의 DC형 퇴직연금 계정에 납입하여야 한다.
④ 근로자는 본인이 거래하는 금융기관이 제시하는 상품 중에서 선택하여 투자하게 된다.
⑤ 사용자는 매회 정해진 적립금만 납입하면 근로자 퇴직 시 퇴직급여의 지급의무가 없다.

정답 | ⑤

① 사전에 결정된 연금제도이다.
② 근로자 명의의 퇴직연금계정에 입금한다.
③ 연간 임금총액의 12분의 1이다.
④ 정해진 금융기관에서만 가능하다.

06 확정기여형 퇴직연금 적립금 운용방법 및 정보제공에 대한 적절한 설명으로만 모두 묶인 것은?

> 가. 가입자는 적립금 운용방법을 스스로 정할 수 있으며, 분기마다 1회 이상 적립금 운용방법을 변경할 수 있다.
> 나. 가입자는 퇴직연금 사업자가 제공한 방법 중 하나를 선택하여 사전지정운용방법으로 지정해야 한다.
> 다. 퇴직연금 사업자가 제시하는 적립금 운용방식에는 반드시 원리금 보장 운용방법이 하나 이상 포함되어야만 한다.
> 라. 운용대상이 다르더라도 운용방법이 동일하면 서로 같은 운용방법으로 본다.
> 마. 원리금 보장 운용방법과 실적배당형 운용방법은 서로 다른 운용방법으로 본다.

① 가, 나, 다
② 가, 다, 라
③ 나, 다, 마
④ 가, 나, 다, 라
⑤ 가, 나, 다, 라, 마

정답 | ③
가. 가입자는 적립금 운용방법을 스스로 정할 수 있으며, 반기마다 1회 이상 적립금 운용방법을 변경할 수 있다.
라. 동일한 운용방법이라도 운용대상이 다르면 서로 다른 운용방법이다.

07 개인형퇴직연금에 대한 설명으로 적절하지 않은 것은?

① 개인형퇴직연금은 소득이 있는 모든 사람이 설정할 수 있다.
② 자영업자도 개인형퇴직연금을 가입하여 은퇴 후 소득으로 활용할 수 있다.
③ 이연퇴직소득이 이전된 IRP는 자금이 필요한 경우 55세 이전에 일부 해지를 할 수 있다.
④ 개인형 퇴직연금을 설정한 근로자는 직접 적립금을 운용하며 매 반기 1회 이상 퇴직연금사업자가 제시하는 운용방법 중 선택하여 변경이 가능하다.
⑤ 상시 10인 미만의 근로자를 사용하는 사업장의 경우 사용자가 근로자의 동의를 받거나, 근로자의 요구에 따라 개인형 퇴직연금제도를 설정할 수 있다.

정답 | ③
③ 전부 해지는 가능하지만 일부 해지는 불가능하며 전부 해지할 경우 퇴직소득세 및 기타소득세가 과세된다.

08 개인형퇴직연금에 대한 설명으로 적절하지 않은 것은?

① 개인형 퇴직연금 가입자는 55세 이후 연금 또는 일시금을 수령할 수 있으며, 추가형 IRP를 가입한 자가 연금을 수령하기 위해서는 5년 이상 납입하고 55세 이후부터 수령해야 한다.
② 퇴직연금은 가입한 근로자가 55세 이전에 퇴직하는 경우 근로자의 개인형 퇴직연금계좌로 이전 지급해야 한다.
③ 가입자는 확정기여형 퇴직연금과 같이 주택구입 등 대통령령이 정하는 일정한 요건이 충족되면 55세 이전이라도 중도인출할 수 있다.
④ 퇴직하는 근로자가 개인형 퇴직연금 계정을 지정하지 않은 경우 해당 퇴직연금 사업자가 운용하는 계정으로 이전한다.
⑤ 상시 10인 미만 사업장의 사용자가 개인형퇴직연금제도를 설정하는 경우 사용자는 퇴직연금 사업자 선정 시 근로자의 동의를 받아야 하며, 이 경우 퇴직급여의 운용책임은 사용자에게 있다.

정답 | ⑤
⑤ 퇴직급여의 운용책임은 근로자에게 있으며 근로자는 자신이 운용방법을 선택하고 투자상품을 운용할 수 있다.

09 퇴직급여제도로 보는 IRP를 설정하기 위해 준수해야 할 요건으로만 모두 묶인 것은?

> 가. 사용자가 퇴직연금 사업자를 선정하는 경우에는 개별 근로자의 동의를 받을 것
> 나. 근로자가 스스로 퇴직연금 사업자를 선정할 수 없음
> 다. 사업자는 가입자별로 매년 1회 이상 연간 임금총액의 1/12 이상에 해당하는 부담금을 현금으로 가입자의 IRP 계정에 납입할 것
> 라. 가입자의 퇴직사유가 발생한 경우 사유발생일로부터 30일 이내에 부담금을 납입할 것
> 마. 사용자가 부담하는 부담금 외에 가입자 부담으로 추가부담금을 납입할 수 있을 것

① 가, 나, 다
② 가, 다, 마
③ 나, 다, 마
④ 가, 나, 다, 라
⑤ 가, 나, 다, 라, 마

정답 | ②
나. 근로자가 요구하는 경우에는 스스로 퇴직연금 사업자를 선정할 수 있다.
라. 가입자의 퇴직사유가 발생한 경우 사유발생일로부터 14일 이내에 부담금을 납입해야 한다.

10 혼합형 퇴직연금에 대한 설명으로 적절하지 않은 것은?

① 하나의 사업장에 DB형과 DC형 퇴직연금을 함께 설정할 수 있다.
② 혼합형 퇴직연금을 설정한 경우 사용자는 사용자부담금을 퇴직연금규약에서 정한 비율로 DB형 퇴직연금계정과 개별 근로자 명의의 DC형 퇴직연금계정에 납입해야 한다.
③ 퇴직연금규약 설정비율은 혼합형 퇴직연금을 가입한 전체 가입자에게 적용되며, 개별 가입자의 동의를 얻어 퇴직연금 유형별 설정 비율을 다르게 적용할 수 있다.
④ DB형과 DC형 퇴직연금의 사용자부담금 납입 설정비율을 변경하기 위해서는 혼합형 퇴직연금 규약을 변경해야 한다.
⑤ DB형 퇴직연금 적립금액이 최소적립금에 미달하는 경우 퇴직연금 사업자는 사용자와 근로자 대표에게 통지하고 사용자는 적립금 부족금을 해소해야 한다.

정답 | ③
③ 퇴직연금 규약 설정비율은 혼합형 퇴직연금을 가입한 전체 가입자에게 적용되며, 개별 가입자별로 퇴직연금 유형별 설정 비율을 다르게 적용할 수는 없다.

11 퇴직연금의 적립금 운용방법에 대한 설명으로 적절하지 않은 것은?

① 퇴직연금은 퇴직연금 사업자가 제공하는 원리금보장자산과 원리금비보장자산에 적립금을 투자하여 운용할 수 있다.
② 가입자가 직접 포트폴리오를 구성하여 운용할 수도 있고, 퇴직연금 사업자가 제시하는 다양한 모델포트폴리오 중에서 선택하여 운용할 수도 있다.
③ DC형 퇴직연금을 가입하고 기한까지 가입자가 운용지시를 하지 않으면 규약에서 정한 사전지정운용제도에 따라 운용된다.
④ 원리금보장 운용방법은 납입한 원금이 보전되는 반면 원리금비보장 운용방법에 비해 수익률이 낮다.
⑤ 투자금지대상 및 투자위험을 낮춘 운용방법을 제외한 원리금비보장 운용방법에 대한 투자는 퇴직연금 가입자별 적립금의 40% 범위 내에서 투자할 수 있다.

정답 | ⑤
⑤ 투자금지대상 및 투자위험을 낮춘 운용방법을 제외한 원리금비보장 운용방법에 대한 투자는 퇴직연금 가입자별 적립금의 70% 범위 내에서 투자할 수 있다.

12 퇴직연금의 활용에 대한 설명으로 적절하지 않은 것은?

① 근로자들의 근속기간이 짧고 이직이 잦은 사업장이라면 퇴직연금의 수급권이 강화되어 있고 퇴직급여 통산기능이 상대적으로 용이한 DC형 퇴직연금이 바람직하다.
② 장래 고용안정성이 높아 장기근속이 가능하다면 퇴직연금 각각의 유형별로 예상되는 퇴직급여 수준 등을 비교하여 상대적으로 유리한 퇴직연금을 선택하는 것이 바람직하다.
③ DC형 퇴직연금의 적립금 운용수익률이 임금상승률보다 높다면 DB형 퇴직연금의 퇴직급여 수준이 DC형 퇴직연금보다 높다.
④ 일정 수준 이상의 위험수용능력과 투자에 대한 자신감이 있는 근로자라면 DC형 퇴직연금을 선택한다.
⑤ DC형 퇴직연금은 적립금을 100% 사외에 적립하여 DB형에 비해 상대적으로 퇴직급여 수급권이 강화되어 있으므로 사업장의 재무구조가 취약하다면 DB형보다 DC형 퇴직연금을 선택하는 것이 바람직하다.

정답 | ③
③ DC형 퇴직연금의 적립금 운용수익률이 임금상승률보다 높다면 DC형 퇴직연금의 퇴직급여 수준이 DB형 퇴직연금보다 높다.

13 퇴직연금의 사전지정운용제도에 대한 설명으로 적절하지 않은 것은?

① 가입자들의 적립금 운용방법의 선택권을 넓혀준다.
② 근로자의 퇴직연금의 수익률을 제고하기 위해 도입되었다.
③ 퇴직연금제도에 가입한 날 또는 적립금 운용방법의 기간 만료일부터 4주가 경과할 때까지 가입자가 운용방법을 스스로 선정하지 않을 경우 사전지정운용방법에 따라 운용됨을 통지한다.
④ 확정기여형 또는 확정급여형 퇴직연금 가입자가 선택할 수 있는 제도이다.
⑤ 가입자는 퇴직연금 사업자가 제공한 사전지정운용방법 중 하나의 사전지정운용방법을 선택하여 운용방법으로 지정해야 한다.

정답 | ④
④ 확정급여형 퇴직연금의 운용책임은 사용자에게 있으므로 사전지정운용제도와는 관련이 없다.

14 우리나라의 개인연금제도에 대한 설명으로 적절한 것은?

① 가입자격 : 개인연금저축은 만 20세 이상 개인, 연금저축과 연금저축계좌는 만 18세 이상 개인
② 최소 가입기간 : 개인연금저축과 연금저축은 10년 이상, 연금저축계좌는 20년 이상
③ 납입한도 : 개인연금저축과 연금저축은 분기 3,000천원, 연금저축계좌는 연 18,000천원(분기한도 없음)
④ 연금수령 요건 : 개인연금저축과 연금저축은 55세 이후 5년 이상, 연금저축계좌는 60세 이후 10년 이상
⑤ 세제 : 개인연금저축, 연금저축, 연금저축계좌는 연금수령 시 연금소득세 과세

정답 | ③
※ **가입자격** : 연금저축계좌는 나이제한 없음
　가입기간 : 연금저축계좌는 5년 이상
　납입한도 : 연간 1,800만원(ISA 만기 전환금 제외)으로 규정하고 있음(2020년부터 ISA 계좌가 만기가 되는 경우 만기 금액 한도 내에서 연금계좌에 추가납입 허용. 이 경우 총 납입한도는 연 1,800만원 + ISA계좌 만기 시 연금계좌 전환금액 + 고령가구 주택 매각차익 납입금)
　연금수령 요건 : 연금저축계좌는 55세 이후 연금수령한도 내에서 연금수령
　세제 : 개인연금저축은 연금수령 시 비과세, 연금저축 및 연금저축계좌는 연금소득세 과세

15 연금유형별 특성과 그 설명이 올바르게 연결된 것은?

가. 단생종신연금　　　　　　　　나. 연생종신연금
다. 보증기간부종신연금　　　　　라. 금액확정연금

A. 연금지급이 개시된 이후 임의해지가 불가능하며, 가입자 사망 시 잔여 연금적립금이 상속되지 않는다.
B. 인플레이션이 지속되는 동안 연금의 실질가치가 감소한다.
C. 보증옵션 비용이 발생하기 때문에 단생종신연금보다 단위당 연금수준이 낮다.
D. 연금적립금 운용수익률이 저조할 경우 연금지급기간이 짧아지고, 운용수익률이 높을 경우 연금지급기간이 길어진다.

① 가-A, 나-C, 다-B, 라-D
② 가-A, 나-B, 다-C, 라-D
③ 가-B, 나-A, 다-C, 라-D
④ 가-C, 나-A, 다-B, 라-D
⑤ 가-C, 나-A, 다-D, 라-B

정답 | ②
- A : 단생종신연금
- B : 연생종신연금
- C : 보증기간부종신연금
- D : 금액확정연금

16 세제비적격연금 중 연금보험에 대한 설명으로 적절하지 않은 것은?

① 연금적립금 부리방법에 따라 확정금리형과 공시이율형으로 구분되며, 국내에서 판매되는 대부분의 연금보험은 공시이율을 적용하고 있다.
② 장기저축성보험의 과세제외요건을 충족하는 운용수익에 대해 연금이나 일시금 인출 시 과세하지 않는 TEE 방식이다.
③ 적립금 운용에 따른 투자위험은 가입자가 부담한다.
④ 가입자가 보험료 납입기간 중 장해 합산율 80% 이상의 장해가 발생하는 경우, 잔여 보험료의 납입을 면제하는 보험료 납입 면제특약이 부가되어 있다.
⑤ 가입 초기에 납입보험료에서 보험관계비용을 선공제하기 때문에 조기해약의 경우 환급금이 납입보험료보다 적을 수 있다.

정답 | ③
③ 적립금 운용에 따른 투자위험은 보험회사가 부담한다.

17 변액보험의 적립금 운용옵션과 그 설명이 올바르게 연결된 것은?

| 가. 특별계정(펀드) 변경 | 나. 자동자산배분 |
| 다. 펀드자동재배분 | 라. 정액분할투자 |

A. 가입자가 보험료 분산투자를 통해 투자위험 관리를 할 수 있다.
B. 보험회사의 적립금 운용에 대한 견제와 효율적인 적립금 운용이 가능하다.
C. 위험자산의 변동위험을 분산시켜 매입단가 하락의 효과를 얻어 안정적인 적립금 운용을 할 수 있다.
D. 가입자 위험수용성향에 맞는 포트폴리오를 유지하면서 적립금을 운용할 수 있다.

① 가-A, 나-C, 다-B, 라-D
② 가-A, 나-B, 다-C, 라-D
③ 가-B, 나-A, 다-D, 라-C
④ 가-C, 나-A, 다-B, 라-D
⑤ 가-C, 나-A, 다-D, 라-B

정답 | ③
- A. 자동자산배분
- B. 특별계정(펀드)변경
- C. 정액분할투자
- D. 펀드자동재배분

18 변액연금의 연금지급보증옵션에 대한 설명으로 적절하지 않은 것은?

① 보증비용을 부과하기 때문에 연금적립금 운용수익률에 영향을 미칠 수 있다.
② 특별계정에서 연금적립금을 운용하는 경우 투자성과에 따라 연금액이 증가하거나 연금지급기간을 연장할 수 있으나 투자위험에 노출되어 연금적립금 가치가 감소할 수 있다.
③ 최저인출보증(GMWB)은 연금개시 이후 특별계정의 투자성과에 관계없이 보증된 일정수준의 이율을 적용한 연금액을 지급한다.
④ 최저수입보증(GMIB)은 약정한 보증기간 동안만 활용할 수 있다.
⑤ 종신연금보증(GLWB)은 연금개시 이후 특별계정의 투자성과에 관계없이 일정 수준의 연금을 사망 시까지 지급하는 옵션이다.

정답 | ③

③ 최저수입보증(GMIB)에 대한 설명이며, GMWB(최저인출보증)은 연금개시 이후 특별계정 투자성과에 관계없이 일정 수준의 연금지급을 보증하는 옵션이다.

19 변액연금의 다양한 보증옵션에 대한 설명 중 (가)~(라)에 들어갈 내용으로 적절하게 연결된 것은?

- (가)란 특별계정의 성과와 관계없이 납입된 원금을 보증한다.
- (나)란 특별계정의 운용성과가 최저보증연금 지급을 위한 수익률보다 높은 경우 연금지급액이 최저연금보증금액보다 많아진다.
- (다) 형태의 GMAB는 연금개시 전까지 정한 기간 단위로 해당 기간 중 달성한 최고수익률을 보증한다.
- (라)는 연금적립금이 '0'이 되어도 약정된 연금이 지급된다.

	(가)	(나)	(다)	(라)
①	Roll-up	Step-up	GMIB	Ratchet
②	GMAB	GMIB	Ratchet	GMWB
③	Ratchet	GMIB	GMAB	Step-up
④	Step-up	GMDB	Ratchet	Roll-up
⑤	Step-up	GMWB	GMAB	Roll-up

정답 | ②

② 가. 최저적립금보증(GMAB), 나. 최저수입보증(GMIB), 다. Ratchet, 라. 최저인출보증(GMWB)

20 주가지수연계연금(EIA)의 장점으로 적절하지 않은 것은?

① 원금보장을 위해 일정 수준의 채권이나 CD 등을 구입하고 나머지는 옵션에 투자한다.
② 국내 EIA는 상승형, 하락형, 공시이율형이 있으며 선택 및 변경 가능하다.
③ 연금지급형태는 확정기간연금형, 종신연금형, 상속연금형이 있다.
④ 투자성과가 저조하더라도 공시이율형 이상의 수익을 얻는 옵션이 부가되어 있다.
⑤ 변액보험에 비해 투자위험이 상대적으로 적다.

정답 | ④
④ 투자성과가 저조하면 공시이율형보다 낮은 수익을 얻게 된다.

21 채권연계형 연금의 단점에 대한 설명으로만 모두 묶인 것은?

가. 연금수령 시 납입원금 이상의 연금적립금이 보장된다.
나. 중도해지 시 원금손실이 발생할 수 있다.
다. 금리상승 시 이율확정기간 종료 후 공시이율 적용기간으로 전환할 수 있다.
라. 연금보험에 비해 보험관계비용이 높다.
마. 저금리가 지속되는 환경에서 공시이율보다 높은 수익을 얻을 수 있다.
바. 공시이율 적용기간 중 금리하락 시 수익이 예상보다 적어지게 된다.

① 가, 나, 다
② 가, 다, 마
③ 나, 다, 마
④ 나, 라, 바
⑤ 다, 라, 바

정답 | ④
가, 다, 마. 채권연계형 연금의 장점이다.

22 개인연금 대한 설명으로 적절하지 않은 것은?

① 세제 적격 연금의 경우 세액공제를 받지 않은 납입보험료는 인출 시 세금을 과세하지 않기 때문에 연금 이외의 목적자금으로 활용할 수 있다.
② 연금납입기간 중 사망 또는 장해 발생 시 보장을 받고 싶다면 세제 비적격 연금보험을 선택하는 것이 바람직하다.
③ 동일한 연금적립금 운용방법일 경우 세제 비적격 연금이 과세이연효과로 일반 금융상품보다 기대수익률이 높다.
④ 납입한 원금의 손실이 발생하더라도 높은 수익을 원한다면 연금저축펀드를 선택하는 것이 바람직하다.
⑤ 보증기간형 종신연금은 최저보증기간이 남아있다면 잔여 연금을 사망시점에 일시금으로 평가한 금액으로 상속된다.

정답 | ③
③ 동일한 연금적립금 운용방법일 경우 세제 적격 연금이 과세이연효과로 일반 금융상품보다 기대수익률이 높다.

23 즉시연금에 대한 설명으로 적절하지 않은 것은?

① 정액연금은 일시납으로 납입된 보험료를 공시이율을 적용하여 운용하고 연금지급을 하는 형태이다.
② 정액연금은 최저보증이율을 보장하기 때문에 시장상황과 관계없이 비교적 안정적인 연금을 수령하는 장점이 있다.
③ 인플레이션에 따른 실질구매력 하락 위험에 대응하기 위해서는 변액연금을 가입하는 것이 바람직하다.
④ 즉시연금은 연금수령형태가 종신형인 경우에는 인출금액에 대해 소득세가 과세될 수 있다.
⑤ 장수위험에 대응하기 위해서는 연금수령은 종신형으로 선택해야 한다.

정답 | ④
④ 즉시연금은 연금수령형태가 종신형이 아닌 경우에는 인출금액에 대해 소득세가 과세될 수 있다.

CHAPTER 06 연금계좌

PART 04

학습 가이드 ■ ■

출제 비중 : 12~20%(3~5문항)

학습 목표	교재 페이지	학습 중요도
• 지식형 및 사례형에서 빈번히 출제되며, 「세금설계」와 연계하여 학습 필요		
• 고객 사례와 연계하여 가장 적합한 사적연금 및 연금계좌에 컨설팅에 대한 문제가 출제될 수 있음		
6-1. 연금계좌의 종류별 특성과 운용, 인출, 승계에 대해 설명할 수 있다.	245~255	★★★
6-2. 연금계좌의 납입, 운용, 인출 단계에서의 과세내용을 설명할 수 있다.	256~262	★★★
6-3. 고객 상황별 연금계좌 활용방법을 제안할 수 있다.	263~274	★★★

★★★
01 연금계좌 종류별 특성에 대한 설명으로 적절하지 않은 것은?

① 연금계좌는 기본적으로 납입액에 대한 세액공제, 적립금 운용수익에 대한 과세이연, 그리고 인출 시 과세를 하는 EET 방식을 채택하고 있다.
② 연금계좌의 연간 납입한도는 ISA 만기금액을 제외하고 분기당 300만원이며, 연간 보험료 600만원 한도로 15% 또는 12%의 세액공제를 적용받을 수 있다.
③ 연금저축펀드는 원금 비보장 상품으로 다른 연금계좌와 비교하여 적립금에 대한 기대수익률이 높고 재무상황에 따라 유연하게 납입이 가능하다.
④ 생명보험사의 연금저축보험은 종신형으로 연금을 수령할 수 있으므로 장수위험에 대한 대비가 가능하다.
⑤ 연금저축신탁은 운용실적에 따른 추가수익과 확정연금 수령기간의 제한이 없다.

정답 | ②

② 연금계좌의 연간 납입한도는 연간 1,800만원(연금계좌 통합 적용, ISA만기금액 제외, 분기납입한도 없음)이며 연간 600만원 한도로 세액공제를 적용 받을 수 있다.

※ **연금계좌 납입한도 확대적용**

2020년부터 ISA 계좌가 만기가 되는 경우 만기 금액 한도 내에서 연금계좌에 추가납입 허용되며 이 경우 총 납입한도는 연 1,800만원+ISA계좌 만기시 연금계좌 전환금액이 된다. 또한 고령가구 주택 매각 차익을 연금계좌로 납입한 금액만큼 추가로 납입한도가 인정된다.

02 연금계좌의 적립금 운용에 대한 설명으로 적절하지 않은 것은?

① 연금저축보험은 공시이율을 적용하므로 가입자가 별도의 운용지시를 하지 않는다.
② 연금저축펀드와 퇴직연금계좌는 위험자산에 대한 투자한도가 없다.
③ 보수적 투자성향의 경우 연금저축보험 또는 연금저축신탁을 선택하는 것이 바람직하다.
④ 연금계좌는 하나 또는 여러 유형의 연금계좌를 선택하여 납입·운용할 수 있다.
⑤ 적립금 운용지시에 자신이 없는 가입자의 경우 금융회사에서 제시하는 모델포트폴리오 중 선택하여 운용하는 것을 고려할 수 있다.

정답 | ②
② 연금저축펀드는 위험자산에 대한 투자한도가 없지만 퇴직연금계좌의 경우 위험자산에 대한 투자는 적립금의 70% 이내로 제한된다.

03 연금계좌에 대한 설명으로 적절하지 않은 것은?

① 가입한 연금계좌의 운용수익률이 저조하거나 금융회사의 재무건전성이 취약해지는 경우 연금계좌 이체를 고려할 수 있다.
② 2013년 3월 이후에 가입한 연금계좌에 있는 금액을 2013년 이전에 가입한 연금계좌로 이체하는 경우 인출로 보아 이연퇴직소득세 또는 기타소득세를 부과한다.
③ 연금계좌를 승계한 경우 승계한 날에 배우자가 새롭게 가입한 것으로 간주한다.
④ 연금계좌에서 인출하는 형태는 연금수령과 연금외수령으로 구분하며 연금수령 시 연금수령연차 10년 초과 시 이연퇴직소득세의 60%가 과세된다.
⑤ 연금계좌 이체 시 연금계좌의 가입일 등은 이체되기 전의 연금계좌를 기준으로 적용한다.

정답 | ⑤
⑤ 연금계좌 이체 시 연금계좌의 가입일은 이체받은 연금계좌를 기준으로 적용한다.
※ 연금계좌에서 인출하는 형태는 연금수령과 연금외수령으로 구분하여 연금수령 시 이연퇴직소득세 70%(연금수령시점 10년 초과부터는 60%)가 과세된다.

04 연금계좌세제에 대한 설명으로 적절하지 않은 것은?

① 연금계좌 세제내용을 납입단계, 운용단계, 인출단계로 구분할 수 있다.
② 연금계좌세액공제액은 연금계좌 납입액에 소득수준별 세액공제율을 적용하며 연간 총급여액이 5,500만원을 초과할 경우 세액공제율은 12%를 적용한다.
③ 퇴직소득을 지급받은 날부터 30일 이내에 연금계좌에 입금하는 경우 입금된 금액에 해당하는 원천징수된 퇴직소득세에 대해 환급신청을 할 수 있다.
④ 연금계좌에서 연금수령 시 소득원천별로 연금소득세 또는 이연퇴직소득세가 과세되며 세액공제받지 않은 납입액의 경우 비과세된다.
⑤ 연금외수령 시 세액공제받은 납입액과 연금계좌 적립금 운용수익에 대해서는 15%의 기타소득세가 과세된다.

정답 | ③
③ 퇴직소득을 지급받은 날부터 60일 이내에 연금계좌에 입금하는 경우 입금된 금액에 해당하는 원천징수된 퇴직소득세에 대해 환급신청을 할 수 있다.

05 연금계좌 활용에 대한 설명으로 적절하지 않은 것은?

① 퇴직급여를 IRP로 납입하여 운용하는 경우 연금수령 시 산출된 이연퇴직소득세의 30%(연금수령연차 11년 차부터는 40%)가 경감된다.
② IRP로 이전하여 운용하는 방법의 과세이연 효과는 퇴직급여액이 많을수록, 투자기간과 연금수령기간이 길수록 커진다.
③ 수수료 측면에서 볼 때 퇴직연금의 수수료보다 연금저축계좌의 수수료가 낮은 수준이다.
④ 공격적인 투자전략 수립 및 운용을 하기 위해서는 퇴직연금계좌보다는 연금저축계좌를 활용하는 것이 바람직하다.
⑤ 맞벌이 부부의 경우 총 급여가 적은 배우자가 우선적으로 세액공제 한도금액까지 연금계좌에 납입하는 것이 유리하다.

정답 | ③
③ 수수료 측면에서 볼 때 연금저축계좌의 수수료보다 퇴직연금의 수수료가 낮은 수준이다.

06 연금계좌에 대한 설명으로 적절하지 않은 것은?

① 거주자라면 소득이 없어도 나이제한 없이 가입 가능하다.
② 연금저축보험은 전 보험기간에 걸쳐 사용할 보험관계비용을 가입초기에 공제하므로 일정 기간 이내 해약할 경우 원금손실의 가능성이 있다.
③ 퇴직연금계좌의 포트폴리오 구성에 자산이 없어 운용방법을 일정기간 동안 지시하지 않을 경우 사전지정운용제도로 운용된다.
④ 2013년 이전 가입한 연금계좌의 최초 과세기간의 연금수령연차는 6년차를 적용한다.
⑤ 연금계좌를 승계한 배우자는 가입자가 사망한 날부터 승계한 것으로 보며 연금개시신청 전까지 연금계좌 납입을 추가로 할 수 없다.

정답 | ③

⑤ 연금계좌를 승계한 배우자의 나이가 55세에 달하지 않았다면 피상속인이 연금개시를 한 상태라도 연금개시신청 전까지 연금계좌 납입을 추가로 할 수 있다. 또한 연금을 수령하기 위해서는 배우자 나이 55세 이후에 연금개시신청을 해야 한다.

CHAPTER 07 은퇴자산의 인출 및 관리

PART 04

학습 가이드 ■ ■

출제 비중 : 4~8%(1~2문항)

학습 목표	교재 페이지	학습 중요도
• 각 인출 모델별 특징과 상호비교 중심으로 학습 필요 • 계산형 문제가 출제될 수 있음		
7-1. 다양한 은퇴자산 인출 모델을 이해하고 설명할 수 있다.	277~305	★★★
7-2. 은퇴 후 자산관리의 주의사항에 대해 설명할 수 있다.	306~319	★★★

★★★
01 은퇴자산 인출전략에 대한 설명으로 적절하지 않은 것은?

① 현재 보유하고 있는 자금이 사망하기 전에 고갈되지 않도록 하기 위한 매년의 적정 인출액과 운용방법에 대한 의사결정이다.
② 은퇴자의 라이프스타일을 고려한 은퇴소득을 충족시키면서 동시에 기대수명까지 안정적인 현금흐름을 제공할 수 있도록 인출전략을 설계해야 한다.
③ 은퇴자금 부족 방지 방법에는 은퇴자금으로 사용할 자산을 추가하거나 은퇴자금의 투자수익을 높이거나 은퇴 후 소비수준을 조정하는 세 가지 방법이 있으며 실현 가능성이 높은 한 가지 방법을 추구해야 한다.
④ 스피저(Spizer)의 연구에 따르면 연간 인출전략 대신 30년의 인출기간을 가정하고 매 5년마다 인출액을 조정하는 전략은 고정인출전략과 비교했을 때 인출금액을 증가시킬 뿐만 아니라 은퇴자산을 고갈시킨다는 것을 보여주었다.
⑤ 밀레브스키와 로빈슨(Milevsky & Robinson)은 은퇴소비율을 조정하여 은퇴자금 부족 가능성을 줄일 수 있음을 실증적으로 입증하였다.

정답 | ③

③ 은퇴자금 부족 방지 방법에는 은퇴자금으로 사용할 자산을 추가하거나 은퇴자금의 투자수익을 높이거나 은퇴 후 소비수준을 조정하는 세 가지 방법이 있으며 어느 하나만 치중하는 것은 실현 가능성이 희박하고 효과적이지 않기 때문에 세 가지 방법을 동시에 추구하는 것이 합리적이다.

02 은퇴자산 인출모델과 그 설명이 올바르게 연결된 것은?

> 가. 과거 수익률을 활용한 모델
> 나. 몬테카를로 시뮬레이션을 활용한 모델
> 다. 지속 가능한 인출률을 활용한 모델
> 라. 최대안전인출률을 활용한 모델
> 마. 현금흐름적립을 활용한 모델

> A. 원금손실을 꺼려하는 심리를 반영하며 장기적인 구매력 위험을 제거하는 안정적 인출전략이다.
> B. 은퇴시점에 따라 경제상황이 미리 세워놓은 가정과 다를 수 있고, 이론적으로 예측하기 어려운 요인들 때문에 현실적으로 가능하지 않다.
> C. 은퇴자가 최대효용을 얻기 위해 최대인출이 가능한 인출률과 자산배분비율을 함께 알 수 있다는 장점이 있다.
> D. 과거 일정 기간 동안의 주식과 채권 등 금융자산의 평균수익률을 이용하여 인출금액을 산출하는 모델이다.
> E. 평균수익률과 물가상승률, 기대수명의 평균과 표준편차, 분산의 정규분포를 가정한다.

① 가-A, 나-B, 다-C, 라-D, 마-E
② 가-D, 나-E, 다-C, 라-B, 마-A
③ 가-B, 나-A, 다-C, 라-E, 마-D
④ 가-D, 나-C, 다-E, 라-D, 마-A
⑤ 가-C, 나-B, 다-A, 라-D, 마-E

정답 | ②

② '가-D, 나-E, 다-C, 라-B, 마-A'의 연결이 적절하다.

03 은퇴자산 인출전략 수립에 대한 설명으로 적절하지 않은 것은?

① 은퇴자산 인출전략 수립과정은 '현재재무상태 평가 → 지속 가능한 인출률 산정 → 은퇴자산 포트폴리오 평가 → 인출전략 결정 및 조정' 순으로 이루어진다.
② 평균수익률을 이용하는 방법은 매년 동일한 수익률을 낼 수 있어야 하고 물가상승률도 고정되어야 하는 등 가정에 한계가 있다.
③ 몬테카를로 시뮬레이션을 이용하여 수많은 수익률을 적용하는 결과를 얻을 수 있지만 과거 수익률 분포로부터 가능한 모든 배열을 검토할 수 없다는 한계가 있다.
④ 포트폴리오에 주식 비중이 높아질수록 어느 시점까지는 최대 인출률이 커지다가 일정 수준 이상이 되면 위험이 더 커지게 되어 다시 우하향하는 역 U자형 그래프가 그려진다.
⑤ 과거 수익률을 이용한 방법은 수익률의 평균과 표준편차를 이용하기 때문에 평균수익률과 표준편차가 달라지면 결과도 달라진다.

정답 | ③

③ 몬테카를로 시뮬레이션을 이용하여 지속 가능한 인출률을 산정하는 경우에는 과거 수익률 분포로부터 모든 가능한 배열을 검토하여 적용하며 수많은 수익률을 적용하는 결과를 얻을 수 있다.

04 은퇴자산의 인출방법에 대한 설명으로 적절하지 않은 것은?

① 은퇴자산 인출방법에는 자동인출, 자가연금화, 종신연금 활용방법이 있다.
② 자동인출방법은 사람들의 선택을 유도하는 부드러운 개입, 즉 넛지효과가 적용된다.
③ 자가연금화방법은 지급시간을 잘못 예측하거나 과도한 인출을 하게 되면 사망 전에 은퇴자금이 소진될 위험이 있다.
④ 자동인출방법은 극단적 위험회피자의 경우 효용을 극대화하는 전략이 될 수 있다.
⑤ 행동재무학자들은 자동인출방법이 은퇴자금을 안정적으로 관리할 수 있는 방법 중 하나라고 설명하고 있다.

정답 | ④
④ 종신연금 활용방법은 극단적 위험회피자의 경우 효용을 극대화하는 전략이 될 수 있다.

05 은퇴 후 소비 지출 및 자산관리에 대한 설명으로 적절하지 않은 것은?

① 은퇴 후 적정 소비지출 수준은 일반적으로 은퇴 직전 소득의 60%는 되어야 최소한의 생활을 유지할 수 있고, 70~80% 정도면 은퇴 전과 비슷한 생활을 유지할 수 있다.
② 은퇴하여 사망 시까지 필요한 생활비를 지속적으로 공급해 줄 수 있는 현금흐름시스템을 만들기 위해 연금성 자산을 활용한 자산배분이 필요하다.
③ 연금이 부족한 경우 추가적으로 금융자산이나 부동산자산 등 자산을 연금화하는 전략을 실행해야 한다.
④ '100에서 자신의 나이'를 빼는 투자법은 자기 과신으로 인한 재무의사 결정의 오류가 발생할 수 있다는 단점이 있다.
⑤ 위험수용성향을 고려한 은퇴 후 자산관리에서 10년 주기형을 활용할 경우 10년마다 위험수용성향을 재평가하여 새로운 투자전략을 세워야 한다.

정답 | ⑤
⑤ 위험수용성향을 고려한 은퇴 후 자산관리에서 10년 주기형을 사용한다고 해서 10년마다 위험수용성향을 반드시 변경할 필요는 없다.

06 연금계좌에 대한 설명으로 적절하지 않은 것은?

① 50세 이상자는 한시적으로 200만원 한도로 추가 공제가 가능하다.
② 연금저축보험은 전 보험기간에 걸쳐 사용할 보험관계비용을 가입초기에 공제하므로 일정 기간 이내 해약할 경우 원금손실의 가능성이 있다.
③ 퇴직연금계좌의 포트폴리오 구성에 자산이 없어 운용방법을 일정기간 동안 지시하지 않을 경우 사전지정운용제도로 운용된다.
④ DB형 퇴직연금을 가입한 사람이 퇴직하여 퇴직소득 전액을 새로 설정된 연금계좌(IRP)로 이체한 경우 연금 수령한도 계산 시 최초 과세기간의 연금수령연차는 6년 차를 적용한다.
⑤ 연금계좌를 승계한 배우자는 가입자가 사망한 날부터 승계한 것으로 보며 연금개시신청 전까지 연금계좌 납입을 추가로 할 수 없다.

정답 | ⑤
⑤ 연금계좌를 승계한 배우자의 나이가 55세에 달하지 않았다면 피상속인이 연금개시를 한 상태라도 연금개시신청 전까지 연금계좌 납입을 추가로 할 수 있다. 또한 연금을 수령하기 위해서는 배우자 나이 55세 이후에 연금개시신청을 해야 한다.

CHAPTER 08 근로자복지제도

PART 04

학습 가이드 ■ ■

출제 비중 : 0~4%(0~1문항)

학습 목표	교재 페이지	학습 중요도
구체적인 수치나 연도의 암기보다 특징과 활용 중심으로 학습 필요		
8-1. 근로자복지제도의 개념과 종류를 설명할 수 있다.	387~398	★★★

01 사내근로복지기금제도의 근로자에 대한 혜택으로만 모두 묶인 것은?

> 가. 임금소득 이외에 기업 이윤분배 참여 기회를 제공받는다.
> 나. 우리사주구입비 지원, 주택구입 및 임차자금 지원을 통해 근로자 재산 형성에 기여한다.
> 다. 기금에서 지급 · 보조받는 금품에 대해 증여세 면제 혜택이 있다.
> 라. 다양화 · 고도화되어 가는 근로자복지 수요에 능동적으로 대처할 수 있다.
> 마. 사내근로복지기금 협의회 참여를 통해 다양한 복지욕구를 반영할 수 있다.

① 가, 나, 다, 라
② 가, 나, 다, 마
③ 가, 다, 라, 마
④ 나, 다, 라, 마
⑤ 다, 라, 마

정답 | ②
라. 기업에 대한 혜택에 해당한다.

02 사내근로복지기금법의 설립 절차가 순서대로 올바르게 나열된 것은?

> 가. 기금법인설립준비위원회 구성
> 나. 기금법인설립인가 신청
> 다. 정관변경, 이사 선임, 출연금 협의 및 결정
> 라. 기금법인 설립 등기
> 마. 기금법인 성립에 따른 후속조치
> 바. 기금법인의 성립
> 사. 기금사무 인수인계

① 가 – 사 – 라 – 마 – 나 – 다 – 바
② 가 – 사 – 라 – 마 – 나 – 바 – 다
③ 가 – 다 – 나 – 라 – 사 – 마 – 바
④ 나 – 마 – 라 – 사 – 가 – 바 – 다
⑤ 나 – 마 – 라 – 사 – 가 – 다 – 바

정답 | ③
③ '가 – 다 – 나 – 라 – 사 – 마 – 바' 순이다.

03 사내근로복지기금의 운용방법에 적절한 설명으로만 모두 묶인 것은?

> 가. 금융기관에의 예입 및 금전신탁
> 나. 투자신탁 등의 수익증권 매입
> 다. 국가, 지방자치단체 또는 금융기관이 발행하거나 채무이행을 보증하는 유가증권 매입
> 라. 자본시장과 금융투자업에 관한 법률에 따른 투자회사가 발행하는 주식의 매입
> 마. 당해 회사 주식을 보유한 경우 그 회사의 유상증자 참여

① 가
② 가, 나
③ 가, 나, 다
④ 가, 나, 다, 라
⑤ 가, 나, 다, 라, 마

정답 | ⑤
⑤ 모두 사내근로복지기금 운용방법에 대한 설명이다.

04 선택적 근로복지제도에 대한 설명으로 적절하지 않은 것은?

① 카페테리아 플랜(Cafeteria plan)이라 불린다.
② 선택적 복지제도는 개별적인 복지제도이며, 근로자의 의사를 반영하는 참여적 복지제도이다.
③ 고용기간, 형태 등에 관계없이 모든 근로자를 수혜대상으로 하며 수혜조건에 차등을 두지 않는다.
④ 근로자는 기업의 복리후생에 대한 주인의식이 제고된다.
⑤ 기업은 선진복지제도를 구축함으로써 인해 우수 인재를 확보·유지할 수 있다.

정답 | ③
③ 고용 기간, 형태 등에 관계없이 모든 근로자를 수혜대상으로 하지만 합리적 기준에 따라 수혜조건의 차등을 둔다.

은퇴생활설계

PART 04

학습 가이드

출제 비중 : 0~4%(0~1문항)

학습 목표	교재 페이지	학습 중요도
구체적인 수치나 연도의 암기보다 특징과 활용 중심으로 학습 필요		
9-1. 은퇴생활설계 요소를 이해하고 설명할 수 있다.	401~429	★★★
9-2. 은퇴 후 주거유형을 이해하고 설명할 수 있다	430~445	★★★

01 단계별 은퇴생활설계의 특징으로 적절하지 않은 것은?

① 활동기는 은퇴자산을 계획 없이 소비해 버릴 우려가 있으므로 주의해야 한다.
② 활동기는 전반적인 은퇴생활 수준을 결정하는 시기이므로 향후 은퇴생활의 성패를 좌우한다.
③ 회상기는 생활비를 줄이고 정적인 여가활동이나 봉사활동에 관심을 가지는 시기이다.
④ 간병기는 새로운 이웃이나 사회봉사자 등 새롭게 형성된 가까운 사회적 관계가 중요한 시기이다.
⑤ 간병기는 인생을 돌보면서 가족이나 친구 등 사회적 관계에 관심을 두는 시기이다.

정답 | ⑤
⑤ 인생을 돌보면서 가족이나 친구 등 사회적 관계에 관심을 두는 시기는 회상기이다.

02 은퇴 라이프스타일에 대한 설명으로 적절하지 않은 것은?

① 은퇴 후 연결 일자리(bridge job)를 찾는 것은 은퇴설계 시 중요하게 다루어져야 한다.
② 소득수준이 높고 현재 은퇴생활에 만족하며 재무적 준비가 잘되어 있는 경우에는 그렇지 않은 경우보다 일에 대한 욕구는 낮은 것으로 조사되었다.
③ 성공적인 은퇴생활을 위해서는 본인이 바라는 은퇴생활과 관련된 구체적인 목표설정과 계획이 있어야 한다.
④ 정부가 제공하고 있는 노인일자리는 공익형, 교육형, 복지형, 인력파견형, 시장형, 창업모델형 등 6가지 유형으로 구분되어 있어 자신의 성향에 맞는 일을 선택할 수 있다.
⑤ 은퇴생활에 있어서 새로운 직장이나 창업을 하지 않더라도 다양한 비영리단체의 활동을 통해 자아실현의 욕구와 사회 환원, 그리고 봉사의 욕구를 달성할 수 있다.

정답 | ②
② 소득수준이 높고 현재 은퇴생활에 만족하고 있어도, 그리고 은퇴 대비 재무적 준비가 잘되어 있어도 일에 대한 욕구는 높은 것으로 조사되었다.

03 사회적 관계망 이론에 대한 설명으로 적절하지 않은 것은?

① 사회적 관계망의 구조와 구성원, 의미를 입체적으로 설명하는 이론인 콘보이 모델(Convoy model)은 친밀감을 바탕으로 개인을 둘러싸는 3가지 층으로 구성되어 있다.
② 제일 안쪽의 원은 가장 중요한 지지자인 동시에 매우 친밀한 집단으로 배우자, 자녀, 손자녀, 친척 등이 속한다.
③ 두 번째 원은 중간 정도로 친밀한 관계의 사람들인 친구, 지인, 이웃 등이 여기에 속하며 이들은 서로 완전히 독립적인 관계를 의미한다.
④ 세 번째 원은 공식적 역할을 바탕으로 관계를 맺은 사람들이 포함되며 직장과 관련된 사람, 종교단체, 지역모임, 복지기관, 공공기관 등이 속하는데, 이들 집단은 변화가 가능하다.
⑤ 개인을 둘러싼 관계망(convoy)은 구조적인 측면에서는 안정적이지만 구성원의 변동이 가능하다는 측면에서는 역동적이다.

정답 | ③
③ 두 번째 원은 중간 정도로 친밀한 관계의 사람들인 친구, 지인, 이웃 등이 여기에 속하며 이들은 서로 완전히 독립적이지 않으면서 상호작용하는 관계를 의미한다.

04 은퇴 후 주거의사결정의 원칙에 대한 적절한 설명으로만 모두 묶인 것은?

가. 이사와 같은 주거 환경의 변화요인들을 최소화하여 주거의 안정성과 연속성을 보장한다.
나. 일상생활의 동작능력에 맞는 생활수단과 방법을 검토하여 기능적인 주거환경을 만든다.
다. 생물학적 쾌적성을 유지하고 건강을 지원할 수 있도록 한다.
라. 공간조직과 동선의 단순화, 직선화를 꾀하고 설비의 혼돈이 이루어지지 않도록 방향감각과 이해력을 향상시킨다.
마. 사회적 상호작용과 사회참여를 자극하고 지역사회 서비스에 대한 접근성을 최소화한다.

① 가
② 가, 나
③ 가, 나, 다
④ 가, 나, 다, 라
⑤ 가, 나, 다, 라, 마

정답 | ④
마. 사회적 상호작용과 사회참여를 자극하고 지역사회 서비스에 대한 접근성을 최대화한다.

05 은퇴 후 주거환경과 그 내용이 올바르게 연결된 것은?

가. 실버타운
나. 시니어 코하우징(Senior Co-housing)
다. 컬렉티브 하우스(Collective house)

A. 노인복지시설 안에 어린이집을 같이 운영하는 세대결합주택
B. 사회적 고립을 줄이고 주변과 활발하게 교류하면서 살 수 있는 조건을 충족시킨 노인주택
C. 60세 이상 노인들에게 주거, 의료, 식사, 건강관리 및 각종 여가 및 문화 프로그램을 제공하는 시니어 전용 주거시설

① 가-A, 나-C, 다-B
② 가-A, 나-B, 다-C
③ 가-B, 나-C, 다-A
④ 가-C, 나-A, 다-B
⑤ 가-C, 나-B, 다-A

정답 | ⑤
⑤ '가-C, 나-B, 다-A'의 연결이 적절하다.

06 노후복지시설에 대한 설명으로 적절하지 않은 것은?

① 기초생활수급권자로서 65세 이상이거나, 부양의무자로부터 적절한 부양을 받지 못하는 65세 이상의 자 중 일상생활에 어려움을 겪고 있는 사람은 입소 비용의 전액을 국가와 지방자치단체에서 부담한다.
② 실비보호대상자에 해당하는 사람에게는 비용의 일부를 국가가 지원하고 나머지는 본인이 부담한다.
③ 양로시설 또는 노인공동생활가정이나 노인복지주택에 입주하는 자는 전액을 입소자 본인이 부담한다.
④ 노인복지주택은 노인에게 주거시설을 분양 또는 임대하여 일상생활에 필요한 편의를 제공한다.
⑤ 노인성질환이 없는 고령자의 경우 양로시설, 노인공동생활가정, 노인복지주택 중 하나를 선택하여 선택하여 노인의료복지시설을 이용할 수 있다.

정답 | ①

① 기초생활수급권자로서 65세 이상이거나, 부양의무자로부터 적절한 부양을 받지 못하는 65세 이상의 자 중 일상생활에 지장이 없는 사람은 입소 비용의 전액을 국가와 지방자치단체에서 부담한다.

PART 05

부동산설계

CONTENTS

CHAPTER 01 | 부동산활동과 부동산설계 [1~2문항]
CHAPTER 02 | 부동산설계를 위한 시장분석 [3~4문항]
CHAPTER 03 | 부동산 가치분석 [5~9문항]
CHAPTER 04 | 부동산설계 대상의 유형분석 [5~6문항]
CHAPTER 05 | 부동산설계 프로세스와 사례 [2~4문항]

CHAPTER 01 부동산활동과 부동산설계

PART 05

학습 가이드 ■■

출제 비중 : 5~10%(1~2문항)

학습 목표	교재 페이지	학습 중요도
부동산 기초지식 중 주요 내용에 대한 암기 필요		
1-1. 부동산 현상을 이해하고 부동산 활동을 설명할 수 있다.	13~28	★★★

★★★
01 부동산활동에 대한 설명으로 적절하지 않은 것은?

① 부동산활동이란 인간이 부동산을 대상으로 전개하는 관리적 측면에서의 여러 가지 행위를 의미하며 공익부동산활동과 사익부동산활동으로 구분된다.
② 사익 부동산활동은 개인이나 기업이 행하는 부동산활동을 말하며, 개인이나 기업의 부동산 소유활동과 거래활동 모두가 포함된다.
③ 부동산산업은 부동산임대 및 공급업과 부동산 관련 서비스업으로 구분된다.
④ 부동산관리업 및 부동산 중계 및 감정평가업은 부동산 임대 및 공급업에 해당한다.
⑤ 부동산활동의 주체는 개인이나 기업뿐만 아니라 정부기관에 의한 공적 부동산활동과 공·사가 함께하는 활동도 활발하게 이뤄지고 있다.

정답 | ④

④ 부동산관리업 및 부동산 중계 및 감정평가업은 부동산 관련 서비스업에 해당한다.

02 부동산 개념에 대한 설명으로 적절하지 않은 것은?

① 토지 소유권은 정당한 이익이 있는 범위 내에서 토지의 상하에 미친다.
② 협의의 부동산은 토지 및 그 정착물을 말한다.
③ 정착물은 독립된 거래의 객체가 될 수 있는 것과 그렇지 않은 것으로 구분하며 주택, 상가, 사무소 등의 건물은 독립된 거래의 객체가 되지 못하는 정착물이다.
④ 광의의 부동산은 협의의 부동산에 준부동산을 포함한 개념이다.
⑤ 공장재단은 '공장 및 광업재단 저당법'에 의해서 소유권의 보존등기와 저당권의 설정등기 등이 가능하고, 예외적으로 임차권의 설정도 인정되며 한 개의 물건으로 본다.

정답 | ③
③ 정착물은 독립된 거래의 객체가 될 수 있는 것과 그렇지 않은 것으로 구분하며 주택, 상가, 사무소 등의 건물은 독립된 거래의 객체가 되는 정착물이다.

03 부동산의 지목에 따른 분류와 그에 대한 설명이 올바르게 연결된 것은?

가. 잡종지	나. 대(垈)
다. 임야	라. 답(畓)
마. 구거	

A. 택지조성공사가 준공된 토지
B. 산림 및 원야를 이루고 있는 수림지·죽림지·암석지·자갈땅·습지·황무지 등의 토지
C. 다른 지목에 속하지 아니하는 토지
D. 물을 상시적으로 이용하여 벼·연·미나리·왕골 등의 식물을 주로 재배하는 토지
E. 용수 또는 배수를 위해 일정한 형태를 갖춘 인공적인 수로·둑 및 그 부속시설물의 부지와 자연의 유수가 있거나 있을 것으로 예상되는 소규모 수로부지

① 가-A, 나-B, 다-C, 라-E, 마-D
② 가-A, 나-C, 다-E, 라-B, 마-D
③ 가-B, 나-A, 다-C, 라-D, 마-E
④ 가-C, 나-A, 다-B, 라-D, 마-E
⑤ 가-C, 나-E, 다-D, 라-B, 마-A

정답 | ④
④ '가-C, 나-A, 다-B, 라-D, 마-E'의 연결이 적절하다.

04 다음 보기를 참고로 건축법상 주택의 종류와 그 설명의 연결이 적절하지 않은 것은?

> 가. 연립주택 나. 다세대주택
> 다. 아파트 라. 다가구주택
> 마. 다중주택

> A. 1개 동에 주택으로 쓰이는 바닥면적의 합계가 660m² 이하, 3개 층 이하
> B. 주택 층수 5개 층 이상
> C. 1개 동에 주택으로 쓰이는 바닥면적의 합계가 660m² 초과, 4개 층 이하
> D. 1개 동에 주택으로 쓰이는 바닥면적의 합계가 660m² 이하, 4개 층 이하
> E. 학생 또는 종업원을 위해 공동취사가 가능한 구조
> F. 다수인이 장기 거주하고 1개 동의 주택으로 쓰이는 바닥면적의 합계가 660m² 이하, 층수 3층 이하

① 가 – C
② 나 – D
③ 다 – B
④ 라 – F
⑤ 마 – E

정답 | ④

- **다가구주택** : 1개 동에 주택으로 쓰이는 바닥면적의 합계가 660m² 이하, 3개 층 이하
- **다중주택** : 다수인이 장기 거주하고 1개 동의 주택으로 쓰이는 바닥면적의 합계가 660m² 이하, 층수 3층 이하

05 공부(公簿)별 등록사항으로 적절하지 않은 것은?

① 토지대장 : 면적, 지목, 토지등급, 개별공시지가, 소유자 등에 대한 사항
② 등기사항전부증명서 을구: 근저당권, 전세권 등 소유권 이외의 권리
③ 토지이용계획확인서: 지역·지구 등의 지정 및 행위제한 내용
④ 지적도 : 토지의 이동 사유
⑤ 건축물 대장 : 면적, 구조, 용도, 신축일, 소유권 변동 사항

정답 | ④

④ 지적도는 행정구역, 지번, 경계선, 지목 등이 수록되어 형상이나 위치, 접면도로 폭 등을 파악할 수 있다.

06 부동산 설계 프로세스 4단계 '제안서의 작성 및 제시' 과정에서 검토해야 할 사항만으로만 모두 묶인 것은?

가. 부동산의 투자환경	나. 포트폴리오 구성
다. 요구수익률 설정	라. 재무목표 파악
마. 자금조달방법 결정	바. 투자시기 검토

① 가, 마, 바　　　　　　　　　② 나, 라, 마
③ 나, 마, 바　　　　　　　　　④ 다, 라, 바
⑤ 라, 마, 바

정답 | ③
나, 마, 바. 4단계 제안서의 작성 및 제시 중 검토사항
다, 라. 2단계 정보수집
가. 3단계 분석 및 평가

부동산설계를 위한 시장분석

PART 05

학습 가이드 ■■

출제 비중 : 15~20%(3~4문항)

학습 목표	교재 페이지	학습 중요도
부동산 용도에 따른 시장분석 단계별 내용과 순서에 대한 학습 필요		
2-1. 부동산 시장분석의 요소와 내용을 알고 절차별 업무를 이해할 수 있다.	35~40	★★★
2-2. 부동산 용도별 시장분석 이론과 단계별 분석 내용에 대해 이해할 수 있다.	41~72	★★★

---

01 다음 시장분석의 구성요소 중 성격이 다른 하나는?

① 부지분석
② 경제기반분석
③ 인근분석
④ 수요분석
⑤ 공급분석

정답 | ②

② 시장분석은 크게 지역, 인근, 부지, 수요, 공급분석으로 분류되며 경제기반분석은 지역분석의 세부적인 내용이다.

---

02 부동산 시장분석 구성요소에 대한 설명으로 적절하지 않은 것은?

① 인근분석은 인접지들의 역학관계를 정확하게 묘사하는 것으로서 인근지역의 경계는 주로 자연적인 장벽을 기준으로 분류한다.
② 공급분석에서는 공실률, 임대료 및 분양가의 추이, 건축착공 및 허가의 양, 인근지역의 공지 및 재건축·재개발 가능 부지의 양 등을 고려하여 분석한다.
③ 수요분석은 구매력을 가진 유효수요를 추정하기 위한 것으로 상권의 범위, 소득수준, 상품의 경쟁력, 소비자 형태 등을 고려하여 분석한다.
④ 지역의 사회적·경제적·행정적 특성을 분석하여 대상 부동산이 지역에서 갖게 될 위상을 판단하는 것이 지역분석이다.
⑤ 해당 토지의 물리적·환경적 특성이 대상 부동산에 미치게 될 가능성과 저해요인을 분석하는 것이 부지분석이다.

정답 | ①

① 인근지역의 경계는 주로 주변 토지의 용도를 기준으로 분류한다. 인공적인 시설이나 자연적인 장벽은 인근지역의 범위를 개략적으로 정하는 기준이 된다.

03 ★★★ 시장분석에 대한 절차로 적절한 것은?

① 생산성분석 → 시장획정 → 수요분석 → 공급분석 → 균형분석 → 판매율분석
② 생산성분석 → 수요분석 → 시장획정 → 공급분석 → 일반 균형분석 → 판매율분석
③ 지역분석 → 수요분석 → 시장획정 → 공급분석 → 일반 균형분석 → 흡수율분석
④ 경제기반분석 → 판매율분석 → 시장획정 → 공급분석 → 균형분석 → 수요분석
⑤ 경제기반분석 → 수요분석 → 시장획정 → 공급분석 → 균형분석 → 판매율분석

정답 | ①

① '생·시·수·공·균·판'으로 암기한다.

04 ★★★ 주거분리 및 침입과 계승에 대한 적절한 설명으로만 모두 묶인 것은?

> 가. 주거분리란 도시 내에서 고소득층의 주거지역과 저소득층의 주거지역이 서로 분리되어 나타나는 현상을 말한다.
> 나. 주거분리가 나타나는 이유는 지역의 거주민들이 고소득층 주거지역에서 발생하는 정(+)의 외부효과를 통한 이익을 추구하는 반면 저소득층 주거지역에 인접할 경우 나타나는 부(-)의 외부효과를 피하려고 하기 때문이다.
> 다. 상향여과 과정이 지속되면 장기적으로 저소득층의 주거지역으로 변화하게 된다.
> 라. 계승이란 기존의 이용집단과 다른 특성을 가지고 있는 새로운 이용집단이 유입되는 것을 의미한다.
> 마. 침입이란 계승현상이 확대되어 지역 전체가 변화하는 현상을 말하며, 천이라고도 한다.

① 가, 나
② 다, 라
③ 가, 나, 다
④ 나, 다, 라
⑤ 다, 라, 마

정답 | ①

다. 하향여과 과정이 지속되면 장기적으로 저소득층의 주거지역으로 변화하게 된다.
라. 침입이란 기존의 이용집단과 다른 특성을 가지고 있는 새로운 이용집단이 유입되는 것을 의미하며, 쇠퇴기에 접어든 지역의 경우 저소득층의 침입이 나타난다.
마. 계승이란 침입현상이 확대되어 지역 전체가 변화하는 현상을 말하며, 천이라고도 한다.

05 주거용 부동산 단계별 시장분석에 대한 설명으로 적절하지 않은 것은?

① 균형분석은 기존 및 가능 수요와 현재 및 예상되는 경쟁공급과의 비교를 통해 추가 단위에 대한 수요(한계수요)가 있는지 또는 언제 개발 또는 거래되어야 하는지를 예측, 결정할 수 있다.
② 판매율분석은 대상에 대한 판매율을 예상하기 위해 경쟁되는 비율을 분석하는 것이다.
③ 수요분석은 생산성분석을 토대로 대상부동산의 특정 용도가 결정되면 이에 대한 시장의 범위를 설정하는 것이다.
④ 생산성분석은 대상부동산으로 이용이 가능한 용도 및 생산적 능력을 파악하는 것으로 대상부동산의 법적, 물리적, 위치적 특성의 분석이 필요하다.
⑤ 공급분석을 위해서는 경쟁관계에 있는 부동산의 재고를 파악해야 한다.

정답 | ③
③ 시장획정은 생산성분석을 토대로 대상부동산의 특정 용도가 결정되면 이에 대한 시장의 범위를 설정하는 것이다.

06 건축법상 상업용 부동산 분류에 대한 설명으로 적절한 것은?

① 의원, 치과의원, 한의원 등은 제2종 근린생활시설이다.
② 단란주점으로서 당해용도 바닥면적이 200m² 미만인 것은 제2종 근린생활시설로 분류된다.
③ 여객자동차 터미널 및 화물터미널, 철도역사 등은 판매시설로 분류된다.
④ 위락시설로 분류되기 위해서는 제2종 근린생활시설에 해당되지 않아야 한다.
⑤ 휴게음식점, 제과점 등은 제3종 근린생활시설로 분류된다.

정답 | ④
① 의원, 치과의원, 한의원 등은 제1종 근린생활시설이다.
② 단란주점으로서 당해용도 바닥면적이 150m² 미만인 것은 제2종 근린생활시설로 분류된다.
③ 여객자동차 터미널 및 화물터미널, 철도역사 등은 판매시설에 해당되지 않는다.
⑤ 휴게음식점, 제과점은 제1종 또는 제2종 근린생활시설로 분류된다.

07 상업용 부동산 시장획정 방법과 그 내용이 올바르게 연결된 것은?

가. 원형상권모델
나. 중력모델
다. 고객탐지모델

A. 크리스탈러(Walter Christaller)의 중심지이론 등을 근거로 하며 1차 상권 경계 확정 시 그 지역사회의 특정한 지리적, 인구 구성적, 경제적 특성을 고려하는 모델이다.
B. 개별 고객의 주소를 지도상에 표시한 후 쇼핑센터를 중심으로 서로 다른 거리의 동심원을 그림으로써 쇼핑센터의 상권 규모와 고객 특성을 시각적으로 파악할 수 있는 모델이다.
C. 두 도시 간의 고객흡인력은 인구 규모에 비례하고 두 도시 간의 거리의 제곱에 반비례한다는 레일리(W. J. Reilly)의 모델을 활용한다.

① 가-A, 나-B, 다-C
② 가-A, 나-C, 다-B
③ 가-B, 나-A, 다-C
④ 가-B, 나-C, 다-A
⑤ 가-C, 나-B, 다-A

정답 | ②
- A. 원형상권모델
- B. 고객탐지모델
- C. 중력모델

08 업무용 부동산의 지역특성 및 토지의 특성으로 적절한 것은?

① 도심권, 부도심권 등 지리적 위치의 분석을 통해 흡수율을 판단할 수 있다.
② 점유자의 업종, 업태분석을 통해 편리성과 입지경쟁력 등을 판단할 수 있다.
③ 지역별, 부문별 고용상황을 통해 인근 지역의 범위, 규모를 판단할 수 있다.
④ 부지와 도로의 경사도 등을 통해 노출 정도, 출입의 용이성 등을 판단할 수 있다.
⑤ 가로의 폭, 구조 등을 통해 효용성과 건물의 형태를 판단할 수 있다.

정답 | ④
① 도심권, 부도심권 등 지리적 위치의 분석을 통해 인근 지역의 범위, 규모를 판단할 수 있다.
② 점유자의 업종, 업태분석을 통해 수요를 판단할 수 있다.
③ 지역별, 부문별 고용상황을 통해 오피스 수요 및 흡수율을 판단할 수 있다.
⑤ 가로의 폭, 구조 등을 통해 통행패턴과 통행량 등을 판단할 수 있다.

09 업무용(Office) 및 공업용 부동산의 시장분석에 대한 설명으로 적절하지 않은 것은?

① 중심가를 주로 찾는 변호사사무실이나 금융기관들은 대도시 지역을 선호하고, 다른 형태의 사업체들은 충분한 주차시설과 적절한 임대료의 교외지역 오피스를 선호한다.
② 업무용 부동산은 편리한 위치보다는 오피스에 입주한 사업체들의 평판이 더 중요하게 작용한다.
③ 공업용 부동산 시장은 수요가 제한적이고 지역이 광역적이며 공급규모의 변동성이 커서 시장분석에 어려움이 있다.
④ 공업용 부동산은 다른 건물들보다 건설이 쉽기 때문에 수요증가에 대해 다른 형태의 부동산들보다 더 탄력적으로 반응할 수 있다.
⑤ 공업용 부동산의 수요분석은 사용에 대해 기능적 제한, 창고와 물류센터 사이의 물리적 특성 및 지역의 인구변화를 중점적으로 분석해야 한다.

정답 | ⑤
⑤ 공업용 부동산의 수요분석은 사용에 대한 기능적 제한 및 창고와 물류센터 사이의 물리적 특성들이 고려되어야 하지만 일반적으로 인구변화에 대해서는 덜 강조된다.

부동산 가치분석

PART 05

학습 가이드

출제 비중 : 25~45%(5~9문항)

학습 목표	교재 페이지	학습 중요도
• 지식형 및 사례형에서 빈번히 출제되므로 깊이 있는 학습 필요 • 가치분석 방법에 사용되는 공식 및 개념에 대한 깊이 있는 학습 필요 • 부동산 가치를 계산하는 문제에 대한 학습 필요		
3-1. 부동산의 시장가치와 투자가치 개념을 알고 설명할 수 있다.	75~82	★★★
3-2. 부동산의 시장가치 산정방법을 알고 각 방법으로 시장가치를 산정할 수 있다.	83~91 (119~126)	★★★
3-3. 부동산의 투자가치를 분석하고, 투자의사결정을 할 수 있다.	92~118 (119~126)	★★★
3-4. 자산배분 관리 프로세스 및 효과를 설명할 수 있다.	127~130	★★★
3-5. 부동산 금융의 개념과 기능을 설명할 수 있다.	131~135	★★★
3-6. 부동산 개발금융에 대해 설명할 수 있다.	135~137	★★★
3-7. 부동산 투자의 레버리지효과를 측정할 수 있다.	138~140	★★★

---

01 부동산 시장가치의 의미와 산정방법에 대한 설명으로 적절하지 않은 것은?

① 시장가치란 일정한 조건이 충족된 경우 대상부동산의 특정 권익에 대해 성립될 가능성이 가장 많은 가액으로 객관적인 가치를 의미한다.
② 시장가치 산정방법에는 비용접근법, 시장접근법, 수익접근법, 계량분석법이 있다.
③ 비용접근법은 '대상부동산을 현재 다시 조달할 경우 어느 정도의 비용이 들겠는가'를 기준으로 원가법으로 산정한다.
④ 시장접근법을 산정하는 방법에는 거래사례비교법과 공시지가기준법이 있다.
⑤ 직접환원법과 할인현금흐름분석법은 수익접근법을 산정하는 방식이다.

정답 | ②
② 시장가치 산정방법에는 비용접근법, 시장접근법, 수익접근법이 있다.

02 계량적 투자분석의 방법과 그 개발자를 올바르게 연결한 것은?

> 가. 할인현금흐름분석법 나. MM이론
> 다. 포트폴리오이론

> A. 모딜리아니 & 밀러(Franco Modigliani & Merton Miller)
> B. 해리 마코위츠(Harry Markowitz)
> C. 존 버 윌리암스(John Burr Williams)

① 가-A, 나-B, 다-C
② 가-B, 나-A, 다-C
③ 가-B, 나-C, 다-A
④ 가-C, 나-B, 다-A
⑤ 가-C, 나-A, 다-B

정답 | ⑤
- A. MM이론
- B. 포트폴리오이론
- C. 할인현금흐름분석법

03 계량적 투자분석의 방법 중 수익력(미래현금흐름)과 위험을 반영하여 내재가치를 구하는 방법으로 포트폴리오 이론과 모딜리아니-밀러의 무관련 이론(MM 이론)의 기초를 제공한 분석방법으로 적절한 것은?

① 펀더멘털평가법
② 합리적기대가설
③ 할인현금흐름분석법
④ 자본자산가격결정이론
⑤ 차익거래가격결정이론

정답 | ③
① 펀더멘털평가법은 회계데이터를 근거로 수익력과 위험을 측정하여 내재가치를 구하는 방법이다.
② 합리적기대가설은 증권가격 변동에 대한 분석이라고 할 수 있다.
④ 자본자산가격결정이론은 포트폴리오이론을 더욱 발전시킨 것으로 자본시장에서 위험이 보상되는 정도를 결정하는 모델이다.
⑤ 차익거래가격결정이론은 자본자산가격결정이론을 보완한 것으로 개별 주식이 다양한 위험 요인에 어떻게 반응하는가를 측정할 수 있다.

04 투자가치 분석 시 고려사항으로 적절하지 않은 것은?

① 안정성은 투자원본에 대한 회수가 무위험하다는 것을 의미하며 일반적으로 용도가 한정되고 유동성이 낮은 경우 위험은 감소한다.
② 부동산의 감가상각으로 인한 위험을 최소화하기 위해 자본수익률, 자본회수율, 종합환원율을 결정한다.
③ 부동산은 시장의 불완전성, 국지성, 소수의 시장참여자, 지역성, 개별성 등으로 인하여 유동성이 매우 낮다.
④ 레버리지는 차입을 이용하여 자기자본의 투자수익률을 높이기 위해 사용한다.
⑤ 부동산의 경우 다른 자산에 비해 높은 보유 관련 세제 및 제반 관리활동에 따른 비용 등을 부담한다.

정답 | ①
① 안정성은 투자원본에 대한 회수가 무위험하다는 것을 의미하며 일반적으로 용도가 한정되고 유동성이 낮은 경우 위험은 증가한다.

05 공시지가기준법에 대한 설명으로 적절하지 않은 것은?

① 표준지 공시지가란 국토교통부장관이 조사, 평가하여 공시한 매년 1월 1일자 표준지의 단위면적당 적정가격을 말한다.
② 표준지 공시지가는 비교·원가·수익방식을 종합적으로 참작하여 산정되며 개발이익을 제외한 나지상정상태를 기준으로 한다.
③ 표준지 공시지가는 공공용지의 매수 및 토지의 수용, 사용에 대한 보상, 취득 또는 처분 등 업무와 관련하여 토지의 가격을 산정하는 기준이 되는 지가이다.
④ 대상토지 가치를 비교표준지의 공시지가와 비교하여 산정할 때 주의할 것은 비교표준지를 선정하는 것과 그 밖의 요인 격차율을 산정하는 것이다.
⑤ 토지평가를 위해서는 추가적으로 시점수정 및 지역요인·개별요인의 격차율을 산정해야 한다.

정답 | ②
② 표준지 공시지가는 비교·원가·수익방식을 종합적으로 참작하여 산정되며 개발이익을 포함한 나지상정상태를 기준으로 한다.

06 부동산의 가치산정방법에 대한 설명으로 적절한 것은?

① 대상부동산의 건축시점 당시 재조달원가에 감가 정도를 고려하여 대상부동산의 가치를 산정하는 방식은 원가법이다.
② 재조달원가는 총량조사법, 구성단위법, 단위비교법, 비용지수법을 사용할 수 있으나 단위비교법이 적용하기 편리하며 상대적으로 가장 선호되는 방식이다.
③ 거래사례비교법은 우리나라 평가실무에서는 건물, 기계설비 등의 가치산정에 주로 이용된다.
④ 수익이 영구적으로 발생한다는 전제하에 초년도의 순영업수익을 종합환원율(환원이율)로 환원하여 수익가치를 산정하는 방법은 직접환원법으로 우리나라 평가실무에서는 공동주택, 구분건물 등의 평가에 주로 사용된다.
⑤ 종합환원율 중 투자결합법은 보유기간 중의 소득수익과 지분형성분은 고려하고 있으나 가치 상승 또는 가치 하락에 대한 수익 또는 손실은 고려하고 있지 않다.

정답 | ②
① 원가법은 가격시점 당시 재조달원가를 고려하여 산정한다.
③ 거래사례비교법은 공공주택, 구분건물, 동산의 평가 등에 주로 사용한다.
④ 수익방식은 수익용 부동산의 가치산정에 주로 이용되며 공동주택, 구분건물 등은 거래사례비교법이 주로 이용된다.
⑤ 투자결합법은 소득수익만을 고려하고 있다.

07 할인현금흐름분석법에 대한 설명으로 적절하지 않은 것은?

① 투자자는 대출을 이용하여 부동산을 매수하고, 일정 기간 보유 후 대상부동산을 매도하여 투자자본을 회수한다.
② 투자자는 기간 말 부동산의 가치 증분을 고려하며, 자기자본수익률보다 부동산 전체의 수익률에 관심을 가진다.
③ 기간 초의 매수가격, 매 기간마다 기대되는 현금흐름, 기간 말의 예상 매도가격이 사전에 주어져야 한다.
④ 분석모형에는 세전·세후현금흐름모형이 있으며 세후현금흐름모형은 세전현금흐름에서 소득세와 양도세를 반영하여 산정한다.
⑤ 할인율의 산정 및 매도가격의 예측에 있어 주관 개입 가능성이 크다는 한계가 있다.

정답 | ②
② 투자자는 기간 말 부동산의 가치 증분을 고려하며, 부동산 전체의 수익률보다는 자기자본수익률에 관심을 가진다.

08 소득 수익 산정 시 주요 논점에 대한 설명으로 적절하지 않은 것은?

① 가능총수익은 단위당 예상임대료에 임대단위수를 곱하고 기타수익을 합산하여 산정한다.
② 공실률은 임대면적을 공실면적으로 나눈 비율로, 유효총수익을 계산할 때 가능총수익에서 차감하는 항목이다.
③ 대손충당금은 기업회계에서는 영업경비에 해당되나 부동산 수익산정 시에는 가능총수익에 대한 차감항목이다.
④ 순영업수익 산정 시 차감항목인 영업경비에는 자가노력비가 포함된다.
⑤ 세후현금흐름 산정 시 차감항목인 사업소득세 또는 법인세는 대상부동산과 관련이 있는 세금 부분만 해당된다.

정답 | ②
② 공실률은 공실면적을 임대면적으로 나눈 비율로, 유효총수익을 계산할 때 가능총수익에서 차감하는 항목이다.

09 수익률의 종류와 그 내용이 올바르게 연결된 것은?

가. 내부수익률
나. 종합수익률(Overall Yield Rate)
다. 종합환원율
라. 실현수익률

A. 투자자본의 현재가치와 매 기간마다 창출되는 수익의 현재가치를 일치시키는 할인율
B. 투자 후 실현된 세후현금흐름을 투자 시 지출비용으로 나눈 값
C. 수익을 가치로 변환시키는 비율이자 부동산가치에 대한 매기 첫해 순영업수익의 비율
D. 기간 중 현금흐름의 변화와 기간 말 현금흐름의 변화를 모두 고려

① 가-A, 나-D, 다-B, 라-C
② 가-B, 나-C, 다-D, 라-A
③ 가-A, 나-D, 다-C, 라-B
④ 가-D, 나-A, 다-B, 라-C
⑤ 가-D, 나-C, 다-B, 라-A

정답 | ③
- A. 내부수익률
- B. 실현수익률
- C. 종합환원율
- D. 종합수익률

10 수익률의 종류에 대한 설명으로 적절하지 않은 것은?

① 자기자본수익률은 자기자본의 현가와 매 기간의 현금흐름 현가의 내부수익률을 말한다.
② 종합환원율의 산정방법으로는 시장추출법, 금융적 투자결합법, 조성법, 엘우드법, 부채감당법 등이 사용된다.
③ 요구수익률은 대상부동산에 투자하기 위해서 투자자가 요구하는 최소 수익률을 의미하며 기대수익률보다 요구수익률이 높을 경우 투자를 결정한다.
④ 기대수익률은 투자자로부터 기대되는 예상 세후현금흐름을 예상 지출로 나눈 값이다.
⑤ 실현수익률은 투자 후 실현된 세후현금흐름을 투자 시 지출비용으로 나눈 값이다.

정답 | ③
③ 요구수익률은 대상부동산에 투자하기 위해서 투자자가 요구하는 최소 수익률을 의미하며 기대수익률보다 요구수익률이 높을 경우 투자결정을 보류한다.

11 5년간 소득수익의 현재가치가 5억원, 5년 후 매도가격의 현재가치는 8억원, 부동산 최초 매수가격이 6억원인 빌딩의 5년간 소득수익과 자본수익으로 적절한 것은?

	소득수익률	자본수익률
①	83%	33%
②	83%	50%
③	50%	50%
④	33%	50%
⑤	33%	83%

정답 | ①
- 소득수익률 = 소득수익의 현가 / 최초 매수가격 = 5억원 / 6억원 = 0.8333(83%)
- 자본수익률 = (기간 말 매도가격의 현가 − 최초 매수가격) / 최소 매수가격 = (8억원 − 6억원) / 6억원 = 0.3333(33%)

12 부동산 투자의 위험요인 중 성격이 다른 하나는?

① 경기변동
② 지역 인구구조의 변화
③ 이자율 및 기간별 구조
④ 인구 증가와 가족구성의 상황 변화
⑤ 토지이용에 관한 계획 및 규제

정답 | ②

②는 비체계적 위험이며, 나머지는 체계적 위험이다.

13 부동산 위험과 분석방법에 대한 설명으로 적절한 것은?

① 민감도분석법은 위험의 대략적인 파악에 좋은 방법으로 투자기간별 현금흐름에 대한 위험을 측정한다.
② 수익요소분석법은 수지요인이 변화하는 경우 내부수익률 등 투자지표가 어떻게 변화하는가를 분석하는 방법이다.
③ 시나리오분석법은 객관적인 확률변수를 부여하여 지표와 확률분포를 구하는 수법으로 위험에 대한 엄격한 분석이 요구되는 경우 적합하다.
④ 시나리오분석법은 일반적으로 단일 가정요소의 변동을, 민감도분석법은 복수의 가정이 같이 변동하는 방식이다.
⑤ 현실적으로는 한 가지 분석법보다는 민감도분석법과 시나리오분석법을 혼용한 분석방법이 사용되며 특히 민감도분석에서 사용하는 전형적인 가정은 예상 시장임대료, 공실률, 운영비, 예상 매도가격 등이다.

정답 | ⑤

① 수익요소분석법은 위험의 대략적인 파악에 좋은 방법으로 투자 기간별 현금흐름에 대한 위험을 측정한다.
② 민감도분석법은 수지요인이 변화하는 경우 내부수익률 등 투자지표가 어떻게 변화하는가를 분석하는 방법이다.
③ 시나리오분석법은 주관적인 확률변수를 부여하여 지표와 확률분포를 구하는 수법으로 위험에 대한 엄격한 분석이 요구되는 경우 적합하다.
④ 민감도분석법은 일반적으로 단일 가정요소의 변동을, 시나리오분석법은 복수의 가정이 같이 변동하는 방식이다.

14 부동산 투자위험과 관리전략에 대한 적절하지 않은 것은?

① 위험관리의 목표는 과도하거나 수용할 수 없는 위험은 제거하는 것이다.
② 고위험·고수익의 개발 가능성이 있는 지방의 임야와 안전성이 기대되는 강남 역세권의 소형 아파트 등 부동산 입지의 포트폴리오를 통해 위험·수익을 통제한다.
③ 위험관리절차는 '위험인식 및 정의단계 → 위험한도의 설정 → 위험관리 시스템의 구축 → 정기적인 프로세스 점검 및 보완'의 4단계로 진행된다.
④ 신규자금을 조달하여 부동산을 매입하는 경우 특정 부동산의 기대수익률이나 기대수익률의 변동성 이외에도 전체 보유 부동산의 포트폴리오의 위험수준과 매입 대상부동산 간의 영향관계를 반드시 감안해야 한다.
⑤ 보유단계에서도 지역별·유형별 다양화 등 최적 포트폴리오 구성을 통해 체계적 위험을 최소화할 수 있다.

정답 | ⑤
⑤ 포트폴리오를 통해 비체계적 위험의 최소화가 가능하며, 체계적 위험은 피할 수 없는 위험이다.

15 계량적 분석기법에 대한 설명으로 적절한 것은?

① 회수기간법의 의사결정기준은 상호 독립적인 경우에는 목표회수기간보다 짧은 것을 선택하고 상호 배타적인 투자안일경우에는 회수기간이 가장 짧은 투자안을 선택한다.
② 회계적 이익률법은 기업의 현금보유에 따른 유동성을 중시하는 반면에 회수기간 이후의 현금흐름 및 시간성을 고려하지 못한다는 단점이 있으나 최근 이를 보완하기 위해 손익분기기간법 등을 사용한다.
③ 회계적 이익률법은 화폐의 시간가치 및 현금흐름을 반영하고 있으나 장부상 이익을 대상으로 함에 따라 이익이 현 상태를 반영치 못하고 왜곡될 가능성이 높다.
④ 자산회전율은 '가능총수익 / 부동산가격'으로 산정된다.
⑤ 채무불이행률은 '영업경비 / 유효총수익'으로 산정된다.

정답 | ①
② 회수기간법은 기업의 현금보유에 따른 유동성을 중시하는 반면에 회수기간 이후의 현금흐름 및 시간성을 고려하지 못한다는 단점이 있으나 최근 이를 보완하기 위해 손익분기기간법 등을 사용한다.
③ 회계적 이익률법은 화폐의 시간가치 및 현금흐름을 반영하지 못하고 장부상 이익을 대상으로 함에 따라 이익이 현 상태를 반영치 못하고 왜곡될 가능성이 높다.
④ 자산회전율은 '유효총수익/부동산가격'으로 산정된다.
⑤ 채무불이행률은 '(영업경비 + 대출원리금 상환액)/유효총수익'으로 산정된다.

16 순현가법과 수익성지수법에 대한 설명으로 적절하지 않은 것은?

① 순현가법은 현금유입의 현재가치에서 현금유출의 현재가치를 차감한 순현가를 이용하여 투자분석을 하는 방법이다.
② 순현가법은 순현가가 1보다 크면 채택하고 작으면 기각한다. 우선순위 결정 시에는 순현가가 가장 큰 투자대안을 선택한다.
③ 순현가법은 측정된 모든 현금흐름을 고려하고 화폐의 시간가치의 반영, 가치의 가산원칙적용 가능, 기업가치 극대화 방안 등이 선택 가능한 반면 투자규모가 다를 경우 비교가 어렵다는 비판이 있다.
④ 수익성지수법은 순현가의 변형으로서 자본비용으로 할인된 현금유입의 현가를 현금유출의 현가로 나눈 값으로 투자수익 비용 비율이라고도 한다.
⑤ 수익성지수법은 시간성을 고려하여 투자액의 단위당 효율성을 나타내며 순현가가 0이면 수익성지수법은 1이 된다.

정답 | ②
② 순현가법은 순현가가 0보다 크면 채택하고 작으면 기각한다. 우선순위 결정 시에는 순현가가 가장 큰 투자대안을 선택한다.

★★★ 17 순현가법과 내부수익률법에 대한 설명으로 적절한 것은?

① 순현가법과 내부수익률법은 독립적인 투자안의 경우 동일한 결과를 가져오나 단일 투자안의 경우에는 서로 다른 결과를 가져올 수 있다.
② 순현가법은 투자 규모가 다른 부동산을 비교하는 데 적합한 투자분석방법이다.
③ 종속적 투자안의 평가 시 일반적으로 결과가 동일하나 규모, 투자, 현금흐름 양상이 상이할 경우에는 다른 결과가 도출될 가능성이 높다.
④ 내부수익률법은 순현재가치를 1로 만드는 수익률로서 내생적으로 결정되는 투자안 자체의 수익률을 의미한다.
⑤ 내부수익률 > 요구수익률인 경우 투자안은 기각되며 반대의 경우에는 투자안을 채택하는 것이 바람직하다.

정답 | ③
① 순현가법과 내부수익률법은 독립적인 투자안과 단일 투자안의 경우 모두 서로 동일한 결과를 가져온다.
② 순현가법은 투자 규모가 다를 때 비교가 어렵다는 단점이 있다.
④ 내부수익률법은 순현재가치를 0으로 만드는 수익률로서 내생적으로 결정되는 투자안 자체의 수익률을 의미한다.
⑤ 내부수익률 < 요구수익률인 경우 투자안은 기각되며 반대의 경우에는 투자안을 채택하는 것이 바람직하다.

18 다음과 같은 현금흐름을 보이는 임대부동산을 매수하고자 한다. 매수가격이 1억 5천만원이고, 요구수익률이 연 15%라면 대상부동산의 투자가치와 순현가 및 내부수익률은 얼마인가?

연도	현금흐름
1	30,000천원
2	35,000천원
3	40,000천원
4	50,000천원
5	60,000천원

	순현가	내부수익률
①	10,279천원	9.76%
②	11,279천원	10.76%
③	12,729천원	11.76%
④	127,270천원	12.76%
⑤	137,270천원	13.76%

정답 | ③

※ 순현가(NPV)와 내부수익률
CF0 = −150,000
C01 = 30,000 (1)
C02 = 35,000 (1)
C03 = 40,000 (1)
C04 = 50,000 (1)
C05 = 60,000 (1)
I = 15
NPV? −12,729.09(순현가)
IRR? 11.7558%(내부수익률)

19 부동산 담보금융에 대한 설명으로 적절한 것은?

① 부동산 담보금융은 크게 주택담보대출과 비주거용 담보대출로 구분할 수 있다.
② 고정금리는 금리하락기에는 하락폭만큼 이자부담이 감소하나 금리상승기에는 상승폭만큼 이자부담이 증가하므로 위험성을 내재한 금리선택방법이다.
③ 대출이자율은 수신금리, 담보제공 부동산, 사용자의 신용리스크 프리미엄과 인플레이션 등을 고려하여 결정되며 '수신금리 + 리스크프리미엄 − 인플레이션'으로 산정된다.
④ 리스크프리미엄은 담보물이 동일한 경우 대출기간이 짧거나, 담보물의 수익성이 확실하나 금액이 적은 경우, 환가성이 낮은 경우 높아진다.
⑤ 대출금리에 가장 많은 영향을 미치는 중요한 요인은 리스크프리미엄으로 이를 산정하기 위해 일반적으로 양도성예금금리, 우량회사채이자율 등을 기준으로 적용한다.

정답 | ①
② 변동금리는 금리하락기에는 하락폭만큼 이자부담이 감소하나 금리상승기에는 상승폭만큼 이자부담이 증가하므로 위험성을 내재한 금리선택 방법이다.
③ 대출이자율은 수신금리, 담보제공 부동산, 사용자의 신용리스크 프리미엄과 인플레이션 등을 고려하여 결정되며 '수신금리 + 리스크프리미엄 + 인플레이션'으로 산정된다.
④ 리스크프리미엄은 담보물이 동일한 경우 대출기간이 길거나 담보물의 수익성이 불확실한 경우, 환가성이 낮은 경우 높아진다.
⑤ 대출금리에 가장 많은 영향을 미치는 중요한 요인은 수신금리(조달금리)로 이를 위해 일반적으로 양도성예금금리, 우량회사채이자율 등을 기준으로 적용한다.

20 대출금상환방식과 대출액 산정기준에 대한 설명으로 적절한 것은?

① 초기 비용부담은 원금균등분할상환방식이 원리금균등분할상환방식에 비해 적다.
② 약정기간 동안의 전체 상환액은 원리금균등분할상환방식의 상환액이 원금균등분할상환방식에 비해 적다.
③ 담보대출인정비율은 일반적으로 부동산별, 소재 지역별, 금융기관별 비율이 달리 적용되는데 안정시장이고, 유동성이 높을수록 비율이 높게 책정된다.
④ 총부채상환비율은 대출신청자의 연 소득금액을 기준으로 산정되므로 정부정책, 시장상황에 따라 차등 적용되는 담보대출인정비율과 확연히 구별된다.
⑤ 만기일시상환방식은 일정 기간 이자만 납입하므로 대출 초기 자금 부담이 완화된다.

정답 | ③
①, ② 초기비용부담은 원금균등분할상환방식이 더 크며 총 상환액은 원리금균등분할상환 방식이 더 크게 산정된다.
④ 총부채상환비율은 정부정책, 시장상황, 주택가격별, 대출금액별로 차등 적용되는 것이 일반적이다.
⑤ 거치 후 원리금균등분할상환방식은 일정 기간 이자만 납입하므로 대출 초기 자금 부담이 완화된다.

21 부동산 신탁에 대한 설명으로 적절하지 않은 것은?

① 관리형 토지신탁은 신탁회사의 자금으로 수탁받은 토지를 개발하고 종합 관리하므로 위탁자에게 가장 편리한 사업방식이다.
② 부동산 신탁방식은 자금조달이 쉽고 도산 시 신탁회사에 책임이 전가되므로 소유자는 개발사업의 위험을 줄일 수 있다.
③ 담보신탁은 일정기간 수탁자산의 담보가치가 유지 보전되도록 관리하며 채무가 정상적으로 상환되면 위탁자에게 돌려준다.
④ 갑종관리신탁은 부동산의 소유권, 임대차, 시설관리 등 종합관리를 수행하고, 을종관리신탁은 소유권만을 관리한다.
⑤ 처분신탁은 부동산 소유자가 처분절차에 어려움을 겪는 부동산을 안정적으로 처분하기 위해 이용한다.

정답 | ①
① 개발형 토지신탁에 대한 설명이다. 관리형 토지신탁은 신탁회사가 부담해야 하는 사업비 조달책임을 면하고 시행자 업무 중 일부 또는 전부를 수행하는 방식이다.

22 레버리지 분석에 대한 설명으로 적절하지 않은 것은?

① 손익분기금리란 투자자가 타인자본을 조달하는 과정에서 정의 레버리지가 더 이상 존재하지 않아 부채조달이 투자에 있어서 유리하지도 불리하지도 않은 금리수준을 의미한다.
② 부동산 투자로부터의 수익률이 대출이자율보다 낮을 것으로 예상된다면 정의 레버리지는 존재하지 않으며, 부채를 최소화하고 자기자본을 이용하는 것이 바람직하다.
③ 레버리지 효과를 분석하는 경우 부채자본 조달비용과 그에 따른 과세영향까지도 고려할 필요성이 있다.
④ 종합환원율이 대출환원율보다 낮을 경우, 종합환원율은 자기자본환원율보다도 낮아진다.
⑤ 세율 28%, ATIRRp가 11%인 경우 손익분기금리는 15.28%가 된다.

정답 | ④
④ 종합환원율이 대출환원율보다 낮을 경우 부의 레버리지가 발생하며, 자기자본환원율은 종합환원율보다 낮다.
⑤ 손익분기금리 = 11.0%/(1 - 0.28) = 15.28%
 ※ 손익분기금리 = ATIRRp/(1 - 세율)
 ※ ATIRRp = 세후 투자부동산의 내부수익률

부동산설계 대상의 유형분석

PART 05

학습 가이드

출제 비중 : 25~30%(5~6문항)

학습 목표	교재 페이지	학습 중요도
각종 법률 및 제한사항에 대한 학습 필요		
4-1. 주거용 부동산의 유형별 특징을 알고 재무설계에 활용할 수 있다.	143~164	★★★
4-2. 상가의 분류와 입지에 대해 설명할 수 있다.	165~170	★★★
4-3. 토지 투자 시 유의사항에 대해 설명할 수 있다.	171~175	★★★
4-4. 경매의 절차와 경매대상부동산의 권리분석에 대해 이해할 수 있다.	176~190	★★★

★★★
01 청약통장에 대한 내용으로 적절하지 않은 것은?

① 주택청약종합저축제도가 신설되기 전에는 청약대상주택에 따라 청약통장이 엄격하게 분리되어 있었다.
② 주택청약종합저축제도가 도입되면서 기존 주택청약통장의 효력은 상실되었다.
③ 주택청약종합저축은 1년이 지난 계좌로서 정해진 날짜에 월 납입금을 12회 이상 납입하면 청약저축 1순위 자격을 얻는다.
④ 청약저축의 가입대상은 무주택세대주이나 주택청약종합저축은 가입대상에 제한이 없다.
⑤ 총 급여액 7,000만원 이하의 근로자로서 무주택가구주인 경우 연 240만원 한도의 40%까지 소득공제가 가능하다.

정답 | ②
② 주택청약종합저축뿐 아니라 기존 통장의 효력도 유효하다.

02 청약제도에 대한 설명으로 적절하지 않은 것은?

① 주택 청약 가점제의 최고점수는 100점이다.
② 규제지역에서 당첨된 주택의 구분에 따라 투기과열지구는 최대 10년 동안 주택 청약의 재당첨이 제한된다.
③ 수도권 분양가 상한제 적용 지역 아파트를 분양받은 경우 최대 5년의 실거주 의무거주기간이 부여되었으나 2023년 1월 기준으로 폐지되었다.
④ 투기과열지구에서 건설 및 공급되는 주택의 입주자로 선정된 경우 수도권의 경우 최대 3년 동안 전매행위가 제한된다.
⑤ 주택 청약통장으로 국민주택규모를 초과하는 주택에 당첨되는 경우 납입기간 중 소득공제 받은 금액이 추징된다.

정답 | ①
주택 청약 가점제의 최고점수는 84점이다.

03 도시형 생활주택의 요건으로 적절하지 않은 것은?

① 세대별 주거전용면적은 $60m^2$ 이하
② 세대별 독립된 주거가 가능하도록 욕실 및 부엌을 설치
③ 주거전용면적이 $30m^2$ 이하인 경우에는 욕실 및 보일러실을 포함하여 하나의 공간으로 구성
④ 주거전용면적이 $30m^2$ 이상인 경우 욕실 및 보일러실을 제외한 부분을 세 개 이하의 침실과 그 밖의 공간으로 구성
⑤ 지하층에는 세대를 설치하지 아니할 것

정답 | ③
③ 주거전용면적이 $30m^2$ 이하인 경우에는 욕실 및 보일러실을 제외한 부분을 하나의 공간으로 구성해야 한다.

04 도시형 생활주택과 오피스텔의 차이점에 대한 설명으로 적절하지 않은 것은?

	구분	오피스텔	도시형생활주택
①	법적용도	업무시설	준주택
②	적용법규	건축법	주택법
③	무주택 기준완화	업무용으로 사용 시 1가구 2주택 제외	전용면적 20m² 이하 무주택 간주
④	전용률	70~80%	50~60%
⑤	발코니	제한	설치

정답 | ④

④ 오피스텔의 전용률은 50~60%, 도시형생활주택의 전용률은 70~80%이다.

05 재건축과 재개발에 대한 설명으로 적절하지 않은 것은?

① 재건축사업은 정비기반시설은 양호하나, 노후·불량 건축물이 밀집한 지역에서 주거환경 개선을 위해 시행하는 사업으로 사업구역 내 소재한 토지 및 건물의 소유자만으로 조합원이 구성된다.
② 재개발사업은 도로, 상하수도, 공원 등 정비기반시설이 열악하고 노후·불량건축물이 밀접한 지역에서 주거환경을 개선하기 위한 사업으로 사업구역 내에 소재한 토지 또는 건물의 소유자 및 지상권자가 대상이다.
③ 재건축 및 재개발사업을 추진하기 위해서는 정비기본계획을 수립하는데, 지방자치단체의 장은 3년 이내에 기본계획을 수립하여야 한다.
④ 조합을 설립하고자 하는 경우에는 정비구역지정고시 후 위원장을 포함한 5인 이상의 위원 및 토지 등 소유자 과반수의 동의를 얻어 조합설립을 위한 조합설립추진위원회를 구성하여 시장·군수의 승인을 얻어야 한다.
⑤ 정비구역 안에서 건축물의 건축, 공작물의 설치, 토지의 형질변경, 토석의 채취 등 대통령령이 정하는 행위를 하고자 하는 자는 국토부장관의 승인을 받아야 한다.

정답 | ⑤

⑤ 정비구역 안에서 건축물의 건축, 공작물의 설치, 토지의 형질변경, 토석의 채취 등 대통령령이 정하는 행위를 하고자 하는 자는 시장·군수의 허가를 받아야한다.

06 상가에 대한 설명으로 적절하지 않은 것은?

① 상가는 위치에 따라 배후지, 상권, 인구 이동이 달라지며 상가의 성격에 따라 위치의 선호도도 다를 수 있다.
② 아파트단지 내 상가는 대부분 생활 밀착형이어서 기본적으로 배후 가구 수에 맞는 업종을 선택하여야 하며, 단지상가 구입 시 주민의 동선을 감안하여 분석해야 한다.
③ 주주형 상가는 상가경영이 부실할 경우 책임을 물을 대상이 명확하며 투자지분 매각이 전문상가에 비해 수월한 반면, 공유지분자가 많을 경우 경영이 불안정해질 가능성이 높다.
④ 전문상가는 단지 내 상가에 비해 상가활성화 시 투자가치가 높은 반면, 상가의 가치하락폭이 크다는 위험부담이 있다.
⑤ 단지 내 상가는 전문상가에 비해 배후인구가 안정적이나 활성화되어도 상가 성장과 상가 운영 업종에 제한이 있다는 단점이 있다.

정답 | ③
③ 주주형 상가는 상가경영이 부실할 경우 책임을 물을 대상이 불명확하며 투자지분 매각이 전문상가에 비해 어렵다는 단점이 있다.

07 상가의 분류와 그 설명이 올바르게 연결된 것은?

가. 아파트단지 상가	나. 주주형 상가
다. 전문상가	

A. 입주 초기에는 높은 임대료를 받을 수 있으나 2년 정도 지난 이후부터 점차 임대료가 낮아지는 경우가 대부분이다.
B. 대형 상권에 입지하여 한 가지 상품이나 브랜드를 집중 육성하므로 고객응집력이 강하고 판매경쟁력을 확보할 수 있다.
C. 소액으로 투자할 수 있고 장사에 경험이 없어도 되며, 자신이 직접 운영하지 않고도 대형 상가가 가진 규모의 이익으로 인해 소형 상가에 분산투자하는 것보다 높은 영업이익이 발생할 가능성이 높다.

① 가-A, 나-B, 다-C ② 가-A, 나-C, 다-B
③ 가-B, 나-A, 다-C ④ 가-B, 나-C, 다-A
⑤ 가-C, 나-A, 다-B

정답 | ②
• A. 아파트단지 상가
• B. 전문상가
• C. 주주형 상가

08 상가의 입지 유형과 그에 대한 설명이 올바르게 연결된 것은?

가. 집심형 점포 나. 집재형 점포
다. 국부적 집중형 점포 라. 산재형 점포

A. 10대 · 20대와 상류층을 대상으로 하는 고급업종으로 초기 창업비용이 많이 듦
B. 동종업종끼리 서로 모여 입지해야 유리한 업종
C. 집객효과를 얻을 수 있는 핵시설을 중심으로 모여야 유리한 점포 유형
D. 같은 업종은 서로 분산 입지해야 유리한 점포 유형

① 가-A, 나-B, 다-C, 라-D
② 가-A, 나-C, 다-D, 라-B
③ 가-B, 나-D, 다-C, 라-A
④ 가-C, 나-A, 다-D, 라-C
⑤ 가-D, 나-A, 다-C, 라-B

정답 | ①
- A. 집심형 점포
- B. 집재형 점포
- C. 국부적 집중형 점포
- D. 산재형 점포

09 농지취득방법에 대한 설명으로 적절한 것은?

① 도시민이 농지를 취득할 수 있는 방법은 영농목적(위탁경영 포함)의 취득과 농지전용을 전제로 한 취득이 가능하다.
② 농지의 전용은 당해 농지의 소재지를 관할하는 시, 군, 구의 확인을 거쳐 농림수산식품부장관(규모에 따라 지자체 위임)의 허가를 받아야 한다.
③ 농지전용허가를 받은 사람이라 하더라도 농지를 소유한 경우에 한해 농지취득자격증명을 발급받을 수 있다.
④ 농지원부는 농지 소유에 따른 정보를 파악하여 효율성 있게 농지를 관리하고 이용하기 위해 작성하는 장부의 일종으로 농지전용허가를 받기 위해서는 농지원부를 첨부해야 한다.
⑤ 농지를 구입할 경우에는 토지경계와 농지 진입로(최소 4m 이상 확보)를 확인해야 한다.

정답 | ①
② 농지의 전용은 당해 농지의 소재지를 관할하는 농지관리확인위원회의 확인을 거쳐 농림수산식품부장관(규모에 따라 위임 가능)의 허가를 받아야 한다.
③ 농지전용허가를 받은 경우 농지를 소유하고 있지 않더라도 농지취득자격증명을 발급받을 수 있다.
④ 농지원부는 농지 소유에 따른 정보를 파악하여 효율성 있게 농지를 관리하고 이용하기 위해 작성하는 장부의 일종으로 이를 필요로 하는 농업인의 직접 신청에 의해서 만들어지게 된다(농지원부는 농지전용허가와는 상관없다).
⑤ 농지를 구입할 경우에는 토지경계와 농지 진입로(최소 2m 이상 확보)를 확인해야 한다.

10 임야에 대한 설명으로 적절한 것은?

① 도시계획구역이나 계획관리지역의 임야의 경우에는 일정한 용도로의 전환이 제한되고 보전산지에 속할 경우 타 용도로의 전환이 엄격하게 제한된다.
② 보전산지는 대부분 국토계획법상 농림지역으로 지정되며 준보전산지의 용도로 전환하기 위해서는 산림청장의 허가를 받아야 한다.
③ 임야에 묘지가 있는 경우는 이장하는 조건으로 계약을 체결하여야 하며 2001년 1월 12일 이후 타인의 토지에 분묘를 설치하는 것이 금지되므로 분묘기지권을 인정받을 수 없다.
④ 공익용 산지는 집약적인 임업생산기능의 증진에 이용되는 것이 원칙이다.
⑤ 임야가 보전산지에 포함되는지의 여부는 해당 관청에서 발급하는 토지대장을 통해 확인할 수 있다.

정답 | ②
① 도시계획구역이나 관리지역 외의 임야의 경우에는 일정한 용도로의 전환이 제한된다.
③ 2001년 1월 12일 이후 토지 소유자의 승낙 없이 설치된 묘에 대해서는 분묘기지권이 인정되지 않는다.
④ 임업용 산지는 집약적인 임업생산기능의 증진에 이용되는 것이 원칙이다.
⑤ 임야가 보전산지에 포함되는지의 여부는 해당 관청에서 발급하는 토지이용계획확인서를 통해 확인할 수 있다.

11 경매의 종류와 그 설명이 올바르게 연결된 것은?

| 가. 강제경매 | 나. 임의경매 |
| 다. 새매각 | 라. 재매각 |

A. 경매절차상의 하자로 실시되는 경매
B. 법원의 직권으로 실시하는 경매
C. 채무자의 특정 재산에 대한 경매
D. 집행권원에 표시된 이행청구권을 실현하기 위하여 채무자의 재산을 압류·환가한 금액으로 부동산 매각을 진행하는 것

① 가-C, 나-D, 다-B, 라-A
② 가-C, 나-A, 다-D, 라-B
③ 가-D, 나-C, 다-A, 라-B
④ 가-A, 나-B, 다-C, 라-D
⑤ 가-B, 나-D, 다-A, 라-C

정답 | ③
③ '가-D, 나-C, 다-A, 라-B'의 연결이 적절하다.

12 압류재산 공매의 유의점에 대한 적절한 설명으로만 모두 묶인 것은?

> 가. 모든 부동산의 명도책임은 매도자에게 있다.
> 나. 사전에 자진명도 가능성 및 명도의 난이도 등을 조사해야 한다.
> 다. 권리분석은 매도자가 직접 해야 한다.
> 라. 세금 압류일자 또는 근저당설정등기 이전에 등재된 각종 권리는 말소되지 않으므로 권리분석을 철저히 해야 한다.
> 마. 압류부동산은 토지거래허가 의무 대상이다.
> 바. 압류부동산 공매는 법원경매와 유사한 것으로, 동일한 수준의 권리분석이나 임대차조사 등이 필요하다.

① 가, 다, 마
② 가, 라, 마
③ 나, 다, 바
④ 나, 마, 바
⑤ 나, 라, 바

정답 | ⑤

가. 모든 부동산의 명도책임은 매수자에게 있다.
다. 권리분석은 매수자가 직접 해야 한다.
마. 압류부동산은 토지거래허가의무가 면제된다.

13 공매와 경매의 차이점으로 적절하지 않은 것은?

	구분	공매(압류재산)	경매(경매물건)
①	소유자	채무자	채무자
②	매수방법	온비드공매	법원경매
③	명도책임	매수자	매수자
④	권리분석	매수자	매수자
⑤	계약체결	낙찰 후 5일 이내	별도계약 없음

정답 | ⑤

※ 계약체결
- 공매(압류재산) : 별도 계약 없음
- 경매 (경매물건) : 별도 계약 없음

14 공매에 대한 설명으로 적절하지 않은 것은?

① 공매는 공법상 채권인 조세채권의 실현을 목적으로 하므로 국세징수법상의 체납처분 절차에 의한다.
② 국세압류재산 중 1,000만원 미만의 재산을 제외한 모든 재산은 공매를 통해 처분하고 있다.
③ 공매대상재산에는 수탁재산, 유입재산, 국유재산으로 분류하며 수탁재산은 기업체가 가지고 있는 비업무용 부동산을 한국자산관리공사 앞으로 처분 의뢰한 재산을 말한다.
④ 압류재산 공매의 대금 납부기한은 매각결정기일로부터 7일 이내이며 60일 한도로 연장 가능하다.
⑤ 압류재산 공매 시 권리분석은 매수자가 직접 해야 하며 사전에 자진명도 가능성 및 명도의 난이도 등을 조사해야 한다.

정답 | ②
② 국세압류재산 중 500만원 미만의 재산을 제외한 모든 재산은 공매를 통해 처분하고 있다.

15 부동산 권리분석에 대한 설명으로 적절하지 않은 것은?

① 매수인이 대금을 지급하면 부동산소유권이 매수인에게 귀속되며, 부동산을 중심으로 형성된 권리관계는 종료되는데 이를 소멸주의라 한다.
② 말소기준권리보다 먼저 설정된 권리들은 매각이 되더라도 매수인에게 그대로 인수인계된다.
③ 대위변제는 경매로 인해 말소되는 저당권이나 담보가등기, 압류·가압류 등기보다 선순위의 권리자가 있을 경우 나타날 수 있다.
④ 지상물이 있는 토지를 경매로 취득할 경우에는 토지 취득으로 인한 지상권을 주장할 수 없다.
⑤ 공유지분소유자가 최고가매수가격에 우선매수를 신청한 경우 법원은 공유지분소유자에 매각을 허가한다.

정답 | ③
③ 대위변제는 경매로 인해 말소되는 저당권이나 담보가등기, 압류·가압류 등기보다 후순위의 권리자가 있을 경우 나타날 수 있다.

16 부동산 배당의 기본원칙에 대한 설명으로만 모두 묶인 것은?

> 가. 물권 상호 간 순위는 등기의 선후에 의한다.
> 나. 채권 상호 간 순위는 원칙적으로 선행주의이고 경매에서 배당이나 파산법에 의한 파산재산은 안분배당을 한다.
> 다. 물권과 채권 간 순위는 원칙적으로 채권이 우선한다.
> 라. 저당권과 국세·지방세의 순위는 항상 국세와 지방세가 우선한다.

① 가, 나
② 나, 다
③ 가, 라
④ 다, 라
⑤ 가, 나, 다

정답 | ①
다. 물권과 채권 간 순위는 원칙적으로 물권이 우선한다.
라. 저당권과 국세·지방세의 순위는 법정기일, 과세기준일, 저당권 설정일을 비교하여 순위를 정한다.

CHAPTER 05 부동산설계 프로세스와 사례

PART 05

학습 가이드 ■■

출제 비중 : 5~15%(1~3문항)

학습 목표	교재 페이지	학습 중요도
• 부동산설계 사례에 나오는 이론적인 내용에 대한 학습 필요 • 사례집과 연계하여 실제 계산문제에 대한 학습 필요 • 응용형 문제가 출제될 수 있으므로 이에 대한 학습 필요		
5-1. 부동산설계 프로세스 단계별 내용을 알고 프로세스에 따라 부동산설계를 진행할 수 있다.	193~264	★★★
5-2. 부동산설계 실무 사례를 이해하고 활용할 수 있다.	265~288	★★★

★★★
01 위험수용성향과 부동산 투자 상품군이 올바르게 연결된 것은?

가. 위험추구형
나. 위험중립형
다. 위험회피형

A. 가격변동이 적은 지역의 주택 · 오피스텔 · 아파트 단지 내 상가 등
B. 토지, 호텔, 스포츠센터, 대형 상가 및 대형 업무용 빌딩 등
C. 공장, 소매용 상가, 주택, 오피스텔, 재건축아파트 등

① 가-A, 나-B, 다-C
② 가-A, 나-C, 다-B
③ 가-B, 나-A, 다-C
④ 가-B, 나-C, 다-A
⑤ 가-C, 나-A, 다-B

정답 | ④

④ '가-B, 나-C, 다-A'의 연결이 적절하다.
- 위험추구형 : 토지, 호텔, 스포츠센터, 대형상가 및 대형 업무용 빌딩 등
- 위험중립형 : 공장, 소매용상가, 주택, 오피스텔, 재건축아파트, 재개발지역 내 단독 주택 등
- 위험회피형 : 가격변동이 적은 지역의 주택, 오피스텔, 아파트 단지 내 상가 등

02 요구수익률에 대한 설명으로 적절한 것은?

① 요구수익률은 투자자가 특정 대상에 투자하기 전에 요구하는 최대수익률이다.
② 일반적으로 요구수익률은 투자 가능한 위험자산의 수익률과 투자 시 요구되는 위험할증률의 합으로 산정된다.
③ 투자 시 요구되는 위험할증률의 대상이 되는 위험은 비체계적 위험이다.
④ 요구수익률을 구성하는 무위험률은 절대적으로 위험이 없는 상태를 의미한다.
⑤ 요구수익률은 예상보유기간, 매도조건, 지역제한, 투자대상에 따라 상이할 수 있다.

정답 | ⑤
① 요구수익률은 투자자가 특정 대상에 투자하기 전에 요구하는 최소수익률이다.
② 일반적으로 요구수익률은 투자 가능한 무위험자산의 수익률과 투자 시 요구되는 위험할증률의 합으로 산정된다.
③ 투자 시 요구되는 위험할증률의 대상이 되는 위험은 체계적 위험이다.
④ 요구수익률을 구성하는 무위험률은 절대적으로 위험이 없는 상태를 의미하는 것이 아니라 파산위험이 없는 상태를 의미하며 이 경우에도 인플레이션 위험들이 상존하므로 규정하기 곤란한 점이 있다.

03 재무비율에 따른 적정성 판단기준과 그 내용이 올바르게 연결된 것은?

가. 수익성지수	나. 부채비율
다. 부채감당율	라. 투자부동산 대출비율
마. 투자부동산 종합수익률	바. 재무레버리지

A. 순영업수익을 대출이자 또는 원리금으로 나눈 비율이다.
B. 60% 이상이면 이자율위험에 과다하게 노출된 상태라고 할 수 있다.
C. 자금조달능력이나 자산구성의 건전성을 확인할 수 있는 지표이다.
D. 지역별·부동산 종류별로 상이하다.
E. 이 비율이 1 미만이면 가계 운영을 위한 차입이 있어야 한다.
F. 자기자본에 대한 총자산의 비율로서 일반적으로 2배 이상이면 부채를 과도하게 사용하고 있다는 의미이다.

① 가-A, 나-B, 다-C, 라-D, 마-E, 바-F
② 가-A, 나-C, 다-B, 라-D, 마-F, 바-E
③ 가-C, 나-E, 다-D, 라-A, 마-C, 바-B
④ 가-E, 나-D, 다-A, 라-B, 마-C, 바-D
⑤ 가-E, 나-C, 다-A, 라-B, 마-D, 바-F

정답 | ⑤
⑤ '가-E, 나-C, 다-A, 라-B, 마-D, 바-F'의 연결이 적절하다.

04 부동산 시장자료 중 미시자료에 해당하는 내용으로만 모두 묶인 것은? ★★★

가. 지가변동률	나. 주택가격지수
다. 지역별 가격 및 거래량지수	라. 지역별 단위면적당 분양가 현황
마. 산업총조사	바. 단기적 부동산 정책

① 가, 나, 바 ② 가, 다, 라
③ 가, 라, 바 ④ 다, 라, 바
⑤ 다, 마, 바

정답 | ④
가, 나, 마. 거시자료에 해당한다.

05 공부별 등록사항으로 적절하지 않은 것은? ★★★

① 토지대장에는 개별공시지가와 그 기준일에 대한 사항 등이 기재된다.
② 임야대장에는 토지소유자가 변경된 날과 그 원인 등이 기재된다.
③ 집합건물 등기사항전부증명서 표제부 표시란에는 토지 또는 건물의 표시와 그 변경에 관한 사항이 기재된다.
④ 지적도에는 토지의 소재, 지번, 경계, 도면의 색인도, 축적과 토지의 이동사유에 관한 사항이 기재된다.
⑤ 토지이용계획확인서에는 대상토지 소재지, 지번, 토지이용 상황 등이 기재된다.

정답 | ④
④ 지적도에는 소재, 지번, 경계, 도면의 색인도, 축적 등이 표시되며, 이동 사유는 토지대장 및 임야대장 등록 사항이다.

06 시장가치 평가에 대한 설명으로 적절하지 않은 것은?

① 시장가치는 원칙적으로 비교방식, 원가방식, 수익방식을 모두 적용하여 평가한다.
② 일반적으로 구분건물은 시장성을 반영한 거래사례비교법, 건물은 원가를 반영한 원가법을 기준으로 평가하고 있다.
③ 토지의 경우 관련 법률에 따라 거래사례와 비교하는 방법보다는 표준지공시지가와 비교하는 방법을 사용하고 있다.
④ 표준지공시지가에 대한 이의신청은 토지소유자, 토지의 이용자 및 그 밖에 법률상 이해관계를 가진 자로 한정한다.
⑤ 개별공시지가는 매년 1월 1일 지가결정·공시가 이루어진다.

정답 | ⑤
⑤ 개별공시지가는 매년 5월 31일 지가결정·공시가 이루어진다.

07 보상가치 평가에 대한 설명으로 적절하지 않은 것은?

① 보상기준으로 손실의 발생분만큼 보상을 해준다는 의미로 정확한 명칭은 손실보상이라 할 수 있으며, 유사개념으로 손해배상이 있다.
② 보상은 위법성을 전제로 한 것이고, 배상은 적법성을 전제로 한 것이다.
③ 공익사업이라고 해서 무조건 타인의 재산권을 수용하는 것이 아니다.
④ 실손보상원칙은 원칙적으로 개발이익 배제의 원칙이 채택되며, 개발이익은 개발하는 주체에게 귀속되는 것으로 당해 사업으로 인한 개발이익만을 배제한다.
⑤ 보상의 대상이 되는 수용목적물은 토지소유권, 토지에 정확한 물건, 토지에 속한 흙, 돌, 모래, 또는 자갈에 관한 권리이다.

정답 | ②
② 보상은 적법성을 전제로 한 것이고, 배상은 위법성을 전제로 한 것이다.

08 보상가치 산정방법에 대한 설명으로 적절하지 않은 것은?

① 취득하는 토지보상의 대원칙은 시가보상이다.
② 토지 위에 정착한 물건에 대해서는 이전에 필요한 비용으로 보상한다. 단, 이전이 어려운 경우에는 당해물건의 취득비로 보상한다.
③ 광업권, 어업권 등의 사용에 관한 권리에 대해서는 투자비용, 예상수익 및 거래가격 등을 참작하여 보상한다.
④ 영업을 휴업하는 경우 최소인원에 대한 인건비 등 고정적 비용과 시설의 이전비용, 영업이익, 권리금 등을 참작하여 보상한다.
⑤ 공익사업으로 인해 주거용 건축물을 제공함에 따라 생활의 근거를 상실하게 되는 자를 위해 이주 대책을 수립하여 실시하거나 이주정착금을 지급해야 한다.

정답 | ④
④ 권리금은 보상의 대상에서 제외된다.

09 투자가치 평가에 대한 설명으로 적절하지 않은 것은?

① 소득수익률은 기초 부동산가치에 대한 순영업수익의 비율로 계산된다.
② 수익용부동산은 지속적으로 수익이 창출되는 부동산이므로 이론적으로 수익환원법이 적합하다고 볼 수 있다.
③ 할인현금흐름분석법은 현금흐름 및 부동산가치가 일정하게 변화하는 경우 적용하기 편리하며, 투자가치 산정에 많이 이용된다.
④ 투자대상 부동산의 가치평가에서 DCF분석법을 적용하기 위해서는 통상 3~5년의 현금수지를 분석하는 것이 일반적이다.
⑤ 부동산 투자지수는 현재 및 과거의 운용성과에 대한 기록이며 대표적으로 종합수익률이 있다.

정답 | ③
③ 할인현금흐름분석법은 현금흐름 및 부동산가치가 불규칙하게 변화하는 경우 적용하기 편리하며, 투자가치 산정에 많이 이용된다.

10 부동산 취득 및 보유전략에 대한 설명으로 적절하지 않은 것은?

① 부동산 취득관련 분석에는 취득 후의 현금흐름과 세금, 금융조달 및 투자위험 그리고 투자수익률 대비 요구수익률을 고려해야 한다.
② 부동산 보유전략에서 현재 부동산의 가치는 직접환원법을 기준으로 작성한다.
③ 보유기간의 검토 시 미래에 발생되는 세금의 문제를 정확하게 반영하기 어렵기 때문에 세전내부수익률과 세전순현재가치를 기준으로 검토해야 한다.
④ 임대수익 증대를 위해서 가장 고려해야 할 사항은 임차인의 배합과 배치이다.
⑤ 수익 증대를 위한 방안으로는 상호 시너지가 높은 업종으로 혼합하거나 수익성이 좋은 자판기 등을 설치하는 방법 등이 있다.

정답 | ③
③ 보유기간의 검토 시에는 임대사업자 여부 또는 부동산별로 감면 또는 면세 등 세금의 효과가 강조되기 때문에 세후내부수익률, 세후순현재가치를 기준으로 검토해야 한다.

11 재건축, 리모델링, 개별 인테리어공사를 비교한 내용으로 적절하지 않은 것은?

① 단편적 개보수가 필요하다면 개별 인테리어공사가 적합하다.
② 재건축은 인허가가 복잡하고 사업기간이 길어 사업성공이 불확실하지만 입주 후 만족도가 높다.
③ 재건축, 리모델링, 개별 인테리어공사 중 소요기간이 가장 긴 것은 재건축이다.
④ 높은 부가가치를 창출하고 부동산 외관 및 기능상 만족도가 가장 높은 것은 리모델링이다.
⑤ 재건축, 리모델링, 개별인테리어 모두 자산가치 증대가 높다.

정답 | ⑤
⑤ 재건축, 리모델링의 자산가치 증대는 높거나 보통이지만 개별인테리어의 자산가치 증대는 낮다.

12 부동산 개발 사업타당성 분석과 그 내용이 올바르게 연결된 것은?

> 가. 시장환경 부문 나. 법규 및 제도적 부문
> 다. 물리적·기술적 부문 라. 수익성 부문
> 마. 실행성 부문

> A. 법규 및 제도적 규제나 제한조치의 현황 및 향후 변동 가능성
> B. 경제 상황의 적절성, 경제전망과 사업 수행의 상관성
> C. 적정한 수익흐름, 비용지출과 자금회수, 자금조달 가능성
> D. 부지 상황의 적절성, 사업 추진상의 기술상 문제점
> E. 사업 주체의 사업수행능력, 사업 추진 시기의 적절성, 사업 여건의 변동 가능성

① 가-A, 나-B, 다-D, 라-E, 마-C
② 가-B, 나-A, 다-D, 라-C, 마-E
③ 가-B, 나-E, 다-A, 라-D, 마-C
④ 가-C, 나-D, 다-A, 라-E, 마-B
⑤ 가-C, 나-E, 다-B, 라-B, 마-A

정답 | ②
② '가-B, 나-A, 다-D, 라-C, 마-E'의 연결이 적절하다.

13 부동산 매매의 기본사항에 대한 설명으로 적절하지 않은 것은?

① 대리계약자가 부부 간이든, 부자 간이든 법적으로 대리권은 없다.
② 위임장이 필요 없는 대리계약은 실제 소유주가 미성년자인 경우이다.
③ 일반적으로 계약을 체결한 뒤 24시간 내에 해제하면 계약금을 포기하지 않고 계약을 무효로 할 수 있다고 생각하기 쉬우나, 이는 희망사항일 뿐이다.
④ 계약을 해제하는 경우는 상대방의 채무불이행에 따른 법정해제가 있다.
⑤ 중개사고가 발생했을 때 가장 간편하고 빠른 방법은 민사소송을 제기하는 것이다.

정답 | ⑤
⑤ 중개사고가 발생했을 때 가장 간편하고 빠른 방법은 중개인과 직접 합의를 보는 것이다.

14 부동산 매매계약 시 확인 및 유의사항으로 적절하지 않은 것은?

① 등기사항전부증명서를 열람하고, 소유주 및 담보 설정 여부와 가등기 여부 등을 확인한다.
② 매도자는 양도소득세를 확인한다.
③ 매수자는 취득세를 확인하며, 실소유자 여부 확인 및 적절한 대리권을 가지고 있는지 확인하고 계약을 체결한다.
④ 매매계약서 작성 시 숫자는 아라비아 숫자로 표기한다.
⑤ 계약서 작성 후 이상이 없으면 기명날인 후 계약금을 건네주고 영수증을 받으며 매도인, 매수인, 중개업자가 1부씩 보관한다.

정답 | ④
④ 매매계약서 작성 시 숫자는 아라비아 숫자보다는 한자로 표기한다.

 토마토패스
www.tomatopass.com

PART 06
투자설계

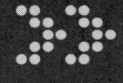

CONTENTS

CHAPTER 01 | 투자설계 프로세스 [0~1문항]
CHAPTER 02 | 경제환경 분석 [2~3문항]
CHAPTER 03 | 투자이론 [5~6문항]
CHAPTER 04 | 주식 가치평가 및 투자전략 [3~4문항]
CHAPTER 05 | 채권 가치평가 및 투자전략 [5~7문항]
CHAPTER 06 | 파생상품 운용전략 [6~7문항]
CHAPTER 07 | 자산배분전략 [0~1문항]
CHAPTER 08 | 자산배분과 금융상품 [0~1문항]
CHAPTER 09 | 투자성과평가 [2~3문항]

CHAPTER 01 투자설계 프로세스

PART 06

학습 가이드 ■■

출제 비중 : 0~4%(0~1문항)

학습 목표	교재 페이지	학습 중요도
프로세스 각 단계에서 나오는 내용에 대한 개념 및 특징에 대한 학습 필요		
1-1. 투자설계 프로세스 단계별 요소를 이해하고 수행할 수 있다.	12~40	★★★

---

01 투자설계 프로세스 6단계 과정이 순서대로 올바르게 나열된 것은?

> 가. 투자설계 프로세스와 제공하는 서비스, 재무설계사의 역량 및 경력 등 관련 정보를 고객에게 알려주는 것으로 시작한다.
> 나. 고객의 재무목표를 달성하기 위하여 필요한 투자기간과 고객의 개별적인 특수한 재무상황, 투자회피자산 등의 심리적·경제적·법률적 투자제약 요인들을 자세하게 분석하고 인성검사 또는 설문서 등을 이용하여 투자위험성향을 파악하는 과정이다.
> 다. 자산별로 적절한 가치를 평가하고, 운용전략을 수립하여 실행하는 단계로, 자산별로 투자전문가에게 맡기거나 간접투자상품을 이용할 수 있을 것이다.
> 라. 투자성과를 모니터링하고 평가함과 동시에 고객의 재무목표 변화 여부를 점검하여 필요하다면 자산의 재배분이 이루어져야 하는 단계이다.
> 마. 고객의 정보를 수집하여 고객이 장기적으로 이루고자 하는 재무목표를 설정하고 재무목표의 우선순위를 파악하는 과정이다.
> 바. 기 파악한 투자제약 요인들을 바탕으로 자산을 배분하고 투자지침서를 작성하는 과정이다.

① 가-나-마-바-다-라
② 가-마-나-바-다-라
③ 나-가-다-라-마-바
④ 나-다-마-가-라-바
⑤ 마-가-나-바-다-라

정답 | ②

1단계 : 고객과의 관계정립
2단계 : 투자설계 관련 정보의 수집
3단계 : 투자설계를 위한 분석 및 평가
4단계 : 투자설계 제안서의 작성 및 제시
5단계 : 투자설계 제안서의 실행
6단계 : 고객상황의 모니터링

02 투자설계로 달성하고자 하는 목표와 수단에 대한 설명으로 적절하지 않은 것은?

① 고정수입의 극대화 – 표면이자율이 높은 채권이나 MBS
② 투자자금의 보전 – 옵션부 채권이나 주식투자비율이 낮은 펀드
③ 고정수입과 투자자산의 증대 – 인플레이션에 대한 보상 필요
④ 장기적인 재산증식 – 위험자산 증대하되 철저한 위험관리
⑤ 절세 목표 – 고배당주식 투자

정답 | ⑤
⑤ 저율납세자는 고배당주식에 투자하여도 좋지만 고율납세자는 절세를 위해 배당이 적고 자본이득이 큰 주식을 선택하는 것이 유리하다.

03 투자설계를 위한 분석 및 평가단계에 대한 설명으로 적절한 것은?

① 장기적인 투자목표에 맞는 투자전략을 세우기 위해서 가장 중요한 것은 투자자금의 크기이다.
② 투자할 수 있는 기간이 길다면 위험을 가급적 회피하려 할 것이고 안정적으로 수입이 확보되는 형태로 자산을 구성하는 것이 바람직하다.
③ 중립형 투자자는 일정 부분의 위험은 허용하지만 투자원금이 보호되는 자산에 투자하기를 원하며 상대적으로 위험도가 낮은 상품에 투자하는 경향이 있다.
④ 위험수용능력이 높다면 좀 더 높은 위험을 감수할 수 있으나 위험수용성향이 뒷받침되지 않는다면 편안함을 갖지 못할 수가 있다.
⑤ 투자전략에 커다란 영향을 미치는 자산배분을 진행하는 과정에서 자산배분과 동시에 개인적 · 법률적 제약조건을 파악하는 일이 중요하다.

정답 | ④
① 장기적인 투자목표에 맞는 투자전략을 세우기 위해서는 투자기간을 길게 설정하는 것이 중요하다.
② 투자할 수 있는 기간이 짧다면 위험을 가급적 회피하려 할 것이고 안정적으로 수입이 확보되는 형태로 자산을 구성하는 것이 바람직하다.
③ 안정형 투자자에 대한 설명이다.
⑤ 투자전략에 커다란 영향을 미치는 자산배분을 진행하는 과정에서 개인적 · 법률적 제약조건을 사전에 파악하는 일이 중요하다.

04 투자지침서의 필요성과 특징에 대한 설명으로 적절하지 않은 것은?

① 투자지침서는 고객의 성향에 맞는 투자전문가를 선택할 수 있는 기준이다.
② 투자활동에 대한 지나친 공포심이나 확신을 제거하여 일탈된 투자활동을 없애고 투자목표에 안정적으로 도달하게 도움을 준다.
③ 투자지침은 고객이 원하는 목표를 달성할 수 있도록 이상적이어야 한다.
④ 투자지침은 장기적인 관점에서 작성되어야 한다.
⑤ 투자지침은 고객의 관심 및 의도와 일치하게 고객의 자산을 운용할 수 있을 정도로 일목요연하고 명확하게 정의된 것이어야 한다.

정답 | ③
③ 투자지침은 현실적이어야 한다. 투자지침은 위험조정 후 수익에 대한 현실적인 기대치에서 출발해야 한다. 고객에게 현실을 인식하도록 교육시키는 것도 재무설계사의 업무 중 하나이다.

05 투자지침서를 작성할 때 고려해야 하는 사항으로 적절하지 않은 것은?

① 투자지침은 위험조정 후 수익에 대한 현실적인 기대치에서 출발해야 한다.
② 투자지침은 장기적인 관점에서 작성되어야 한다.
③ 투자지침은 일목요연하고 명확하게 정의된 것이어야 한다.
④ 투자목표 및 투자 우선순위, 투자기간 등의 정보가 포함되어야 한다.
⑤ 벤치마크 대비 초과수익률 획득 방안을 마련해야 한다.

정답 | ⑤
⑤ 투자지침은 장기적인 관점에서 작성되어야 한다. 탁월한 성과를 달성할 진정한 기회는 시장의 평균 수익률을 초과하는 것(초과수익률)이 아니라 장기간에 걸쳐 최적의 투자지침을 수립하고 준수하는 것에 있다.

06 주가지수를 추종하는 ETF에 정액분할투자법으로 투자하였다. 이 경우 예상되는 총 주식수와 자산의 총 가치는 얼마인가?

월	ETF 가격	투자금액	구입주식수	소유주식	총 투자금액	총 가치
1	10,000	1,000,000	100	100	1,000,000	1,000,000
2	8,000	1,000,000			2,000,000	
3	10,000	1,000,000			3,000,000	
4	8,000	1,000,000			4,000,000	
5	10,000	1,000,000		( )	5,000,000	( )

① 총 주식수 : 500주, 총 자산 : 5,000,000원
② 총 주식수 : 550주, 총 자산 : 5,000,000원
③ 총 주식수 : 550주, 총 자산 : 5,500,000원
④ 총 주식수 : 500주, 총 자산 : 5,500,000원
⑤ 총 주식수 : 600주, 총 자산 : 6,000,000원

정답 | ③

월	ETF 가격	투자금액	구입주식수	소유주식	총 투자금액	총 가치
1	10,000	1,000,000	100	100	1,000,000	1,000,000
2	8,000	1,000,000	125	225	2,000,000	1,800,000
3	10,000	1,000,000	100	325	3,000,000	3,250,000
4	8,000	1,000,000	125	450	4,000,000	3,600,000
5	10,000	1,000,000	100	550	5,000,000	5,500,000

07 ★★★

KOSPI200 지수를 추종하는 ETF에 매월 100만원씩 총 가치가 증가하는 가치평균법으로 투자하였다. 이 경우 주당 평균 구입가격은 얼마인가?

월	ETF 가격	투자금액	구입주식수	소유주식	총 투자금액	총 가치
1	10,000	1,000,000	100	100	1,000,000	1,000,000
2	8,000	1,200,000	150	250	2,200,000	2,000,000
3	6,250					
4	8,000					
5	10,000					

① 7,595원
② 8,023원
③ 8,450원
④ 9,225원
⑤ 10,000원

정답 | ①

월	ETF 가격	투자금액	구입주식수	소유주식	총 투자금액	총 가치
1	10,000	1,000,000	100	100	1,000,000	1,000,000
2	8,000	1,200,000	150	250	2,200,000	2,000,000
3	6,250	1,437,500	230	480	3,637,500	3,000,000
4	8,000	160,000	20	500	3,797,500	4,000,000
5	10,000	0	0	500	3,797,500	5,000,000

① 주당 평균 구입가격 = 총 투자금액/주식수 = 3,797,500/500 = 7,595원

08 ★★★

경기순환에 따른 바람직한 투자방법으로 적절하지 않은 것은?

① 경기순환에 따른 투자방법은 해당 기간에 중점을 두어 투자하는 것이 바람직하다.
② 후퇴기에는 경제 불확실성이 증가하고 소비가 위축되므로 예금에 투자하는 것이 바람직하다.
③ 불황기에는 정부의 경기부양책 실시로 금리가 인하되므로 채권투자가 바람직하다.
④ 회복기에는 투자가 확대되고 소득이 증가되어 주가가 상승하므로 주식에 투자하는 것이 바람직하다.
⑤ 호황기에는 가계소비여력의 증가로 물가가 상승하기 때문에 실물자산투자가 바람직하다.

정답 | ①

① 경기순환에 따른 투자방법은 해당 기간에 중점을 두어야 할 투자대상으로만 인식하고, 전략적 자산배분의 기본 틀은 유지하는 것이 바람직하다.

09 포트폴리오 수정에 대한 설명으로 적절한 것은?

① 포트폴리오 업그레이딩이란 포트폴리오가 갖는 원래의 특성을 그대로 유지하고자 하는 것으로서 주로 원래대로 투자비율을 환원시키는 방법이다.
② 포트폴리오 업그레이딩은 원래 의도하지 않았던 투자의 집중현상을 회피하여 비체계적 위험을 감소시켜주고, 원래 의도하였던 수준의 체계적 위험을 다시 회복할 수 있어 가격 변동에 따른 자본이득을 충실하게 실현할 수 있도록 해주는 장점이 있다.
③ 포트폴리오 리밸런싱은 포트폴리오의 위험을 감소시키거나 기대수익률을 증가시키기 위하여 행하는 포트폴리오 수정을 말한다.
④ 포트폴리오 리밸런싱은 포트폴리오의 위험과 수익특성에 영향을 미칠 수 있는 새로운 정보가 존재할 때 이루어지는 것이다.
⑤ 포트폴리오 리밸런싱은 여건 변화에 대응하여 상대적으로 높은 기대수익을 얻고자 하거나, 기대수익에 비해 상대적으로 낮은 위험을 부담하도록 포트폴리오 구성을 변경하는 것이다.

정답 | ④

① 포트폴리오 리밸런싱이란 포트폴리오가 갖는 원래의 특성을 그대로 유지하고자 하는 것으로서 주로 원래대로 투자비율을 환원시키는 방법이다.
② 포트폴리오 리밸런싱은 원래 의도하지 않았던 투자의 집중현상을 회피하여 비체계적 위험을 감소시켜주고, 원래 의도하였던 수준의 체계적 위험을 다시 회복할 수 있어 가격 변동에 따른 자본이득을 충실하게 실현할 수 있도록 해주는 장점이 있다.
③ 포트폴리오 업그레이딩은 포트폴리오의 위험을 감소시키거나 기대수익률을 증가시키기 위하여 행하는 포트폴리오 수정을 말한다.
⑤ 포트폴리오 업그레이딩은 여건 변화에 대응하여 상대적으로 높은 기대수익을 얻고자 하거나, 기대수익에 비해 상대적으로 낮은 위험을 부담하도록 포트폴리오 구성을 변경하는 것이다.

CHAPTER 02 경제환경 분석

PART 06

학습 가이드 ■ ■

출제 비중 : 7~11%(2~3문항)

학습 목표	교재 페이지	학습 중요도
• 응용형 문제가 빈번히 출제되므로 이에 대한 학습 필요 • 경제환경을 분석하는 응용형 문제에 대한 학습 필요 • 계산문제가 출제될 수 있으므로, 사례집과 연계하여 학습 필요		
2-2. 이자율 개념과 변동요인에 대해 설명할 수 있다.	49~61	★★★
2-3. 환율결정이론과 변동요인 및 환위험관리 방법에 대해 설명할 수 있다.	62~78	★★★
2-4. 경기순환의 개념 및 경기순환 원인에 대해 설명할 수 있다.	79~83	★★★
2-5. 경기지표를 활용하여 경기동향을 판단하고 예측할 수 있다.	83~96	★★★

★★★
01 유동성선호설에 대한 적절한 설명으로만 모두 묶인 것은?

> 가. 이자율은 자금시장에서 자금의 수요와 공급에 의해 결정된다.
> 나. 이자율은 생산성의 변동이나 소비절약과 같은 실물적 요인에 의해 결정된다.
> 다. 이자율은 유동성을 포기한 데 따른 대가이다.
> 라. 케인즈는 이자율 결정을 화폐적 현상으로 보았다.
> 마. 물가수준의 변동을 이자율 결정요인으로 고려하였다.

① 가
② 가, 나
③ 가, 다
④ 다, 라
⑤ 나, 다, 마

정답 | ④

가, 나. 대부자금설에 대한 설명
마. 피셔효과에 대한 설명

02 다음은 우리나라의 이자율 변동요인에 대한 설명이다. (가)~(바)에 들어갈 내용으로 적절한 것은?

- 경기순환의 모든 국면마다 대체로 이자율이 경기에 (가)하는 특성을 보여준다.
- 명목이자율과 물가상승률은 강한 (나)의 상관관계를 갖고 있다.
- 통화증가율이 상승할 때 유동성효과가 미미하게 나타나는 반면 (다)과/와의 장기관계는 비교적 강하게 나타나고 있다.
- 경상수지흑자의 경우 다른 부문을 통한 통화공급에 비하여 (라)가 지배적임을 시사한다.
- 외국통화에 대한 원화의 가치가 하락할 것이라는 기대가 형성되면 원화자산에 대한 기대수익률은 상대적으로 하락하기 때문에 원화자산보다 외화자산에 투자하는 것이 유리하게 되어 원화자산에 대한 수요가 감소하므로 국내 이자율을 (마)시키는 요인이 된다.
- 계절적으로 이자율이 떨어지는 시기라도 해도 경기나 물가 등 순환적인 요인에 의하여 이자율이 통상적인 패턴에서 벗어나 오히려 (바)를 보여줄 수도 있다

	(가)	(나)	(다)	(라)	(마)	(바)
①	선행	음(−)	소득	피셔효과	상승	보합세
②	후행	양(+)	물가	인플레이션효과	하락	상승세
③	선행	음(−)	소득	인플레이션효과	상승	하락세
④	후행	양(+)	물가	유동성효과	하락	상승세
⑤	선행	음(−)	소득	피셔효과	상승	하락세

정답 | ④
가. 후행
나. 양(+)
다. 물가
라. 유동성효과
마. 하락
바. 상승세

03 다음 중 환율의 결정이론에 대한 설명으로 적절한 것은?

① 이자율 평가설은 일물일가의 법칙을 전제로 한다.
② 무역장벽이 낮고 거래비용이 적을수록 구매력평가설이 장기적으로 잘 적용된다.
③ 오버슈팅이 발생하는 이유는 상품시장에 비해 자산시장의 조정속도가 느리기 때문이다.
④ 구매력평가설은 자본수지에 초점을 맞추어 균형환율을 설명한다.
⑤ 국제피셔효과는 오버슈팅이론의 설명이다.

정답 | ②
① 구매력 평가설에 대한 설명이다.
③ 자산시장의 조정속도가 빠르기 때문이다.
④ 이자율 평가설에 대한 설명이다.
⑤ 국제피셔효과를 커버되지 않는 이자율평가이론이라 한다.

04 환율결정이론에 대한 다음 서술 중 가장 적절하지 않은 것은?

① 고정환율제하에서는 양국 간 이자율 차이의 변동이 환율변동에 반영되는 데 시차가 존재하므로 국제피셔효과의 적용 시 주의하여야 한다.
② 구매력평가설이 경상수지, 특히 상품수지를 중요시하는 관점에서 균형환율을 설명하는 이론이라면 이자율평가설은 자본수지에 초점을 맞춰 균형환율을 설명하는 이론이다.
③ 구매력평가설은 교역이 완전히 자유로운 상황에서 동일재화의 시장가격은 유일하다는 일물일가의 법칙을 전제로 성립한다.
④ 이자율평가설에 따르면 예상환율변화율은 두 나라 사이의 물가상승률의 격차와 같아져야 하며 이를 국제피셔효과라 한다.
⑤ 돈부시는 환율의 오버슈팅현상이 자산시장의 조정속도가 장기균형환율을 결정하는 상품시장의 조정속도에 비해 빠르기 때문에 나타난다고 보았다.

정답 | ④
④ 이자율평가설에 따르면 예상환율변화율은 두 나라 사이의 명목이자율의 격차와 같아져야 하며 이를 국제피셔효과라 한다.

05 환위험관리에 대한 설명과 방법이 적절하게 연결된 것은?

> 가. 외환거래 쌍방이 미래 일정 시점에서 수도할 특정 외환의 가격을 현재시점에서 미리 약정하는 거래
> 나. 두 거래 당사자가 계약일에 약정된 환율에 따라 해당 통화를 일정 시점에 상호 교환하는 외환 거래
> 다. 다국적기업, 무역회사의 본·지사 간 또는 제3자 외의 환거래에서 이용되는 기법으로 거래 쌍방 간에 이종통화거래가 지속적으로 이루어지고, 특히 환리스크관리체제가 중앙집중관리형식을 취하고 있는 경우에 더욱 용이하게 활용
> 라. 다국적기업의 본지점 간 또는 지사 상호 간에 발행하는 채권·채무관계를 개별적으로 결제하지 않고 일정기간 경과 후에 이들 채권·채무를 상계한 후 그 차액만을 정기적으로 결제하는 제도
> 마. 주로 외화자산부채를 자국통화나 특정 통화로 환산할 때 발생하는 환산위험이나 거래위험을 관리하는 것이 주목적

	(가)	(나)	(다)	(라)	(마)
①	단기금융시장헤징	팩토링	자산부채종합관리	리딩과 래깅	가격정책
②	선물환시장헤징	통화스왑	매칭	네팅	자산부채종합관리
③	단기금융시장헤징	통화옵션	네팅	매칭	리딩과 래깅
④	선물환시장헤징	매칭	통화옵션	가격정책	네팅
⑤	단기금융시장헤징	통화옵션	네팅	리딩과 래깅	가격정책

정답 | ②

가. 선물환시장헤징
나. 통화스왑
다. 매칭
라. 네팅
마. 자산부채종합관리

06 환율변동위험 관리방법에 대한 설명과 내용이 올바르게 연결된 것은?

> 가. 외화자금 흐름의 결제시기를 의도적으로 앞당기거나 지연시킴으로써 환율변동에 따른 환차손을 극소화하거나 환차익을 극대화하기 위한 환위험관리기법
> 나. 미래에 받게 되는 수출대금 상당의 외화를 미리 차입하여 현물환시장에서 매각하고 이 자금을 채권투자 등으로 운용한 다음 만기에는 수출대금으로 차입자금을 상환하는 방법
> 다. 중장기적인 환리스크 헤징 수단으로서 두 거래 당사자가 계약일에 약정된 환율에 따라 해당 통화를 상호 교환하는 외환거래
> 라. 외화자금의 유입과 지급을 통화별, 만기별로 일치시킴으로써 외화자금흐름의 불일치에서 발생할 수 있는 환차손위험을 원천적으로 제거하는 환위험관리기법

	(가)	(나)	(다)	(라)
①	단기금융시장헤징	매칭	통화스왑	네팅
②	리딩과 래깅	통화스왑	단기금융시장헤징	매칭
③	선물환시장헤징	리딩과 래깅	통화스왑	네팅
④	매칭	팩토리거래	네팅	리딩과 래깅
⑤	리딩과 래깅	단기금융시장헤징	통화스왑	매칭

정답 | ⑤
가. 리딩과 래깅
나. 단기금융시장헤징
다. 통화스왑
라. 매칭

07 경기변동을 촉발시키는 외부적 충격으로 적절하지 않은 것은?

① 민간기업의 투자지출 변화에 의한 수요측면의 충격
② 통화당국의 자의적 통화조절
③ 불완전정보하에서 경제주체들의 기대
④ 기술이나 생산성 변화 같은 공급측 요인
⑤ 유발투자, 자본재 투자 건설기간

정답 | ⑤
① 민간기업의 투자지출 변화에 의한 수요측면의 충격 – 케인즈
② 통화당국의 자의적 통화조절 – 프리드만
③ 불완전정보하에서 경제주체들의 기대 – 루카스
④ 기술이나 생산성 변화 같은 공급측 요인 – 슘페터

08 경기동향을 파악하는 방법과 해당 지표가 적절하게 연결된 것은?

경기분석방법	해당 지표
가. 개별경제지표에 의한 방법	A. GDP 통계
나. 종합경기지표에 의한 방법	B. 소비자 태도지수
다. 설문조사에 의한 방법	C. 경기종합지수
라. 계량모형에 의한 방법	D. 시계열 모형

① 가-A, 나-B, 다-C, 라-D
② 가-B, 나-C, 다-D, 라-A
③ 가-A, 나-D, 다-B, 라-C
④ 가-B, 나-A, 다-D, 라-C
⑤ 가-A, 나-C, 다-B, 라-D

정답 | ⑤

09 경기지표의 설명이나 해석 방법에 대한 설명으로 적절한 것은?

① 동행종합지수 순환변동치는 경기의 국면과 전환점을 판단하는 참고지표이다.
② 선행종합지수는 비교적 가까운 장래의 경기동향을 예측하는 지표로 건설수주액, 회사채유통수익률, 내수출하지수 등이 구성지표이다.
③ 기업경기실사지수가 80에서 90으로 상승하면 경기를 긍정적으로 보는 업체가 부정적으로 보는 업체보다 많다는 의미이다.
④ 계량모형은 단지 시간변수나 당해 시계열의 과거 관측치 또는 일부 관심 경제변수 간의 상관관계에 바탕을 두고 작성한다.
⑤ 우리나라에서 현재의 경기동향을 파악하기 위해 동행종합지수를 분석하는데, 계절변동, 불규칙변동, 순환변동요인을 제거한 수치가 사용된다.

정답 | ①
② 회사채유통수익률은 후행종합지수, 내수출하지수는 동행종합지수 구성지표이다.
③ 기업경기실사지수가 100 미만이면 경기를 부정적으로 보는 업체가 긍정적으로 보는 업체보다 많다는 의미이다.
④ 시계열모형에 대한 설명이다.
⑤ 계절변동, 불규칙변동, 추세변동요인을 제거한 수치가 사용된다.

10 경기지표에 대한 설명 중 (가)~(라)에 들어갈 내용으로 적절하게 연결된 것은?

- 경기의 저점에서 정점까지의 높이를 경기의 (가)(이)라고 부른다.
- 경제의 특정 부문에서 발생한 경기동향 요인이 여타 부문으로 점차 확산·파급되어가는 과정을 파악하기 위해서 경제통계지표 간의 상호 간 관계는 고려하지 않고 변화 방향만을 종합하여 지수화한 것이 (나)이다.
- 선행지수 전년동월비가 현재까지와 반대 방향으로 (다) 이상 연속하여 움직이면 이 시점을 경기 전환점 발생신호로 보고 여기에 과거의 평균선행시차를 더하면 향후 국면전환이 발생한 시점 을 대략 추정해 볼 수 있다.
- 소비자동향지수는 0에서 200까지의 값을 갖는데 이 값이 (라)을 초과한 경우 긍정적인 답변을 한 소비자가 부정적인 답변을 한 소비자보다 많다는 것을 의미한다.

	(가)	(나)	(다)	(라)
①	진폭	경기확산지수	3개월	100
②	주기	경기종합지수	2분기	50
③	국면	경기확산지수	3개월	100
④	회복기	경기종합지수	2분기	50
⑤	추세	경기확산지수	6개월	100

정답 | ①

가. 진폭
나. 경기확산지수
다. 3개월
라. 100

11 경기동향 판단 및 예측방법에 대한 적절한 설명으로만 모두 묶인 것은?

가. 개별경제지표에 의한 방법은 부문별로 경기동향을 파악하는 데에는 유용하나 전체 경기의 움직임을 포괄적으로 파악하기 어려울 뿐만 아니라 개인의 주관에 치우치기 쉽다는 단점이 있으며, 가장 대표적인 것으로는 국내총생산(GDP) 통계를 들 수 있다.
나. 경기확산지수는 경기변동의 진폭까지도 알 수 있으므로 경기변동의 방향, 국면 및 전환점은 물론 변동 속도까지도 분석할 수 있다.
다. 기업경기실사지수 및 소비자동향지수와 같은 심리지표는 전통적인 경제지표가 포착하기 어려운 경제주체의 심리적 변화를 측정하는 데 유용성을 가지며, 해당 월 및 분기 지수를 당기에 조사·공표하는 등 속보성 면에서도 유용한 점이 있다.
라. 시계열모형의 설정 과정에서는 경제이론에 입각하여 경제변수 간 관계를 여러 개의 방정식으로 표현하게 된다.
마. 시계열모형은 예측작업이 용이하고 단기 예측력도 뒤지지 않는 것으로 평가되고 있지만, 이론적 근거가 취약하기 때문에 실제 경기예측 및 분석에 활용되기 어렵다.

① 가, 다
② 가, 라
③ 나, 라
④ 나, 마
⑤ 다, 마

정답 | ①

나. 경기종합지수(CI)에 대한 설명이다. 경기확산지수(DI)는 경제의 특정 부문에서 발생한 경기동향 요인이 여타 부문으로 점차 확산·파급되어 가는 과정을 파악하기 위해서 경제통계지표 간의 상호 간 관계는 고려하지 않고 변화 방향만을 종합하여 지수화한 것으로서 경기국면의 판단 및 예측과 경기전환점을 식별하기 위한 경기지표이다.
라. 거시계량경제모형의 설정 과정에 대한 설명이다.
마. 시계열모형은 실제 경기예측 및 분석에 자주 활용되고 있다.

CHAPTER 03 투자이론

PART 06

학습 가이드 ■ ■

출제 비중 : 18~21%(5~6문항)

학습 목표	교재 페이지	학습 중요도
• 응용형 문제, 계산문제가 빈번히 출제되므로 이에 대한 학습 필요 • 공식에 대한 암기는 물론, 공식을 활용하여 다양한 사례를 분석할 수 있는 문제에 대한 학습 필요 • '제4장 주식 가치평가 및 투자전략'을 이해하기 위한 기초지식에 해당하므로 깊이 있는 학습 필요		
3-1. 투자 관련 기초 수학개념을 이해하고 활용할 수 있다.	101~113	★★★
3-2. 최적의 포트폴리오를 선택하기 위한 현대 포트폴리오 이론에 대해 설명할 수 있다.	114~126	★★★
3-3. 자본자산가격결정모형을 이해하고 자산을 분석 및 평가할 수 있다.	127~137	★★★
3-4. 다요인 모형을 이해하고 설명할 수 있다.	139~142	★★★
3-5. 효율적 시장이론의 기초이론과 이상현상에 대해 설명할 수 있다.	143~148	★★★
3-6. 행동재무학의 투자심리 이론을 이해하고 재무설계 상담에 활용할 수 있다.	148~160	★★★

★★★
01 수익률이 정규분포를 나타낸다고 할 때, 기대수익률이 10%이고 수익률의 표준편차는 15%라 하면 실제 수익률이 위치할 수 있는 구간을 68.27%의 확률로 추정할 경우 옳은 것은?

① -5~+25%
② -15~+15%
③ -20~+40%
④ -10~+30%
⑤ -35~+55%

정답 | ①

• 10%±15×1σ = -5~ + 25%
• 평균을 중심으로 수익률 정규분포가 -5~ + 25% 구간일 확률이 68.27%이다.

02
A펀드의 기대수익률과 표준편차는 각각 10%와 5%라고 할 때 괄호 안에 들어갈 확률로서 가장 적절한 것은? (단, A펀드의 수익률 분포는 정규분포곡선의 형태를 나타낸다고 가정한다.)

- A펀드 투자 시 원금 손실이 발생할 확률 : 약 (가) 수준
- A펀드 투자 시 수익률이 15%를 초과할 확률 : 약 (나) 수준
- A펀드 투자 시 수익률이 5% 이상일 확률 : 약 (다) 수준

	(가)	(나)	(다)
①	2.5%	32%	95%
②	2.5%	16%	84%
③	16%	2.5%	84%
④	16%	16%	95%
⑤	16%	2.5%	68%

정답 | ②

② A펀드 투자 시 수익률이 5~15% 사이일 확률이 68%, A펀드 투자 시 수익률이 0~20% 사이일 확률이 95%이므로 원금 손실 가능성은 2.5%, 수익률이 15%를 초과할 확률은 16%, 수익률이 5% 이상일 확률은 84%이다.

03
수익률 정규분포에 대한 설명으로 적절하지 않은 것은?

① 수익률의 분산 중에서 바람직하지 않은 부분을 준분산이라 한다.
② 정규분포의 왜도는 0이고 첨도는 3이다.
③ 왜도 값이 0보다 크면 양의 방향으로 치우친 분포를 나타낸다.
④ 첨도의 측정값이 3보다 크면 정규분포보다 낮은 봉우리를 가진 분포를 나타낸다.
⑤ 중간 부분이 뾰족하면서 양쪽 꼬리 부분이 정규분포보다 두꺼운 형태를 급첨분포라고 한다.

정답 | ④

④ 첨도의 측정값이 3보다 크면 정규분포보다 높은 봉우리를 가지며, 3보다 작으면 정규분포보다 낮은 봉우리를 가진 분포를 나타낸다.

04 다음 몬테카를로 시뮬레이션에 대한 설명 중 적절하지 않은 것은?

① 불확실한 상황하에서의 의사결정을 목적으로 하고 있다.
② 모형에 여러 가지 자료를 입력하고 여러 번의 실행을 통해 무수한 시나리오를 상정하여 개연성이 높은 결과를 찾아내는 방법이다.
③ 통계자료가 많고 입력 값의 분포가 고를수록 결과가 정밀해지기 때문에 컴퓨터를 이용하여 시뮬레이션이 행해진다.
④ 실험을 할 때 모형에서 가정한 확률분포에 따라 무작위표본추출을 하는 데 사용되는 것은 난수이며 난수의 분포는 분석에 큰 영향을 미치지 않는다.
⑤ 입력 값의 확률분포와 실험의 수학적 모델링이 정확하지 않으면 무의미하다.

정답 | ④

④ 난수의 분포가 분석에 큰 영향을 미치므로 필요한 난수의 범위와 분포에 따른 올바른 난수 생성 함수에도 주의를 기울여야 한다.

05 목표 기대수익률이 세후 7%이며, 현재 투자 포트폴리오가 다음과 같을 때 CFP® 자격인증자의 조언으로 적절한 것은?

개별 자산	보유 비중	기대수익률(세후)
주식	10%	12%
채권	40%	5%
현금자산	10%	4%
부동산	40%	8%

① 현재 포트폴리오의 기대수익률은 7.00%로 적절한 투자 포트폴리오이다.
② 현재 포트폴리오의 기대수익률은 6.80%로 채권이나 현금자산 비중을 축소하고 주식이나 부동산 비중을 확대해야 한다.
③ 현재 포트폴리오의 기대수익률은 7.20%로 위험한 주식 비중을 축소하고 채권 비중을 확대해야 한다.
④ 현재 포트폴리오의 기대수익률은 6.80%로 위험한 주식 비중을 축소하고 채권과 현금자산 비중을 확대해야 한다.
⑤ 현재 포트폴리오의 기대수익률은 7.80%로 부동산 비중을 50%로 확대하고 위험한 주식의 비중을 0%로 완전히 축소해야 한다.

정답 | ②

② 현재 포트폴리오의 기대수익률은 (0.1×12%) + (0.4×5%) + (0.1×4%) + (0.4×8%) = 6.80%로 채권이나 현금자산 비중을 축소하고 주식이나 부동산 비중을 확대하여 기대수익률을 높이는 방안이 바람직하다.

06 다음 중 포트폴리오 수익률의 표준편차를 계산하는 산식에 포함되는 변수로 적절하지 않은 것은?

① 개별자산의 기대수익률
② 개별자산 수익률의 표준편차
③ 개별자산별 투자비중
④ 개별자산 수익률 간 상관계수
⑤ 개별자산 수익률 간 공분산

정답 | ①

① 포트폴리오의 기대수익률은 자산별 기대수익률과 투자비중에 의해서 결정되며, 수익률의 표준편차는 개별자산의 표준편차, 자산별 투자비중, 그리고 자산 간 상관계수(공분산)에 의해 결정된다.

07 최적 포트폴리오에 대한 적절한 설명으로만 모두 묶인 것은?

> 가. 투자자의 무차별곡선은 곡선상에 있는 투자안에 대하여 똑같이 선호한다는 의미이다.
> 나. 투자자의 무차별곡선이 높아지면 그만큼 투자자의 효용이 증가한다는 것을 의미한다.
> 다. 상대적으로 높은 이익이 기대될 때만 위험을 선택하는 투자자의 무차별곡선 기울기는 완만할 것이다.
> 라. 효율적인 투자기회선과 투자자의 무차별곡선이 접하는 점에서 최적의 포트폴리오가 결정된다.
> 마. 효율적 투자기회선상에서 위험이 가장 적은 포트폴리오를 최소분산포트폴리오(Minimum Variance Portfolio)라고 한다.

① 가, 라, 마
② 나, 라, 마
③ 가, 나, 라
④ 가, 나, 라, 마
⑤ 가, 나, 다, 라

정답 | ④

다. 상대적으로 높은 이익이 기대될 때만 위험을 선택하는 투자자(위험을 기피하는 투자자)의 무차별곡선 기울기는 가파를 것이다.

08 다음 포트폴리오 선택이론과 단일지표모형에 대한 설명 중 가장 적절한 것은?

① 포트폴리오 수익률의 표준편차는 개별자산 수익률 표준편차를 투자비중으로 가중하여 합산한 것보다 크다.
② 위험을 기피하는 투자자의 무차별곡선은 기울기가 완만하고, 위험을 선호하는 투자자의 무차별곡선은 기울기가 가파르다.
③ 효율적 투자기회선과 무차별곡선 중 가장 효용이 높은 곡선이 접하는 점이 최적의 포트폴리오이다.
④ 단일지표모형은 개별기업 고유 요인에 의한 수익률 변동은 시장지표 수익률과 단순회귀관계가 존재한다고 가정한다.
⑤ 베타계수는 회귀곡선의 절편이며 베타계수가 큰 증권일수록 시장수익률 대비 초과수익률이 크다고 볼 수 있다.

정답 | ③
① 포트폴리오 수익률의 표준편차가 작다.
② 위험을 기피하는 투자자의 무차별곡선은 기울기가 가파르고, 위험을 선호하는 투자자의 무차별곡선은 기울기가 완만하다.
④ 시장 전체에 연관된 요인에 의한 수익률 변동은 시장지표 수익률과 단순회귀관계가 존재한다고 가정한다.
⑤ 알파계수에 대한 설명이다.

09 다음 포트폴리오 이론에 대한 설명 중 가장 적절한 것은?

① 자본시장선은 효율적인 포트폴리오 기대수익률과 체계적인 위험과의 관계를 설명하고 있다.
② 증권시장선보다 위쪽에 위치한 주식은 현재 주가가 고평가되어 있고, 아래쪽에 위치한 주식은 저평가되어 있다는 것을 말한다.
③ 주식을 산업별로 분산하여 보유 주식수를 늘리게 되면 포트폴리오의 베타는 0에 가까워지게 된다.
④ 차익거래가격결정이론에 따르면 거시경제변수의 예상하지 못한 변화도 자산 수익률에 영향을 미친다고 한다.
⑤ 차익거래가격결정이론에서 특정 자산의 고유한 특성으로 인한 수익률 변화는 제거할 수 없다고 본다.

정답 | ④
① 자본시장선은 총 위험과 효율적인 포트폴리오 관계를 설명한다.
② 증권시장선보다 위쪽에 위치한 주식은 저평가, 아래쪽에 위치한 주식은 고평가된다.
③ 보유 주식수를 늘리게 되면 포트폴리오의 베타는 1에 가까워지게 된다.
⑤ 차익거래가격결정이론에서도 분산투자를 통해 특정 자산의 고유한 특성으로 인한 수익률 변화는 제거할 수 있다고 본다.

10 증권시장선의 일반식은 SML = 6% + (β×5%)로 나타난다. 이 경우 아래 베타계수와 예상수익률을 참고하여 증권시장선보다 위에 위치한 종목으로 적절한 것은?

	베타계수	예상수익률(자본이득 + 배당수입) / 현재가
①	1.0	10.5%
②	0.8	9.5%
③	1.2	11.5%
④	1.5	13.0%
⑤	0.5	9.0%

정답 | ⑤

- 요구수익률 : ① 11%, ② 10%, ③ 12%, ④ 13.5%, ⑤ 8.5%, ⑤번 주식만이 요구수익률 < 예상수익률이므로 저평가되어 증권시장선보다 위에 위치한다.
- 요구수익률 > 예상수익률 = 고평가(증권시장선보다 아래에 위치)
- 요구수익률 < 예상수익률 = 저평가(증권시장선보다 위에 위치)

11 포트폴리오 선택이론과 자본자산 가격결정모형에 대한 적절한 설명으로만 모두 묶인 것은?

> 가. 포트폴리오 선택이론이란 수많은 포트폴리오 중에서 투자자의 위험수준에 적합한 최적의 포트폴리오를 선택하는 과학적 방법론을 제시해주는 것이다.
> 나. 포트폴리오의 표준편차를 제대로 계산하려면 개별자산 간 수익률의 공분산을 계산하고 수익률 간 상관계수를 알아야 한다.
> 다. 상관계수가 0이 아닌 경우 단일자산으로 구성된 것보다 포트폴리오의 위험이 축소된다.
> 라. 포트폴리오의 베타는 개별증권의 베타를 투자비중에 따라 가중평균한 수치이다.
> 마. 국채는 미래수익률의 표준편차가 0이며 따라서 다른 자산과의 상관계수도 0이다.
> 바. 증권시장선은 총위험인 표준편차와 효율적인 포트폴리오의 기대수익률을 나타낸 선이라고 설명할 수 있으며, 자본시장선은 체계적인 위험과 개별증권이 기대수익률의 균형을 나타낸 선이라 말할 수 있다.

① 가, 나, 다, 라, 마　　② 나, 라, 바
③ 가, 나, 라, 마　　　　④ 가, 나, 다
⑤ 나, 다, 라, 마

정답 | ③

다. 상관계수가 '1'이 아닌 경우 단일자산으로 구성된 것보다 포트폴리오의 위험이 축소된다.
바. 자본시장선은 총위험인 표준편차와 효율적인 포트폴리오의 기대수익률을 나타낸 선이라고 설명할 수 있으며, 증권시장선은 체계적인 위험과 개별증권이 기대수익률의 균형을 나타낸 선이라 말할 수 있다.

12 어떤 자산의 1년간 기대수익률이 8%이다. 이에 대한 설명으로 적절하지 않은 것은? (이 자산의 고유한 특성으로 인한 예상하지 못한 수익률 변화가 1.2%이다.)

변수	민감도	예상수치	실제수치
1	2	3.8%	3.5%
2	1.5	3.5%	4.0%
3	0.5	5.0%	5.8%

① 변수1의 예상치 못한 변화는 −0.6%이다.
② 변수2의 예상치 못한 변화는 0.75%이다.
③ 변수3의 민감도가 1로 변한다면 변수3에 의한 변화의 영향은 0.8%이다.
④ 다요인모형에 의한 이 자산의 수익률은 9.35%이다.
⑤ 분산투자를 통하여 자산의 고유한 특성으로 인한 예상하지 못한 수익률변화는 제거할 수 있다.

정답 | ④
- 다요인 모형의 기대수익률 : $R_i = E_i + m + \varepsilon_i = 8\% + m + 1.2\%$
  - 변수1의 예상하지 못한 변화 : $2 \times (3.5\% - 3.8\%) = -0.6\%$
  - 변수2의 예상하지 못한 변화 : $1 \times (4.0\% - 3.5\%) = 0.75\%$
  - 변수3의 예상하지 못한 변화 : $0.5 \times (5.8\% - 5.0\%) = 0.4\%$
- $m = -0.6\% + 0.75\% + 0.4\% = 0.55\%$
- $R_i = 8\% + 0.55\% + 1.2\% = 9.75\%$

13 효율적 시장이론에 대한 설명으로 적절하지 않은 것은?

① 기술적 분석에서 나오는 매수·매도 신호에 따라서 매매하는 거래규칙을 연구한 결과 거래비용을 감안하면 초과수익을 올리지 못하였다.
② 준강형 효율적 시장의 검증 결과 중 시계열분석 및 횡단면 분석에서는 여러 가지 이상현상이 발견되었으나, 사건연구에서는 준강형 효율적 시장가설을 기각할 수 없다는 결과를 얻었다.
③ 연구에 의하면 강형 효율적 시장가설은 잘 성립하지 않는다는 증거가 발견되었다.
④ 효율적 시장이론에 의하면 액티브펀드와 같은 적극적 투자보다 나은 것은 없어 보인다. 개별종목은 비체계적인 위험이 크게 작용하고 시장은 비체계적인 위험에 대해 보상해주지 않기 때문이다.
⑤ 효율적 시장이론의 이상현상이 발생한다는 것은 시장이 완벽하게 효율적이지 못하다는 의미이다.

정답 | ④
④ 효율적 시장이론에 의하면 인덱스펀드와 같은 소극적 투자보다 나은 것은 없어 보인다.

★★★
14 다음 보기를 참고하여 편향에 대한 설명과 그 종류가 올바르게 연결된 것은?

> 가. "그럴 줄 알았어.", "이렇게 될 줄 알았어."
> 나. "하나를 보면 열을 안다."
> 다. 주식투자결정을 내릴 때 근거가 되는 것은 최근의 뉴스나 주가지수이고 여기서 조금 벗어나면 상대적으로 고평가(저평가)되었다고 판단하는 것

	(가)	(나)	(다)
①	사후판단 편향	대표성 오류	기준점 효과와 조정
②	정보처리과정	기준점 효과와 조정	대표성 오류
③	기준점 효과와 조정	사후판단 편향	대표성 오류
④	사후판단 편향	사후판단 편향	대표성 오류
⑤	대표성 오류	기준점 효과와 조정	기준점 효과와 조정

정답 | ①
가. 사후판단 편향
나. 대표성 오류
다. 기준점 효과와 조정

★★★
15 행동재무학에 대한 설명으로 적절하지 않은 것은?

① 사람은 절대적인 변화보다 상대적인 변화에 민감하게 반응한다는 것이 전망이론의 기초이다.
② 전망이론에서의 가치함수는 이익이나 손실의 규모가 작을 때는 변화에 민감하지만, 규모가 커짐에 따라 변화에 대한 가치의 민감도는 감소한다는 특징을 가지고 있다.
③ 전망이론에서의 가치함수는 사람들이 손실에 대해 같은 금액의 이익과 동등하게 평가한다는 특징을 가지고 있다.
④ 후회회피 성향은 투자에 지나치게 보수적이거나 아무 행동도 취하지 않도록 하는 상태를 낳는다.
⑤ 심리적 회계의 많은 실험적 연구결과 투자자들은 자산 사이의 상관관계를 고려하지 않는다고 하며, 낮은 상관성을 가진 자산을 결합하여 전체 리스크를 감소시킨다는 분산투자 이론은 무시된다.

정답 | ③
③ 전망이론에서의 가치함수는 사람들이 손실에 대해 같은 금액의 이익보다 훨씬 크게 평가한다는 특징을 가지고 있다.

CHAPTER 04 주식 가치평가 및 투자전략

PART 06

학습 가이드 ■ ■

출제 비중 : 11~14%(3~4문항)

학습 목표	교재 페이지	학습 중요도
• 지식형 및 사례형에서 빈번히 출제되므로 깊이 있는 학습 필요 • 계산문제가 빈번히 출제되므로 이에 대한 학습 필요 • 공식에 대한 암기는 물론, 공식을 활용하여 다양한 사례를 분석할 수 있는 문제에 대한 학습 필요 • 현금흐름할인모형과 상대가치평가모형을 연계하여 학습 필요		
4-1. 주식 가치평가 기초개념을 이해하고 활용할 수 있다.	163~175	★★★
4-2. 현금흐름할인모형을 활용하여 주식의 가치평가를 할 수 있다.	176~183	★★★
4-3. 상대가치평가모형을 활용하여 주식의 가치평가를 할 수 있다.	183~190	★★★
4-4. 주식포트폴리오의 투자전략과 스타일 투자에 대해 설명할 수 있다.	193~202	★★

★★★
01 주식의 가치평가방법에 대한 설명으로 적절하지 않은 것은?

① 현금흐름할인방식은 미래에 기대되는 현금흐름과 이를 현재가치로 환원해 주는 할인율을 가지고 가치를 산정하기 때문에 현재의 현금흐름이 (+)이고 미래 예측 가능성이 높은 경우 가장 쉬운 가치평가방법이다.
② 상대가치평가방법은 단순하고 쉬워서 빨리 상대가치를 비교할 수 있으나 쉬운 만큼 잘못 사용되거나 조작의 여지가 많다.
③ 조건부 청구권방식을 이용하는 데의 문제점은 옵션의 가격결정모형이 단기에는 정확한 반면 장기의 경우 오류의 소지가 많다는 점이다.
④ 특허권이나 신제조기술, 영업권 등을 보유한 경우 현재 현금흐름에 영향을 미치지는 않지만 일정한 가치를 보유하고 있는 것으로 파악해야 하며, 현금흐름할인방식을 적용하기 어려운 점이 있을 수 있다.
⑤ 특정 자산의 가치를 평가할 때에는 평가에 적합한 단일 방법을 적용하는 접근방식이 요구된다.

정답 | ⑤
⑤ 특정 자산의 가치를 평가할 때 하나의 방법만을 적용하기에는 무리가 따른다. 따라서 주식이나 채권 또는 부동산 등 투자자산의 가치를 평가할 때는 종합적인 접근방법이 요구된다고 하겠다.

02 가치평가 접근방법에 대한 설명과 그 방식이 올바르게 연결된 것은? ★★★

> 가. 평가방법의 적용이 쉬워 빨리 가치를 평가할 수 있다.
> 나. 시장 전체가 고평가되거나 저평가된 것을 반영하지 못한다는 단점이 있다.
> 다. 미래에 기대되는 현금흐름을 적절한 할인율을 적용하여 현재가치로 전환한다.
> 라. 영업의 불확실성에 기인한 변동성 예측에 오류가 발생할 수 있다.
> 마. 실용화되지 않은 무형자산에 대한 정확한 평가가 어렵다.
> 바. 주식은 기업에 대한 채권자 지분을 제외한 잔여 청구권이란 개념에서 출발한다.

	현금흐름할인방식	상대가치 평가방법	조건부 청구권방식
①	다, 마	가, 나	라, 바
②	가, 나	다, 라	마, 바
③	가, 라	마, 바	나, 다
④	다, 라	가, 나	마, 바
⑤	나, 바	가, 다	라, 마

정답 | ①
- 현금흐름할인방식 : 다, 마
- 상대가치 평가방법 : 가, 나
- 조건부 청구권방식 : 라, 바

03 주식의 요구수익률에 대한 설명으로 적절한 것은? ★★★

① 무위험 이자율이 상승하면 요구수익률이 하락한다.
② 주식시장에 대한 위험프리미엄이 낮아지면 요구수익률이 하락한다.
③ 시장의 환경변화에 민감한 기업일수록 요구수익률이 하락한다.
④ 주식의 경우 자본자산가격결정모형에 의해 요구수익률을 계산할 수 있으며, 주식의 요구수익률은 실질무위험수익률과 베타에 의해 측정된 개별 주식의 위험수준에 의해 결정된다.
⑤ 요구수익률은 투자자가 특정 자산에 투자할 때 투자자 자신이 희망하는 최대의 투자수익률을 말한다.

정답 | ②
① 무위험 이자율이 상승하면 요구수익률이 상승한다.
③ 시장의 환경변화에 민감한 기업일수록 요구수익률이 상승한다(베타가 커짐).
④ 주식의 요구수익률은 명목무위험수익률과 베타에 의해 측정된 개별 주식의 위험수준에 의해 결정된다.
⑤ 요구수익률은 투자자가 특정 자산에 투자할 때 투자자 자신이 생각하고 있는 최소한의 투자수익률을 말한다.

04 다음 자료를 참고로 잠재성장률(g)을 계산한 값은 얼마인가?

- 주당순이익(EPS) : 2,000원
- 매출액순이익률 : 3%
- 재무레버리지 : 2배
- 주당 배당금 : 800원
- 총자산회전율 : 2배

① 6.2% ② 7.2%
③ 8.8% ④ 4.8%
⑤ 12.0%

정답 | ②

- 내부유보율(Retention Rate) = 1 − 배당성향 = 0.6
- ROE = 매출액순이익률 × 총자산회전율 × 재무레버리지 = 12%
- g = RR × ROE = 0.6 × 12% = 7.2%

05 주식의 가치평가에 필요한 요소에 대한 설명으로 적절한 것은?

① 총자본 중 타인자본비중이 높을수록 자기자본이익률은 하락한다.
② 자기자본수익률(ROE)을 높이는 것은 수익성을 증가시키거나 자산의 효율성을 극대화하거나 재무위험을 감소시킴으로써 가능하다.
③ 경제적 부가가치(EVA)는 법인세를 공제한 영업이익에서 기업의 타인자본 비용만을 차감하여 계산한다.
④ 회계장부상 순익이 나더라도 EVA가 (−)인 경우에는 자기자본을 투입한 영업의 결과가 은행의 이자수익보다 높다는 의미로 해석된다.
⑤ 시장부가가치는 주식의 시장가치와 주주들이 제공한 자기자본 간의 차이를 의미한다.

정답 | ⑤

① 총자본 중 타인자본비중이 높으면 자기자본이익률은 증가한다.
② 자기자본수익률(ROE)을 높이는 것은 수익성을 증가시키거나 자산의 효율성을 극대화하거나 재무위험을 증대시킴으로써 가능하다.
③ 경제적 부가가치(EVA)는 기업의 총자본 비용을 차감하여 계산한다.
④ 회계적 순익이 발생하였어도 경제적 부가가치가 (−)인 경우라면 기업의 채산성이 없음을 의미한다.

06 주식의 적정 가치에 영향을 주는 요인에 대한 설명으로 적절하지 않은 것은?

① 무위험이자율이 높아지면 적정주가가 낮아진다.
② 요구수익률이 상승하면 적정주가가 높아진다.
③ 베타계수가 높아지면 적정주가가 낮아진다.
④ 배당성장률이 높아지면 적정주가가 높아진다.
⑤ 자기자본이익률이 높아지면 적정주가가 높아진다.

정답 | ②

② 요구수익률이 상승하면 적정주가가 낮아진다.

07 토마토패스(주) 보통주 베타계수가 1.2이고 현재 1주당 순이익이 5,000원, 금년도 1주당 배당금은 2,000원이다. 자기자본순이익률은 18%이며 현재의 배당성향을 계속 유지할 경우, 토마토패스(주) 보통주의 적정가치를 정률성장 배당할인 모형으로 산출한다면 얼마인가? (무위험이자율 6%, 시장포트폴리오의 기대수익률 12% 가정)

① 84,368원
② 85,783원
③ 88,894원
④ 90,982원
⑤ 92,333원

정답 | ⑤

- 요구수익률(k) = 6% + 1.2×(12% − 6%) = 13.2%
- 배당성장률(g) = RR×ROE = 60%×18% = 10.8%
- 주식의 가치 = D1/(k − g) = 2,000(1 + 0.108)/(0.132 − 0.108) = 92,333원

08 상대가치평가모형에 대한 용어와 설명이 올바르게 연결된 것은?

용어	상대가치평가모형 설명
가. 주가수익비율분석 나. 주가순자산비율분석 다. 주가매출액비율분석 라. EV/EBITDA 평가모형	A. 주주와 채권자의 입장을 동시에 고려하고 있어 포괄적인 기업성과 측정이 가능하다. B. 기업의 수익변화를 쉽게 감지하지 못하고 비용 축소에 문제가 있는 기업의 평가가 제대로 이루어지지 않는다는 단점이 있다. C. 기업이 보유한 자산의 시장가치를 이들 자산을 구입하기 위하여 지급해야 할 대체가치로 나눈 값으로 이 수치가 높을수록 성장 가능성이 크다는 것을 의미한다. D. 기업이 순이익을 모두 배당한다면 그 순이익으로 투자자금을 회수하는 데 소요되는 기간으로 받아들여도 된다.

	(가)	(나)	(다)	(라)
①	A	B	C	D
②	A	C	D	B
③	D	A	B	C
④	D	A	C	B
⑤	D	C	B	A

정답 | ⑤

A. EV/EBITDA 평가모형
B. 주가매출액비율분석(PSR)
C. Tobin'S q에 대한 설명으로서 주가순자산비율에 속함
D. 주가수익비율분석(PER)

09 주식투자 전략과 설명이 올바르게 연결된 것은?

주식투자 전략	설명
가. 적극적 운용전략 나. 방어적 포트폴리오 운용전략 다. 가치형 투자 스타일 라. 성장형 투자 스타일	A. 시장이 비효율적이라고 전제한다. B. 초과수익을 얻기 위해 노력하기보다는 시장 평균 수준의 투자수익을 얻으면서 투자위험의 감소를 목표로 하는 투자관리방법이다. C. 적정한 주가 수준에 미달하는 주식을 싸게 매입하려 한다. D. PER의 분모인 이익의 변화에 관심이 많다. E. 적극적 자산배분활동과 종목선택활동을 적절히 시행한다. F. PER의 분자인 주식가격에 관심이 많다.

	(가)	(나)	(다)	(라)
①	A, E	B	C, F	D
②	C, E	A	B	D, F
③	C	B, E	A, F	D
④	D, E	A, F	B	C
⑤	A, F	B	D, E	C

정답 | ①

10 주식포트폴리오의 적극적 운용전략 중 종목선택활동으로 적절한 것은?

① 내재가치 추정, 베타계수 및 듀레이션 이용, 시장의 이상현상(anomaly) 이용
② 마켓타이밍, 포뮬러플랜
③ 평균투자법, 단순 매수 후 보유전략
④ 인덱스 투자전략, 마켓타이밍, 포뮬러플랜
⑤ 베타계수 및 듀레이션 이용, 평균투자법

정답 | ①
• 방어적 포트폴리오 운용전략 : 단순 매수 후 보유전략, 인덱스 투자전략, 정액분할 투자법
• 적극적 포트폴리오 운용전략
 – 자산배분활동 : 마켓타이밍 포착, 포뮬러플랜
 – 종목선택활동 : 내재가치 추정, 베타계수나 듀레이션 이용, 시장의 이상현상(anomaly) 이용

11 프랭크 러셀사의 주식투자 스타일 분류에 대한 설명으로 적절하지 않은 것은?

① 가치형 투자는 주식의 내재가치와 현재의 주가 수준을 비교하여 상당히 저평가된 종목을 발굴하고 투자하는 형태이다.
② 저 PER 주 발굴형태는 현재 이익에 비해 소외받는 종목에 주목한다.
③ 성장형의 일종인 이익 모멘텀형은 이익의 증가세가 상향 반전된 주식에 관심을 갖는다.
④ 소형주형 포트폴리오는 일반적으로 개별기업 위험이 크고 높은 베타계수와 높은 배당수익률을 가지는 특징이 있다.
⑤ 소형주형은 소형주가 대형주보다 높은 투자수익률을 올린다는 사실에 착안하여 소형주 위주로 포트폴리오를 구성하는 전략이다.

정답 | ④
④ 소형주형 포트폴리오는 배당수익률이 높지 않다.

CHAPTER 05 채권 가치평가 및 투자전략

PART 06

학습 가이드

출제 비중 : 18~25%(5~7문항)

학습 목표	교재 페이지	학습 중요도
• 지식형 및 사례형에서 빈번히 출제되므로 깊이 있는 학습 필요 • 계산문제가 빈번히 출제되므로 이에 대한 학습 필요 • 공식에 대한 암기는 물론, 공식을 활용하여 다양한 사례를 분석할 수 있는 문제에 대한 학습 필요 • 채권가격정리, 듀레이션, 채권투자전략은 서로 연결되는 개념이므로 연계하여 학습 필요		
5-1. 채권시장에서 사용하는 여러 수익률의 개념을 설명할 수 있다.	209~214	★★★
5-2. 채권가격의 계산방법을 알고 채권가격을 계산할 수 있다.	214~225	★★★
5-3. 채권의 과세대상 소득을 이해하고 세금을 계산할 수 있다.	225~232	★★★
5-4. 채권가격정리를 이해하고 활용할 수 있다.	233~235	★★★
5-5. 채권수익률 변동요인과 기간구조이론에 대해 설명할 수 있다.	236~247	★★★
5-6. 채권의 듀레이션과 볼록성 개념을 이해하고 채권가격 변동성을 분석할 수 있다.	248~255	★★★
5-7. 채권투자전략에 대해 설명할 수 있다.	256~268	★★★
5-8. 주요 신종채권의 구조를 알고 상품을 설명할 수 있다.	269~290	★★★

★★★
01 수익률에 대한 용어와 설명이 올바르게 연결된 것은?

> 가. 만기가 1년 이상인 채권에서 만기까지 총수익을 원금으로 나눈 후 이를 해당 연수로 나누어 계산한 수익률을 의미하며 단리개념이다. 해당 연수가 길수록 이자 재투자수입으로 인하여 증가하는 경향이 있다.
> 나. 일정한 투자기간 중에서 실제로 실현된 이자수입, 이자의 재투자수입, 자본수익의 총합계인 실현 총이익에 대한 매입가격 비율을 나타내는 수익률이며 이자지급방법이 다른 여러 채권들을 동일 기준으로 비교할 수 있는 수익률이다.
> 다. 채권을 만기까지 보유할 경우 받게 되는 모든 수익과 원금을 비교하여 1년간 어느 정도 수익을 가져오는가를 나타내는 예상수익률이며, 중간에 이자수입이 같은 이자율로 재투자된다는 가정하에 계산된 수익률이다.

	(가)	(나)	(다)
①	만기수익률	연평균수익률	실효수익률
②	연평균수익률	실효수익률	유통수익률
③	연평균수익률	연평균수익률	실효수익률
④	실효수익률	유통수익률	만기수익률
⑤	만기수익률	실효수익률	연평균수익률

정답 | ②
② 유통수익률은 다시 만기수익률, 내부수익률, 시장수익률로 구분된다.

02 ★★★ 이론적 복할인 방법과 관행적 복할인 방법으로 계산한 채권가격의 차이가 가장 큰 것은?

① 만기가 360일 남은 통화안정증권
② 만기가 10일 남은 산업금융채권
③ 만기가 6개월 남은 산업금융채권
④ 만기가 5년 남은 국민주택 1종 채권
⑤ 만기가 10년 남은 국민주택 2종 채권

정답 | ③
③ 두 방법에 의한 채권가격은 특히 잔존기간이 6개월 남은 시기의 차이가 가장 크게 나타난다.

03 ★★★ 다음 보기를 참고하여 채권의 세전 매매단가를 계산한 값으로 적절한 것은?

- 종류 : 산업금융채권(복리채)
- 만기일 : 2023.7.26.
- 매매일 : 2022.8.12.
- 매매수익률 : 6.20%
- 발행일 : 2022.7.26.
- 표면금리 : 6.00%(3개월 단위 복리)
- 만기잔존일수 : 349일

① 10,000원
② 10,020원
③ 10,041원
④ 9,879원
⑤ 9,901원

정답 | ②
- 만기금액계산 : $10,000 \times (1 + 0.06/4)^{1 \times 4} = 10,613.6 \rightarrow 10,614$(원 미만 절상)
- 매매단가 : $10,614/(1 + 0.062 \times 349/365) = 10,019.6 \rightarrow 10,020$ (원 미만 절상)

04 개인투자자가 다음의 채권을 매매할 경우 원천징수되는 세금으로 적절한 것은?

- 채권의 종류 : 할인채(액면 10,000,000원)
- 발행일 : 2022년 1월 2일
- 매수일 : 2022년 4월 1일
- 보유기간 : 192일
- 표면금리 : 7.60%
- 만기일 : 2023년 1월 2일
- 매도일 : 2022년 10월 10일

① 399,780원
② 55,960원
③ 5,590원
④ 61,550원
⑤ 50,370원

정답 | ④
- 보유기간이자 = 10,000,000 × 0.076 × 192 / 365 = 399,780원
- 소득세 = 399,780 × 0.14 = 55,960원(10원 미만 절사)
- 지방세 = 55,960 × 0.1 = 5,590원(10원 미만 절사)
- 원천징수되는 세금 = 55,960원 + 5,590원 = 61,550원

05 채권수익률 변동에 따른 채권가격 변화에 대한 설명으로 적절한 것은?

① 채권수익률이 하락하면 채권가격이 내려간다.
② 채권수익률 변화에 대해 만기가 긴 채권이 만기가 짧은 채권보다 가격변동폭이 작다.
③ 채권수익률이 1% 상승하였을 때 가격상승폭이 1% 하락하였을 때 가격하락폭보다 크다.
④ 만기가 길어질수록 채권가격 변동폭의 증가율은 체증한다.
⑤ 표면이자율이 낮은 채권이 높은 채권보다 수익률 변동에 따른 가격변동폭이 크다.

정답 | ⑤
① 채권수익률이 하락하면 채권가격이 상승한다.
② 만기가 긴 채권이 만기가 짧은 채권보다 가격변동폭이 크다.
③ 채권수익률이 1% 하락하였을 때 가격상승폭이 1% 상승하였을 때 가격하락폭보다 크다.
④ 만기가 길어질수록 채권가격 변동폭의 증가율은 체감한다.

06 채권수익률 변동요인에 대한 설명으로 적절하지 않은 것은?

① 발행회사의 신용등급이 BBB에서 A⁻로 조정되면 채권수익률은 내려가게 된다.
② 채권의 만기와 발행자의 신용도는 채권수익률 변동의 내적요인이다.
③ 다른 조건이 일정할 경우 만기까지 잔존기간이 길수록 채권가격 변동위험이 커지고 유동성이 축소되어 수익률이 높아진다.
④ 채무불이행 위험이 높은 채권일수록 채권수익률은 올라가게 된다.
⑤ 경기가 하강국면에 있으면 기업들의 신규자금수요가 감소하면서 채권수익률은 상승세를 보인다.

정답 | ⑤
⑤ 채권수익률은 하락세를 보인다.

07 채권수익률의 기간구조이론(term structure) 중 불편기대이론(Unbiased Expectation Theory)에 대한 적절한 설명으로만 모두 묶인 것은?

> 가. 단기이자율은 단기시장에서의 수요와 공급에 의해 결정되고 장기이자율은 장기시장에서의 수요와 공급에 의해 결정된다.
> 나. 투자자로 하여금 만기가 긴 채권에 투자하도록 하려면 보다 높은 이자율을 지급해야만 투자를 유인할 수 있다.
> 다. 현재의 금리수준이 높아 앞으로 금리가 떨어질 것이라고 예상한다면 수익률 하락에 의한 가격차익을 가능한 많이 얻기 위해 단기채 매입을 줄이는 대신 장기채를 더 많이 매입할 것이므로 단기채의 수익률은 상승하며, 장기채의 수익률은 오히려 하락하여 수익률곡선이 우하향하는 형태가 된다.
> 라. 투자자는 완전중립형이어서 만기의 차이로 인해 발생할 수 있는 위험부담이나 유동성 희생에 대해 어떠한 보상도 요구하지 않는다는 가정이 내포되어 있다.
> 마. 시장의 이자율 차이가 큰 경우 만기에 관계없이 높은 이자율을 따라 움직이는 투자자가 많이 존재한다면 이론적 근거가 약해지게 된다.
> 바. 장기채권의 수익률은 미래의 단기채권들에 예상되는 수익률의 기하평균과 같다는 것이다.

① 가, 나, 다
② 가, 나, 라, 마
③ 다, 라, 바
④ 가, 나, 다, 라, 바
⑤ 나, 다, 라, 마

정답 | ③
가, 마. 시장분할이론   나. 유동성선호설

08 채권의 가격 변동성을 분석하는 지표에 대한 설명으로 적절하지 않은 것은?

① 듀레이션은 채권의 만기까지 각 기간에 들어오는 현금흐름의 현재가치를 기간별로 가중하여 채권투자액을 회수하는 데 걸리는 가중평균상환기간을 말한다.
② 순수 할인채는 만기와 듀레이션이 같고, 이표채의 경우 만기보다 듀레이션이 항상 작으며, 영구채의 경우 만기와 관계없이 채권수익률에 의해 듀레이션이 결정된다.
③ 표면이자율이 높을수록 듀레이션이 길어지고, 채권수익률이 높아질수록 듀레이션이 길어지며, 잔존만기가 길어질수록 듀레이션이 길어진다.
④ 채권의 수익률 변동이 있을 때 듀레이션만을 가지고 채권가격을 예측하면 항상 실제 가격보다 낮게 평가된다.
⑤ 채권의 듀레이션이 증가하면 채권가격선의 기울기가 가파르게 되어 볼록성은 체증적으로 증가한다.

정답 | ③
③ 표면이자율이 높을수록 듀레이션이 짧아지고, 채권수익률이 높아질수록 듀레이션이 짧아진다.

09 표면이율 7.0%, 6개월 단위 후급 이표채, 만기 3년인 채권의 현재 미래수익률이 6.9%인 경우 이 채권의 가격은 10,026원이며 수정 듀레이션은 2.67년이다. 만약 채권수익률이 6.7%로 변할 경우 채권의 시장가격의 변화로 적절한 것은? (듀레이션을 이용하여 계산)

① 53원 상승
② 53원 하락
③ 26원 상승
④ 26원 하락
⑤ 시장가격 불변

정답 | ①
※ 볼록성이 없을 경우 채권가격 변화율 = $-MD \times \Delta i$
※ 새로운 채권가격 = 채권가격 변화율 × 채권가격
• 채권가격 변동률 = $-2.67 \times (-0.002) = 0.00534$
• 새로운 채권가격 = $10,026 \times 0.00534 = 53.54$원 상승

10 채권의 듀레이션과 볼록성에 대한 설명으로 적절하지 않은 것은?

① 채권가격 그래프의 볼록한 정도를 나타내는 것을 채권의 볼록성이라 하며, 볼록성은 채권가격을 이자율에 대하여 2차 미분한 값이다.
② 실제 채권가격은 원점에 대해서 볼록하며 볼록성은 이를 나타낸다.
③ 듀레이션으로 예측한 가격에 채권의 볼록한 정도를 차감하여 새로운 채권가격을 예상한다.
④ 듀레이션이 2배가 되면 채권의 볼록성은 2배 이상 증가하게 된다.
⑤ 채권의 볼록성은 듀레이션이 증가함에 따라 체증적으로 증가한다.

정답 | ③
③ 듀레이션으로 예측한 가격에 채권의 볼록한 정도를 더해야 한다.

11 향후 이자율이 하락할 것으로 예상할 때 채권펀드 수익률을 극대화하기 위한 채권 운용방식으로 적절하지 않은 것은? (현재 보유한 채권펀드의 총규모는 1,000억원이며, 채권펀드의 듀레이션은 2.56이다)

① 만기 4년, 표면금리 5%의 이표채를 만기 4년, 표면금리 8%의 이표채로 교체한다.
② 만기 1년 할인채의 비중을 감소시킨다.
③ 채권펀드의 듀레이션을 2.60으로 조정한다.
④ 만기 4년, 표면금리 5%의 이표채를 만기 4년, 표면금리 5%의 복리채로 교체한다.
⑤ 만기 3년 복리채의 비중을 증가시킨다.

정답 | ①
• 다른 조건이 같을 경우 표면이율이 낮을수록 듀레이션이 길어짐
• 채권수익률 하락이 예상되면 채권가격 상승 예상 → 듀레이션이 긴 채권을 편입
• 듀레이션이 긴 채권 → 만기가 길수록, 표면금리가 낮을수록, 이표채보다는 복리채가 유리(복리채는 만기 = 듀레이션)

12 채권투자 전략과 그 방법이 올바르게 연결된 것은?

가. 채권별 보유량을 잔존기간마다 동일하게 유지하는 전략으로, 보유채권 만기 시 장기채에 재투자하면 되므로 관리가 용이하고 금리예측이 불필요하다.
나. 단기채권과 장기채권만 보유하는 전략으로 단기채의 높은 유동성과 장기채의 높은 수익성이 전체 포트폴리오 위험을 상쇄시키고 단순한 포트폴리오에 비해 높은 볼록성을 갖는다.
다. 금리 변동에 따른 채권가격 변동 위험과 재투자 위험을 서로 상쇄시켜 최초 채권투자 시 원하는 목표수익률을 달성하도록 하는 전략이다.
라. 채권의 수익률곡선이 우상향 기울기를 가진 경우 실시하는 기법으로 수익률 곡선상의 롤링효과와 숄더효과를 이용한다.
마. 수익률 하락이 예상되면 만기가 긴 채권이나 표면금리가 낮은 채권을 매입하고, 수익률 상승이 예상되면 만기가 짧은 채권이나 표면금리가 높은 채권을 매입한다.

① 가 : 사다리형 만기전략, 적극적 투자전략
② 나 : 채권교체전략, 소극적 투자전략
③ 다 : 채권면역전략, 중립적 투자전략
④ 라 : 수익률곡선타기전략, 중립적 투자전략
⑤ 마 : 수익률예측전략, 소극적 투자전략

정답 | ③

가. 사다리형 만기전략, 소극적 투자전략
나. 바벨형 만기전략, 소극적 투자전략
라. 수익률곡선타기전략, 적극적 투자전략
마. 수익률예측전략, 적극적 투자전략

13 채권투자전략과 그 내용이 올바르게 연결된 것은?

> 가. 잔존기간(만기) 구성전략 : 수익률 상승이 예상되면 수익률 변동에 따른 채권가격의 변동폭이 작은 통안채를 비롯한 금융채 등 잔존기간이 1년 이하인 단기채를 매입하여 수익률 상승에 따른 투자손실을 최소화하여야 한다.
> 나. 롤링효과 : 10년 만기채를 매입하여 상환 시까지 그대로 보유하는 것보다는 10년 만기채의 잔존기간이 9년이 되는 시점에서 매각하고 다시 10년 만기채에 재투자하는 것이 수익률 하락 폭만큼 투자효율을 높일 수 있게 된다.
> 다. 스프레드 운용전략 : 채권시장이 효율적인 경우 초과이득을 얻을 수 없게 된다.
> 라. 사다리형 만기전략 : 사다리형 포트폴리오는 바벨형 포트폴리오보다 높은 볼록성을 갖기 때문에 채권가격의 상승 시나 하락 시 모두 유리할 수 있다.
> 마. 채권면역전략 : 채권면역전략에서 주의할 점은 채권의 콜위험(조기상환위험)이다.

① 가, 나
② 가, 마
③ 나, 다
④ 다, 라
⑤ 라, 마

정답 | ①

다. 채권교체전략에 대한 설명이며, 시장에서 가격 이외의 모든 조건이 동일한 채권들을 비교하거나 평가하거나 질적인 차이(예 발행 조건은 동일하나 발행자의 신용에 따라 위험에 차이가 나는 경우)를 지닌 채권들을 비교 분석함으로써 상대적으로 저평가 또는 고평가된 채권을 찾아 채권교체매매를 통하여 투자수익을 극대화하는 것이다. 그러나 이러한 채권교체전략은 채권시장이 효율적인 경우 초과이득을 얻을 수 없게 된다. 스프레드 운용전략은 서로 다른 두 종목 간의 수익률 격차가 어떤 이유에선가 일시적으로 확대 또는 축소되었다가 시간이 경과함에 따라 일정한 수준으로 되돌아오는 특성을 이용하여 수익률의 격차가 확대 또는 축소되는 시점에서 교체매매를 행함으로써 투자효율을 높이고자 하는 전략이다.
라. 바벨형 만기전략에 대한 설명이며, 바벨형 포트폴리오는 사다리형 포트폴리오보다 높은 볼록성을 갖는다.
마. 현금흐름 일치전략에 대한 설명이다.

14 다음 보기의 니즈를 충족시키기 위한 채권투자전략으로 적절한 것은?

> • 금리가 높은 시기에 자산운용을 일정기간 높은 수익률로 고정시키고자 하는 경우
> • 조달기간과 조달비용이 확정되어 있는 자금운용에 있어서 금리위험을 회피하고 현 시점에서 투자가 끝나는 시점의 운용수익률을 고정시키고자 하는 경우

① 현금흐름 일치전략(Cash flow Matching Strategy)
② 채권면역전략(Bond Immunization Strategy)
③ 인덱스펀드(Index Fund)
④ 채권교체전략(Swap Strategy)
⑤ 숄더효과(Shoulder Effect)

정답 | ②

② 채권면역전략은 투자기간 중 금리변동에 따른 채권가격변동 위험과 표면이자 또는 상환에 따라 발생한 현금이 재투자위험으로 서로 상쇄되어 채권투자 종료 시 채권포트폴리오의 실현수익률을 투자 당시의 목표수익률과 같게 할 수 있다.

15 신종채권에 대한 설명으로 적절하지 않은 것은?

① 변동금리부 채권의 지급이율은 기준금리에 가산금리를 더하여 정기적으로 재조정되는 중장기 채권이다.
② 콜옵션부 채권의 콜옵션 권리는 채권 발행회사가 가지므로 금리하락 시 행사 가능성이 높아진다.
③ 자산유동화증권은 자산을 집합화하여 특별목적회사에 양도하고 특별목적회사가 이러한 자산을 기초로 발행하는 채권이다.
④ 주택저당증권은 주택저당채권을 기초자산으로 발행한 유동화 증권으로 회사채나 ABS보다 만기구조를 다양하게 구성할 수 있다.
⑤ 현재 우리나라에서 발행되는 물가연동국채는 디플레이션 상황에서 원금손실 위험이 존재한다.

정답 | ⑤
⑤ 현재 발행되는 물가연동국채는 정부에서 원금을 보장해주고 있다.

16 전환사채에 대한 설명으로 적절하지 않은 것은?

① 전환권 행사 이후에는 확정이자를 받을 수 있는 사채로서의 성격을 지니고 있다.
② 계약기간 동안 주가가 전환가격보다 상승할 경우 주식으로 전환하든지 그 자체를 팔아서 그만큼 높은 수익률을 올릴 수 있다.
③ 패리티가격보다 싸게 매입하면 매입 즉시 전환해서 그 주식을 팔아도 매매차익을 얻을 수 있지만 비싸게 매입하면 매각손이 발생한다.
④ 전환사채의 시장가격과 패리티가격 간의 차이를 괴리라고 하는데 괴리율은 이를 패리티가격으로 나눈 값이다.
⑤ 괴리율이 (−)로 나타나면 전환사채의 시장가격이 낮게 형성되고 있는 것이므로 투자이익이 발생한다.

정답 | ①
① 전환권 행사 이전에는 확정이자를 받을 수 있는 사채로서의 성격을 지니고 있다.

17 물가연동국채에 대한 설명으로 적절하지 않은 것은?

① 물가연동국채는 정부가 발행하는 국채로 원금 및 이자지급액을 물가에 연동시켜 물가상승에 따른 실질구매력을 보장하는 채권을 말한다.
② 물가연동국채의 이자 및 원금이 소비자물가지수(CPI)와 연동되어 있어 물가상승률이 높아질수록 투자수익률이 높아지게 되어 인플레이션 헤지기능이 있다.
③ 만기 시에 원금상승분에 대해서는 과세되나 분리과세 신청이 가능하다.
④ 물가연동국채는 대공황과 같이 물가가 지속적으로 하락하는 디플레이션 상황하에서는 원금 손실의 위험도 있다.
⑤ 물가연동국채의 원금은 소비자물가지수(CPI)와 연동된 물가연동원금으로 계산되며, 표면이자는 물가연동원금에 기준하여 지급한다.

정답 | ③

③ 만기 시에 원금상승분에 대해서는 비과세됨으로써 절세효과가 우수하며 분리과세도 가능하다.

CHAPTER 06 파생상품 운용전략

PART 06

학습 가이드

출제 비중 : 21~25% / 6~7문항

학습 목표	교재 페이지	학습 중요도
• 지식형 및 사례형에서 빈번히 출제되므로 깊이 있는 학습 필요 • 계산문제가 빈번히 출제되므로 이에 대한 학습 필요 • 파생상품 손익구조에 대한 깊이 있는 이해 필요		
6-1. 선물가격 형성 원리를 이해하고 선물가격과 기대현물가격 간의 관계를 설명할 수 있다.	295~301	★★★
6-2. 선물투자전략을 이해하고 투자손익을 계산할 수 있다.	302~313	★★★
6-3. 금리·통화선물을 이용한 위험관리방안을 이해하고 실행할 수 있다.	314~320	★★★
6-4. 옵션가격결정 기초사항에 대해 설명할 수 있다.	321~328	★★★
6-5. 옵션가격결정모형과 변동성의 종류에 대해 설명할 수 있다.	329~334	★★★
6-6. 옵션의 민감도 분석지표를 이해하고 활용할 수 있다.	334~339	★★★
6-7. 옵션투자전략을 이해하고 투자손익을 계산할 수 있다.	340~353	★★★
6-8. 스왑의 개념과 종류를 설명할 수 있다.	354~361	★★★

★★★
01 다음 보기를 참고했을 때 2023년 6월물 이론 선물가격으로 적절한 것은?

> • 2023년 2월 16일 현재 KOSPI200 지수 : 215.00pt
> • 만기까지 잔존기간 : 114일
> • 기간 중 배당수익률 : 0.2%
> • 2023년 6월물 만기일 : 2023.6.10.
> • 91일 CD 수익률 : 3.30%

① 215.04
② 217.65
③ 217.02
④ 218.68
⑤ 219.11

정답 | ①
(S = KOSPI 200 지수, r = CD 수익률, t = 잔존기간, d = 기간 중 배당수익률)
이론선물 가격 $F = S(1 + r \times t/365 - d) = 215 \times (1 + 0.033 \times 114/365 - 0.002) = 216.78$

02 선물가격과 기대현물가격 간의 관계를 설명하는 이론 중 선물가격이 기대현물가격보다 낮아야 한다고 주장하는 이론으로만 모두 묶인 것은?

> 가. 기대가설
> 나. 정상적 백워데이션 가설
> 다. 콘탱고 가설
> 라. 현대 포트폴리오 이론
> 마. 현물–선물 패리티 이론(보유비용 > 보유수익)

① 가, 나, 다
② 나, 라, 마
③ 다, 마
④ 가
⑤ 나, 라

정답 | ⑤

가. 기대가설에 의하면 선물가격이 미래현물값의 기대값과 같다.
다. 마. 콘탱고가설, 현물–선물 패리티 이론(비용 > 수익인 경우)에 의하면 선물가격이 미래현물값의 기대값보다 높다.

03 선물가격과 기대현물가격 간의 관계를 설명하는 이론 중 기대가설과 관련된 내용으로만 모두 묶인 것은?

> 가. 선물거래가 지니는 위험 프리미엄을 고려하지 않는 문제점을 지니고 있다.
> 나. 선물시장에는 롱 헤저들이 주류를 이루고 이들은 투기자들을 유인하기 위해 위험프리미엄을 지급하여야 한다는 것이다.
> 다. 선물계약의 두 당사자 어느 누구도 이익도 손해도 입지 않는다.
> 라. 거래의 상대편에 있는 투기적 투자자들은 헤저들에게 리스크 회피 대가를 요구하는데 이것이 위험프리미엄이고 결국 선물가격은 기대현물가격보다 낮은 관계가 성립된다는 것이다.
> 마. 불확실성이 없는 상태에서의 시장균형에 근거를 두고 있다.

① 라, 마
② 가
③ 다, 라, 마
④ 가, 다, 라
⑤ 가, 다, 마

정답 | ⑤

- 기대가설
  가. 선물거래가 지니는 위험프리미엄을 고려하지 않는 문제점을 지니고 있다.
  다. 선물계약의 두 당사자 어느 누구도 이익도 손해도 입지 않는다.
  마. 불확실성이 없는 상태에서의 시장균형에 근거를 두고 있다.
- 콘탱고가설
  나. 선물시장에는 롱 헤저들이 주류를 이루고 이들은 투기자들을 유인하기 위해 위험프리미엄을 지급하여야 한다는 것이다.
- 정상적 백워데이션 가설
  라. 거래의 상대편에 있는 투기적 투자자들은 헤저들에게 리스크 회피 대가를 요구하는데 이것이 위험프리미엄이고 결국 선물가격은 기대현물가격보다 낮은 관계가 성립된다는 것이다.

04 다음 보기를 참고하여 선물가격과 기대현물가격 간의 관계를 설명하는 가설로 적절한 것은?

> 배추를 재배하는 농부와 가락동 도매상은 미래 배추의 기대현물가격을 포기당 1,000원으로 동일하게 생각하고 있다. 도매상은 농부에게 현재 시점에서 선물가격을 900원으로 정하자고 제안하였고, 장래 배추의 하락위험을 헤지하고자 하는 농부는 이에 동의하여 선물계약을 체결하였다.

① 정상적 백워데이션
② 콘탱고가설
③ 기대가설
④ 현-선물 패리티
⑤ 현대 포트폴리오 이론

정답 | ①

① 현물시장에서의 투자위험을 헤지하기 원하는 헤저들은 선물을 매도하게 된다. 이 거래의 상대편에 있는 투기적 투자자들은 헤저들에게 리스크 회피 대가를 요구하는데 이것이 위험프리미엄이고 결국 선물가격은 기대현물가격보다 낮은 관계가 성립된다는 것이다. 이를 '정상적 백워데이션' 가설이라 한다.

05 선물투자 전략에 대한 설명과 용어가 올바르게 연결된 것은?

선물투자 전략 설명	용어
가. 분, 초 단위로 아주 짧은 기간 동안 가격변동을 예측하여 거래하는 투기거래자 나. 선물가격이 이론가격보다 높게 형성되는 경우 주식을 매수하고 선물을 매도하여 이익을 얻고자 하는 거래 다. 현물시장에서 매도포지션을 취한 투자자가 가격상승위험을 없애고자 해당 현물에 대응하는 선물을 매수하는 것 라. 만기월이 다르거나 가격상으로 연관된 두 선물계약을 매입, 매도하는 거래	A. 스프레드거래 B. 매수차익거래 C. 매수헤지 D. 스캘퍼

	(가)	(나)	(다)	(라)
①	A	B	C	D
②	C	B	D	A
③	D	B	C	A
④	D	C	B	A
⑤	B	C	A	D

정답 | ③

06 다음 보기에서 설명하는 선물투자전략 중 차익거래에 대한 적절한 설명으로만 모두 묶인 것은?

> 가. 실제 선물시장에서 형성되는 가격은 이론선물가격과 차이를 보이는 것이 일반적이다.
> 나. 동일한 성격을 지닌 상품이 두 개의 시장에서 각각 다른 가격으로 거래되고 있을 때가 투자 기회가 된다.
> 다. 예상 배당수익률, 단기금리 등을 고려할 때 적정 수준보다 크거나 작은 경우, 앞으로 이러한 차이가 정상적인 상태로 되돌아갈 것을 예상하여 고평가된 선물을 매도하고 저평가된 주식을 매수한다.
> 라. 신규 매도포지션을 취한 후 예상대로 자산가격이 하락하면 선물매도포지션을 청산하여 이익을 실현시키는 '고가 매도 후 저가 매수전략'을 구사할 수 있다.
> 마. 두 선물계약에 대하여 상대적으로 가격상승폭이 크거나 가격하락폭이 작을 것으로 예상되는 선물을 매입하고 상대적으로 가격상승폭이 작거나 가격하락폭이 클 것으로 예상되는 선물을 매도하여 비정상적인 가격차이로부터 이익을 얻을 수 있다.

① 나, 다, 라, 마
② 라, 마
③ 나, 라, 바
④ 가, 나, 다
⑤ 가, 나, 다, 라, 마

정답 | ④

- **차익거래 전략**
  가. 실제 선물시장에서 형성되는 가격은 이론선물가격과 차이를 보이는 것이 일반적이다.
  나. 실제로 주가지수를 사고 팔 수 없으므로 주가지수를 그대로 복제하는 주식 포트폴리오를 매매하게 된다.
  다. 예상 배당수익률, 단기금리 등을 고려할 때 적정 수준보다 크거나 작은 경우, 앞으로 이러한 차이가 정상적인 상태로 되돌아갈 것을 예상하여 고평가된 선물을 매도하고 저평가된 주식을 매수한다.
- **투기거래**
  라. 신규 매도포지션을 취한 후 예상대로 자산가격이 하락하면 선물매도포지션을 청산하여 이익을 실현시키는 '고가 매도 후 저가 매수전략'을 구사할 수 있다.
- **상품 간 스프레드**
  마. 두 선물계약에 대하여 상대적으로 가격상승폭이 크거나 가격하락폭이 작을 것으로 예상되는 선물을 매입하고 상대적으로 가격상승폭이 작거나 가격하락폭이 클 것으로 예상되는 선물을 매도하여 비정상적인 가격차이로부터 이익을 얻을 수 있다.

07 선물투자전략과 그 내용이 올바르게 연결된 것은?

> 가. 동일한 거래소에서 거래되는 선물 중 대상자산이 동일하고 만기가 다른 2개의 선물을 동시에 매매하는 거래전략
> 나. 선물가격이 현물가격에 비해 비정상적으로 높은 경우 상대적으로 저평가된 현물을 매수, 고평가된 선물을 매도하는 거래
> 다. 선물가격이 상승할 것으로 예상하면 개시증거금을 납입하고 선물매수포지션을 취하는 거래
> 라. 현물가격이 상승할 위험에 대비하는 것으로서 현물가격이 상승하여 손실이 발생하여도 이와 반대 포지션을 취한 선물에서 현물포지션의 손실을 상쇄하여 주는 선물거래전략

	(가)	(나)	(다)	(라)
①	상품 간 스프레드	매수헤지	매도차익거래	투기거래
②	결제월 간 스프레드	매수차익거래	투기거래	매수헤지
③	매수헤지	투기거래	매도차익거래	상품 간 스프레드
④	매도헤지	매도차익거래	투기거래	상품 간 스프레드
⑤	상품 간 스프레드	매도차익거래	매수헤지	투기거래

정답 | ②

가. 결제월 간 스프레드 나. 매수차익거래
다. 투기거래 라. 매수헤지

08 다음 보기의 헤지거래를 통하여 발생한 선물거래 손익으로 적절한 것은?

선물 헤지 시점	• 현재가치로 주식 포트폴리오 20억원 보유 • 주식 포트폴리오 베타계수 : 1.2 • KOSPI200지수 : 200, 근월물 선물가격 : 200.50 • 선물을 이용하여 보유주식 포트폴리오를 100% 헤지
선물 해소 시점	• KOSPI200지수 : 180 • 근월물 선물가격 : 180.20 • 헤지하였던 선물을 전량 청산(헤지 100% 해소)

① 200,200천원 이익
② 210,000천원 손실
③ 220,500천원 이익
④ 220,750천원 손실
⑤ 243,600천원 이익

정답 | ⑤

- 포트폴리오 헤지계약수 = (포트폴리오 금액×베타)/(KOSPI200지수×25만원)
  = 2,000,000,000×1.2/(200×250,000) = 48계약
- 선물 매매손익 = (헤지 시점 선물지수 − 해소 시점 선물지수)×계약수×25만원
  = (200.50 − 180.20)×48×250 = 243,600천원 이익

09 금리선물과 통화선물에 대한 설명으로 적절하지 않은 것은?

① 금리가 상승하면 금리선물의 가격은 하락한다.
② 우리나라의 금리선물은 기초자산의 만기가 1년 이하인 단기금리선물과 기초자산의 만기가 1년 이상인 장기금리선물로 구분된다.
③ 통화선물의 경우 만기 시 환율이 상승하면 매수자는 이익이 되고 환율이 하락하면 손실이 된다.
④ 금리 상승으로 손실이 예상되는 경우 매수헤지를 통해 위험을 관리할 수 있다.
⑤ 베이시스 위험으로 헤지효과가 떨어지는 것은 통화선물의 단점이다.

정답 | ④
④ 금리상승으로 손실이 예상되는 경우 가격하락의 위험을 헤지해야 하므로 매도헤지를 통해 위험관리를 할 수 있다.

10 옵션가격결정 요인에 대한 설명으로 적절한 것은?

① 주가지수가 올라갈수록 주가지수 콜옵션의 가치는 하락한다.
② 행사가격이 높을수록 콜옵션의 가치는 상승하고 풋옵션의 가치는 하락한다.
③ 변동성이 증대하면 콜옵션의 가치는 상승하고 풋옵션의 가치는 하락한다.
④ 잔존만기가 길어질수록 풋옵션의 가치는 하락한다.
⑤ 만기 이전 배당이 커지면 콜옵션의 가치는 하락한다.

정답 | ⑤
① 주가지수가 올라갈수록 주가지수 콜옵션의 가치는 상승한다.
② 행사가격이 높을수록 콜옵션의 가치는 하락하고 풋옵션의 가치는 상승한다.
③ 변동성이 증대하면 콜옵션과 풋옵션의 가치는 모두 상승한다.
④ 잔존만기가 길어질수록 콜옵션과 풋옵션의 가치는 모두 상승한다.

11 옵션가격결정에 대한 설명으로 적절하지 않은 것은?

① 주가지수가 올라갈수록 주가지수 콜옵션의 가치는 상승한다.
② 행사가격이 높을수록 콜옵션의 가치는 하락하고 풋옵션의 가치는 상승한다.
③ 변동성이 증대하면 콜옵션의 가치는 상승하고 풋옵션의 가치는 하락한다.
④ 잔존만기가 길어질수록 풋옵션의 가치는 상승한다.
⑤ 만기 이전 배당이 커지면 콜옵션의 가치는 하락한다.

정답 | ③
③ 변동성이 증대하면 콜옵션과 풋옵션의 가치는 모두 상승한다.

12 옵션가격범위에 대한 적절한 설명으로만 모두 묶인 것은?

> 가. 옵션의 가치는 항상 0보다 크다.
> 나. 콜옵션의 가격은 기초주식의 주가에서 행사가격의 현재가치를 차감한 값보다 크다.
> 다. 풋옵션의 가치는 주식의 가치를 초과할 수 없다.
> 라. 주식의 가격이 아무리 낮아도 풋옵션이 행사가격보다 높을 수는 없다.
> 마. 유럽형 풋옵션의 경우 만기일에만 옵션을 행사할 수 있고 만기일의 가치는 행사가격을 초과할 수 없으므로 현재시점에서의 가치는 행사가격의 현재가치를 초과할 수 없다.

① 가, 나, 라, 마
② 나, 마
③ 다, 라, 마
④ 가, 다, 라
⑤ 나, 라

정답 | ①
다. 콜옵션의 가치는 주식의 가치를 초과할 수 없다. 콜옵션은 기초주식을 살 수 있는 권리이기 때문에 이러한 권리가 주식 그 자체의 가격보다 더 높은 가치를 가질 수는 없다.

13 만기가 1년이고 행사가격이 90,000원인 유럽형 콜옵션 가격이 12,000원이며, 기초자산은 배당을 지급하지 않고 현재가격이 95,000원이다. 풋-콜 패리티를 고려할 때 조건이 동일한 유럽형 풋옵션의 가격으로 적절한 것은? (무위험이자율은 6%이다.)

① 1,906원
② 1,911원
③ 1,934원
④ 1,967원
⑤ 1,998원

정답 | ①
공식 : $S + P = C + x/(1 + R_f)^T$
※ S = 현재가격, P = 풋옵션 가격, C = 콜옵션 가격, X = 행사가격, R_f = 무위험이자율 T = 잔존만기
$= 95,000 + P = 12,000 + 90,000/(1 + 0.06)^1$
∴ P = 약 1,905.66원

14 옵션의 민감도 분석지표에 대한 적절한 설명으로만 모두 묶인 것은?

> 가. 일반적으로 잔여만기가 긴 옵션은 잔여만기가 짧은 옵션에 비해 많은 시간가치를 가진다. 그리고 ATM옵션의 시간가치 감소가 가장 크다.
> 나. 포지션 델타가 0인 경우를 중립포지션이라고 하는데 이 포지션은 주가의 움직임과 무관하기 때문에 주가의 움직임이 불확실할 때 포지션을 보호받을 수 있다.
> 다. 옵션가격결정모형에서 사용되는 무위험이자율이 상승하면 풋옵션의 가치가 상승하고 콜옵션의 가치는 하락하게 된다.
> 라. 이론적으로 풋옵션의 델타는 −0.5보다 작을 수 없다.
> 마. 베가가 0.15인 경우 이는 변동성이 1% 변하면 옵션가격이 0.15 증가함을 의미한다.

① 가, 라
② 다, 마
③ 라
④ 가, 나, 마
⑤ 나, 다, 라, 마

정답 | ④
다. 옵션가격결정모형에서 사용되는 무위험이자율이 상승하면 콜옵션의 가치가 상승하고 풋옵션의 가치는 하락하게 된다.
라. 이론적으로 풋옵션의 델타는 −1보다 작을 수 없다.

15 다음 보기를 참고하여 옵션 관련 용어와 그 설명이 올바르게 연결된 것은?

구분	설명
가. 내재변동성	A. 옵션가격이 기초자산의 변동성에 대해 민감한 정도
나. 델타	B. 이자율 변화에 대한 옵션가격의 변화율
다. 감마	C. 옵션만기까지 잔존기간의 감소에 따른 옵션가격의 변화 정도
라. 세타	D. 시장 옵션가격에서 역으로 산출한 변동성
마. 베가	E. 기초자산 가격변화에 대한 옵션가격의 변화 정도
바. 로우	F. 기초자산 가격변화에 대한 옵션의 델타 변화 정도

① 가−A, 나−B, 다−C, 라−D, 마−E, 바−F
② 가−B, 나−A, 다−C, 라−F, 마−D, 바−E
③ 가−C, 나−E, 다−F, 라−A, 마−D, 바−B
④ 가−D, 나−E, 다−F, 라−C, 마−A, 바−B
⑤ 가−E, 나−B, 다−C, 라−D, 마−F, 바−A

정답 | ④

16 향후 주식시장이 큰 폭의 변동성을 보일 것으로 예상되지만 그 방향에 대해 확신이 없는 경우에 취할 수 있는 옵션투자 전략으로 적절하지 않은 것은?

① 낮은 행사가격과 높은 행사가격 옵션을 매수하고 중간 행사가격 옵션을 2배로 매도
② 스트랭글 매수
③ 스트래들 매수
④ Call 매수 + Put 매수
⑤ 외가격 Call 매수 + 외가격 Put 매수

정답 | ①
① 이 전략은 버터플라이 매수전략으로 변동성이 커지면 손실가능성이 커진다.
②, ③ 변동성 확대전략이다.
④ Call 매수 + Put 매수는 스트래들 매수전략이다.
⑤ 외가격 Call 매수 + 외가격 Put 매수는 스트랭글 매수전략이다.

17 옵션투자 전략에 대한 설명으로 적절하지 않은 것은?

① 동일한 만기와 행사가격을 갖는 콜옵션을 매수하고 풋옵션을 매도하면 선물매수와 유사한 효과를 얻을 수 있다.
② 보호적 풋매수는 현물포지션을 청산한 후 기초자산의 가격하락에 대비하기 위해 풋옵션을 매수하는 전략이다.
③ 스트래들 매수전략을 위해서는 매수하는 콜옵션과 풋옵션의 수량이 동일하여야 한다.
④ 버터플라이 매도전략을 취한 경우 기초자산가격의 변동성이 증가하면 이익을 보게 된다.
⑤ Covered call 매도는 주가가 손익분기점보다 낮을 경우 손실이 발생하며 주가가 하락할수록 손실은 증가한다.

정답 | ②
② 보호적 풋매수는 기초자산을 매입하고 난 후 기초자산의 가격하락에 대비하기 위해 또는 평가이익을 고정시키기 위해 풋옵션을 매수하는 전략이다.

18 옵션투자전략에 대한 설명으로 적절한 것은?

① 스트랭글 매수는 만기일과 행사가격이 동일한 콜옵션과 풋옵션을 동시에 매수하는 전략이다.
② 스트래들 매수는 스트랭글과 마찬가지로 만기가 동일한 콜옵션과 풋옵션의 동시 매수로 구성되지만 행사가격이 서로 다른 옵션을 이용한다.
③ 버터플라이 매도는 3개의 다른 행사가격을 갖는 콜옵션 또는 풋옵션을 이용하는 투자전략으로서 낮은 행사가격과 높은 행사가격의 옵션을 1계약씩 매도하고 중간 행사가격의 옵션을 2계약 매수하는 전략이다.
④ 리버설은 주가지수선물의 가격에 비하여 콜옵션의 가격이 과대평가되어 있을 때 합성선물을 매수하고 KOSPI200지수선물을 매도하는 전략이다.
⑤ 커버드 콜의 단점은 주식만 보유한 경우에 비해 하락위험이 증가한다는 것이다.

정답 | ③

① 스트래들 매수에 대한 설명이다.
② 스트랭글 매수에 대한 설명이다.
④ 컨버전에 대한 설명이며, 리버설은 주가지수선물의 가격에 비하여 콜옵션이 과소평가 또는 풋옵션이 과대평가되어 있을 때 합성선물을 매수하고 KOSPI200지수선물을 매도하는 전략이다.
⑤ 커버드 콜의 장점은 주식만 보유한 경우에 비해 하락위험이 축소된다는 것이다.

19 이자율 스왑에 대한 설명으로 적절하지 않은 것은?

① 이자율 스왑은 일반적으로 고정금리와 변동금리를 주고받는다.
② 은행 간 시장에서 거래되는 이자율 스왑은 장외파생상품이기 때문에 표준화된 거래형태를 가지고 있지 않다.
③ 우리나라에서 은행 간 정형화된 이자율 스왑은 고정금리와 91일 CD금리로 계산된 이자금액을 교환하기로 하는 원화 스왑거래이다.
④ 일반적으로 변동금리지표의 주기와 이자금액 지급 주기는 동일하게 적용한다.
⑤ 시장이 완벽하게 효율적이라면 거래를 통해서도 이득이 발생하지 않지만 현실적으로는 정보의 불충분 때문에 스왑거래를 통해 서로 이득을 볼 수 있는 가능성이 있다.

정답 | ②

② 은행 간 시장에서 거래되는 이자율 스왑은 장외파생상품임에도 불구하고 표준화된 형태를 가지고 있다.

20 통화스왑에 대한 설명으로 적절하지 않은 것은?

① 일반적으로 금리스왑에서는 원금교환이 없으나, 통화스왑에서는 원금교환이 이루어지는 경우가 많다.
② 일반적으로 각 통화의 원금과 이자를 동시에 교환한다.
③ 만기원금교환의 적용 환율은 만기환율에 관계없이 거래시점의 환율이 동일하게 적용된다.
④ 통화스왑의 초기원금교환방향과 이자교환방향은 동일한 방향이고 만기원금교환과 이자교환은 반대 방향이다.
⑤ 외환스왑은 현물환과 선물환의 동시 거래를 말한다.

정답 | ④
④ 통화스왑의 초기원금교환방향과 이자교환방향은 반대이고 만기원금교환과 이자교환은 동일한 방향이다.

CHAPTER 07 자산배분전략

PART 06

학습 가이드 ■ ■

출제 비중 : 0~4%(0~1문항)

학습 목표	교재 페이지	학습 중요도
• 응용형 문제가 출제될 수 있음 • 개념(이론)의 특징과 상호비교 중심으로 학습 필요		
7-1. 자산배분전략에 필요한 사항들을 이해할 수 있다.	367~381	★★★
7-2. 전략적 및 전술적 자산배분을 이해하고 실행할 수 있다.	382~408	★★★
7-3. 동적 자산배분의 개념을 알고 설명할 수 있다.	409~412	★★★
7-4. 국제분산투자의 필요성과 환헤지전략을 설명할 수 있다.	413~416	★★★

★★★
01 자산배분에 대한 설명과 그 내용이 올바르게 연결된 것은?

> 가. 투자자의 투자목적과 제약조건을 충분히 반영하여 장기적인 포트폴리오의 자산구성을 정하는 의사결정
> 나. 여러 자산집단을 대상으로 장기적인 구성비율과 중기적으로 개별 자산집단의 투자비율 변화폭 결정
> 다. 자산집단을 선택하고 자산 종류별 기대수익, 위험, 상관관계를 추정하며 이를 토대로 최적의 자산 구성
> 라. 자산집단의 가격변화에 따라 자산구성을 적극적으로 변화시키고 고수익을 지향하는 전략
> 마. 자산의 시장가격이 고평가되면 매도하고, 저평가되면 매수하는 역투자전략
> 바. 다수의 투자자가 새로운 정보에 과잉 반응하면 발생하는 가격착오현상을 이용
> 사. 자산집단의 가격은 장기적으로는 평균반전 과정을 따르기 때문에 이를 이용하는 전략
> 아. 투자자가 원하는 특정한 투자성과를 만들어 내기 위하여 자산구성을 단기적으로 변화시켜 나가는 전략
> 자. 위험자산과 무위험자산 간의 자산구성비를 초단기적으로 변경하며, 투자원금을 보장하면서 목표수익률을 달성하고자 활용하는 방법

	전략적 자산배분	전술적 자산배분	보험자산배분
①	가, 나, 다	라, 마, 바, 사	아, 자
②	나, 다, 사	가, 라, 아, 바	마, 자
③	가, 나, 자	라, 마, 바, 자	다, 아
④	가, 다	나, 라, 아, 자	마, 바, 사
⑤	가, 나, 다	아, 자	라, 마, 바, 사

정답 | ①
- 전략적 자산배분 : 가, 나, 다
- 전술적 자산배분 : 라, 마, 바, 사
- 보험자산배분 : 아, 자

02 자산배분 전략에 대한 설명으로 적절하지 않은 것은?

① 일차적으로 주식, 채권, 부동산, 대체투자, 현금자산이라는 자산을 대상으로 이루어진다.
② 자산을 좀 더 뚜렷한 특성을 가진 세부집단인 자산집단 또는 자산군으로 구분한다.
③ 자산군 내에 분산투자가 가능하도록 충분하게 많은 개별증권이 존재하는 특성이 있어야 한다.
④ 하나의 자산군은 다른 자산과 수익률 변화의 상관관계가 충분하게 낮아서 분산투자 시 위험의 감소 효과가 충분하게 발휘될 수 있는 통계적인 속성을 지녀야 한다.
⑤ 마켓 타이밍은 주식이나 채권과 같은 금융자산의 미래 가격 움직임을 예측하여 사거나 매각하는 행위를 말하며, 합리적으로 결정되는 경향이 강하다.

정답 | ⑤
⑤ 마켓 타이밍은 합리적으로 결정되는 자산배분 전략과 달리 감각적이며 즉흥적으로 이루어지는 의사 결정을 말하는 경향이 강하다.

03 자산군(asset class)가 가져야 할 속성으로 적절한 것은?

① 수익성, 유동성
② 분산가능성, 독립성
③ 안정성, 독립성
④ 분산가능성, 수익성
⑤ 안정성, 유동성

정답 | ②
② 자산군이 가져야 할 속성으로는 분산가능성과 독립성이 있다. 분산가능성은 자산군 내에 분산투자가 가능하도록 충분히 많은 개별증권이 존재해야 한다는 특성을 말한다. 또한 독립성이란 하나의 자산군은 다른 자산과 수익률 변화의 상관관계가 충분히 낮아서 분산투자 시 위험의 감소효과가 충분히 발휘될 수 있는 통계적 속성을 지녀야 한다는 것을 말한다.

04 위험-수익 최적화 방법에 대한 설명으로 적절하지 않은 것은?

① 기대수익과 위험 간의 관계를 지배원리에 의하여 포트폴리오를 구성하는 방법이다.
② 효율적 투자곡선과 투자자의 효용함수가 접하는 점을 최적 포트폴리오라고 하며, 이를 전술적 자산배분으로 간주한다.
③ 1~2년 정도의 단기간을 대상으로 모형을 사용한다.
④ 입력자료인 기대수익률, 위험, 상관관계를 조금만 변화시켜도 자산들의 투자비중이 급변한다.
⑤ 최적화를 이용한 전략적 자산배분은 포트폴리오를 수정하는 데 많은 거래비용이 들기 때문에 포트폴리오를 자주 변경하면 투자설계의 질을 현격히 떨어뜨리는 문제점을 갖고 있다.

정답 | ②
② 효율적 투자곡선과 투자자의 효용함수가 접하는 점을 최적 포트폴리오라고 하며, 이를 전략적 자산배분으로 간주한다.

05 자산배분의 재조정에 대한 설명으로 적절하지 않은 것은?

① 경제환경 및 투자환경 전망치가 예상치에서 크게 벗어났으며, 이를 반영하여 재조정하였다.
② 자산가격이 급격하게 상승하여 자산별 비중이 크게 달라져서 애초의 비중대로 조정하였다.
③ 자산가격이 급격하게 하락하여 자산별 비중이 크게 달라져서 애초의 비중대로 조정하였다.
④ 주가가 많이 상승하면서 고객이 주식에 더 투자하길 원하여 주식 비중을 확대하였다.
⑤ 고객과 미리 협의한 연간 단위를 점검한 후 목표로 하는 자산구성비로부터 차이가 난 부분을 재조정하였다.

정답 | ④
④ 시장을 뒤늦게 추적하면서 자산을 재조정하는 것은 결코 바람직하지 않기 때문에 고객이 원하는 자산배분의 재조정은 신중하게 결정해야 한다.

06 전술적 자산배분에 대한 설명으로 적절하지 않은 것은?

① 자산의 가격변화에 따라 자산구성을 적극적으로 변화시켜 고수익을 지향하는 전략이다.
② 저평가된 자산을 매수하고, 고평가된 자산을 매도하는 역투자전략이다.
③ 전략적 자산배분에 의해 결정된 포트폴리오를 투자전망에 따라 중단기적으로 변경하는 실행과정이다.
④ 전략수립에 사용된 각종 변수들에 대한 가정이 근본적으로 크게 변화되지 않는 이상, 처음에 구성하였던 자산배분을 계속 유지해 나가는 전략이다.
⑤ 전술적 자산배분은 중단기적인 가격착오를 적극적으로 활용하여 고수익을 지향하는 운용전략이다.

정답 | ④
④ 전략적 자산배분에 대한 설명이다.

07 보험자산배분에 대한 설명으로 적절하지 않은 것은?

① 위험한 자산에 투자할 때 투자원금을 지키면서 동시에 가격상승으로 인한 높은 수익률을 달성하기 위해 개발된 투자방법이다.
② 투자원금을 보장하거나 목표수익을 달성하는 것과 같이 특정한 투자성과를 만들어내기 위한 자산배분전략이다.
③ 포트폴리오 보험전략이라고도 불리며, 주가나 원자재 가격이 약세를 보일 때 보유한 자산가치가 투자자가 설정한 보장수준 이하로 하락하지 않도록 하면서, 강세시장에서는 자산의 가치상승에 편승하여 이익을 얻는 적극적 투자전략 중 하나이다.
④ 위험자산과 무위험자산 간의 자산구성비를 초단기적으로 변경하는 전략이다.
⑤ 위험자산가격에 대한 미래 예측치를 사용하지 않고 현재의 시장가격에 대한 변화추세만을 반영하여 투자하는 전략이다.

정답 | ③
③ 적극적 투자전략이 아닌 소극적 투자전략 중 하나이다.

08 국제분산투자에 대한 설명으로 적절하지 않은 것은?

① 국제분산투자의 장점은 포트폴리오의 위험을 낮추고 기대수익률을 높여서 보다 효율적인 포트폴리오를 구성하는 데 있다.
② 국내투자만을 대상으로 하는 것보다 투자위험의 감소와 수익률 상승을 기대할 수 있다.
③ 연구결과 해외투자 시 환율의 변화방향을 예측하기 어렵고 주가와 환율이 양(+)의 상관관계를 가지므로 장기투자 시 환헤지전략이 환노출전략보다 수익률이 높다.
④ 해외투자에서 얻을 수 있는 총수익률은 현지국에서 투자수익률과 환차손익을 결합한 것이다.
⑤ 재무설계사는 고객자산 중 주식이나 대체투자와 같은 자금을 해외에 투자할 경우에는 장기투자를 해야 하며 다양한 지역과 통화에 노출되므로 환위험을 방지해야 한다.

정답 | ③
③ 연구결과 해외투자 시 환율의 변화방향을 예측하기 어렵고 주가와 환율이 음(-)의 상관관계를 가지므로 장기투자 시 환노출전략이 환헤지전략보다 수익률이 높다.

자산배분과 금융상품

PART 06

학습 가이드 ■■

출제 비중 : 0~4%(0~1문항)

학습 목표	교재 페이지	학습 중요도
개념 이해 중심으로 학습 필요		
8-1. 재무설계에 활용되는 금융상품의 종류와 특징을 알고 선택할 수 있다.	419~430	★★★
8-2. 금융상품의 포트폴리오를 구성할 수 있다.	431~446	★★★

---

01 재무설계에 활용되는 금융상품 분류방법으로 적절하지 않은 것은?

① 금융기관별로 판매상품을 분류하는 방법을 채택한다.
② 금리확정 여부에 따라 확정금리형과 실적배당형으로 분류한다.
③ 세제혜택의 종류에 따라 과세, 비과세 상품으로 분류한다.
④ 원금보장 여부 및 자금마련 목적에 따라 분류한다.
⑤ 상품의 종류를 나눌 때 사용하는 첫 번째 기준은 투자전략에 따른 금융상품의 분류이다.

정답 | ⑤
⑤ 투자전략에 따른 금융상품의 분류는 두 번째 분류 기준이다.
- 첫 번째 분류기준 : 투자대상에 따른 분류
- 두 번째 분류기준 : 투자전략에 따른 분류
- 세 번째 분류기준 : 투자지역

02 주식상품에 대한 설명으로 적절하지 않은 것은?

① 중소형주는 규모가 작아서 경제상황 변화에 취약하다는 근본적인 위험을 반영한다.
② 성장주는 낮은 PER와 PBR, 높은 배당수익률, 과거 PER에 비해 낮은 PER 등을 가진 주식들로 구성된다.
③ 가치주와 성장주 중에서 어떤 유형의 수익률이 좋은가를 예측하기란 어렵다.
④ 대부분의 펀드매니저들은 가능하면 저평가된 주식을 매수하기 위해 노력하고 있으므로 가치주 스타일을 기본으로 하고 있다.
⑤ 가치주와 성장주는 서로 상이한 수익률을 내는 경우가 많기 때문에 펀드의 종류를 구분하고 각각에 분산투자해야 위험을 축소하는 투자전략이 될 수 있다.

정답 | ②

② 가치주는 낮은 PER와 PBR, 높은 배당수익률, 과거 PER에 비해 낮은 PER 등을 가진 주식들로 구성된다.

03 채권펀드의 기대수익률을 결정하는 중요한 요소 두 가지로 적절한 것은?

① 잔존만기, 분산투자효과
② 신용등급, 발행회사
③ 잔존만기, 매매수수료
④ 신용등급, 잔존만기
⑤ 듀레이션, 볼록성

정답 | ④

④ 채권펀드의 기대수익률을 결정하는 요소는 여러 가지가 있다. 그중 가장 중요한 두 가지 요인은 투자대상 채권의 잔존만기와 신용등급이다.

04 주식 및 채권 상품에 대한 적절한 설명으로만 모두 묶인 것은?

> 가. 가치주는 낮은 PER과 PBR, 높은 배당수익률, 과거 PER에 비해 낮은 PER 등을 가진 주식들로 구성된다.
> 나. 국가펀드는 전 세계 주식을 대상으로 광범위하게 분산투자하는 상품으로 선진국과 개발도상국가에 시가 비중만큼 골고루 투자한다.
> 다. 우리나라의 채권시장은 선진국 시장에 포함될 정도로 발달하고 있다.
> 라. 혼합형 상품은 투자자가 스스로 자산배분을 통해 주식상품과 채권상품에 분산투자하면 혼합형 상품과 동일한 결과를 얻을 수 있기 때문에 투자설계에서 활용도가 떨어지는 상품이다.
> 마. 포트폴리오 운용에서 대체투자는 전통적인 자산군 수익률과의 낮은 상관관계를 갖는다.

① 가, 나, 다
② 가, 나, 마
③ 가, 라, 마
④ 나, 다, 라
⑤ 다, 라, 마

정답 | ③

나. 글로벌펀드에 대한 설명이며, 국가펀드란 특정 국가에만 투자하는 펀드로서 미국, 일본, 중국, 인도, 베트남과 같은 국가들에 집중적으로 투자하는 펀드를 말한다.
다. 선진국 시장에 포함될 정도로 발달하고 있는 주식시장과 달리 우리나라의 채권시장은 국제 수준보다 다소 낙후해 있다.

※ **대체투자의 특징과 효과** : 투자수단의 다변화를 통한 포트폴리오 효율성 제고, 전통적인 자산군 수익률과의 낮은 상관관계, 기대수익률을 낮추지 않으면서 위험이 감소되는 효율성, 절대수익률 제공, 인플레이션 헤지 등

05 대체투자에 대한 설명으로 적절하지 않은 것은?

① 대체투자란 전통적인 투자 자산군에 포함되지 않는 투자로서 전체 투자 포트폴리오의 수익률과 분산투자 효과를 높일 수 있는 새로운 투자대안이다.
② 헤지펀드는 목표수익률을 달성하기 위해 차입금을 사용하기도 하며, 파생상품을 이용한 고위험 투자전략을 사용하기도 한다.
③ 사모펀드는 일반적으로 벤처캐피털과 차입형 기업인수로 구분된다.
④ 상품펀드는 전통적 자산과 높은 상관관계를 보이고 있으며, 실물시장과의 연계에 의한 인플레이션 헤지효과가 있다.
⑤ 인프라투자는 전통적 자산군에 비해 상대적으로 장기의 투자기간, 높은 개발비용에 따른 진입장벽과 자연독점 현상의 발생 등의 특징을 갖는다.

정답 | ④
④ 상품펀드는 주식이나 채권펀드와 달리 전통적 자산과의 낮은 상관관계로 인한 포트폴리오 다변화, 실물시장과의 연계에 의한 인플레이션 헤지효과가 있다.

06 금융상품 포트폴리오 구성방법에 대한 적절한 설명으로만 묶인 것은?

> 가. 최적화 포트폴리오 구성방법은 다양한 위험수준별로 분류된 투자대상을 피라미드식으로 쌓아서 포트폴리오를 찾아내어 고객에게 제공하는 방법이다.
> 나. 최적화 포트폴리오 구성방법은 일반적인 경우에 잘 통하는 표준적인 포트폴리오를 제안한다는 측면에서 업무효율성이 매우 높다는 장점도 있다.
> 다. 핵심-위성상품 기법은 투자상품을 시장의 평균적인 성과를 실현하는 상품을 핵심상품과 시장평균을 초과하는 고위험-고수익 지향형 위성상품으로 구분하여 포트폴리오를 구성하는 방법이다.
> 라. 모델포트폴리오 활용방법은 각 상품별 미래 수익률을 예측한 다음 몇 개의 유망한 상품을 묶어서 포트폴리오를 구성하는 주관적인 방법이다.

① 가, 다, 라 ② 다, 라
③ 가, 나, 다, 라 ④ 나, 다
⑤ 다

정답 | ⑤
가. 피라미드형 포트폴리오 구성방법에 대한 설명이다.
나. 모델포트폴리오에 대한 설명으로, 모델포트폴리오는 재무설계사가 미리 구성해 놓은 몇 가지 종류의 포트폴리오를 고객에게 제안하는 방법이다.
라. 기대수익률 극대화방법은 각 상품별 미래 수익률을 예측한 다음 몇 개의 유망한 상품을 묶어서 포트폴리오를 구성하는 주관적인 방법이다.

07 포트폴리오를 구성할 때 사용되는 핵심-위성상품 방법에 대한 내용 중 적절하지 않은 것은?

① 핵심 포트폴리오의 비중을 낮추면 기대수익률과 위험이 동시에 높아지게 된다.
② 위성상품이란 높은 초과수익률을 달성하기 위해 특정한 분야에 집중적으로 투자하는 상품을 말한다.
③ 해외주식의 경우 중국 펀드, 인도 펀드와 같은 특정 지역 펀드는 위성 펀드에 해당된다.
④ 국내주식의 경우 대형주 펀드, 인덱스 펀드와 같이 주식시장의 움직임과 크게 다르지 않은 수익률을 달성하는 상품을 위성상품이라 한다.
⑤ 채권의 경우 국공채와 우량한 회사로 구성된 상품을 의미하거나 정기예금과 같은 안정적인 상품이 핵심상품에 해당된다.

정답 | ④
④ 국내주식의 경우 대형주 펀드, 인덱스 펀드와 같이 주식시장의 움직임과 크게 다르지 않은 수익률을 달성하는 상품을 핵심상품이라 한다.

08 상품 포트폴리오 구성과정을 올바르게 나열한 것은?

가. 재무목표 파악, 재무상태 파악 및 분석 등을 실행한다.
나. 재산배분전략을 수립한다.
다. 주식, 채권, 부동산, 현금 자산별로 포트폴리오 구성에 들어간다.
라. 이때 다양한 포트폴리오 구성방법을 사용하게 된다.
마. 포트폴리오 구성을 보완하기 위해 각종 분산투자기법을 보완한다.

① 가 - 다 - 나 - 라 - 마
② 가 - 나 - 다 - 라 - 마
③ 가 - 라 - 다 - 나 - 마
④ 가 - 나 - 라 - 마 - 다
⑤ 가 - 라 - 나 - 다 - 마

정답 | ②
재무목표 파악, 재무상태 파악 및 분석 등을 실행한다. 그리고 재산배분전략을 수립한 후, 주식, 채권, 부동산, 현금 자산별로 포트폴리오 구성에 들어간다. 이때 다양한 포트폴리오 구성방법을 사용하게 된다. 그 다음 포트폴리오 구성을 보완하기 위해 각종 분산투자기법을 보완한다.

투자성과평가

PART 06

학습 가이드 ■■

출제 비중 : 7~11%(2~3문항)

학습 목표	교재 페이지	학습 중요도
• 지식형 및 사례형에서 빈번히 출제되므로 깊이 있는 학습 필요 • 성과평가에 대한 응용형 문제, 계산형 문제가 출제될 수 있음		
9-1. 투자성과평가의 개요 및 프로세스를 설명할 수 있다.	449~456	★★★
9-2. 투자성과평가 기초사항을 이해하고 계산할 수 있다.	457~467	★★★
9-3. 위험조정 후 성과평가척도를 이해하고 계산할 수 있다.	468~475	★★★
9-4. 자산배분전략에 대한 성과평가를 실시할 수 있다.	476~483	★★★

★★★
01 투자성과평가의 실행과정이 순서대로 올바르게 나열된 것은?

> 가. 자산배분의 성과평가
> 나. 자산배분의 변경, 투자상품의 교체 등을 결정
> 다. 투자위험 계산
> 라. 투자자산의 회계처리
> 마. 투자상품의 성과평가
> 바. 투자수익률 계산

① 바-라-다-나-마-가
② 라-바-다-가-마-나
③ 다-바-라-나-가-마
④ 마-바-다-가-라-나
⑤ 라-나-바-가-마-다

정답 | ②

② 투자자산의 회계처리 → 투자수익률 계산 → 투자위험 계산 → 자산배분의 성과평가 → 투자상품의 성과평가 → 자산배분의 변경, 투자상품의 교체 등을 결정

02 투자자산의 회계처리에 대한 설명으로 적절하지 않은 것은?

① 공정시장가 평가방법이란 투자자가 보유한 자산을 시장가격을 적용하여 가치를 평가하되, 시장거래가 활발하지 않은 경우 이론가격인 공정가격으로 평가하는 방법이다.
② CFP® 자격인증자의 경우 고객자산 중 채권, 골동품, 귀금속, 그림, 조각품과 같이 시장가격이 발견되기 쉬운 자산에 대해서는 가치를 평가하지 않아도 된다.
③ 공정시장가격이란 해당 투자대상물이 시장에서 일정한 기간 내에 매도될 수 있는 가격을 의미한다.
④ 투자자산은 발생주의 방식으로 손익을 인식하는 회계처리를 한다. 발생주의 회계처리란 현금의 수입이나 지출과 관계없이 고객자산의 손익에 영향을 미치는 거래나 사건이 발생하면 그 발생 시점에서 손익을 인식하는 방식이다.
⑤ 펀드의 편입자산을 공정가평가와 발생주의 방식으로 회계 처리한 자산의 가치에서 부채가치를 차감한 후의 가치를 순자산가치라고 하며, 이를 기준으로 투자자들이 펀드를 거래하거나 성과를 평가하게 된다.

정답 | ②
② 시장가격이 발견되기 쉬운 자산이라도 가치를 평가해야 한다.

03 투자수익률 계산 시 금액가중 수익률과 시간가중 수익률에 대한 설명으로 적절하지 않은 것은?

① 금액가중 수익률은 시간가중 수익률에 비해 간단하게 산출될 수 있다.
② 금액가중 수익률은 일정한 기간 동안 자산가치가 얼마나 증감하였는가를 계산하여 이를 수익률로 활용한다.
③ 시간가중 수익률은 현금유출입이 발생할 때마다 수익률을 계산하고 산출된 수익률들을 기하적으로 연결하여 총수익률을 계산한다.
④ 시간가중 수익률은 자금의 유출입 크기에 의해 수익률이 왜곡되기 쉽다.
⑤ 금액가중 수익률은 매일 변화하는 시장가격을 반영하지 못하므로 투자성과평가를 적용하기 어려운 단점이 있다.

정답 | ④
④ 금액가중 수익률은 자금의 유출입 크기에 의해 수익률이 왜곡되기 쉽다.

04 집합투자기구 중 우수한 펀드를 선택하여 투자하려고 한다. 아래 자료를 참고하여 종목선택능력과 체계적 위험 대비 초과 수익률이 우수한 펀드로 적절한 것은?

집합투자기구명	벤치마크수익률	실현수익률	베타	Tracking Error의 표준편차
A 펀드	15%	20.2%	1.1	0.8%
B 펀드	15%	18.7%	1.3	3.5%
C 펀드	15%	19.8%	0.9	1.5%

※ 무위험이자율 : 5%

	종목선택능력	체계적인 위험 대비 초과수익률
①	C 펀드	B 펀드
②	B 펀드	A 펀드
③	C 펀드	C 펀드
④	A 펀드	C 펀드
⑤	B 펀드	B 펀드

정답 | ③

※ 젠센척도 = 실현수익률 − 요구수익률
※ 트레이너 척도 = (실현수익률 − 무위험이자율)/베타
- **A펀드** : 젠센척도 = 20.2% − {5% + 1.1(15% − 5%)} = +4.2%
  트레이너 척도 = (20.2% − 5%)/1.1 = 13.81
- **B펀드** : 젠센척도 = 18.7% − {5% + 1.3(15% − 5%)} = +0.7%
  트레이너 척도 = (18.7% − 5%)/1.3 = 10.53
- **C펀드** : 젠센척도 = 19.8% − {5% + 0.9(15% − 5%)} = +5.8%
  트레이너 척도 = (19.8% − 5%)/0.9 = 16.44

05 위험조정 성과평가 척도의 종류와 설명이 올바르게 연결된 것은?

성과평가척도	설명
가. 샤프척도 나. 정보비율 다. 트레이너척도 라. 젠센척도	A. 증권선택능력만을 평가하기 때문에 자산배분 권한이 없는 간접투자상품 펀드매니저의 평가척도로 적합하다. B. 총 위험 한 단위당 실현된 초과수익률을 의미하며, 수치가 높을수록 위험 조정 후 성과가 우수하다는 의미이다. C. 체계적 위험 한 단위당 실현된 초과수익률을 의미하며, 수치가 높을수록 위험 조정 후 성과가 우수하다는 의미이다. D. 벤치마크 수익률과 펀드수익률 간의 차이를 이용한다.

① 가－A, 나－B, 다－C, 라－D
② 가－B, 나－C, 다－A, 라－D
③ 가－C, 나－D, 다－B, 라－A
④ 가－C, 나－B, 다－A, 라－D
⑤ 가－B, 나－D, 다－C, 라－A

정답 | ⑤

- 젠센척도 : 실현수익률 − 요구수익률, 증권선택능력 평가, 수치가 +인 경우 증권선택능력이 있다고 평가한다.
- 샤프척도 : (실현수익률 − 무위험이자율)/표준편차, 총 위험(표준편차) 대비 초과수익률
- 트레이너척도 : (실현수익률 − 무위험이자율)/베타, 체계적 위험(베타) 대비 초과수익률
- 정보비율 : 벤치마크 수익률과 펀드 수익률 간의 차이를 이용, (펀드수익률 − 벤치마크 수익률)/Tracking Error의 표준편차

토마토패스
www.tomatopass.com

PART 07
세금설계

CONTENTS

CHAPTER 01 | 세금설계 총론 [1~2문항]
CHAPTER 02 | 소득세의 이해 [5~7문항]
CHAPTER 03 | 사업자와 세금 [4~6문항]
CHAPTER 04 | 금융자산 관련 세금 [5~6문항]
CHAPTER 05 | 부동산 관련 세금 [6~7문항]
CHAPTER 06 | 노후복지 관련 세금 [2~4문항]

CHAPTER 01 세금설계 총론

PART 07

학습 가이드

출제 비중 : 4~7%(1~2문항)

학습 목표	교재 페이지	학습 중요도
• 개념 이해 중심으로 학습 필요 • 세금의 신고납부 및 조세구제제도의 경우 제도 내용과 상호비교 중심으로 학습 필요		
1-1. 세금설계 프로세스와 전략적 요소에 대해 설명할 수 있다.	9~24	★★★
1-2. 세금의 신고 및 납부와 조세구제제도를 설명할 수 있다.	25~40	★★★

01 세금설계에 대한 설명으로 적절한 것은?

① 세금설계는 독립적인 재무설계의 한 분야를 이루고 있다.
② 재무설계사는 세무사법에 의하여 일반적인 재무설계를 수행할 때 순현금흐름이나 세후예상 수익률 추정 등의 업무와 관련된 세금설계 분야의 업무 수행 시에도 제한을 받는다.
③ 조세에 관한 간단한 상담은 세무대리 업무에서 제외된다.
④ 조세회피행위에 해당되는 경우에 포탈한 세액이 추가 징수되고, 가산세가 부과되며, 조세범 처벌법에 의하여 형사벌적 처벌인 징역형 또는 벌금형이 내려진다.
⑤ 재무설계사는 세금설계안 수립이나 실행 시 코디네이터의 역할을 수행한다.

정답 | ⑤
① 세금설계는 다른 재무설계 분야 내에서 실행되는 것이 일반적이다.
② 별도의 제한이 없다.
③ 조세에 대한 상담이나 자문은 세무대리에 포함된다.
④ 탈세에 해당하는 조세경감행위에 대한 설명이다.

02 세금설계 시 고려사항으로 적절한 것은?

① 현행 소득세법은 원칙적으로 포괄주의 과세방식을 택하고 있다.
② 채권의 매매차익은 소득세 과세대상 거래이다.
③ 개인별 과세와 초과누진세율구조를 채택하고 있어 소득을 개인별로 분산하면 절세 가능하다.
④ 개인이 직접 채권에 투자할 경우 매매차익에 대해서는 이자소득세가 과세된다.
⑤ 배당금을 거의 지급하지 않는 성장주에 투자하는 것은 소득종류를 전환하는 절세전략이 될 수 없다.

정답 | ③
① 열거주의 과세방식을 택하고 있다.
② 채권의 매매차익은 비과세이다.
④ 개인이 직접 채권에 투자할 경우 채권 매매차익에 대해서는 소득세가 과세되지 않는다.
⑤ 소득종류를 전환하는 전세전략이 될 수 있다.

03 국세기본법상 수정신고와 경정청구에 대한 설명으로 적절한 것은?

① 과세표준신고서를 법정신고기한 내에 제출한 자만 수정신고 또는 경정청구를 할 수 있다.
② 법정신고기한 경과 후 5년 이내에 당해 국세의 과세표준과 세액의 수정신고 또는 경정청구를 해야 한다.
③ 당초 법정신고기한 내에 법인세 과세표준 및 세액신고서(납부세액 1,000천원)를 제출하였으나, 법정신고기한 경과 4년 10개월이 되는 날에 정확한 납부세액이 500천원인 것을 안 경우에 경정청구를 할 수 있다.
④ 과세표준신고서를 법정신고기한 내에 제출한 자 또는 국세의 과세표준 및 세액의 결정을 받은 자에게 후발적 사유가 있는 경우에는 그 사유가 발생한 것을 안 날부터 6개월 이내에 결정 또는 경정을 청구할 수 있다.
⑤ 당초 신고한 세액을 감액하는 경우는 물론 증액하는 경우에도 수정신고를 할 수 있다.

정답 | ③
① 후발적 사유로 인한 경정청구는 법정신고기한 이내에 과세표준신고서를 제출하지 아니 한 자도 청구할 수 있으며, 추가로 기한후과세표준 신고서를 제출한 경우에도 수정신고와 경정청구가 가능하다.
② 수정신고는 관할세무서장이 과세표준과 세액을 결정 또는 경정하기 전까지 가능하며, 후발적 사유로 인한 경정청구는 안 날부터 90일 이내이다.
④ 후발적 사유가 있는 경우에는 그 사유가 발생한 것을 안 날로부터 90일 이내 경정청구를 할 수 있다.
⑤ 수정신고는 증액만, 경정청구는 감액만 가능하다.

04 다음 보기는 수정신고와 경정청구에 대한 설명이다. (가)~(다)에 들어갈 내용으로 적절한 것은?

> 가. 일반 무신고 가산세율 : 무신고납부세액×(가)%
> 나. 일반 과소신고 가산세율 : (나)%
> 다. 3~6개월 이내에 수정신고 하는 경우 : (다)% 과소신고가산세 감면

① 가 : 10%, 나 : 10%, 다 : 50%
② 가 : 20%, 나 : 20%, 다 : 50%
③ 가 : 20%, 나 : 10%, 다 : 50%
④ 가 : 40%, 나 : 20%, 다 : 20%
⑤ 가 : 40%, 나 : 10%, 다 : 20%

정답 | ③
가. 일반 무신고 가산세율 20%
나. 일반 과소신고 가산세율 10%
다. 3~6개월 이내 수정신고 하는 경우 50% 과소신고가산세 감면

05 국세기본법상 세무조사에 대한 설명으로 적절한 것은?

① 세무조사의 사전통지를 받은 납세자가 납세자의 장기출장 등으로 세무조사를 받기가 곤란한 경우에는 관할세무관서의 장에게 조사를 연기하여 줄 것을 신청할 수 있다.
② 납세자가 세법에서 정하는 신고의무를 이행하였다면 해당 신고의 내용이 국세청장이 정하는 기준에 따라 불성실하다고 인정되더라도 탈세의 혐의를 인정할 만한 명백한 자료가 없는 한 세무공무원은 신고서를 진실한 것으로 추정하여야 한다.
③ 증거인멸의 우려가 있는 경우에도 조사를 시작하기 15일 전에 사전통지하고 세무조사를 수행해야 한다.
④ 일반세무조사는 조세범처벌법 및 조세범처벌절차법에 따라 실시된다.
⑤ 납세자는 세무조사 시 조세전문가의 조력을 받을 수 있으며, 이때 조세전문가는 조사에 입회는 가능하나 의견진술은 제한된다.

정답 | ①
② 세무공무원은 납세자가 성실하며 납세자가 제출한 신고서 등이 진실한 것으로 추정해야 한다. 다만 신고내용에 탈루나 오류의 혐의를 인정할 만한 명백한 자료가 있거나, 납세자에 대한 구체적인 탈세제보가 있는 경우에는 세무조사 대상자를 선정하여 세무조사를 하게 된다.
③ 증거인멸의 우려가 있는 경우에는 사전통지 생략이 가능하다.
④ 조세범칙조사는 조세범처벌법 및 조세범처벌절차법에 따라 실시된다.
⑤ 입회 및 의견진술 모두 가능하다.

06 다음 중 국세부과의 제척기간과 그 사유로 볼 수 없는 것은?

① 15년 – 납세자가 부정행위로 국세(상속세·증여세 제외)를 포탈한 경우
② 7년 – 법정신고기한 내에 과세표준신고서를 제출하지 아니한 경우
③ 15년 – 부담부증여에 따른 양도소득세 신고를 누락한 경우
④ 10년 – 소득세를 누락신고한 경우
⑤ 안 날로부터 1년 – 50억원을 초과하는 증여재산의 증여세를 부정행위로 포탈한 경우

정답 | ④
④ 거짓 또는 누락신고의 경우 일반적인 경우로 보아 5년의 제척기간이 적용된다.

07 국세부과의 제척기간에 대한 설명으로 적절한 것은?

① 국세부과제척기간 만료 후에는 과세할 수 없으나, 이미 확정된 과세표준과 세액을 변경시키는 결정은 할 수 있다.
② 상속세의 제척기간 기산일은 과세표준 신고기한의 다음 날이다.
③ 종합부동산세를 납세의무자가 신고하는 경우에 제척기간 기산일은 과세표준 신고기한의 다음 날이다.
④ 국세부과제척기간 만료 후 조세쟁송에 대한 결정 또는 판결이 있는 경우에는 결정 또는 판결이 확정된 날로부터 3년이 경과하기 전까지 해당 결정 또는 판결에 따라 경정결정 등 필요한 처분을 할 수 있다.
⑤ 과세관청에서 납부고지서 발부 시에는 가산금(체납 국세의 5%)과 중가산금(납부기한 경과 후 매일 22/100,000)을 가산하여 징수한다.

정답 | ②
① 이미 확정된 과세표준과 세액을 변경시키는 어떠한 결정·경정결정, 부과취소도 할 수 없다.
③ 종합부동산세의 경우 과세기준일인 매년 6월 1일에 납세의무가 성립되는 바, 과세기준일이 제척기간의 기산일이 된다.
④ 3년이 아니라 1년이다.
⑤ 5%가 아니라 3%이다.

08 조세구제제도에 대한 설명으로 적절한 것은? ★★★

① 과세전적부심사란 과세예정통지서 및 납부고지서를 받은 납세자의 청구에 의해 해당 통지 내용에 대한 적법성 여부에 관하여 심사하는 것을 말한다.
② 불복청구를 하더라도 해당 처분의 집행에는 효력을 미치지 않으므로 압류 및 공매에 제한이 없다.
③ 이의신청은 임의절차로서 불복청구 시 반드시 거쳐야 하는 절차는 아니나, 이의신청을 한 경우에는 감사원심사청구를 할 수 없다.
④ 국세청 심사청구와 조세심판원 심판청구를 통해 구제받지 못한 경우는 감사원 심사청구를 청구할 수 있다.
⑤ 불복청구의 결과 납세자의 신청이 받아들여지지 않으면 행정소송을 제기할 수 있으며, 행정소송은 국세청 심사청구나 조세심판원 심판청구의 결정서를 받은 날로부터 60일 이내에 제기해야 한다.

정답 | ③
① 납부고지서를 받은 경우에는 사후구제제도인 불복청구를 하여야 한다.
② 체납으로 인하여 압류한 재산은 결정 판결의 확정 전에는 공매할 수 없다.
④ 심사청구와 심판청구와 감사원 심사청구의 세 가지 절차 중 하나를 선택하여 청구할 수 있으며, 중복하여 청구할 수 없다.
⑤ 90일 이내에 제기해야 한다.

CHAPTER 02 | 소득세의 이해

PART 07

학습 가이드 ■ ■

출제 비중 : 19~26%(5~7문항)

학습 목표	교재 페이지	학습 중요도
• 지식형 및 사례형에서 빈번히 출제되므로 깊이 있는 학습 필요 • 응용형 문제, 계산문제가 빈번히 출제되므로 이에 대한 학습 필요 • '제3장 사업자와 세금, '제4장 금융자산 관련 세금' 및 '제6장 노후복지 관련 세금'과 연계하여 학습 필요		
2-1. 소득세 과세체계 특징을 설명할 수 있다.	43~46	★★★
2-2. 종합소득세 과세대상 소득을 알고 소득금액(근로소득, 기타소득) 계산방법을 설명할 수 있다.	47~63	★★★
2-3. 종합소득금액에서 차감되는 종합소득공제 대상 및 가능금액을 이해하고 계산할 수 있다.	64~80	★★★
2-4. 종합소득세 계산구조를 이해하고 계산할 수 있으며, 신고 및 납부에 대해 설명할 수 있다.	81~97 (115~118)	★★★
2-5. 원천징수제도와 연말정산제도에 대해 이해할 수 있다.	98~102	★★★
2-6. 기부금의 종류별 세금혜택과 소득세에 미치는 영향을 설명할 수 있다.	103~109	★★★
2-7. 비거주자의 소득세 신고 시 유의사항을 설명할 수 있다.	110~114	★★★

★★★
01 소득세 과세체계에 대한 설명으로 적절하지 않은 것은?

① 비거주자는 국내원천소득에 대해 납세의무가 있다.
② 공동사업자는 공동사업에서 생긴 소득에 대해서 원칙적으로 소득세를 연대하여 납부할 의무를 진다.
③ 사망한 피상속인의 종합소득세 납세의무는 상속인이 승계한다.
④ 근로소득만 또는 분리과세대상 소득만 있는 자는 연말정산으로 납세의무가 확정된다.
⑤ 신탁의 수익자로 지정된 경우 수익자가 신탁재산에 대한 소득세 납세의무를 지게 된다.

정답 | ②

② 사업자별로 납세의무를 부담하되 예외적으로 연대납세의무를 지기도 한다.

02 비과세 근로소득에 대한 설명으로 적절하지 않은 것은? ★★★

① 일정 요건을 갖춘 복무 중인 군인이 받는 급여는 비과세 급여에 해당한다.
② 국외 또는 북한지역에서 근로를 제공하고 받는 일정한 급여는 비과세급여에 해당한다.
③ 6세 이하 자녀의 보육과 관련하여 사용자로부터 받는 급여로서 월 20만원 이내의 금액은 비과세 근로소득에 해당된다.
④ 일정 요건을 갖춘 근로자 본인의 학자금은 비과세 급여에 해당한다.
⑤ 일정 소득 이하의 생산직 및 그 관련직에 종사하는 근로자가 받는 연장근로, 야간근로, 또는 휴일근로를 하여 받은 급여는 비과세 급여에 해당된다.

정답 | ③
③ 근로자 본인뿐 아니라, 그 배우자의 출산이나 6세 이하 자녀의 보육과 관련하여 사용자로부터 받는 급여로서 월 10만원 이내의 금액은 비과세 근로소득에 해당된다.

03 특수관계인의 거래 또는 공동사업 시 종합소득세 관련 유의사항으로 적절하지 않은 것은? ★★★

① 납세지 관할세무서장 또는 지방국세청장은 사업소득 등이 있는 거주자가 특수관계인과의 거래로 인하여 조세부담을 부당하게 감소시킨 것으로 인정되는 때에는 해당 과세기간의 소득금액을 재계산한다.
② 시가와 거래가액의 차액이 3억원 이상이거나 시가의 5% 이상인 경우에 부당행위계산 부인이 적용된다.
③ 공동사업에 대한 사업소득금액은 각 사업자가 약정한 손익분배비율에 따라 지급하고 합산과세한다.
④ 거짓으로 특수관계인의 손익배분비율을 정하는 등의 사유가 있는 경우에는 그 특수관계인의 손익분배비율에 해당하는 소득금액을 주된 공동사업자의 소득에 합산한다.
⑤ 공동사업자가 분배받은 소득금액은 사업소득으로, 출자만 한 공동사업자가 받은 소득금액은 배당소득으로 과세되며, 소득에 대한 소득세에는 연대납세의무가 없다.

정답 | ③
③ 공동사업에 대한 사업소득금액은 각 사업자가 약정한 손익분배비율에 따라 분배하여 개인별로 과세한다.

04 근로소득과 기타소득의 과세방법에 대한 설명으로 적절하지 않은 것은?

① 일용근로자의 원천징수세액은 1일 급여에서 근로소득공제 15만원을 차감하고 6%의 세율을 적용한다.
② 연간 기타소득금액이 300만원 이하이면서 원천징수된 기타소득인 경우에는 분리과세를 선택할 수 있다.
③ 고용관계 없이 일시적으로 다수인에게 강연을 하고 받은 강연료에 대해서는 총수입금액의 60% 상당하는 금액을 필요경비로 인정한다.
④ 올해 소득으로는 복권당첨금 300,000천원과 대학교 강의를 일시적으로 제공하고 받은 7,000천원(필요경비 60%)만 있는 경우, 대학교 강의료에 대해서는 반드시 분리과세해야 한다.
⑤ 승마투표권 등의 구매자가 받는 환급금 등을 제외한 그 밖의 일정한 기타소득금액이 건별로 10만원 이하인 경우에는 그 소득에 대한 소득세를 과세하지 아니한다.

정답 | ④
④ 복권당첨금은 당연분리과세 소득이며, 일시적 강의료는 7,000천원 × (1-0.6) = 2,800천원에 대해서는 연간 기타소득금액이 3,000천원 이하인 경우 선택적 분리과세로서 종합과세 및 분리과세를 선택할 수 있으므로 반드시 분리과세 해야하는 것은 아니다.

05 소득세법에 따른 종합소득공제 중 인적공제에 대한 설명으로 적절하지 않은 것은?

① 62세인 직계존속의 이자소득금액이 1,000만원인 경우에도 기본공제가 가능하다.
② 10월 31일에 결혼하였으나, 혼인신고를 다음 해 1월 5일에 한 경우에도 배우자공제는 가능하다.
③ 주민등록표상 동거가족이 아닌 25세인 직계비속(장애인)이 소득이 없다면 부양가족공제의 대상이다.
④ 75세인 아버지(소득 없음)의 인적공제액은 250만원이다.
⑤ 5세인 장애인 아동을 입양한 경우에 인적공제액은 350만원이다.

정답 | ②
② 배우자공제는 매년 12월 31일 현재의 법적인 배우자에 한한다.

06 신용카드 등 사용금액 소득공제에 대한 설명으로 적절하지 않은 것은?

① 취학 전 아동에 대한 학원비를 신용카드로 결제한 경우에는 신용카드공제와 더불어 교육비공제도 중복하여 공제 가능하다.
② 자동차(중고차 제외)를 신용카드로 구입한 경우 신용카드 등 소득공제 사용금액에 포함된다.
③ 소득공제가 가능한 신용카드 등의 종류에는 신용카드와 직불카드, 기명식 선불카드, 기명식 전자화폐가 포함된다.
④ 근로소득이 있는 거주자가 사용한 신용카드뿐만 아니라 그 거주자와 기본공제대상자인 배우자 또는 직계존비속이 사용한 사용금액도 소득공제가 가능하다.
⑤ 총 급여액이 7천만원 이하인 경우 도서, 신문, 공연, 박물관, 미술관 사용분에 대하여 30%를 적용한 금액을 소득공제받을 수 있다.

정답 | ②
② 자동차 구입비용은 소득공제 사용금액에 포함되지 않는다. 다만 2017년 이후 중고차 구입금액의 10%는 신용카드 등 사용금액에 포함된다.)

07 소득세법상 맞벌이부부(각각 총급여가 500만원 초과)에 대한 소득공제 및 세액공제에 대한 설명으로 적절하지 않은 것은?

① 기본공제 대상자인 부양가족 1명에 대하여 부부가 동시에 기본공제를 받을 수 없다.
② 자녀세액공제는 8세 이상 자녀 중 기본공제대상자로 공제받는 경우에만 공제 가능하다.
③ 자녀에 대하여 남편이 기본공제를 받고 부인이 그 자녀를 피보험자로 하여 보험료를 지출한 경우 해당 보험료에 대해 부인이 보장성보험 세액공제가 가능하다.
④ 배우자를 위하여 지출한 의료비는 의료비세액공제가 가능하나, 교육비세액공제는 받을 수 없다.
⑤ 직계존비속과 형제자매를 위하여 지출한 의료비는 해당 부양가족에 대한 기본공제를 받은 사람이 본인 지출분에 대하여 공제 가능하다.

정답 | ③
③ 직계비속(자녀)의 보험료는 계약자가 본인, 피보험자가 자녀, 그 자녀를 기본공제 대상자로 공제받는 경우에 대하여 보장성보험료 세액공제를 받을 수 있다.

08 소득세법에 따른 종합소득공제 및 세액공제에 대한 설명으로 적절한 것은?

① 소득세를 무신고한 경우에 근로소득자는 본인에 대한 기본공제와 표준세액공제(연 13만원)만 적용된다.
② 25세인 자녀를 계약자, 피보험자, 수익자로 한 보장성보험에 가입한 경우에 보험료 불입액 중 연 100만원 한도 내에서는 보험료세액공제의 대상이 된다.
③ 57세인 아버지(사업소득금액 2,000만원)를 위하여 지출한 의료비는 세액공제의 대상이 아니다.
④ 25세인 대학생인 자녀(소득 없음)의 등록금 1,200만원은 전액 교육비세액공제대상이다.
⑤ 주택임차 차입금의 원리금 상환액이 연 1,500만원인 경우 주택자금소득공제액은 600만원이다.

정답 | ①
② 보험료세액공제의 피보험자는 기본공제대상자여야 한다.
③ 의료비세액공제는 생계를 같이하는 자의 나이와 소득금액에 제한이 없다.
④ 대학교 교육비의 한도는 900만원이다.
⑤ 주택임차차입금 원리금상환액 소득공제 금액은 원리금 상환액의 40%이며, 공제한도는 주택종합저축 소득공제와 합산하여 연 400만원을 초과할 수 없다.

09 소득세법에 따른 종합소득공제 및 세액공제에 대한 설명으로 적절한 것은?

① 교육비세액공제 대상자는 반드시 기본공제대상자여야 한다.
② 근로소득자가 항목별로 특별세액공제를 신청하지 않는 경우에 성실사업자와 표준세액공제액은 같다.
③ 취학 전 아동의 학원비는 교육비세액공제와 신용카드 등 사용금액 소득공제가 중복 적용된다.
④ 고등학생인 자녀의 방과 후 수업료와 교복구입비용은 교육비세액공제의 대상이 되지 않는다.
⑤ 자녀를 위한 성형수술비도 의료비세액공제 대상이다.

정답 | ③
① 교육비세액공제의 경우 소득 요건은 적용되지만 나이요건은 적용되지 않으므로 반드시 기본공제대상자일 필요는 없다.
② 근로소득자 표준세액공제는 13만원, 성실사업자는 12만원이다.
④ 교복구입비는 1명당 연 50만원 한도 내에서 공제된다.
⑤ 성형수술비는 공제대상 의료비가 아니다.

10 다음 자료는 나고객 씨의 2023년 근로소득 연말정산 시 보험료에 관련된 연말정산자료이다. 이 자료를 토대로 나고객 씨의 2023년 귀속 연말정산 시 특별세액공제에 해당하는 보험료세액공제액으로 적절한 것은?

〈동거가족〉
- 배우자, 자녀 2명 가족 모두 생계를 같이하고 있음
- 위의 가족 모두 소득 없음
- 동거가족에 대한 인적공제는 나고객 씨 본인이 받고 있음

〈납부내역〉
- 건강보험료(본인부담) : 920천원
- 국민연금보험료(본인부담) : 1,200천원
- 고용보험료 : 160천원
- 자동차 보험료(보장성) : 500천원(피보험자 : 본인)
- 생명보험료(보장성) : 1,000천원(피보험자 : 배우자)
- 장애인보험료 : 1,200천원(피보험자 : 자녀, 장애인 표시되어 있음)

① 198천원
② 200천원
③ 225천원
④ 270천원
⑤ 369천원

정답 | ④

특징 1. 피보험자 기본공제 대상자
특징 2. 보장성 및 장애인 보장성 납입보험료 각각 1,000천원 한도
특징 3. 보장성 보험 세액공제율 12%, 장애인보장성 보험 세액공제율 15%
- 보장성보험 세액공제
   a. 보장성 보험료 : (500천원 + 1,000천원) = 1,500천원(한도 1,000천원)×12% = 120천원
   b. 장애인 보장성 보험료 : 1,200천원(한도 1,000천원)×15% = 150천원
- **보험료세액공제** : (a + b) = 270천원

11 다음 자료를 참고로 근로소득자인 나고객 씨가 적용받을 수 있는 의료비세액공제액으로 적절한 것은?

〈나고객 씨의 의료비 지출 내역〉
- 본인 : 외국 의료기관 치료비 5,000천원
- 모친(65세) : 질병치료비 2,000천원
- 부친(70세) : 건강검진비 1,000천원
- 부인 : 시력교정용 안경비용 700천원, 콘택트렌즈 300천원
- 아들(장애인) : 성형수술비 2,000천원
- 딸 : 질병치료비 1,000천원
※ 나고객씨의 총 급여액은 40,000천원임

① 475천원 ② 495천원
③ 510천원 ④ 535천원
⑤ 620천원

정답 | ②

- 의료비세액공제
  a. 본인, 65세 이상자, 장애인 : (2,000 + 1,000) = 3,000천원(한도 없음)
  b. a 이외의 자 사용의료비 : (500 + 1,000) − 40,000 × 0.03 = 300천원(한도 7,000천원)
  ∴ 3,300천원(a + b) × 15% = 495천원

12 소득세법상 종합소득세의 신고·납부에 대한 설명으로 적절하지 않은 것은?

① 근로소득이 있는 거주자(일용근로자 제외)는 근로소득세액공제가 가능하다.
② 종합소득 중에서 사업소득이 없는 자는 중간예납의무가 없다.
③ 중간예납세액은 직전연도 중간예납기준액의 1/2을 관할세무서장이 고지하면 11월 30일까지 납부하여야 하나, 직전 과세기간에 결손인 경우에는 실제 실적을 근거로 예정신고납부할 수 있다.
④ 중간예납추계액이 중간예납기준액의 30%에 미달하는 경우에는 실제 실적을 근거로 예정신고납부할 수 있다.
⑤ 납부할 세액이 1,500만원인 경우에 분납세액은 1천만원 초과하는 금액을 납부기한이 지난 후 2개월 이내에 분할납부할 수 있다.

정답 | ③
③ 결손 등으로 중간예납고지를 받지 못한 경우에는 실적을 근거로 자진신고해야 한다.

13 종합소득세 과세표준 확정신고를 반드시 해야 하는 경우로 적절한 것은? (모두 거주자임)

① 분리과세배당소득과 퇴직소득만 있는 자
② 근로소득과 공적연금소득만 있는 자
③ 연말정산을 한 근로소득과 퇴직소득만 있는 자
④ 1,000만원의 은행 이자소득과 연말정산되는 사업소득만 있는 자
⑤ 연말정산대상 사업소득과 200만원의 기타소득금액이 있는 자

정답 | ②
② 근로소득과 공적연금소득을 합산하여 다음 연도 5월 1일부터 5월 31일까지 주소지 관할세무서에 종합소득세 신고한다.

14 소득세법의 원천징수와 연말정산에 대한 설명으로 적절하지 않은 것은?

① 이자소득, 배당소득, 사업소득 중 일정한 인적용역과 의료보건용역에서 발생하는 소득은 원천징수대상 소득에 해당한다.
② 강의료를 기타소득으로 원천징수하는 경우 필요경비 60%를 공제한 후의 기타소득금액에 대하여 20%를 원천징수한다.
③ 비실명 배당소득에 대한 원천징수세율은 90%가 적용된다.
④ 이자소득을 포함하여 원천징수하여야 할 세금이 1,000원 미만일 때는 징수하지 않는다.
⑤ 연말정산대상 사업소득금액이 7,500만원 미만이거나, 신규로 사업을 개시한 자는 연말정산으로 소득세 납세의무를 종결할 수 있다.

정답 | ④
④ 이자소득의 경우 소액부징수 대상 소득에서 제외된다.

15 다음 자료를 참고로 근로소득금액이 50,000천원인 나고객 씨의 기부금세액공제액으로 적절한 것은? (가족에 대한 기본공제는 본인이 받으며, 금융소득금액은 없는 것으로 가정한다)

〈나고객 씨의 기부금 지출 내역〉

- 본인
  - 국방헌금 1,000천원
  - 동창회비 500천원
  - 서울대학병원 연구비 300천원
- 부인 : 종교단체 기부금 2,000천원
- 아들 : 종교단체 기부금 500천원

① 456천원 ② 570천원
③ 595천원 ④ 612천원
⑤ 640천원

정답 | ②

- **법정기부금** : 국방헌금 1,000천원 + 수재의연금 300천원 = 1,300천원
- **지정** : 2,500천원(종교) → (50,000 − 1,300)×0.1 = 한도(4,870천원)
- **공제대상기부금** : 3,800천원
- **기부금 세액공제** : 3,800천원×15% = 570천원

---

16 소득세법상 기부금세액공제에 대한 설명으로 적절하지 않은 것은?

① 이재민을 위한 구호금품의 가액은 법정기부금에 해당된다.
② 사업소득자의 기부금은 필요경비로 산입할 수 있으며, 그 해 필요경비 산입 한도액 초과금액은 이월하여 공제받을 수 있다.
③ 사업소득만 있는 자는 기부금을 사업소득의 필요경비로 산입하거나 기부금세액공제 중 자신에게 유리한 방식으로 선택할 수 있다.
④ 법정기부금과 지정기부금은 기본공제 대상자인 배우자와 부양가족이 지출한 경우에도 공제대상이 된다.
⑤ 정치자금기부금은 과세연도 소득금액에서 10만원까지는 그 기부금액의 100/110을 세액공제하고 10만원을 초과하는 금액에 대해서는 15%(3천만원 초과분 25%)에 해당하는 금액을 종합소득 산출세액에서 세액공제한다.

정답 | ③

③ 사업소득과 타 소득이 있는 경우 기부금을 사업소득의 필요경비로 산입하거나 기부금세액공제 적용이 가능하다.

17 소득세법상 비거주자에 대한 설명으로 적절한 것은?

① 국외에 근무하는 공무원은 국내원천소득에 대하여만 납세의무가 있다.
② 비거주자가 국내에서 소득이 발생한 경우 그 소득이 소득세법상 명시적으로 열거되지 아니한 경우라면 조세조약의 체결 여부에 상관없이 국내에서 과세되지 아니한다.
③ 국내사업장이 있고, 국내사업장에 귀속되는 경우에 한하여 부동산 소득은 종합과세된다.
④ 조세조약상 이자·배당·사용료 소득에 대해 제한세율이 책정되어 있는 경우 국내세법에 의한 세율과 조세조약상 제한세율 중 높은 세율을 적용하여 원천징수하여야 한다.
⑤ 종합소득공제의 인적공제 중 본인 이외의 자의 인적공제는 적용되지 않으나 특별소득공제는 적용된다.

정답 | ②
① 공무원은 거주자이므로 국내·외원천소득 과세대상이다.
③ 부동산에서 발생하는 소득은 무조건 종합과세된다.
④ 낮은 세율을 적용한다.
⑤ 인적공제 및 특별소득공제 모두 적용되지 않는다.

18 거주자와 비거주자에 대한 적절한 설명으로만 모두 묶인 것은?

> 가. 거주자와 비거주자의 구분 중에서 가장 중요한 것은 국적이다.
> 나. 국외에 근무하는 공무원은 국외근무 후 재입국할 것으로 인정되는 때에는 외국국적이나 영주권의 취득 여부와 관계없이 거주자로 본다.
> 다. 비거주자가 국내사업장이 없거나 국내사업장에 귀속하지 않는 소득이 있다면 분리과세 원천징수로 납세의무를 종결한다.
> 라. 미국 영주권자인 비거주자가 국내에 부동산 임대소득이 있는 경우 한국이 과세권을 가지게 되며 분리과세 10%의 원천징수로 종결한다.
> 마. 비거주자의 종합소득공제 시 본인에 대한 기본공제와 추가공제만 적용한다.

① 가, 나, 다
② 가, 다, 마
③ 나, 다, 라
④ 나, 다, 마
⑤ 나, 라, 마

정답 | ④
가. 거주자와 비거주자의 구분 중에서 가장 중요한 것은 국적이 아니라 국내에 주소를 두거나 1년 이상 거소를 두었는가, 즉 거주성을 기준으로 판단한다.
라. 미국 영주권자인 비거주자가 국내에 부동산 임대소득이 있는 경우 한국이 과세권을 가지게 되며, 종합과세되고 원천징수는 하지 않는다.

CHAPTER 03 사업자와 세금

PART 07

학습 가이드 ■ ■

출제 비중 : 15~22%(4~6문항)

학습 목표	교재 페이지	학습 중요도
• 지식형 및 사례형에서 빈번히 출제되므로 깊이 있는 학습 필요 • 응용형 문제, 계산문제가 빈번히 출제되므로 이에 대한 학습 필요 • 부가가치세 및 사업소득세의 경우 계산형 문제가 출제될 수 있음 • 부동산임대업의 소득의 경우 사례형에서 빈번히 출제됨 • 결손금과 이월결손금의 경우 계산형 문제가 출제될 수 있음 • 법인세의 경우 소득세와의 차이 중심으로 학습 필요		
3-1. 부가가치세 과세체계를 알고 설명할 수 있다.	122~137	★★★
3-2. 개인사업자의 사업소득의 범위와 사업소득금액 계산에 대해 설명할 수 있다.	138~149	★★★
3-3. 부동산임대업의 소득의 세금계산 구조에 대해 설명할 수 있다.	150~152	★★★
3-4. 사업소득의 결손금 및 이월결손금 공제에 대해 설명할 수 있다.	152~153	★★★
3-5. 성실신고확인제도에 대해 설명할 수 있다.	153~154	★★★
3-6. 사업소득자의 절세방안과 납세협력의무에 대해 설명할 수 있다.	155~160	★★★
3-7. 법인세 과세구조와 소득세와의 차이를 설명할 수 있다.	161~167	★★★
3-8. 법인사업자의 소득원 종류 및 법인과의 거래 시 유의사항을 설명할 수 있다.	167~171	★★★

★★★
01 부가가치세법에 따른 일반과세자와 간이과세자에 대한 설명으로 적절하지 않은 것은?

① 일반과세자의 과세표준은 재화 또는 용역의 공급가액인 데 반하여, 간이과세자의 과세표준은 부가가치세가 포함된 공급대가이다.
② 일반과세자는 개인, 법인이 모두 포함되는 데 반하여, 간이과세자는 법인이 있을 수 없고 개인사업자만 있다.
③ 일반과세자와 간이과세자 모두 세금계산서의 발급이 가능하다.
④ 일반과세자는 영세율을 적용받을 수 있는 데 반하여, 간이과세자는 영세율을 적용받을 수 없다.
⑤ 포괄적 사업양수도 방법으로 일반과세자로부터 양수한 사업의 경우 원칙적으로 간이과세자 적용이 배제된다.

정답 | ④
④ 간이과세자도 영세율 적용이 가능하다. 단, 매입세액의 환급은 되지 않는다.

02 다음 부가가치세에 관한 설명으로 적절한 것은? ★★★

① 9월 5일에 일반과세자로 개인사업을 개업한 경우에 과세기간은 7월 1일부터 12월 31일까지이다.
② 법인사업자 또는 신규사업자(간이과세자 제외)는 반드시 예정신고 및 납부를 하여야 한다.
③ 재화의 이동이 필요한 경우에 공급시기는 재화가 이용 가능하게 되는 때이다.
④ 특수관계에 있는 자 간의 거래 시에 재화를 시가보다 낮은 대가를 받거나 대가를 받지 않은 경우에 과세표준은 공급한 재화의 시가이다.
⑤ 주택의 양도 시 항상 부가가치세는 면세이다.

정답 | ④
① 과세기간은 사업개시일부터 12월 31일까지이다.
② 신규사업자는 반드시 신고할 필요가 없다.
③ 공급시기는 재화가 인도되는 때이다.
⑤ 국민주택규모를 초과하는 주택을 부동산매매 관련 사업자가 양도할 때는 과세이다.

03 재화와 용역의 공급시기에 대한 적절한 설명으로만 묶인 것은? ★★★

가. 재화의 이동이 필요하지 않은 경우 재화가 인도되는 때가 공급시기이다.
나. 장기할부조건부 재화의 공급인 경우에는 대가의 각 부분을 받기로 한 때가 공급시기이다.
다. 통상적인 경우 용역의 공급시기는 역무의 제공이 완료되는 때이다.
라. 간주임대료의 경우 예정신고기간 또는 과세기간의 종료일이다.

① 가, 나
② 가, 다
③ 가, 다, 라
④ 가, 라
⑤ 나, 다, 라

정답 | ⑤
가. 재화의 이동이 필요하지 않은 경우 재화가 이용가능하게 되는 때가 공급시기이다.
※ 재화의 이동이 필요한 경우에는 재화가 인도되는 때가 공급시기이다.

04 부가가치세법에 따른 영세율과 면세에 관한 설명 중 적절하지 않은 것은?

① 영세율 적용대상자는 부가가치세법상 사업자이나, 면세 적용대상자는 부가가치세법상 사업자가 아니다.
② 영세율이 적용되는 경우에는 매입세액을 공제받을 수 있는 반면, 면세가 적용되는 경우에는 매입세액 공제를 받을 수 없다.
③ 간이과세자가 재화를 수출하는 경우에 그 수출하는 재화에 대하여는 영세율을 적용할 수 없다.
④ 영세율제도가 완전면세제도라면, 면세제도는 부분면세제도이다.
⑤ 영세율제도는 주로 수출하는 재화나 용역에, 면세제도는 주로 기초생활필수품 등에 적용된다.

정답 | ③
③ 간이과세와 일반과세 여부를 불문하고 영세율 적용 가능하다.

05 은퇴 후 커피전문점을 개업하고자 하는 나고객 씨는 개인사업등록을 간이과세자와 일반과세자 중 어느 것으로 하는 것이 더 유리한지 고민하고 있다. 다음의 설명 중 적절하지 않은 것은?

① 사업 초기에 커피전문점에 대한 시설투자를 많이 하였기 때문에 부가가치세를 환급받으려면 일반과세자가 간이과세자보다 더 유리하다.
② 일반적으로 매입보다 매출이 더 많은 경우 일반과세자가 간이과세자보다 부가가치세를 더 많이 낸다.
③ 간이과세자로 신규사업을 시작한다면 세금계산서 발행 및 영수증 발행이 불가능하다는 점을 유의해야 한다.
④ 간이과세자로 신청하였다가 나중에 일반과세자에 대한 규정을 적용받으려는 경우에는 적용을 받으려는 달의 전달 마지막 날까지 사업장 관할 세무서장에게 신고하면 된다.
⑤ 간이과세자의 경우에는 아무리 매입세액이 많더라도 공세세액에 따른 환급세액이 발생하지 않는다.

정답 | ③
③ 2021년부터 간이과세자는 예외적인 경우를 제외하고는 세금계산서를 발급하는 것이 원칙이다. 다만, 간이과세자 중 신규사업자 및 직전연도 공급대가 합계액이 4,800만원 미만인 사업자 등의 경우에는 영수증을 발급할 수 있다.

06 사업소득 신고방법에 대한 설명으로 적절하지 않은 것은?

① 간편장부 대상자가 복식부기에 의해 기록한 재무제표를 첨부하여 종합소득세 신고를 하여도 아무런 문제가 없다.
② 간편장부 대상자는 종합소득세 신고 시 기장세액공제를 받을 수 있다.
③ 전문직사업자는 신규개업 여부나 직전 과세기간의 수입금액 규모에 상관없이 복식장부에 의해 기록해야 한다.
④ 기준경비율에 의한 신고방법에서 주요경비인 매입비용, 인건비, 임차료는 원칙적으로 적격증빙을 수취해야 한다.
⑤ 기준경비율에 의한 신고방법으로 신고해야 하는 대상자가 단순경비율로 신고를 하였다면 무신고로 보아 신고불성실 가산세와 납부불성실 가산세가 추가로 부과된다.

정답 | ⑤
⑤ 기준경비율 신고 대상자가 단순경비율로 신고하였다면 무신고로 보는 것이 아니라 적정 신고로 보지 않아 과소신고분에 대한 신고불성실 가산세와 납부불성실 가산세가 추가로 부과된다.

07 소득세법상 사업소득의 신고에 대한 설명으로 적절한 것은?

① 복식부기의무자는 기업회계기준에 따라 작성한 재무상태표, 손익계산서와 그 부속서류, 합계잔액시산표, 조정계산서를 종합소득세 신고서에 첨부하여야 하나, 첨부하지 아니한 경우에도 확정신고는 유효하다.
② 신규로 사업을 개시하는 자는 항상 간편장부대상자이다.
③ 단순경비율에 의한 신고 시에도 증빙을 갖춘 매입비용은 공제된다.
④ 전문직사업자는 예외 없이 기준경비율에 의한 신고방법에 따라야 한다.
⑤ 해당 과세기간의 신규사업자가 추계로 신고 시에는 무기장가산세를 적용한다.

정답 | ④
① 첨부하지 않은 경우 무신고로 본다.
② 전문직사업자는 제외된다.
③ 단순경비율이 아닌 기준경비율의 경우에 대한 설명이다.
⑤ 적용하지 않는다.

08 추계에 의한 사업소득 신고방법에 대한 설명으로 적절하지 않은 것은?

① 거주자가 추계에 의한 신고방법으로 종합소득세를 신고하면 장부에 의한 신고방법보다 비교적 간편하다는 장점은 있지만 장부에 의한 신고방법보다는 세부담이 많고 소규모 사업자가 아닌 경우에는 무기장가산세를 추가적으로 부담해야 하는 단점이 있다.
② 전문직사업자는 신규개업 여부와 직전 연도 수입금액의 규모에 상관없이 기준경비율에 의한 신고방법에 따라 신고해야 한다.
③ 거주자가 추계에 의한 방법으로 소득세를 신고하더라도 해당 과세기간의 소득금액 계산 시 이월결손금 공제를 적용받을 수 있다.
④ 기준경비율에 의한 신고방법으로 신고해야 할 사업자가 단순경비율에 의한 신고방법에 의하여 소득세를 신고하면 적정한 신고로 보지 아니하며 과소신고분에 대해서 가산세가 부과된다.
⑤ 기준경비율에 의하여 신고하는 경우, 증명서류로 입증되는 매입비용과 사업용 고정자산의 임차료 및 종업원의 인건비는 사업소득금액 계산 시 수입금액에서 차감한다.

정답 | ③
③ 추계에 의한 신고방법으로 소득세를 신고할 경우 이월결손금 공제를 받을 수 없다.

09 사업소득금액을 계산할 때 총수입금액에 산입되는 항목으로 적절한 것은?

① 전년도부터 이월된 소득금액
② 소득세 등 환급액
③ 거래상대방으로부터 받은 판매장려금
④ 국세환급가산금
⑤ 부가가치세 매출세액

정답 | ③
③ 총수입금액의 범위에는 매출액(매출에누리, 매출환입, 매출할인 제외), 거래 상대방으로부터 받은 판매장려금, 관세환급금 등의 환입액, 사업과 관련한 자산수증이익, 채무면제이익 등이 있다.

10. 사업소득금액을 계산할 때 필요경비에 산입되는 항목으로 적절한 것은?

① 사업과 관련 있는 제세공과금 중 법령상 의무불이행에 의해 부과받은 과태료
② 채권자가 불분명한 차입금 이자
③ 업무와 관련없는 지출금액
④ 건강보험료, 고용보험료 중 직장가입자로서 사용자 본인의 보험료
⑤ 부가가치세 매입세액

정답 | ④

④ 매출원가, 종업원 등의 인건비, 사업용 자산에 대한 비용, 사용자가 부담하는 각종 보험료, 차입금이자, 사업용 고정자산의 감가상각비, 접대비 등은 일정 요건을 충족한 경우 필요경비에 산입된다.

11. 소득세법상 부동산임대업의 소득에 대한 설명으로 적절한 것은?

① 부동산의 권리 중 지상권의 대여로 발생한 소득도 부동산임대업의 소득이다.
② 2년치 임대료를 미리 받은 경우에, 전액이 당해 연도 총수입금액에 산입된다.
③ 전기료를 관리비에 포함시켜 받은 경우에도, 전기료는 총수입금액에 산입하지 아니한다.
④ 소득금액을 장부에 의하여 결정하는 경우가 추계에 의한 경우보다 절세효과가 크다.
⑤ 임대사업에서 발생한 보증금 운용수입(이자와 배당수입 및 유가증권 처분이익 포함)은 장부기장 시 간주임대료 계산에서 차감하는 항목이다.

정답 | ④

① 기타소득으로 과세한다.
② 선세금은 계약기간의 월수로 나눈 금액의 각 연도 합계액을 총수입금액으로 한다.
③ 부동산을 임대하고 별도로 관리비 등의 명목으로 지급받는 금액이 있는 경우 이를 총수입금액에 산입한다.
⑤ 보증금 운용수익 중 유가증권 처분이익은 제외한다.

12. 다음은 나고객 씨의 2023년 귀속 부동산임대업에서 발생한 소득 내역이다. 나고객 씨가 장부를 작성하여 소득세를 신고한 경우 간주임대료는 얼마인가?

- 월 임대료 : 10,000천원
- 보증금 : 10억원
- 건물분에 대한 취득가액 : 5억원
- 국세청장이 정하는 이자율 : 2.9%
- 금융수익은 없으며, 임대기간은 1.1.~12.31.

① 141,000천원 ② 31,000천원
③ 26,040천원 ④ 14,500천원
⑤ 6,000천원

정답 | ④

- 장부기장 시 간주임대료
  = (보증금 − 건설비상당액) × t/365 × 고시이자율 − 임대사업발생 이자와 배당소득
  = (10억원 − 5억원) × 365/365 × 2.9% = 14,500천원

13. 결손금과 이월결손금 공제에 대한 설명으로 적절한 것은?

① 사업소득의 결손금은 당해 연도의 근로소득, 연금소득, 기타소득, 배당소득, 이자소득의 순서대로 종합소득금액에서 공제하며, 공제 후 남은 결손금은 다음 과세기간으로 이월한다.
② 세법에서 정하는 중소기업을 영위하는 거주자는 사업소득에서 결손금이 발생되는 경우 이를 타 소득에서 공제하는 대신 직전 과세기간으로 소급공제하며, 직전 과세기간의 사업소득에 부과된 소득세액을 한도로 환급을 신청할 수 있다.
③ 부동산임대업의 소득에서 발생한 결손금은 사업소득에서 공제가 불가능하다.
④ 해당 과세기간에 결손금이 발생하고 이월결손금도 있는 경우에는 해당 과세기간의 결손금을 먼저 소득금액에서 공제한다.
⑤ 추계과세 시에는 어떠한 경우라도 이월결손금을 공제하지 아니한다.

정답 | ④

① 이자소득과 배당소득의 순서가 바뀌어야 한다.
② 다른 소득에서 먼저 공제하고 남은 금액을 소급공제하여야 한다.
③ 주거용건물 임대업의 경우에는 가능하다.
⑤ 천재 · 지변 등의 기타 불가항력으로 장부, 기타 증명서류가 멸실된 경우에는 그러하지 않는다.

14 사업자가 지켜야 할 납세협력의무에 대한 설명으로 적절하지 않은 것은?

① 사업자는 필요경비에 대한 증빙서류를 확정신고기간 종료일로부터 5년간 보관해야 한다.
② 정규지출증명서류는 세금계산서, 계산서, 신용카드 등 매출전표를 말하며 신용카드 등 매출전표에는 직불카드, 백화점카드, 기명식선불카드를 포함하되 현금영수증, 외국계 카드는 포함하지 않는다.
③ 복식부기의무자는 복식부기의무자에 해당하는 과세기간의 개시일부터 6개월 이내에 사업용계좌를 개설하고 관할세무서장에게 신고해야 한다.
④ 복식부기사업과 관련하여 재화나 용역을 공급하거나 공급받음으로써 거래대금을 금융기관을 통하는 경우, 인건비 및 임차료를 지급하거나 지급받은 경우에는 반드시 사전에 금융기관에 신고한 사업용 계좌를 사용해야 한다.
⑤ 의사, 변호사 등 전문직사업자는 건당 거래금액이 10만원 이상인 재화나 용역을 공급하고 대금을 현금으로 받은 경우에는 상대방이 현금영수증을 요청하지 않더라도 현금영수증을 의무적으로 발급하여야 한다.

정답 | ②
② 현금영수증과 외국계 카드도 포함된다.

15 다음은 법인세 세무조정에 대한 설명이다. 괄호 안의 연결이 가장 적절한 것을 고르시오.

> 세무조정의 유형에서 (가)이란 사업연도말의 결산을 통하여 장부에 반영해야 하는 사항이고 (나)이란 결산서상 계상 없이 법인세 과세표준 및 세액신고서에만 계상해도 되는 사항을 말한다. 감가상각비는 대표적으로 (다) 사항의 예이며, (라)(이)란 결산서상 당기순이익과 세법상 각 사업연도 소득금액의 차액에 대하여 그 귀속을 확정하는 절차를 말한다.

	(가)	(나)	(다)	(라)
①	결산조정	신고조정	결산조정	소득처분
②	결산조정	신고조정	신고조정	소득처분
③	신고조정	결산조정	결산조정	소득처분
④	신고조정	결산조정	신고조정	사내유보
⑤	신고조정	신고조정	신고조정	사내유보

정답 | ①
※ (가)결산조정, (나)신고조정, (다)결산조정, (라)소득처분

16 법인사업자와 세금에 대한 설명으로 적절하지 않은 것은?

① 영리내국법인은 국내·외 모든 소득에 대하여 법인세가 과세되고, 비영리내국법인은 국내·외 수익사업 중 열거된 사업에서 발생하는 소득에 대해서 법인세가 과세된다.
② 결산조정사항이란 사업연도 말의 결산을 통하여 장부에 반영해야 하는 사항으로서, 감가상각비가 이에 해당된다.
③ 세무조정에 따른 금액이 사외로 유출되었으나 그 귀속이 불분명한 경우에는 대표자 상여로 소득처분한다.
④ 납부할 세액이 1천만원을 초과하는 경우 분납세액을 납부기한이 경과한 날로부터 1개월(중소기업 포함) 이내에 분납할 수 있다.
⑤ 법인소득에 대한 과세방식은 순자산증가설(포괄주의)을 채택하고 있으나, 사업소득에 대한 과세방식은 소득원천설(열거주의, 유형별 포괄주의)을 채택하고 있다.

정답 | ④
④ 중소기업은 2개월 이내에 분납할 수 있다.

17 법인세와 소득세를 비교한 설명으로 적절한 것은?

① 법인세는 소득원천설을 채택하고 있음에 반해 소득세는 순자산증가설을 채택하고 있다.
② 법인세율과 소득세율은 세율은 5단계 초과누진구조이다.
③ 법인세의 확정신고 기한은 사업연도 종료일이 속하는 달의 말일로부터 2개월 이내인 반면, 소득세는 다음 연도의 5월 1일부터 5월 31일까지이다.
④ 법인세의 최대 과세표준구간은 3,000억원 초과 구간이며, 소득세의 경우는 10억원 초과 구간이다.
⑤ 법인세와 소득세의 과세기간은 일정하게 정해져 있다.

정답 | ④
① 법인세는 순자산증가설을, 소득세는 소득원천설을 채택하고 있다.
② 법인세는 4단계, 소득세는 8단계 초과누진구조이다.
③ 법인세 확정신고 기한은 사업연도 종료일이 속하는 달의 말일로부터 3개월이다.
⑤ 소득세 과세기간은 매년 1월 1일~12월 31일이지만 법인세의 과세기간은 다양하다.

18 법인사업자의 소득원에 대한 설명으로 적절하지 않은 것은?

① 임원이 지급받는 근로소득이 소득세법상 근로소득으로 과세되더라도 법인세법상 손금으로 인정되지 않을 수 있다.
② 법인사업자의 경우 같은 금액을 급여로 받는 것이 퇴직금으로 받는 것보다 유리하다.
③ 주주총회에서 임원의 급여한도액을 정하였더라도 다른 임원보다 초과 지급한 보수는 손금에 산입되지 아니한다.
④ 임원의 퇴직금은 자의적으로 많은 퇴직급을 지급할 수 없도록 규정하고 있다.
⑤ 일반적인 비상장법인의 대주주로서 주식을 양도하는 경우에는 과세표준의 20%(과세준 3억 초과 시 25%)의 양도소득세율이 적용된다.

정답 | ②
② 근로소득세와 퇴직소득세의 계산방법에는 차이가 있으며, 같은 금액을 급여로 받는 것보다 퇴직금으로 받는 것이 세부담이 훨씬 적다.

금융자산 관련 세금

PART 07

학습 가이드 ■■

출제 비중 : 19~22%(5~6문항)

학습 목표	교재 페이지	학습 중요도
• 지식형 및 사례형에서 빈번히 출제되므로 깊이 있는 학습 필요 • 응용형 문제, 계산문제가 빈번히 출제되므로 이에 대한 학습 필요 • 금융자산 관련 세금의 경우 사례형에서 빈번히 출제됨		
4-1. 금융소득의 범위, 수입시기, 원천징수세율을 설명할 수 있다.	175~180	★★★
4-2. 배당소득금액을 계산할 수 있다.	181~189	★★★
4-3. 금융자산 종류별 이익에 대한 소득세 과세체계를 설명할 수 있다.	190~196	★★★
4-4. 금융소득 종합과세체계를 이해하고 계산할 수 있다.	197~209	★★★
4-5. 주식 거래 시 부과되는 세금에 대해 설명할 수 있다.	210~216	★★★
4-6. 차명예금의 세무처리에 대해 설명할 수 있다.	217~218	★★★
4-7. 과점주주의 2차 납세의무와 취득세 과세에 대해 설명할 수 있다.	219~222	★★★

★★★
01 소득세법상 이자소득과 배당소득의 수입시기로 적절하지 않은 것은?

① 기명채권의 이자 – 실제 지급받은 날
② 보통예금의 이자 – 실제 지급받은 날
③ 저축성보험의 보험차익 – 보험금 또는 환급금의 지급일
④ 집합투자기구로부터의 이익 – 집합투자기구로부터 이익을 받은 날
⑤ 출자공동사업자의 배당 – 과세기간 종료일

정답 | ①
① 기명채권의 이자 – 약정에 의한 지급일

02 소득세법상 금융소득의 원천징수세율로 적절한 것은? (지방소득세 제외)

① 비영업대금의 이익 : 14%
② 조세특례제한법에 따라 분리과세 되는 이자소득 : 14%
③ 정기예금의 이자 : 소득세 기본세율
④ 직장공제회 초과반환금 : 기본세율
⑤ 출자공동사업자의 배당소득 : 14%

정답 | ④
① 25%   ② 9%, 15%   ③ 14%   ⑤ 25%

03 배당소득에 대한 설명으로 적절하지 않은 것은?

① Gross-up 제도는 동일한 소득에 대하여 이중과세를 완화시키기 위한 것이다.
② 집합투자기구로부터 발생하는 배당소득은 배당세액공제 대상이 되지 않는다.
③ 우리나라 상법상 배당은 반드시 이익잉여금이 있는 경우에만 가능하다.
④ 무상주 배당이란 법인의 잉여금을 자본에 전입하여 자본금을 증가시키면서 주주에게 무상으로 주식을 발행하여 지급하는 것을 말한다.
⑤ 소득세가 과세되는 무상주 배당은 의제배당에 포함시키고 있으며 배당수입액은 주식의 발행가액으로 한다.

정답 | ⑤
⑤ 소득세가 과세되는 무상주 배당은 의제배당에 포함시키고, 배당수입액은 주식의 액면가액으로 한다.

04 다음 중 자본전입 재원에 따른 무상주 배당에 대하여 Gross-up 대상이 되는 것으로만 묶은 것은?

가. 기타법정적립금	나. 재평가세율 3% 해당 재평가 적립금
다. 자기주식소각이익	라. 자기주식처분이익
마. 주식발행초과금	바. 이익준비금

① 가, 나, 다
② 가, 라, 바
③ 나, 다, 라
④ 다, 라, 마
⑤ 라, 마, 바

정답 | ②
- Gross-up 대상 배당소득
  - 기타법정적립금
  - 자기주식처분이익
  - 이익준비금에 따른 무상주 배당

05 Gross-up 제도에 대한 설명으로 적절하지 않은 것은?

① Gross-up 가산율은 11%이다.
② 모든 배당소득에 대하여 Gross-up 가산율을 적용하는 것은 아니고, 내국법인이 법인세가 과세된 소득을 재원으로 배당한 소득에 대하여 언제나 전액 적용한다.
③ 외국법인으로부터 받은 배당소득은 Gross-up 대상에서 제외한다.
④ 자기주식 소각이익의 자본전입으로 인한 의제배당은 Gross-up 대상에서 제외한다.
⑤ 재평가세율 1%에 해당하는 재평가적립금은 Gross-up 대상에서 제외한다.

정답 | ②
② 모든 배당소득에 대하여 Gross-up 가산율을 적용하는 것은 아니고, 내국법인이 법인세가 과세된 소득을 재원으로 배당한 소득 중 종합과세되고 기본세율이 적용되는 배당소득에 대하여 적용한다.

06 소득세법상 금융자산의 과세에 대한 설명으로 적절한 것은?

① 거주자가 발행법인으로부터 채권의 이자를 지급받기 전에 법인에게 매도를 하는 경우 채권 보유기간의 이자에 대하여는 원천징수의무가 없다.
② 주권상장법인이 아닌 법인의 주식 양도차익은 소득세가 과세되지 아니한다.
③ 집합투자기구의 이익은 배당소득으로 과세되며, 이러한 이익에는 상장주식의 매매차익도 포함된다.
④ 집합투자기구로부터의 이익과 뮤추얼펀드의 이익 둘 다 Gross-up을 하여야 한다.
⑤ 파생상품 양도소득이 있는 거주자에 대해서는 해당 과세기간의 양도소득금액에서 연 250만원을 공제하여 양도소득 과세표준을 산정한 후 양도소득세의 세율은 20%를 적용한다.

정답 | ⑤
① 매수법인이 원천징수하여야 한다.
② 주권상장법인이 아닌 법인의 주식은 과세된다.
③ 상장주식의 매매차익은 비과세이다.
④ Gross-up을 하지 않는다.

07 금융소득종합과세에 대한 다음 설명 중 적절하지 않은 것은?

① 금융소득을 종합과세하는 것이 분리과세하는 경우보다 조세부담이 적어지는 경우는 발생할 수 없다.
② 금융소득의 연간 합계액이 기준금액을 초과하는 경우에는 그 초과분만 종합과세 대상으로 한다.
③ 기준금액 초과 여부를 판단할 때, 장기주택마련저축 이자나 세금우대종합저축 이자는 제외하고 판단한다.
④ 거주자의 총금융소득이 국외금융소득(국내에서 원천징수하지 않은 것) 1,000만원만 있는 경우에도 금융소득종합과세의 대상이 된다.
⑤ 기준금액 초과 여부를 판단할 때에는 Gross-up 금액을 가산하기 전의 금액으로 판단한다.

정답 | ②
② 전체 금액이 종합과세 대상이다.

08 금융소득종합과세에 대한 설명으로 가장 적절한 것은?

① 비과세와 분리과세되는 금융소득 중 분리과세되는 금융소득은 종합과세에 포함된다.
② 금융소득 종합과세 기준금액인 2천만원을 초과하는 경우에는 2천만원까지는 원천징수세율을 적용하고 2천만원을 초과하는 금액에 대해서만 기본세율을 적용한다.
③ 국외에서 발생한 금융소득은 2천만원 미만일 경우 종합과세되지 않는다.
④ 출자공동사업의 배당소득은 무조건 종합과세대상 배당소득이지만, 일반적인 금융소득과 구분 없이 과세하기 때문에 금융소득 종합과세 여부 판단 시 포함된다.
⑤ 금융소득이 종합과세되는 기준금액 2천만원을 초과하였는지를 판단할 때는 Gross-up 금액을 가산한 후의 금액으로 한다.

정답 | ②
① 비과세와 분리과세 모두 종합과세에 제외된다.
③ 국외에서 발생한 금융소득은 금액에 상관없이 무조건 종합과세 대상 금융소득이다.
④ 일반적인 금융소득과 구분하여 과세하며 종합과세 여부 판단 시 제외된다.
⑤ Gross-up 금액을 가산하기 전의 금액으로 한다.

09 소득세가 비과세되는 금융소득으로 적절하지 않은 것은?

① 재형저축의 이자와 배당소득
② 노인, 장애인 등의 생계형 저축에 대한 이자와 배당
③ 장기보유우리사주의 배당소득
④ 직장공제회 초과반환금
⑤ 농협 등의 조합에 대한 출자금 및 예탁금 이자

정답 | ④
④ 원천징수로 납세의무가 종결되는 분리과세대상 소득이다.

10 소득세법상 주식 양도 시 과세대상 및 양도소득에 대한 설명 중 적절하지 않은 것은?

① 거래소 상장법인의 주식 양도 시에는 원칙적으로 비과세이다.
② 주주 1인과 특수관계인이 양도일 직전 사업연도 말 현재 또는 그 후 양도일 사이에 발행주식 총수의 4%(유가증권시장 상장법인 1%, 코스닥은 2%) 이상을 보유한 경우에는 대주주이다.
③ 양도일이 속하는 직전 사업연도말에 주주 1인과 특수관계인이 소유한 법인의 시가총액이 10억원 이상인 경우에는 대주주이다.
④ 대주주의 범위는 지분율 기준과 시가총액 기준을 가지고 판정하며 두 가지 기준 모두에 해당하여야 대주주로 본다.
⑤ 해외증권시장에 상장된 외국법인이 발생한 주식을 양도한 경우 양도소득세가 과세된다.

정답 | ④
④ 지분율 또는 시가총액 기준 둘 중 하나만 해당되어도 대주주로 본다.

11 소득세법상 주식의 양도소득세에 대한 설명으로 적절한 것은?

① 보유기간이 3년 이상인 경우에는 1년에 2%의 장기보유특별공제가 적용된다.
② 같은 해에 부동산과 주식을 모두 양도한 경우에는 먼저 양도한 자산에서 한 번만 250만원의 기본공제가 적용된다.
③ 취득가액을 확인할 수 없는 경우에는 환산취득가액의 1%를 필요경비개산공제액으로 공제한다.
④ A법인(주권상장법인이고 중소기업 아님)의 주식을 2년간 보유하다가 유가증권시장에서 모두 양도한 경우 20%의 세율이 적용된다.
⑤ B법인(비상장법인이고 중소기업임)의 주식 총수의 5%(시가총액 15억원)를 3개월간 보유하다가 모두 양도한 경우의 세율은 10%이다.

정답 | ④
① 주식은 장기보유특별공제 배제
② 각각 연 250만원 기본공제를 적용
③ 취득 시 기준시가의 1%가 적용
⑤ 중소기업주식 대주주는 20% 세율이 적용(양도소득 과세표준 3억원 초과분은 25%)

12 과점주주의 취득세에 대한 설명으로 적절하지 않은 것은?

① 처음으로 취득한 지분비율이 60%인 경우에는 취득세 납세의무가 없다.
② 과점주주의 제2차 납세의무는 해당 법인으로부터 징수하지 못한 국세, 지방세 등에 해당 과점주주의 지분비율을 곱하여 산출한 금액을 한도로 한다.
③ 과점주주가 아니었던 주주가 추가로 지분을 취득하여 과점주주가 된 경우에는 전체 지분율에 대해 취득세 납부의무가 있다.
④ 과점주주에 대한 취득세 과세 시 납세의무 성립일 현재 법인 장부상 취득세 과세대상 자산의 장부 가액에 과점주주의 지분율을 곱하여 취득세를 계산한다.
⑤ 본래 60%의 지분을 보유한 과점주주가 추가적으로 20%의 지분을 취득한 경우에는 전체 지분율에 대해 취득세 납세의무가 있다.

정답 | ⑤
⑤ 본래 60%의 지분을 보유한 과점주주가 추가적으로 20%의 지분을 취득한 경우에는 증가된 20%에 대해서만 취득세 납세의무가 있다.

13 과점주주에 대한 설명으로 적절한 것은?

① 과점주주란 주주 1인과 그와 특수관계자로서 발행주식 총수의 50% 이상인 자들을 말한다.
② 주식을 유가증권시장에 상장한 법인의 과점주주는 해당 법인의 체납 국세에 대하여 제2차 납세의무를 부담한다.
③ 법인을 실질적으로 지배하는 과점주주는 지분율과 관계없이 법인의 체납 국세 전액에 대하여 제2차 납세의무를 진다.
④ 법인이 부동산을 취득한 경우에 해당 법인이 취득세의 납세의무를 지며, 설립 당시의 과점주주는 취득세의 납세의무를 지지 않는다.
⑤ 지분율이 60%인 과점주주가 1년 후에 30%를 매각한 후 다시 3년 후에 40%를 취득한 경우 70%에 대해서 취득세 납세의무가 발생한다.

정답 | ④
① 50% 이상이 아니라 50%를 초과하는 자들을 말한다.
② 비상장법인에 과점주주에 대해서만 제2차 납세의무가 성립된다.
③ 과점주주의 지분율만큼 2차 납세의무를 부담한다.
⑤ 10%에 대해서만 납세의무가 있다.

CHAPTER 05 부동산 관련 세금

PART 07

학습 가이드 ■ ■

출제 비중 : 22~26%(6~7문항)

학습 목표	교재 페이지	학습 중요도
• 지식형 및 사례형에서 빈번히 출제되므로 깊이 있는 학습 필요 • 응용형 문제, 계산문제가 빈번히 출제되므로 이에 대한 학습 필요 • 부동산 관련 세금의 경우 사례형에서 빈번히 출제됨		
5-1. 취득세를 계산할 수 있다.	227~236	★★★
5-2. 재산세와 종합부동산세에 대해 설명할 수 있다.	237~245	★★★
5-3. 부동산 양도소득세를 계산할 수 있다.	246~264	★★★
5-4. 부동산 관련 부가가치세를 설명할 수 있다.	265~268	★★★
5-5. 특수관계인에게 양도 시 고려할 사항에 대해 설명할 수 있다.	269~273	★★★
5-6. 부담부증여 시 양도소득세를 계산할 수 있다.	273~276	★★★
5-7. 상속·증여받은 부동산의 양도소득세 과세체계를 이해하고 계산할 수 있다.	276~281	★★★
5-8. 증여자의 양도의제 및 배우자 등 이월과세에 대해 설명할 수 있다.	282~287	★★★
5-9. 가업상속공제가 적용된 자산에 대한 이월과세에 대해 설명할 수 있다.	288	★★★
5-10. 양도소득세 절세방안을 활용할 수 있다.	289~294	★★★

***

01 취득세 과세표준에 대한 적절한 설명으로만 모두 묶인 것은?

> 가. 부동산을 유상으로 취득하는 경우 취득세의 과세표준은 취득당시의 가액이다.
> 나. 부동산을 유상으로 취득하는 경우 취득세의 과세표준은 시가표준액이다.
> 다. 부동산을 상속으로 취득하는 경우 취득세의 과세표준은 시가인정액이다.
> 라. 부동산을 증여로 취득하는 경우 취득세의 과세표준은 시가인정액이다.

① 가, 나
② 가, 다
③ 가, 라
④ 나, 라
⑤ 다, 라

정답 | ③

나. 부동산을 유상으로 취득하는 경우 과세표준은 취득당시의 가액으로 한다.
다. 부동산을 상속으로 취득하는 경우 과세표준은 시가표준액이다.

02 취득세에 대한 설명으로 적절한 것은?

① 시가표준 1억원 이하의 부동산을 무상취득하는 경우 시가인정액과 시가표준액 중 큰 금액으로 취득세를 과세한다.
② 상가를 취득하는 경우에 취득세(부가세 포함)는 4%이다.
③ 조정대상지역에서 시가표준액 3억원 이상의 주택 증여 시 취득세율은 12%이다.
④ 별장을 취득한 후 양도하는 경우 양도소득세 계산 시 장기보유특별공제가 불가능하다.
⑤ 부동산 취득 시점에는 고급오락장이 없었지만 취득 후 6년 이내에 고급오락장이 설치되는 경우에도 취득세가 중과된다.

정답 | ③
① 시가표준 1억원 이하의 부동산을 무상취득하는 경우 시가인정액과 시가표준액 중에서 납세자가 정하는 가액으로 취득세를 과세한다.
② 상가 취득 시 취득세율은 4.6%이다.
④ 별장의 부속토지는 장기보유특별공제가 가능하다.
⑤ 5년 이내 고급오락장 설치 시 취득세가 중과된다.

03 고급오락장 취득 시 고려사항으로 적절하지 않은 것은?

① 취득세가 표준세율+중과기준세율(2%)×4배로 중과된다.
② 재산세율이 4% 단일세율로 부과된다.
③ 종합부동산세 과세대상에 포함된다.
④ 취득 시에는 일반 건물이었지만 취득 후 5년 내 고급오락장이 설치되었다면 취득세가 중과된다.
⑤ 임대한 상가에 임차인이 고급오락장을 설치하여도 상가 소유자가 취득세 납세의무를 진다.

정답 | ③
③ 종합부동산세 과세대상에서 제외된다.

04 재산세와 종합부동산세에 대한 설명으로 적절하지 않은 것은?

① 재산세는 지방세이지만 종합부동산세는 국세이다.
② 주택에 대한 재산세는 주택별(물건별)로 과세되지만 주택에 대한 종합부동산세는 개인별 전국 주택의 공시가격을 합산하여 과세한다.
③ 토지에 대한 재산세는 분리과세되는 토지가 있지만 토지에 대한 종합부동산세는 분리과세되는 토지가 없다.
④ 재산세에 대한 부가세로서 재산세액의 20%를 지방교육세로 부과한다.
⑤ 주택에 대한 재산세와 종합부동산세 모두 7단계 초과누진세율로 계산된다.

정답 | ⑤
⑤ 주택에 대한 재산세는 4단계 초과누진세율 구조이고 주택에 대한 종합부동산세는 7단계 초과누진세율 구조로 되어 있다.

05 부동산을 부부가 공동명의로 취득하는 경우 절세효과에 대한 설명으로 적절하지 않은 것은?

① 주택에 대한 재산세는 절세효과가 없다.
② 상가를 취득하는 경우에 건축물 부분은 재산세 절세효과가 없다.
③ 상가를 이미 1채 공동소유하고 있으나, 동일한 시기에 추가로 상가를 1채 취득하는 경우에 기존 상가의 토지분 재산세는 변동이 없다.
④ 주택에 대한 종합부동산세의 경우 공동소유 시 오히려 종합부동산세가 증가할 수 있다.
⑤ 과세기준일 현재 부부가 공동으로 1주택을 소유한 경우(다른 세대원 무주택)에는 부부 중 1인이 1주택을 소유한 것으로 보아 종합부동산세를 계산하여 적용할 수 있다.

정답 | ③
③ 별도합산과세대상 토지는 동일 시·군·구 토지를 인별로 합산하여 과세하므로 재산세가 증가한다.

06 소득세법상 양도소득세에 대한 설명으로 적절한 것은?

① 미등기자산 양도 시 세율은 80%이다.
② 장기보유특별공제를 적용받기 위한 최소한의 보유기간은 5년이다.
③ 한 해에 주식과 부동산을 모두 양도한 경우에 기본공제는 연 총 250만원이다.
④ 취득 당시 실지거래가액을 확인할 수 없는 경우에는 감정가액, 매매사례가액, 환산취득가액을 순차로 적용하여 산정한 가액을 취득가액으로 본다.
⑤ 비과세요건을 충족한 1세대 1주택자의 주택 양도 시, 보유기간 6년, 거주기간 4년인 경우 장기보유특별공제율은 40%이다.

정답 | ⑤
① 70%(미등기자산 양도 시)이다.
② 3년 이상 보유해야 한다.
③ 각각 250만원, 즉 총 500만원이다.
④ 매매사례가액, 감정가액, 환산취득가액 순으로 적용된다.

07 부동산 양도소득세에 대한 설명으로 적절하지 않은 것은?

① 1세대 1주택자가 10년 이상 보유 및 거주한 아파트를 12억원에 양도할 경우 양도소득세는 과세되지 않는다.
② 조정대상지역 내 1년 이상 보유한 분양권 양도 시 양도소득세율은 기본세율이 적용된다.
③ 1세대 1주택자가 1주택을 소유한 자와 혼인한 경우에, 비과세요건을 충족한 1주택을 혼인한 날부터 5년 이내에 양도하는 경우 양도소득세를 비과세한다.
④ 조정대상지역 내 1세대 2주택을 소유하고 그중 3년 이상 보유한 주택을 양도할 경우 장기보유특별공제는 적용되지 않는다.
⑤ 당해연도에 발생한 양도차손은 다음 연도로 이월되지 않는다.

정답 | ②
② 조정대상지역 내 분양권 양도 시 보유기간 1년 미만 70%, 1년 이상 60%의 양도소득세율이 적용된다.
※ [참고] ④의 경우 2021년까지는 장기보유 특별공제가 적용되며 2022년부터 비사업용토지 장기보유특별공제 미적용된다.

08 소득세법상 주택과 비사업용토지에 대한 설명으로 적절하지 않은 것은?

① 양도일 직전 5년 중 3년 이상을 직접 '사업용'으로 사용한 경우에는 양도 시 비사업용토지로 보지 아니한다.
② 비사업용토지의 양도소득 산출세액 산정 시 양도소득세 기본세율에 10%를 가산한 세율을 적용한다.
③ 상시 주거용이 아닌 별장의 부속토지는 일반적으로 비사업용토지이다.
④ 직계존속의 동거봉양을 위한 일시적 1세대 2주택자가 세대를 합친 날로부터 5년 이내에 먼저 양도하는 주택에 대해서는 양도소득세를 비과세한다.
⑤ 혼인함으로써 일시적 1세대 2주택자가 된 경우 그 혼인한 날로부터 5년이 경과한 후 주택 중 1개를 양도할 때에는 1세대 2주택에 대한 중과세 규정이 적용된다.

정답 | ④
④ 직계존속의 동거봉양을 위한 일시적 1세대 2주택자가 세대를 합친 날로부터 10년 이내에 먼저 양도하는 주택에 대해서는 양도소득세를 비과세한다.

09 부동산 취득과 양도 시 부가가치세에 대한 설명으로 적절한 것은?

① 부가가치세 일반과세자가 건물을 매도할 때는 매수자로부터 건물 매도가액의 10%를 부가가치세로 징수하여야 한다.
② 주택임대사업을 하기 위하여 부동산을 매수하는 경우 매입부가가치세는 환급받을 수 없다.
③ 사업을 포괄적으로 양도하면 재화의 공급으로 보지 않기 때문에 부가가치세가 과세되지 않으며, 임대사업용 부동산의 경우 임차인을 승계하지 않는 경우에도 이를 적용한다.
④ 일반과세자로서 사업을 영위해 왔지만, 폐업을 한 상태에서 임대부동산을 양도하는 경우에도 부가가치세를 거래징수하여야 한다.
⑤ 부동산임대업에 사용하던 건물을 증여하는 경우에도 부가가치세가 과세되며, 이 경우에는 사업의 포괄양수도가 인정되지 않는다.

정답 | ②
① 건물분 가액의 10%이다.
③ 적용되지 않는다.
④ 비사업자이므로 거래징수를 하지 않는다.
⑤ 포괄양수도가 인정된다.

10 특수관계자와의 거래 시 발생할 수 있는 세금문제에 대한 설명으로 적절하지 않은 것은?

① 형이 동생에게 시가 10억원인 부동산을 5억원에 양도한 경우에 동생에게는 증여의제에 의하여 증여세가 부과되고, 동시에 형에게는 시가에 의하여 양도소득세를 계산하므로 실질적으로 이중과세의 불이익을 받는다.
② 형이 동생에게 시가 10억원인 부동산을 9.8억원에 취득한 경우에 취득가액은 시가인 10억원이다.
③ 남편(나고객)이 자신의 동생(나동생)에게 부동산을 양도한 후, 3년 이내에 나동생이 나고객의 배우자에게 재차 양도한 경우에도 그 대가의 지급사실이 입증된 경우에는 증여세가 아닌 양도소득세가 과세된다.
④ 아버지가 아들에게 부동산을 양도한 후에, 아들이 이에 대한 대가를 지급하지 않은 채 소유권 이전 등기를 한 경우에는 양도가 아닌 증여로 추정된다.
⑤ 전세보증금이 있는 APT를 아버지가 아들에게 증여하는 경우에 아버지에게는 증여가액 중 전세보증금에 상당하는 부분에 대하여 양도소득세가 과세되고, 아들에게는 전세보증금을 공제한 금액에 대하여 증여세가 과세된다.

정답 | ②
② 부당행위계산부인에 해당되지 않으므로 취득가액은 9.8억원이다.
※ **부당행위계산부인** : 거주자의 특수관계인과의 거래로 인한 시가와 거래가액의 차액이 3억원 이상이거나 시가의 100분의 5에 상당하는 금액 이상인 경우 부당행위계산부인규정을 적용한다.

11 상속·증여받은 부동산의 양도소득세에 대한 설명으로 적절하지 않은 것은?

① 양도소득세의 세율을 적용할 때와 장기보유특별공제의 공제율 적용 시 보유기간은 상속받은 부동산의 경우에 동일하게 적용한다.
② 1985.1.1. 이후에 상속받은 부동산을 양도하는 경우에 원칙적으로 기타필요경비는 실제 발생한 자본적지출액과 양도비의 합계액이다.
③ 특수관계자에게 자산을 증여한 후, 수증자가 이를 5년 이내에 양도하는 경우에는 일정한 요건을 갖춘 경우에 증여자가 직접 양도한 것으로 간주하여 양도소득세를 계산한다.
④ 배우자 또는 직계존비속 간의 부담부증여에 대하여는 수증자가 증여자의 채무를 인수한 경우에도 당해 채무액은 수증자에게 채무가 인수되지 아니한 것으로 추정한다.
⑤ 증여자 양도의제는 납세의무자가 당해 자산의 증여자이나, 배우자 등 이월과세 시에는 수증자이다.

정답 | ①
① 세율 적용 시는 피상속인의 취득일부터 기산하나, 장기보유특별공제 적용 시는 상속인의 취득일부터 기산한다.

12 증여자 양도의제에 대한 설명으로 적절하지 않은 것은?

① 증여자의 양도의제는 조세회피 목적이 있는 경우에만 적용된다.
② 배우자와 직계존비속을 제외한 특수관계인에게 자산을 2023년 이후 증여하고 증여받은 자가 10년 내에 다시 타인에게 양도한 경우이다.
③ 증여받은 자의 증여세와 양도소득세를 합한 금액이 증여자가 직접 양도할 경우의 양도소득세보다 적은 경우 증여자가 직접 그 자산을 양도한 것으로 본다.
④ 증여자의 양도의제에 해당하면 당초 납부했던 증여세는 환급받을 수 있다.
⑤ 증여자의 양도의제에 해당하면 수증자에게 연대납세의무를 부담시킨다.

정답 | ①
① 증여자의 양도의제는 조세회피 목적의 유무와 관계없이 증여자가 직접 양도할 경우의 양도소득세가 증여받은 자의 증여세와 양도소득세의 합보다 클 경우에 적용한다.

노후복지 관련 세금

PART 07

학습 가이드

출제 비중 : 7~15%(2~4문항)

학습 목표	교재 페이지	학습 중요도
• 응용형 문제, 계산문제가 출제될 수 있음		
• 노후복지 관련 세금의 경우 「은퇴설계」와 연계하여 학습 필요		
6-1. 퇴직소득 과세체계를 설명할 수 있다.	300~321	★★★
6-2. 연금소득 과세체계에 대해 설명할 수 있다.	322~348	★★★
6-3. 저축성보험의 비과세 요건을 설명할 수 있다.	349~352	★★★
6-4. 사업 관련 보험의 세금내용을 설명할 수 있다.	353~357	★★★

01 ★★★ 퇴직소득에 대한 설명으로 적절하지 않은 것은?

① 퇴직일시금 중에서 퇴직소득세가 과세되지 않은 경우 퇴직소득으로 보지 않고 근로소득으로 보아 근로소득에 대한 소득세가 과세되는 경우도 있다.
② 퇴직연금에 가입하여 연금의 형태로 수령하는 경우 연금소득에 해당하여 연금소득에 대한 소득세가 원천징수된다.
③ 원천징수의무자가 퇴직소득을 지급한 때에는 그 퇴직소득 과세표준에 원천징수세율을 적용하여 계산한 소득세를 징수한다.
④ 퇴직금이 세법상 퇴직급여로 손금으로 산입되기 위해서는 세법상 임원에 대한 퇴직급여한도 규정에 의한 한도 이내의 금액이어야 한다.
⑤ 퇴직소득은 종합소득으로 보지 않으므로 종합소득세로 과세하지 않고 분리과세한다.

정답 | ⑤
⑤ 퇴직소득은 종합소득으로 보지 않으므로 종합소득세로 과세하지 않고 별개의 소득으로 분류하여 과세한다.

02 퇴직금의 범위와 세법상 비용에 대한 설명으로 적절하지 않은 것은?

① 임원이 아닌 직원의 퇴직금은 근로자퇴직급여보장법이나 회사 내규인 퇴직급여 지급규정에 따라 현실적인 퇴직으로 퇴직금을 지급한 경우 회사의 손금으로 인정한다.
② 임원이 아닌 경우 근로자퇴직급여보장법에서 퇴직금에 대한 규정은 최소한의 것으로 되어 있고 회사에서 정한 퇴직급여 지급규정에 따라 보다 많이 지급하여도 회사의 손금으로 인정된다.
③ 임원의 퇴직금에 대하여는 정관에 정하여진 경우 그 금액이 한도액이 되고, 정관에 규정되어 있지 않은 경우에는 퇴직일로 소급하여 1년간 총급여액의 10분의 1에 근속연수를 곱하여 한도액이 계산되며 그 한도액 내에서 회사의 손금으로 인정된다.
④ 임원퇴직금에 대한 손금산입한도 계산 시의 총급여액은 비과세급여와 비용인정이 되지 않는 상여금도 포함한다.
⑤ 임원퇴직금에 대한 손금산입한도 계산 시의 근속연수는 1년 미만은 월수로 계산하되 1월 미만은 제외한다.

정답 | ④
④ 임원의 퇴직금산정이 되는 총급여액은 임원의 지급규정에 따라 정상적으로 지급받은 급료 등이 이와 유사한 성질의 급여, 법인의 주주총회 등 이에 준하는 의결기관의 결의에 의한 상여금 등으로 비과세급여와 손금불산입되는 상여금은 제외한다.

03 소득세법상 연금계좌의 연금소득에 대한 설명으로 적절하지 않은 것은?

① 연간 과세대상총연금액(공적연금 제외)이 1,200만원 이하인 경우 저율과세된다.
② 기존 연금계좌의 인출 순서는 과세제외금액, 이연퇴직소득, 연금계좌세액공제를 받은 납입액과 운용수익 순이다.
③ 공적연금과 사적연금 모두 다음 연도 1월에 연말정산하여야 한다.
④ 연금소득에 대하여는 필요경비를 인정하지 아니하고 연금소득공제만을 공제한다.
⑤ 연금계좌세액공제를 받은 납입액과 운용소득을 연금 이외의 방법으로 수령하는 경우에는 기타소득(원천징수세율 : 15%)으로 분리과세한다.

정답 | ③
③ 사적연금은 제외된다.

04 연금소득에 대한 설명으로 적절하지 않은 것은?

① 세제적격인 연금저축을 통하여 수령하는 연금은 연금소득에 해당될 수 있다.
② 세제비적격 연금상품인 연금보험을 통하여 수령하는 연금도 총연금액이 1,200만원이 초과되면 연금소득으로 과세대상에 해당될 수 있다.
③ 연금소득의 일부 또는 전부가 지연되어 받은 경우에 수령하는 이자 상당액도 연금소득으로 본다.
④ 과세대상 공적연금은 연금수령 시에 원천징수세액만큼 차감한 금액을 수령하고 다음 연도 1월분 연금소득을 지급하는 때에 연금소득세액 연말정산을 한다.
⑤ ISA 만기계좌를 연금계좌로 전환 시 전환한 연도에만 최대 300만원에 대해 추가로 연금계좌 세액공제를 적용받을 수 있다.

정답 | ②
② 세제비적격 연금상품인 연금보험을 통하여 수령하는 연금에서는 세법상 연금소득에 포함되지 않는다(비과세 또는 이자소득 발생).

05 보험 관련 세제에 대한 설명으로 적절하지 않은 것은?

① 원칙적으로 법인이 계약자이고, 종업원이 피보험자이거나 종업원 또는 그 배우자, 기타의 가족을 수익자로 하는 보험과 관련하여 사용자가 부담하는 보험료는 종업원의 급여로 보아 근로소득세 과세대상 급여가 된다.
② 연금보험의 보험유지기간(10년) 이내에 납입한 보험료를 확정된 기간 동안 연금 형태로 분할하여 받는 경우에는 보험차익을 과세대상 이자소득으로 본다.
③ 보험사고 발생 시 적립보험료에 상당하는 부분의 금액은 보험사고 발생에 의하여 보험금의 지급을 받은 경우에도 그 지급에 의하여 당해 손해보험계약이 실효되지 아니하는 경우에는 이를 손금 또는 필요경비에 산입할 수 있다.
④ 세제적격 연금저축보험의 경우 중도해지 시 기타소득으로 보아 소득세가 과세된다.
⑤ 종업원의 사망을 보험금의 지급사유로 하고, 종업원을 피보험자와 수익자로 하는 단체환급부 보장성보험의 보험료 중 연 70만원까지는 근로소득세 과세 제외대상이다.

정답 | ③
③ 보험사고 발생 시 적립보험료에 상당하는 부분의 금액은 보험사고 발생에 의하여 보험금의 지급을 받은 경우에도 그 지급에 의하여 당해 손해보험계약이 실효되지 아니하는 경우에는 이를 손금 또는 필요경비에 산입할 수 없다.

06 납입보험료의 세법상 회계처리에 대한 설명으로 적절하지 않은 것은?

① 법인이 사업과 관련하여 보장성보험을 가입하는 경우에는 소멸되는 보험료는 세법상 비용으로 처리한다.
② 법인이 사업과 관련하여 보장성보험을 가입하는 경우에 적립보험료가 있으면 비용으로 처리하지 않고 자산으로 처리한다.
③ 법인이 사업과 관련하여 저축성보험을 가입하는 경우에 적립되는 저축성 보험료는 자산으로 처리한다.
④ 법인이 사업과 관련하여 저축성보험을 가입하는 경우에 소멸되는 보장성 보험료가 있어도 자산으로 처리한다.
⑤ 법인이 종업원을 수익자로 하는 보험을 가입한 경우에는 법인이 부담하는 국민건강보험료, 고용보험료, 산재보험료를 제외하고는 일반적으로 이를 종업원에 대한 급여로 보는 것이 원칙이다.

정답 | ④
④ 보장성보험이든 저축성보험이든 소멸되는 보장성보험료에 대하여는 세법상 비용처리가 되지만 적립보험료에 대하여는 자산처리한다.

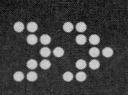 쉬이 취득하는
www.tomatopass.com

PART 08

상속설계

CONTENTS

CHAPTER 01 | 상속설계 프로세스와 재무설계사의 역할 [0~1문항]
CHAPTER 02 | 상속설계의 준비와 기본대책 [8~11문항]
CHAPTER 03 | 유언설계 [3~4문항]
CHAPTER 04 | 상속설계의 실행과 조정 [1~3문항]
CHAPTER 05 | 상속세 및 증여세 [10~11문항]
CHAPTER 06 | 가업승계설계 [0~1문항]

상속설계 프로세스와 재무설계사의 역할

PART 08

학습 가이드

출제 비중 : 0~4%(0~1문항)

학습 목표	교재 페이지	학습 중요도
의미 이해 중심으로 학습 필요		
1-1. 상속 관련 법규를 중심으로 상속설계의 기본원칙을 이해할 수 있다.	9~28	★★★

★★★
01 민법상 상속과 상증법상 상속에 대한 설명으로 적절하지 않은 것은?

① 상속세를 부과하는 경우 상증법상 상속의 정의는 원칙적으로 민법을 따른다.
② 상속재산과 상속세 부과대상은 원칙적으로 일치한다.
③ 사망보험금과 같은 간주상속재산 범위에 포함되지 않는 피상속인의 재산은 상속세 부과대상에서 제외될 수 있다.
④ 간주상속재산은 본래의 상속재산은 아니지만 실질적으로는 상속재산에 해당되는 것으로 과세의 형평을 도모하고 상속세를 회피하는 것을 방지하기 위해 상속세를 부과한다.
⑤ 피상속인의 사망으로 인해 지급받는 퇴직금의 경우는 추정상속재산에 해당한다.

정답 | ⑤
⑤ 사망보험금, 신탁, 퇴직금은 상증법에서 간주상속재산에 해당한다.

02 상속설계의 기본원칙에 대한 설명으로 적절하지 않은 것은?

① 상속설계에서 가장 중요한 것은 피상속인의 의사를 확인하고 그 의사에 가장 적합한 방안을 실현하는 것이다.
② 상속 및 가업승계 대상에는 적극재산뿐만 아니라 부채와 같은 소극재산도 포함된다.
③ 상속받을 재산이 없어 상속포기를 할 예정이라도 정확한 상속설계가 필요하다.
④ 상속설계 시 상속재산의 분할계획을 구체적이고 공정하게 마련해야 하며 그 과정에서 발생하는 승계비용은 고려대상이 아니다.
⑤ 상속개시 이후에 상속설계의 집행이 공정하고 전문적으로 이루어질 수 있도록 적절한 상속집행자 및 유언집행자들을 선임해야 한다.

정답 | ④
④ 상속설계에서 발생하는 승계비용 또한 고려대상이다.

03 상속설계 프로세스를 순서대로 올바르게 나열한 것은?

> 가. 상속설계 제안서의 목표달성 과정의 진행상태를 평가 및 수정한다.
> 나. 업무수행범위와 관계되는 고객의 정량적 정보와 정성적 정보를 수집한다.
> 다. 상속설계는 법적 · 세무적 문제가 있으므로 전문적인 부분은 전문가에게 위임한다.
> 라. 고객의 목표, 니즈 및 우선순위를 평가한다.
> 마. 고객과 상호 합의하여 업무수행범위를 결정한다.
> 바. 전문가들의 분석보고서를 첨부하여 제안서를 작성한다.

① 다 – 가 – 바 – 마 – 라 – 나
② 다 – 라 – 가 – 바 – 마 – 나
③ 마 – 라 – 바 – 가 – 다 – 나
④ 마 – 나 – 라 – 바 – 다 – 가
⑤ 라 – 다 – 바 – 가 – 마 – 나

정답 | ④
가. [6단계] 고객 상황의 모니터링
나. [2단계] 상속설계 관련 정보수집
다. [5단계] 상속설계 제안서의 실행
라. [3단계] 상속설계를 위한 분석 및 평가
마. [1단계] 고객과의 관계 정립
바. [4단계] 상속설계 제안서의 작성 및 제시

04 상속설계에서 재무설계사의 역할과 책임에 대한 설명으로 적절한 것은?

① 고객이 사망한 후에는 고객의 상속재산에 대한 통제는 오로지 유언이나 상속인을 통해 이루어지므로 상속이 개시되기 이전 재산관리 방법을 제시해야 한다.
② 고객과 재무설계사의 이해관계가 충돌할 경우 재무설계사는 소속회사의 이해관계를 우선해야 한다.
③ 자신의 선에서 고객과 이해상충을 회피하기가 힘들다면 상속설계를 종료한다.
④ 잘못된 지식을 제공한 경우에는 법적 책임을 부담할 수 있다.
⑤ 자문계약을 맺는 경우 전문가만이 할 수 있는 자문내용은 회피하고 전문가에게 그 내용을 분담시켜야 한다.

정답 | ⑤

① 고객이 사망한 후에는 고객의 상속재산에 대한 통제는 오로지 유언이나 상속인을 통해 이루어지므로 상속개시 이후 재산관리 방법을 제시해야 한다.
② 고객과 재무설계사의 이해관계가 충동할 경우 재무설계사는 소속회사의 이익보다 고객의 이익을 우선해야 한다.
③ 자신의 선에서 고객과 이해상충을 회피하기가 힘들다면 주위 다른 재무설계사에게 상속설계를 이관하여야 한다.
④ 잘못된 지식을 제공했지만 그것이 아무런 대가가 없는 경우라면 법적 책임을 부담하지 않는다.

상속설계의 준비와 기본대책

PART 08

학습 가이드

출제 비중 : 32~44%(8~11문항)

학습 목표	교재 페이지	학습 중요도
• 지식형 및 사례형에서 빈번히 출제되므로 깊이 있는 학습 필요 • 응용형 문제, 계산문제가 빈번히 출제되므로 이에 대한 학습 필요 • 법정 상속분, 기여분, 유류분, 특별수익의 경우 다양한 사례의 계산문제 학습 필요		
2-1. 상속개시의 원인과 기준을 알고 상속인 및 이해관계자에게 미치는 영향과 중요성을 알 수 있다.	31~36	★★★
2-2. 법정상속인을 중심으로 상속의 이해관계자가 누구인지 설명할 수 있다.	37~50	★★★
2-3. 상속결격자를 구분하고 결격의 효과를 알 수 있다.	50~52	★★★
2-4. 상속재산 이해관계인과 상속재산 분리 원칙을 알 수 있다.	53~57	★★★
2-5. 상속재산의 범위와 종류를 알 수 있다.	58~72	★★★
2-6. 법정상속분 및 상황에 따라 상속분을 조정하여 최종상속분을 계산할 수 있으며, 재무설계에 활용할 수 있다.	73~89	★★★
2-7. 상속 승인과 포기의 요건, 방식 및 효력 등을 이해하고 재무설계에 활용할 수 있다.	90~96	★★★

★★★
01 상속개시에 대한 설명으로 적절하지 않은 것은?

① 실종선고의 청구권자로는 이해관계인과 검사가 있다.
② 실종선고가 확정되면 실종선고를 받은 자는 실종기간이 만료한 때에 사망한 것으로 본다.
③ 상속개시는 상속의 효력이 발생하는 기준으로 피상속인에게 상속인의 재산상 권리의무가 포괄적으로 이전되는 시기이다.
④ 상속개시의 장소는 원칙적으로 피상속인의 주소지이며 유언의 경우도 동일하게 적용된다.
⑤ 상속재산에 관한 비용은 상속재산에서 지급한다.

정답 | ④
④ 상속개시의 장소는 원칙적으로 피상속인의 주소지이다. 다만 예외적으로 유언의 경우 피상속인 사망 당시의 주소가 아닌 유언 시 주소가 기준이 된다.

02 법정상속인에 대한 설명으로 적절하지 않은 것은?

① 태아는 상속개시 시점에는 출생하지 않았더라도 상속 후 출생하면 상속개시 당시에 상속인인 것으로 본다.
② 부모의 혼인 전에 태어난 자녀라도 그 부모가 혼인을 하면 그때부터 혼인 중의 출생자로 본다.
③ 1순위 법정상속인 중 직계비속에는 친생자만 포함되며 양자는 제외된다.
④ 생부는 혼외자를 인지(認知)할 수 있고, 생부와 혼외자 사이의 친자관계는 인지에 의하여 법적으로 성립한다.
⑤ 친양자는 양친의 성과 본으로 변경되며 재판이 확정된 때부터 혼인 중의 자로서 신분을 취득한다.

정답 | ③
③ 1순위 법정상속인 직계비속에는 친생자와 양자가 모두 포함된다.

03 상속인 중 배우자에 대한 적절한 설명으로만 모두 묶인 것은?

가. 혼인이 유효하기 위해서는 당사자 사이에 혼인의 합의만 있으면 된다.
나. 미성년자인 만 19세 미만의 경우 부모 또는 미성년후견인의 동의를 받아야 결혼을 할 수 있다.
다. 배우자가 있는 사람이 다른 사람과 다시 결혼하는 중혼은 인정된다.
라. 결혼이 무효가 되면 당사자 사이에 출생한 자녀는 혼인 외의 출생자가 된다.
마. 결혼이 취소되면 자녀에 대한 친권자는 가정법원이 직권으로 정한다.

① 가, 나, 라
② 가, 다, 마
③ 나, 라, 마
④ 가, 다, 라, 마
⑤ 나, 다, 라, 마

정답 | ③
가. 혼인이 유효하기 위해서는 당사자 사이에 혼인에 대한 합의가 혼인신고를 할 당시에도 존재해야 한다.
다. 배우자가 있는 사람이 다른 사람과 다시 결혼하는 중혼은 인정되지 않는다.

04 다음 보기에서 상속인이 될 수 있는 사람으로만 모두 묶인 것은?

> 가. 적모서자
> 나. 사실혼의 배우자
> 다. 이혼소송 중인 배우자
> 라. 유효하지 않은 양자
> 마. 북한에 있는 상속인
> 바. 친양자를 보낸 친생부모

① 다, 마
② 다, 마, 바
③ 가, 다, 마, 바
④ 나, 다, 마, 바
⑤ 가, 나, 다, 마, 바

정답 | ①
'다, 마'는 상속인이 될 수 있는 자, '가, 나, 라, 바'는 상속인이 될 수 없는 자이다.

05 사실혼 관계에 대한 설명으로 적절하지 않은 것은?

① 사실혼 상태의 부부에게는 법률혼에서 인정되는 권리와 의무가 일부 제한되며 상속인으로 인정되지 않는다.
② 사실혼 배우자가 다른 사람과 결혼하더라도 중혼에 해당하지 않는다.
③ 사실혼 부부 사이에서 출생한 자녀는 혼인 외의 출생자가 되어 어머니의 성(姓)과 본(本)을 따르게 된다.
④ 사실혼 상대 배우자가 사망했을 때 법에서 인정되는 사항에 한해 유족 자격이 인정되므로 보상금, 보험금, 연금 등을 받을 수 있다.
⑤ 상대 배우자가 정당한 사유 없이 사실혼 관계를 파기한 경우 그로 인해 입은 정신적·물질적 손해에 대해 위자료와 손해배상을 청구할 수 없다.

정답 | ⑤
⑤ 상대 배우자가 정당한 사유 없이 사실혼 관계를 파기한 경우 그로 인해 입은 정신적·물질적 손해에 대해 위자료와 손해배상을 청구할 수 있다.

06 상속결격자에 대한 설명으로 적절하지 않은 것은?

① 피상속인의 상속에 관한 유언서를 위조·변조·파기 또는 은닉한 사람
② 사기 또는 강박으로 피상속인의 상속에 관한 유언을 하게 한 사람
③ 사기 또는 강박으로 피상속인의 상속에 관한 유언 또는 유언의 철회를 방해한 사람
④ 고의로 직계존속, 피상속인과 그 배우자에게 상해를 가하여 사망에 이르게 한 사람
⑤ 직계존속, 피상속인과 그 배우자 또는 상속의 선순위나 동순위에 있는 사람에게 상해를 가하여 사망에 이르게 한 사람

정답 | ⑤
⑤ 고의로 직계존속, 피상속인과 그 배우자 또는 상속의 선순위나 동순위에 있는 사람을 살해하거나 살해하려고 한 사람은 상속결격에 해당하나 상해를 가하여 사망에 이르게 한 경우에는 상속결격자가 되지 않는다.

07 상속을 받을 수 있는 상속인으로 적절한 것은?

① 아버지의 상속에 있어, 아버지의 유언장을 위조한 아들
② 어머니의 상속에 있어, 어머니의 살해를 청부한 딸
③ 남편의 상속에 있어, 태아를 낙태한 아내
④ 아버지의 상속에 있어, 동생과 다투다가 동생을 사망에 이르게 한 형
⑤ 아버지의 상속에 있어, 아버지를 살해하려다가 실패한 딸

정답 | ④
④ 아버지의 상속에 있어, 동생과 다투다가 동생을 사망에 이르게 한 형은 상속받을 수 있다.

08 다음 중 상속인의 결격에 대한 설명으로 가장 적절하지 않은 것은?

① 상속결격 행위를 한 상속인은 가정법원의 선고를 통해야만 상속자격을 잃는다.
② 상속개시 후에 결격사유가 발생하면 유효하게 개시된 상속도 소급하여 무효가 된다.
③ 상속결격자는 피상속인으로부터 유증도 받을 수 없다.
④ 상속결격자가 상속개시 후 상속재산을 선의, 무과실한 제3자에게 양도한 경우 제3자는 상속재산이 되는 동산이나 부동산을 반환해야 할 의무가 생긴다.
⑤ 상속결격자의 직계비속이나 배우자가 대습상속을 하는 데에는 지장이 없다.

정답 | ①
① 상속결격사유가 발생하면 상속인은 당연히 상속할 자격을 잃는다.

09 상속재산 이해관계자에 대한 설명으로 적절하지 않은 것은?

① 원칙적으로 자연인이면 누구나 유증을 받을 수 있다.
② 유언자 사망 전에 수증자가 사망한 때에는 수증자의 상속인에게 유증의 효력이 상속된다.
③ 상속채권자는 피상속인의 사망과 상속인들의 출연 또는 상속의 포기나 한정승인 등으로 채무의 승계가 되지 않을 위험에 노출된다.
④ 피상속인의 사망으로 상속 채무자를 파악하는 것은 어려운 일이다.
⑤ 상속재산이 상속인에게 이전된다면 상속인의 채권자는 채권을 변제받을 책임재산의 범위가 증가하는 장점이 있다.

정답 | ②
② 유언자 사망 전에 수증자가 사망한 때에는 유증의 효력이 생기지 않는다.

10 민법상 상속재산에 포함되는 내용으로만 모두 묶인 것은?

가. 특수지역권	나. 위자료 청구권
다. 조합원의 지위	라. 조세
마. 생명보험청구권	바. 제사용 재산
사. 추징금	아. 정기증여의 수증자의 지위
자. 신원보증인의 지위	

① 가, 다
② 마, 사
③ 나, 라
④ 나, 다
⑤ 라, 아

정답 | ③
'가, 다, 마, 바, 사, 아, 자'는 상속되지 않는 재산에 해당한다.

11 상속재산을 확인하여 이전하는 방법에 대한 적절한 설명으로만 모두 묶인 것은?

> 가. 부동산에 대한 소유권의 변동은 등기를 완료하여야만 효력이 발생하며, 등기가 완료되지 않으면 처분하지 못한다.
> 나. 피보험자의 상속인이 보험수익자가 되는 경우에도 생명보험금은 상속인들의 고유재산이다.
> 다. 예금채권은 기본적으로 분할 가능한 채권이지만 각자 자신의 지분에 해당하는 예금을 은행에 직접 청구할 수는 없다.
> 라. 생명침해로 인한 손해배상청구권은 발생 즉시 상속인에게 승계된다.
> 마. 차명계좌의 예금은 명의인이 예금의 소유자로 인정된다.

① 가, 나, 마
② 나, 라, 마
③ 다, 라, 마
④ 나, 다, 라
⑤ 가, 라, 마

정답 | ①

다. 예금채권은 기본적으로 분할 가능한 채권으로 협의 분할하여 각자 자신의 지분에 해당하는 예금을 은행에 청구할 수 있다.
라. 생명침해로 인한 손해배상청구권은 피해자에게 발생한 뒤 사망으로 상속인에게 승계된다.

12 상속재산 확인에 대한 설명으로 적절하지 않은 것은?

① 보증기간과 보증한도액이 정해진 보증의 경우 보증인이 사망하였다면 그 계약은 당연히 종료된다.
② 피보험자의 상속인이 보험수익자로 지정하였다면 그 보험금은 상속인의 고유재산이다.
③ 임신 중인 모가 교통사고의 충격으로 미숙아를 조산하였고, 그 미숙아가 제대로 성장하지 못하고 사망한 경우 미숙아의 손해배상 청구권은 직계존속이 상속받는다.
④ 원칙적으로 부동산에 대한 소유권의 변동은 등기를 하여야만 효력이 있고, 당사자 사이에 물권적 합의는 있지만 등기가 완료되지 않으면 물권변동의 효력이 없다.
⑤ 보증책임의 범위를 제한하는 방법으로는 임의해지권, 특별해지권, 신의칙상 제한 등이 있다.

정답 | ①

① 보증인의 사망 시 보증인의 상속인에게 상속된다.

13 명의신탁관계에 대한 설명으로 적절하지 않은 것은?

① 부동산 실명법에 의해 1995년 7월 1일 이후에는 모든 부동산에 관한 물권은 반드시 실권리자의 명의로만 등기하도록 의무화되었다.
② 명의신탁이란 신탁자와 수탁자 사이에 실체적인 거래관계 없이 목적재산의 명의만을 수탁자 앞으로 이전하는 것을 말한다.
③ 대내적 관계에서는 명의수탁자가 소유자이지만, 대외적 관계에서는 명의신탁자가 소유자이다.
④ 부동산을 매도한 사람이 명의수탁자를 진정한 매수인으로 알고 계약을 체결하여 등기를 이전해 주었으나 실권리자는 다른 사람인 경우 명의신탁약정과 등기는 모두 무효가 되므로 명의신탁자는 명의수탁자에게 자신의 권리를 주장할 수 없다.
⑤ 계약명의신탁의 경우, 등기는 유효이므로 부동산은 명의수탁자에게 귀속된다.

정답 | ③
③ 대내적 관계에서는 명의신탁자가 소유자이지만, 대외적 관계에서는 명의수탁자가 소유자이다.

14 나고객 씨는 부친 B, 딸 C를 두었고, 딸 C는 D와 결혼하였다. 나고객 씨는 10억원의 금융자산을 남기고 2023년 5월 1일 교통사고로 사망하였고, 이 소식을 들은 딸 C는 충격으로 2023년 5월 2일 사망하였다. 이 경우 상속인 B와 D의 최종적인 상속이익으로 가장 적절한 것은?

	상속인 B	상속인 D
①	4억원	6억원
②	0원	10억원
③	5억원	5억원
④	10억원	0원
⑤	6억원	4억원

정답 | ①
나고객 씨의 사망으로 딸 C가 상속재산을 먼저 상속받는다. 그 후 C의 사망으로 상속재산은 1순위 직계비속과 배우자에게 상속되어야 하나 1순위 직계비속이 없으므로 2순위 직계존속(B)에게 10억원 중 2/5만큼 상속되고 배우자(D)에게는 10억원 중 3/5만큼 상속된다.
- B : 10억원×2/5 = 4억원
- D : 10억원×3/5 = 6억원

15 특별수익에 대한 설명으로 적절한 것은?

① 특별수익자의 상속분은 미리 받은 특별수익을 포함한다.
② 특별수익에 대한 반환의무를 지는 특별수익자의 범위는 피상속인으로부터 유증 또는 증여를 받은 모든 사람을 포함한다.
③ 대습상속에 의해 공동상속인이 된 자도 피상속인으로부터 유증 또는 증여를 받은 경우 특별수익자가 될 수 있다.
④ 공동상속인은 아니지만 공동상속인과 동일한 권리의무가 있는 포괄적 수증자는 특별수익자에 포함된다.
⑤ 상속인을 수익자로 한 보험금은 상속재산에 포함되며 특별수익으로 볼 수 있다.

정답 | ③
① 특별수익자의 상속분은 미리 받은 특별수익을 제외한 나머지가 된다.
② 특별수익에 대한 반환의무를 지는 특별수익자의 범위는 공동상속인까지이다.
④ 공동상속인은 아니지만 공동상속인과 동일한 권리의무가 있는 포괄적 수증자는 특별수익자에 포함되지 않는다.
⑤ 상속인을 수익자로 한 보험금은 상속재산에 포함되지 않지만 특별수익으로 볼 수 있다.

16 A에게는 배우자 B, 자녀 X, Y, Z가 공동상속인이고 상속재산은 14억원이다. A는 X에게 결혼자금으로 2억원을 증여했으며, Y에게는 생활자금으로 2억원, 처 B에게는 유증으로 3억원을 주었다. 이 경우 상속인들이 상속받을 구체적 상속분으로 적절한 것은?

	배우자 B	자녀 X	자녀 Y	자녀 Z
①	7억원	4.6억원	4.6억원	4.6억원
②	6억원	4억원	4억원	4억원
③	3억원	2억원	2억원	4억원
④	9억원	6억원	6억원	4억원
⑤	4억원	2.6억원	2.6억원	4.6억원

정답 | ③
• 구체적 상속분 = (현존상속재산 + 생전증여) × 법정비율 − 특별수익(유증 또는 증여)
 − 처 B : 14억원 + 2억원 + 2억원 = 18억원 × 3/9 − 3억원 = 3억원
 − 자 X : 14억원 + 2억원 + 2억원 = 18억원 × 2/9 − 2억원 = 2억원
 − 자 Y : 14억원 + 2억원 + 2억원 = 18억원 × 2/9 − 2억원 = 2억원
 − 자 Z : 14억원 + 2억원 + 2억원 = 18억원 × 2/9 = 4억원

17 기여분에 대한 설명으로 적절한 것은?

① 단 한 명의 공동상속인이 기여분 권리자가 될 수 있다.
② 상속인이 급료를 받고 피상속인의 점포 등에서 함께 일하여 재산 증가에 공헌한 경우 특별한 기여로 판단한다.
③ 기여분은 가정법원의 심판으로만 결정된다.
④ 기여자의 구체적 상속분은 '(상속 시의 재산가액 + 기여분) × 법정상속분 − 기여분'으로 계산한다.
⑤ 기여분의 협의가 되지 않은 경우에는 가정법원의 심판을 받아야 하며 반드시 심판 전에 조정 절차를 먼저 거치게 된다.

정답 | ⑤
① 여러 명의 공동상속인이 기여분 권리자가 될 수 있다.
② 상속인이 급료를 받지 않고 피상속인의 점포 등에서 함께 일하여 재산 증가에 공헌한 경우 특별한 기여로 판단한다.
③ 기여분은 공동상속인들의 협의 또는 가정법원의 심판으로 결정된다.
④ 기여자의 구체적 상속분은 '(상속 시의 재산가액 − 기여분) × 법정상속분 + 기여분'으로 계산한다.

18 아내 A, 아들 B, C, D, 모친 E, 형 F, 동생 G를 둔 피상속인 H는 상속재산으로 40억원을 남기고 2023년 6월 1일 사망하였다. 아들 B는 2019년 아버지 H를 위해 4억원을 지원해 드렸고, 동생 G도 2020년 18억원을 지원하여 형 H를 도와드렸다. 지원액만큼의 기여분 인정에 대해서 상속인들 간에 이견이 없다면 아들 B가 받을 수 있는 상속분으로 적절한 것은?

① 10억원
② 12억원
③ 14억원
④ 16억원
⑤ 18억원

정답 | ②
- 기여자의 구체적 상속분 = (상속 시의 재산가액 − 기여분) × 법정상속분 + 기여분
  ∴ 아들 B : 40억원 − 4억원 = 36억원 × 2/9 = 8억원 + 4억원 = 12억원

19 특별수익과 기여분에 대한 설명으로 적절하지 않은 것은?

① 특별수익자의 경우 증여나 유증받은 재산이 상속분에 달하지 못하는 때에 그 부족분에 대해서만 상속분을 인정하고 있다.
② 특별수익에 포함되는 증여는 유류분반환청구 시 산입되는 증여가 사망 시 1년 전 증여만 해당되는 것과 달리 기간에 상관없이 실질적인 상속의 의미를 갖는 증여가 모두 포함된다.
③ 기여분은 상속이 개시된 때 피상속인의 재산가액에서 유증의 가액을 공제한 금액을 넘지 못하며, 유류분과의 관계에서 기여분은 유류분에 영향을 미치지 아니한다.
④ 기여분과 특별수익이 공존하는 경우에는 우선 기여분을 공제하여 상속재산을 확정한 이후 특별수익을 계산하면 된다.
⑤ 기여분의 가액이 상속재산의 대부분을 차지한다면 이는 다른 공동상속인의 유류분을 침해하는 것이다.

정답 | ⑤

⑤ 기여분의 가액이 상속재산의 90%가 된다 하더라도 이는 다른 공동상속인의 유류분을 침해하는 것이 아니다.

20 다음의 사례의 유류분 산정 기초재산으로 적절한 것은?

> 말기암 판정을 받은 A는 상속인으로 배우자 B, 자식 C, D가 있다. A는 내연의 처 X에게는 쌍방이 유류분 침해사실을 알고 2017년 4월 1일 14억원을 증여하였으며, 2017년 9월 5일 Y 장학재단에 21억원을 기부하였다. A는 2018년 7월 6일 암으로 사망하였는데, 현존 상속재산은 부동산과 현금 14억원이 있으며, 사업대출금 7억원이 있다.

① 14억원
② 21억원
③ 28억원
④ 42억원
⑤ 49억원

정답 | ④

- 유류분 산정 기초재산 = 상속개시 시의 상속재산 + 증여재산 – 채무액
- 증여재산 (1) 상속인 : 기간제한 없이 무조건 가산
  (2) 비상속인 : 1년 이내 증여재산 가산
  (3) 유류분 침해사실 알고 쌍방이 증여한 경우 : 기간제한 없이 증여재산에 가산
- 유류분 산정 기초재산 = 14억원 + 14억원 + 21억원 – 7억원 = 42억원

21 유류분에 대한 설명으로 적절하지 않은 것은?

① 대습상속인은 피대습자의 상속분 범위 안에서 유류분을 가진다.
② 유류분 반환의무자가 증여받은 재산의 시가는 증여 당시를 기준으로 하여 산정한다.
③ 직계존속 및 형제자매의 유류분 비율은 법정상속분의 3분의 1이다.
④ 유류분 권리자는 상속이 개시되었다는 사실과 증여 또는 유증이 있었다는 사실 및 그것이 반환하여야 할 것임을 안 때로부터 1년 내에 행사해야 한다.
⑤ 유류분 반환청구는 유증을 받은 자를 상대로 먼저 반환을 청구하고 여전히 유류분 침해액이 남아 있는 경우 증여받은 자에게 그 부족분을 청구할 수 있다.

정답 | ②
② 유류분 반환의무자가 증여받은 재산의 시가는 상속개시 당시를 기준으로 하여 산정한다.

22 단순승인에 대한 설명으로 적절하지 않은 것은?

① 상속인의 선택에는 단순승인, 한정승인, 상속포기가 있다.
② 상속포기한 후에라도 상속재산을 은닉했다면 단순승인한 것으로 간주한다.
③ 상속개시가 있음을 안 날로부터 3개월 내에 한정승인 또는 포기하지 않으면 단순승인한 것으로 간주한다.
④ 상속인이 상속재산을 처분한 때에는 단순승인한 것으로 간주한다.
⑤ 상속인이 상속을 포기함으로써 다음 순위 상속인이 상속을 승인한 때에 상속을 포기한 사람이 상속재산을 부정소비하였다면 상속의 승인으로 본다.

정답 | ⑤
⑤ 상속인이 상속을 포기함으로써 다음 순위 상속인이 상속을 승인한 때에는 상속을 포기한 사람이 상속재산을 부정소비하여도 상속의 승인이 되지 않는다.

23 한정승인에 대한 설명으로 적절하지 않은 것은?

① 한정승인 신고서에는 상속재산의 목록을 첨부해야 한다.
② 상속인이 중대한 과실 없이 3개월 내에 상속채무의 초과 사실을 알지 못하고 단순승인을 한 경우에는 그 사실을 안 날로부터 3개월 이내에 한정승인할 수 있다.
③ 상속인이 상속채무가 상속재산을 초과한다는 사실을 중대한 과실 없이 법정 기한 내에 알지 못하였다는 점은 상속인이 입증해야 한다.
④ 한정승인 신고가 수리되더라도 피상속인의 채무는 여전히 유효하며, 물려받은 재산의 한도에서 피상속인의 채무와 유증을 변제할 수 있게 된다.
⑤ 고의로 재산목록에 기재를 누락하면 상속포기한 것으로 간주될 수 있다.

정답 | ⑤
⑤ 고의로 재산목록에의 기재를 누락하면 단순승인한 것으로 간주될 수 있다.

24 상속의 포기에 대한 설명으로 적절하지 않은 것은?

① 상속포기 시 가정법원에 상속포기서를 제출해야 한다.
② 상속포기 당시 첨부된 재산목록에 포함되어 있지 않은 재산에는 상속포기의 효력이 미치지 않는다.
③ 선순위 상속인이 상속을 포기하는 경우 후순위 상속인에게 재산이 상속된다.
④ 채무가 재산보다 많은 것이 명백하다면 상속포기를 하는 것이 바람직하다.
⑤ 상속개시가 있음을 알게 된 날로부터 3개월 이내에 가정법원에 상속포기 신고를 해야 한다.

정답 | ②
② 상속포기 당시 첨부된 재산목록에 포함되어 있지 않은 재산에도 상속포기의 효력이 미친다.

CHAPTER 03 유언설계

PART 08

학습 가이드

출제 비중 : 12~16%(3~4문항)

학습 목표	교재 페이지	학습 중요도
• 지식형 및 사례형에서 빈번히 출제되므로 깊이 있는 학습 필요 • 응용형 문제가 출제될 수 있음 • 사례형 시나리오에 유언장이 포함될 수 있음		
3-1. 유언으로 할 수 있는 법률행위와 유언능력 등에 대해 설명할 수 있다.	99~108	★★★
3-2. 다양한 유언방식의 요건을 알고 상속설계에 활용할 수 있다.	109~123	★★★
3-3. 유언의 효력발생(무효, 취소, 철회)에 대해 설명할 수 있다.	124~131	★★★

★★★
01 민법에서 정하는 법정 유언사항으로 적절하지 않은 것은?

① 재단법인의 설립
② 상속재산 분할방법의 지정 또는 위탁
③ 유언집행자의 지정 또는 위탁
④ 후견인 지정
⑤ 보통양자의 입양

정답 | ⑤

⑤ 입양은 유언으로는 불가능하다.
※ **유언으로 할 수 있는 법률행위** : 재단법인의 설립, 친생부인, 유증, 인지, 후견인 지정, 상속재산 분할방법의 지정 또는 위탁, 상속재산 분할금지, 유언집행자의 지정 또는 위탁, 신탁 등

02 유증에 대한 설명으로 적절하지 않은 것은?

① 유증은 유언자의 단독행위로 유증받는 자의 별도의 의사표시가 필요 없다.
② 유언의 방식에 흠결이 있어 유증이 무효면 사인증여의 요건을 갖추고 있더라도 사인증여의 효력은 인정되지 않는다.
③ 부담부유증 시 부담의 내용은 유증 목적물의 가액을 초과할 수 없다.
④ 유언으로 재단법인을 설립하는 경우 그 설립 목적은 반드시 비영리를 추구해야 한다.
⑤ 유언으로 상속재산을 최대 5년까지 분할할 수 없도록 지정할 수 있다.

정답 | ②
② 유언의 방식에 흠결이 있어 유증이 무효라 하더라도 사인증여의 요건을 갖추고 있으면 사인증여의 효력은 인정된다.

03 유언으로 할 수 있는 법률행위에 대한 설명으로 적절하지 않은 것은?

① 친생부인소송은 그 사유가 있음을 안 날로부터 2년 이내 제기해야 한다.
② 친생부인청구를 인용하는 판결이 확정되면 자녀와의 부자관계가 소급해서 소멸한다.
③ 인지는 태아와 사망한 자녀에 대해서도 할 수 있다.
④ 유언으로 후견인을 지정하는 것은 미성년자에게 친권을 행사하는 부모가 하는 것이다.
⑤ 신탁재산을 관리하는 수탁자는 영리 또는 비영리와 관계없이 누구나 될 수 있다.

정답 | ⑤
⑤ 신탁재산을 관리하는 수탁자는 비영리(무보수)이면 신탁업법의 적용을 받지 않기 때문에 누구나 될 수 있다.

04 자필증서 유언에 대한 설명으로 적절하지 않은 것은?

① 전문, 연월일, 주소, 성명, 날인 등 5가지가 필수사항이다.
② 타인에게 대필을 시키거나 인쇄한 유언서는 자필증서 유언으로 인정되지 않고 무효이다.
③ 문장을 삽입, 삭제, 변경할 때에는 유언자가 자서하여야 한다.
④ 민법은 자필증서 유언에 있어 유언자의 자필서명과 날인을 동시에 요구하고 있다.
⑤ 연월일은 자필증서유언을 작성한 날로서 그 작성일을 특정할 수 있게 기재하여야 한다.

정답 | ③
③ 문장을 삽입, 삭제, 변경할 때는 유언자가 자서하고 날인하여야 한다.

05 다음 비밀증서 유언에 관한 설명 중 적절하지 않은 것은?

① 비밀증서 유언으로서 흠결이 있더라도, 그 봉서 내에 있는 증서가 자필증서방식에 적합한 때에는 자필증서에 의한 유언으로 본다.
② 비밀증서 방식으로 봉서된 유언장은 그 표면에 기재된 날로부터 7일 이내에 확정일자를 받아야 한다.
③ 비밀증서 유언은 2인 이상의 증인을 필요로 한다.
④ 비밀증서 유언은 유언의 존재는 명확히 해주고 싶지만, 유언의 내용을 비밀로 해두고 싶을 때 유용하다.
⑤ 비밀증서 유언은 공증인 또는 법원서기에게 제출하여 확정일자인을 받아야 한다.

정답 | ②
② 그 표면에 기재된 날로부터 5일 이내에 확정일자를 받아야 한다.

06 다음 공정증서 유언에 관한 설명 중 적절하지 않은 것은?

① 공정증서 유언은 유언자가 필기한 유언서를 공증인에게 공증받는 방식의 유언방식이다.
② 공정증서 유언은 분실, 위조, 변조, 은닉 등의 위험이 없는 가장 확실하고 안전한 방식이다.
③ 공정증서 유언은 2명 이상의 증인이 필요하다.
④ 공정증서 유언은 유언장 원본이 공증인에 의해 필기, 보관된다.
⑤ 공정증서 유언은 유언의 내용이 타인에게 누설되기 쉽고 비용이 든다는 단점이 있다.

정답 | ①
① 공정증서 유언은 유언자가 수구하고 공증인이 필기하는 방식의 유언이다.

07 구수증서 유언 방식에 대한 설명으로 적절하지 않은 것은?

① 구수증서 유언은 질병 기타 급박한 사유로 보통 방식의 유언이 불가능한 경우에만 가능하다.
② 구수증서 유언은 증인 또는 이해관계인이 검인을 신청하여야 한다.
③ 구수증서 유언은 1명 이상의 증인이 필요하다.
④ 급박한 사유가 종료한 날로부터 7일 이내에 가정법원에 검인을 신청하여야 한다.
⑤ 구수증서 유언은 유언자가 증인 중 1인에게 유언의 취지를 구수하여야 한다.

정답 | ③
③ 구수증서 유언은 2명 이상의 증인이 필요하다.

08 유언의 효력 및 관리에 대한 적절한 설명으로만 모두 묶인 것은?

> 가. 유언에 의한 인지의 경우 효력이 생기는 것은 유언자가 사망한 때이며 신고한 때가 아니다.
> 나. 아들이 혼인할 때에 특정 부동산을 준다는 정지조건이 있는 유언의 경우 유언자의 사망 후 그 조건이 성취되면 비로소 아들에게 부동산 소유권이전등기청구권이 생긴다.
> 다. 유언에 의한 재단법인이 설립되면 출연재산은 재단법인이 설립한 당시에 법원에 귀속된 것으로 본다.
> 라. 딸이 취직할 때까지 매달 100만원을 생활비로 지원한다는 유언을 남긴 경우 딸이 취직하면 그 유언은 효력을 잃는다.

① 가, 나
② 나, 다
③ 가, 나, 라
④ 가, 다, 라
⑤ 나, 다, 라

정답 | ③
다. 재단법인이 설립되면 출연재산은 유언의 효력이 발생한 때에 소급하여 법원에 귀속된 것으로 본다.

09 유증의 무효와 취소에 대한 설명으로 적절하지 않은 것은?

① 유언이 무효가 되면 유언의 효력은 처음부터 발생하지 않은 것으로 본다.
② 민법이 정한 5가지 방식의 유언의 요건을 갖추지 않은 유언은 무효이다.
③ 민법에서 정한 유언의 취소사유가 발생한 경우 이미 발생한 유언의 효력을 소급적으로 무효로 만든다.
④ 유언자가 사기 또는 강박에 의해 유언을 한 경우 그 유언자만 유언을 취소할 수 있다.
⑤ 유언의 취소사유에는 착오, 사기 또는 강박, 부담부유언의 의무불이행, 부담 있는 유증의 취소 등이 있다.

정답 | ④
④ 유언자가 사기 또는 강박에 의해 유언을 한 경우 유언자, 상속인 또는 유언집행자가 그 유언을 취소할 수 있다.

10 유언의 유효성 검증방법에 대한 설명으로 적절하지 않은 것은?

① 검인이 필요한 유언에는 자필증서, 녹음, 비밀증서 유언이 있다.
② 검인의 절차 1단계는 검인의 청구, 2단계는 유언서의 개봉, 3단계는 검인 절차이다.
③ 적법한 유언증서로서 효력이 발생하기 위해서는 검인이나 개봉 절차가 매우 중요하다.
④ 법원의 검인은 위조 및 변조를 방지하고 그 보존을 확실히 하기 위한 절차일 뿐 유언증서의 효력 여부를 심판하는 것은 아니다.
⑤ 유언증서를 개봉할 때에는 유언자의 상속인, 그 대리인, 그 밖의 이해관계인의 참여가 있어야 한다.

정답 | ③
③ 적법한 유언증서는 유언자의 사망에 의하여 곧바로 효력이 발생하므로 검인이나 개봉 절차의 유무에 의하여 그 유언의 효력이 영향을 받지는 않는다.

CHAPTER 04 상속설계의 실행과 조정

PART 08

학습 가이드 ■■

출제 비중 : 4~12%(1~3문항)

학습 목표	교재 페이지	학습 중요도
• 응용형 문제가 출제될 수 있음		
• 법률 용어, 개념, 상황에 따른 법률관계의 변화 등에 대해 깊이 있는 학습 필요		
4-1. 상속개시 전 상속재산의 이전방식에 대해 설명할 수 있다.	135~146	★★★
4-2. 상속개시 후 발생하는 상속재산의 분할방법을 알 수 있다.	147~157	★★★
4-3. 상속 관련 분쟁의 주요 원인과 해결방안에 대해 설명할 수 있다.	158~164	★★★
4-4. 보호가 필요한 상속인들을 위한 제도적 장치를 알 수 있다.	165~173	★★★

★★★
01 재산이전의 기본원칙에 대한 적절한 설명으로만 모두 묶인 것은?

> 가. 동산이란 토지나 건물에 항구적으로 부착되어 있지 않아 이동할 수 있는 물건을 가리키며, 예로는 목재가 있다.
> 나. 물권은 특정한 물건을 직접적이고 배타적으로 지배하는 권리라는 점에서 간접적이며 상대적인 채권과는 비교된다.
> 다. 채권의 대표적인 발생 원인으로는 계약을 들 수 있으며 그 외에도 사무관리, 부당이득, 불법행위에 의해서도 채권이 발생한다.
> 라. 부동산 소유권의 이전은 점유를 이전하는 것으로 완료된다.
> 마. 동산 소유권의 이전은 점유의 이전과 등기가 필요하다.

① 가, 나, 다
② 가, 다, 마
③ 나, 다, 라
④ 나, 다, 마
⑤ 나, 라, 마

정답 | ①
라. 부동산 소유권의 이전은 점유의 이전과 등기가 필요하다.
마. 동산 소유권의 이전은 점유를 이전하는 것으로 완료된다.

02 상속개시 전 실행하는 사전증여에 대한 설명으로 적절하지 않은 것은?

① 증여의 대상이 되는 재산은 반드시 증여자 자신의 것일 필요는 없다.
② 서면에 의한 증여는 증여계약서를 작성하거나 구두 약속만으로 성립한 증여계약이다.
③ 증여한 재산에 결함이 있는 경우 증여자가 부담하여야 할 책임을 증여자의 담보책임이라 하며 특정물 증여의 경우 원칙적으로 증여자는 담보책임을 부담하지 않는다.
④ 부담부증여의 경우 수증자 부담의 한도에서 담보책임을 진다.
⑤ 서면에 의하지 않은 증여의 경우 실제로 이행되기까지 증여자·수증자의 어느 쪽으로부터라도 증여계약을 취소할 수 있다.

정답 | ②
② 서면에 의한 증여는 증여계약서를 작성하여 증여하는 것이다. 구두 약속은 해당되지 않는다.

03 상속개시 전 실행하는 채권, 채무관계의 정리에 대한 적절한 설명으로만 모두 묶인 것은?

> 가. 채권의 행사는 채권상의 권리를 채무자에게 청구하는 것이다.
> 나. 채권이 정한 기한이 도래하거나 채무자가 기한의 이익을 상실한 경우 채권자는 채권을 행사하여 급부를 받을 수 있다.
> 다. 채무가 그 동일성을 유지하면서 인수인에게 이전하는 것을 목적으로 하는 계약을 채무의 인수라 한다.
> 라. 채권자와 인수인 사이의 채무인수계약은 계약성립 시 효력이 발생한다.
> 마. 일반적인 채권의 소멸시효는 발생한 날로부터 10년이다.

① 가
② 가, 나
③ 가, 나, 다
④ 가, 나, 다, 라
⑤ 가, 나, 다, 라, 마

정답 | ⑤
⑤ 모두 적절한 설명이다.

04 신탁에 대한 설명으로 적절하지 않은 것은?

① 우리나라는 신탁제도를 통한 상속세 감면 등의 절세 혜택이 있어 신탁의 활용도가 높다.
② 재산신탁은 다양한 형태로 재산을 처분하는 것을 가능하게 한다.
③ 생전의 신탁계약에 의하여 위탁자가 수익자보다 먼저 사망하면 수익자에게 수익권을 취득시키는 신탁계약을 사인처분으로서의 신탁계약이라 한다.
④ 유언의 의한 신탁은 유언에 의하여 재산권을 처분한다는 점에서 유증에 관한 민법의 규정이 유추 적용된다.
⑤ 수익자 연속신탁을 통해 위탁자가 사망 이후 자신이 원하는 대로 수익자를 순차적으로 지정할 수 있다.

정답 | ①
① 우리나라는 상속세 감면 혜택 등이 없어서 신탁의 활용도가 낮다.

05 재산신탁의 종류와 그 설명이 올바르게 연결된 것은?

가. 생전의 신탁계약에 의하여 위탁자가 수익자보다 먼저 사망하면 수익자에게 수익권을 취득시키는 신탁계약이다.
나. 자기 또는 제3자 소유의 재산 중에서 특정한 재산을 분리하여 그 재산을 자신이 수탁자로서 보유하고 수익자를 위하여 관리·처분한다는 것을 선언함으로써 설정하는 것이다.
다. 소유자가 자기 재산의 사후처분을 자신의 의사대로 실현키는 것으로서 자녀들이 반대하는 경우에도 재산의 기부가 가능하여 기부 활성화에 기여할 수 있다.
라. 재단법인을 만들지 않고서도 일정한 재산을 기부하여 투명하게 사용될 수 있는 방법이다.

A. 사인처분으로서의 신탁계약
B. 신탁선언에 의한 신탁
C. 공익신탁
D. 유언대용신탁

① 가-A, 나-B, 다-C, 라-D
② 가-A, 나-B, 다-D, 라-C
③ 가-A, 나-C, 다-B, 라-D
④ 가-A, 나-D, 다-C, 라-B
⑤ 가-D, 나-B, 다-C, 라-A

정답 | ②
가 : 사인처분으로서의 신탁계약
나 : 신탁선언에 의한 신탁
다 : 유언대용신탁
라 : 공익신탁

06 상속재산의 분할에 대한 설명으로 적절하지 않은 것은?

① 상속재산, 포괄 유증받은 재산은 개별적으로 분할하기 전까지 공동상속인의 공동소유이다.
② 상속재산의 처분은 상속인 전원의 동의가 필요하다.
③ 유언으로 상속개시일로부터 5년 이내의 기간 동안 상속재산의 분할을 금지할 수 있다.
④ 상증법상 재산평가와 일치하지 않을 경우 예측하지 못한 세금이 부과될 수 있으므로 상증법상의 평가기준에 따라 분할할 상속재산을 평가할 필요가 있다.
⑤ 분할방법으로는 유언분할, 협의분할, 조정·심판분할이 있으며 유언이 있는 경우에는 유언분할을 우선적으로 따른다.

정답 | ①
① 상속재산, 유증재산을 개별적으로 분할하기 전까지는 상속인과 포괄 유증받은 자의 공동소유이다.

07 상속재산분할의 효과에 대한 설명으로 적절하지 않은 것은?

① 분할에 의해 취득한 재산은 상속개시 시에 피상속인으로부터 직접 승계한 것으로 본다.
② 인지 또는 재판의 확정에 의해 공동상속인이 된 자는 다른 공동상속인에 대하여 가액의 반환을 청구할 수 있다.
③ 상속재산분할 시점이나 변제를 청구할 수 있을 때 채무자에게 변제 자력이 있었으나 그 후 무자력이 된 경우에도 다른 공동상속인은 담보책임을 진다.
④ 분할재산에 하자가 발견되면 다른 상속인에 대해서 손해배상청구를 할 수 있다.
⑤ 원칙적으로 상속분, 유증받을 지분에 맞게 분할되어야 하나 반드시 상속분과 분할재산의 비율이 일치해야 할 필요는 없다.

정답 | ③
③ 상속재산분할 시점이나 변제를 청구할 수 있을 때 채무자에게 변제 자력이 있었으나 그 후 무자력이 된 경우에는 다른 공동상속인의 담보책임은 없다.

08 상속등기에 대한 설명으로 적절하지 않은 것은?

① 상속 시 부동산의 소유권은 등기를 함으로써 상속인에게 이전된다.
② 상속인이 상속받은 부동산을 제3자에게 처분하려면 우선 자신에게 소유권이전등기를 하고 이를 처분해야 한다.
③ 등기는 상속인 본인, 유증받은 상속인 그 밖의 유언집행자와 소유자가 공동신청할 수 있다.
④ 부동산의 등기는 부동산 소재지를 관할하는 지방법원, 그 지원 또는 등기소에서 담당한다.
⑤ 부동산의 매매계약을 체결한 후에 등기권리자 또는 등기의무자가 사망한 경우에는 그 상속인이 매매계약의 체결에 따른 부동산이전등기를 신청할 수 있다.

정답 | ①
① 상속이 개시되면 그때부터 피상속인의 재산에 관한 포괄적 권리의무를 승계하므로 부동산의 소유권은 등기 없이도 상속개시 시 상속인에게 이전된다.

09 상속인 보호를 위한 제도적 장치에 대한 설명으로 적절하지 않은 것은?

① 보호가 필요한 상속인으로는 미성년자, 장애인, 성년후견, 재산낭비자인 상속인 등이 있다.
② 19세 미만의 자는 미성년자로 기본적으로 법률행위가 제한되고 법정대리인의 동의를 받아야 한다.
③ 미성년후견인 지정은 유언뿐만 아니라 유언집행자를 통해서도 가능하다.
④ 유언집행자를 통하여 미성년자인 상속인에 대한 사항을 지시할 수 있다.
⑤ 피상속인은 사인증여, 신탁, 제3자를 위한 계약 등의 재산관리 행위를 통하여 미성년자 등을 보호하는 대책을 수립할 수 있다.

정답 | ③
③ 미성년후견인 지정은 반드시 유언으로 하여야 한다.

CHAPTER 05 상속세 및 증여세

PART 08

학습 가이드 ■ ■

출제 비중 : 40~44%(10~11문항)

학습 목표	교재 페이지	학습 중요도
• 지식형 및 사례형에서 빈번히 출제되므로 깊이 있는 학습 필요 • 응용형 문제, 계산문제가 빈번히 출제되므로 이에 대한 학습 필요 • 민법 규정과 상속세 및 증여세법 규정의 차이에 대한 학습 필요 • 상속세와 증여세의 경우 사례형에서「세금설계」의 부동산 세금 및 금융자산 관련 세금과 연계되어 출제되는 경우가 많으므로 이에 대한 학습 필요		
5-1. 상속에 관한 민법과 세법의 차이 및 상속세 및 증여세 상호관계를 알 수 있다.	177~179 (217~222)	★★★
5-2. 상속세 과세체계를 알고 계산할 수 있다.	180~217 (353~359)	★★★
5-3. 증여세 과세체계를 알고 계산할 수 있다.	223~247 (350~353)	★★★
5-4. 증여의 예시 및 추정 규정 등을 알고 계산할 수 있다	248~269	★★★
5-5. 부담부증여에 대해 이해하고 분석할 수 있다	269~270	★★★
5-6. 조세특례제한법상 증여세 과세특례 규정을 이해하고 활용할 수 있다	271~284	★★★
5-7. 상속·증여재산의 평가기준 및 평가방법을 알고 계산할 수 있다	285~299	★★★
5-8. 상속세 및 증여세 절세전략을 이해하고 활용할 수 있다	300~342	★★★
5-9. 금융상품을 활용한 상속세 및 증여세 절세방안을 이해하고 활용할 수 있다	343~349	★★★

★★★
01 상속세 및 증여세법상 상속세와 증여세에서 동일하게 적용되는 규정으로만 모두 묶인 것은?

> 가. 재산평가방법   나. 감정평가수수료 공제제도
> 다. 관할 세무서   라. 신고세액공제율
> 마. 분납 및 연부 연납

① 가, 나, 다
② 나, 라, 마
③ 다, 라, 마
④ 가, 나, 라, 마
⑤ 가, 다, 라, 마

정답 | ④
다. 상속세 관할 세무서는 피상속인의 주소지 관할 세무서, 증여세 관할 세무서는 수증자의 주소지 관할 세무서로 한다.

02 상속세와 증여세의 관계에 대한 설명으로 적절하지 않은 것은?

① 상속세는 피상속인이, 증여세는 수증자가 과세체계의 주체이다.
② 우리나라 상속세는 유산세 과세방식을, 증여세는 유산취득세 과세방식을 적용한다.
③ 세법상 상속(또는 증여)에 관한 규정을 적용할 경우에, 민법과 세법에 다른 규정이 있을 경우에는 민법을 우선 적용한다.
④ 상속세와 증여세의 부과제척기간은 동일한 규정을 적용한다.
⑤ 수증자가 영리법인인 경우에 영리법인은 법인세를 납부해야 한다.

정답 | ③
③ 세법을 우선 적용한다.

03 상속세에 대한 설명으로 적절한 것은?

① 실종 선고 시 상속개시일은 실종기간의 만료일이다.
② 상속인이 비거주자인 경우에는 국내소재 상속재산에 대하여만 과세한다.
③ 피상속인이 거주자인 경우에 관할 세무서는 국내 상속재산 소재지이다.
④ 피상속인의 사망일이 5월 5일이면, 원칙적으로 과세표준 신고기한은 같은 해 11월 5일이다.
⑤ 비영리법인도 상속세를 납부할 의무가 있다.

정답 | ⑤
① 상속세에서는 실종선고일이 상속개시일이다.
② 피상속인이 비거주자인 경우에는 국내소재 상속재산에 대하여만 과세한다.
③ 피상속인이 거주자인 경우에 관할 세무서는 피상속인의 주소지 관할 세무서이다.
④ 상속개시일이 속한 달의 말일로부터 6개월인 11월 30일이 과세표준 신고기한이다.

04 상속세 과세가액 계산 시 포함되지 않는 경우로 적절한 것은?

① 상속개시일 6년 전에 피상속인이 상속인에게 증여한 토지가액 5억원
② 피상속인이 상속개시일 1년 2개월 전에 처분한 아파트의 처분가액 4억원의 용도가 객관적으로 명백하지 않은 경우
③ 피상속인이 상속개시일 6개월 전에 부담한 채무 3억원의 용도가 객관적으로 명백하지 않은 경우
④ 피상속인의 사망으로 지급받는 생명보험의 보험금 1억원(보험계약자가 피상속인 외의 자이지만 피상속인이 실질적으로 보험료를 납부한 것으로 확인됨)
⑤ 피상속인에게 지급될 퇴직금 1억원이 피상속인의 사망으로 인하여 지급된 경우

정답 | ②
② 추정상속재산가액은 1년 이내 2억, 2년 이내에 5억원 이상의 경우로 사용 용도가 분명하지 않은 일정한 금액에 대해 상속재산으로 본다.

05 2023년 10월 5일 현재 상속개시되었고, 피상속인의 처분재산은 2022년 1월 5일 토지 300,000천원이며 이 중 200,000천원을 용도 입증, 2023년 4월 5일 건물 230,000천원 중 210,000천원을 입증하였다. 이때 추정상속재산으로 적절한 것은?

① 14,000천원
② 15,000천원
③ 16,000천원
④ 17,000천원
⑤ 18,000천원

정답 | ①
- 추정상속재산가액 = (재산처분 · 순인출 및 채무부담으로 얻은 금액 – 용도가 입증된 금액) – Min[재산처분 등으로 얻은 금액×20%, 2억원]
- 부동산 처분가액이 2년 이내 5억 이상이므로 (530,000 – 410,000) – Min(530,000×20%, 2억) = 14,000천원을 추정상속재산으로 본다.

06 다음 중 총상속재산가액에 대한 설명으로 적절한 것은?

① 피상속인이 신탁받은 재산은 상속재산에 포함된다.
② 거주자의 사망으로 상속이 개시되는 경우 상속세 과세가액 계산 시 총상속재산가액에서 차감하는 장례비용은 납골시설의 사용에 소요된 금액을 포함하여 최대 1천 2백만원이다.
③ 피상속인이 상속개시일 1년 5개월 전에 처분한 토지의 처분가액 3억원의 용도가 객관적으로 명백하지 않으나, 과세관청이 사전에 증여되었음을 입증하면 과세가액에 산입된다.
④ 상속재산에 가산한 증여재산가액은 상속개시 당시 증여재산평가액이다.
⑤ 상속개시일 13년 전에 피상속인이 상속인에게 증여한 10억원의 창업자금(특례규정 적용받았음)은 상속재산에 포함되지 않는다.

정답 | ③
① 피상속인이 신탁한 재산은 상속재산에 포함된다(간주상속재산).
② 거주자의 사망으로 상속이 개시되는 경우 상속세 과세가액 계산 시 총상속재산가액에서 차감하는 장례비용은 납골시설의 사용에 소요된 금액을 포함하여 최대 1천 5백만원이다.
④ 당초 증여일 현재 증여재산평가액이다.
⑤ 증여세특례 창업자금, 증여세특례 가업승계재산은 증여 시기에 관계없이 상속재산에 가산된다.

07 거주자 나고객 씨는 2023년 4월 27일에 사망하였다. 사망 당시 가족으로는 배우자, 자녀 2명이 있으며, 자녀는 모두 결혼하여 각각 1명씩 자녀가 있다. 나고객 씨가 사망 전에 증여한 다음 자료를 토대로 상속재산에 가산할 증여재산가액을 계산하면 얼마인가?

수유자	증여일	증여재산	증여일 증여재산평가액	상속일 증여재산평가액
배우자	2012년 11월 18일	주식	300,000천원	400,000천원
아들	2016년 10월 13일	아파트	400,000천원	500,000천원
손자	2017년 12월 23일	토지	300,000천원	350,000천원
딸	2021년 10월 16일	상가	500,000천원	520,000천원

① 300,000천원
② 500,000천원
③ 540,000천원
④ 600,000천원
⑤ 900,000천원

정답 | ⑤
• 상속개시일 전 10년 이내에 피상속인이 상속인에게 증여한 재산 : 아들(아파트), 딸(상가)
• 상속개시일 전 5년 이내에 피상속인이 상속인이 아는 자에게 증여한 재산 : 없음
• 상속재산에 가산할 증여재산가액은 당초 증여일 현재의 증여재산평가액
∴ 가산할 증여재산가액 = 400,000천원 + 500,000천원 = 900,000천원

08 상속공제에 대한 설명으로 적절한 것은?

① 거주자의 사망(비거주자의 사망 제외)으로 상속이 개시되는 경우에 2억원을 기초공제한다.
② 거주자 또는 비거주자의 사망으로 상속이 개시되는 경우 최대 2억원의 금융재산상속공제를 적용한다.
③ 거주자의 사망으로 상속이 개시되었으나 상속세 신고기한 이내에 상속세 과세표준신고가 없는 경우에는 일괄공제를 적용할 수 없다.
④ 상속인이 배우자 단독일 경우에는 일괄공제 5억원을 공제한다.
⑤ 영농상속에 해당하는 경우에는 영농상속재산가액을 상속공제로 적용하되, 20억원을 한도로 한다.

정답 | ⑤
① 비거주자 사망을 포함한다.
② 비거주자는 제외이다.
③ 일괄공제의 적용이 가능하다.
④ 상속인이 배우자 단독일 경우에는 기초공제와 그 밖의 인적공제를 합한 금액을 공제한다.

09 상속공제에 대한 설명으로 적절한 것은?

① 자녀 1명당 5천만원을 공제하되, 2명을 한도로 한다.
② 상속인(배우자 제외) 및 동거가족 중 장애인에 대하여 '1,000만원 × 기대여명까지의 연수'의 금액을 공제한다.
③ 가업상속공제의 요건을 충족한 가업상속재산가액이 300억원(가업영위기간 12년)인 경우에 가업상속공제액은 200억원이다.
④ 다른 상속인이 상속을 포기하여 배우자가 혼자 상속받는 경우에도 일괄공제를 선택할 수 있다.
⑤ 상속개시일 현재 피상속인이 현금 8억원을 보유한 경우에 금융재산상속공제액은 1억 6천만원이다.

정답 | ④
① 인원의 한도는 없다.
② 장애인공제는 배우자를 포함한다.
③ 가업상속공제액 = Min[가업상속재산가액, 사업영위기간에 따른 공제^{주)}]
  주) 10년 이상 20년 미만 300억, 20년 이상 30년 미만 400억, 30년 이상 600억원 적용
    가업상속공제액 = min[300억, 10년 이상 20년 미만 300억] = 300억원
⑤ 현금은 금융재산이 아니다.

10 가업상속공제를 받기 위한 상속인의 요건으로 적절하지 않은 것은?

① 상속개시일 현재 18세 이상이어야 한다.
② 피상속인의 사업영위기간이 계속하여 25년이라면 최대 400억원을 공제받을 수 있다.
③ 피상속인은 가업 영위기간 가업을 10년 이상 계속 경영하면서 기업의 영위기간 중 50% 이상의 기간을 대표이사로 재직하거나, 상속개시일로부터 소급하여 10년 중 5년 이상의 기간을 대표이사로 재직해야 한다.
④ 요건을 갖춘 상속인 1명이 해당 가업의 전부를 상속받아야 한다.
⑤ 요건을 갖춘 상속인은 상속세 신고기한으로부터 3년 이내에 대표이사(대표자)로 취임해야 한다.

정답 | ⑤
⑤ 요건을 갖춘 상속인은 상속세 신고기한으로부터 2년 이내에 대표이사(대표자)로 취임해야 한다.

11 상속세에 대한 설명으로 적절한 것은?

① 상속세 산출세액이 50만원 미만이면 상속세를 부과하지 않는다.
② 민법상 대습상속인 경우에도 할증세액을 적용한다.
③ 상속세를 과세표준 신고기한 이내에 신고만 하고 납부를 하지 않은 경우에도 신고세액공제를 받을 수 있다.
④ 상속개시 전에 발생한 자연재해로 상속재산이 멸실되었을 때에는 재해손실공제를 적용받을 수 있다.
⑤ 동거주택상속공제의 요건을 갖춘 주택가액이 8억원인 경우에 공제액은 3억 2천만원이다.

정답 | ③
① 과세표준이 50만원 미만이면 상속세를 부과하지 않는다.
② 민법상 대습상속의 경우는 할증세율을 적용하지 아니한다.
④ 상속개시 후 상속세 과세표준 신고기한 내에 발생한 자연재해로 상속재산이 멸실되었을 때에 재해손실공제를 적용받을 수 있다.
⑤ 8억원×100% = 8억원(한도 6억원)

★★★
12 상속세의 납부에 대한 설명으로 적절하지 않은 것은?

① 납부할 금액이 1천 8백만원인 경우에 납부기한이 경과한 날부터 2개월 이내에 1천만원을 분납할 수 있다.
② 연부 연납은 납부세액이 2천만원을 초과하는 경우에 신청 가능하며, 일반적으로 연부연납 허가를 받은 날로부터 10년 이내에 연부연납 할 수 있다.
③ 물납은 상속재산 중 부동산과 유가증권의 가액이 해당 상속재산가액의 50%를 초과, 상속세 납부세액이 2천만원 초과, 상속세 납부세액이 상속재산가액 중 금융재산의 가액을 초과하는 경우에 납세의무자의 신청을 받아 허가할 수 있다.
④ 상속세 신고 시 연부연납을 하기 위해서는 담보를 제공하여야 한다.
⑤ 상속세를 연부연납으로 납부할 경우 각 분할납부세액의 납부일 현재 연 2.9%에 해당하는 금액을 추가로 납부하여야 한다.

정답 | ①
① 1천만원 초과 시 1천만원 초과금액인 8백만원을 분납할 수 있다.

★★★
13 상속세 신고 및 납부에 대한 설명으로 적절하지 않은 것은?

① 무신고불성실가산세는 산출세액 계의 20%이다.
② 과소신고불성실가산세는 산출세액 계의 10%이다.
③ 납부불성실가산세는 '미납부세액 또는 부족세액 × 지연납부일수 × 22/100,000'이다.
④ 신고세액공제율은 3%이다.
⑤ 신고세액공제액은 할증세액을 제외한 산출세액을 기준으로 계산한다.

정답 | ⑤
⑤ 신고세액공제액은 할증세액을 포함한 산출세액을 기준으로 계산한다.
※ 신고세액공제는 2019년 1월 1일 이후 상속개시분부터는 3%이다.

14 다음 중 증여세에 대한 설명으로 적절한 것은?

① 영리법인은 물론 비영리법인도 증여세 납세의무가 없다.
② 거주자가 비거주자에게 국외에 있는 재산을 증여하는 경우에는 원칙적으로 증여자가 증여세를 납부할 의무가 있다.
③ 아파트를 증여하는 경우에 증여시기는 증여계약일이다.
④ 상속개시 후 상속재산에 대한 각 상속인의 상속분이 확정되어 등기 등이 된 후, 그 상속재산에 대하여 공동상속인이 협의분할한 결과 특정 상속인이 당초 상속분을 초과하여 취득하는 재산가액은 예외 없이 그 분할에 의하여 상속분이 감소한 상속인으로부터 증여받은 재산에 포함된다.
⑤ 금전을 증여받은 후 당사자 사이의 합의에 따라 증여세 과세표준 신고기한 이내에 반환하는 경우에는 처음부터 증여가 없었던 것으로 본다.

정답 | ②
① 비영리법인의 경우 증여세 납세의무가 있다.
③ 등기등록을 요하는 재산의 경우 소유권이전등기·등록 신청서 접수일이 증여시기이다.
④ 상속세 과세표준신고기한 이내에 재분할 시는 제외된다.
⑤ 금전은 제외된다.

15 거주자 나고객(37세) 씨는 유복한 가정에서 태어나 지금까지 많은 재산을 증여받았다. 2023년 1월 16일에 아버지로부터 증여를 받았을 때 나고객 씨가 지금까지 증여받은 내역에 대한 다음 자료를 토대로 금번 증여에 따른 증여세를 계산할 경우, 합산과세되는 과거의 증여재산 가산금액은 얼마인가?

증여자	증여일	증여재산	증여재산평가가액
아버지	2011년 3월 17일	아파트	3억원
어머니	2017년 7월 21일	토지	5억원
할아버지	2021년 5월 26일	주식	4억원
아버지	2023년 1월 16일	상가	3억원

① 0원
② 1억원
③ 2억원
④ 5억원
⑤ 9억원

정답 | ④
• 10년 이내 동일인에게 증여받은 재산만 합산과세된다.
• 증여자가 직계존속인 경우 그 직계존속의 배우자도 동일인으로 본다.
따라서 금번 증여에 합산과세되는 과거의 증여재산가액은 어머니로부터 받은 5억원이다.

16 세법상 증여재산으로 적절한 것은?

① 상속분을 협의 분할하여 특정 상속인이 초과 취득한 재산가액
② 채무면제
③ 증여받은 재산을 증여세과세표준 신고기한 이내에 다시 반환하는 재산
④ 장애인을 수익자로 한 연간 4,000만원 이하의 보험금
⑤ 법률에 의하여 등록한 상이자를 수익자로 한 보험의 연간 4,000만원 이하의 보험금

정답 | ②
② 채무면제는 증여재산이다.

17 증여를 받은 경우에 증여세 과세가액에서 공제되는 항목으로 적절한 것은?

① 성년인 아들로부터 받을 때 : 1,500만원
② 장인으로부터 받을 때 : 3,000만원
③ 결혼한 지 1개월 된 처가 남편으로부터 증여받을 때 : 5억원
④ 12세인 아들이 부친으로부터 받을 때 : 1,500만원
⑤ 동생으로부터 받을 때 : 1,000만원

정답 | ⑤
① 5,000만원
② 1,000만원
③ 6억원
④ 2,000만원

18 거주자인 나고객 씨(27세)는 2023년 10월 29일에 어머니로부터 현금 200,000천원을 증여받았다. 나고객 씨가 친족 등으로부터 받은 증여재산의 가액이 다음과 같을 경우 모친으로부터 증여받은 재산의 과세표준으로 적절한 것은?

증여자	증여일	증여재산	증여재산평가액
할아버지	2020년 03월 03일	현금	15,000천원
아버지	2021년 06월 03일	상가	300,000천원
배우자	2022년 07월 13일	아파트	500,000천원

① 415,000천원
② 425,000천원
③ 450,000천원
④ 465,000천원
⑤ 500,000천원

정답 | ④
금번증여재산 200,000천원
(+) 합산증여재산 : 300,000천원(2017년 아버지에게 받은 상가)
(−) 증여공제 : −35,000천원(2016년 할아버지에게 증여받았을 때 15,000천원 공제받음)
∴ 과세표준 : 465,000천원

19 다음 정보를 참고했을 때 나고객(35세) 씨가 받은 각각의 증여에 대한 증여세 산출세액의 합계액으로 적절한 것은?

〈나고객 씨의 증여받은 내역〉
- 2023년 3월 1일 7억원(배우자로부터 증여받음)
- 2023년 4월 1일 5천만원(아버지로부터 증여받음)
- 2023년 5월 1일 2천만원(할아버지로부터 증여받음)

① 12,000천원
② 14,000천원
③ 14,150천원
④ 14,800천원
⑤ 15,000천원

정답 | ①
- 배우자 : (700,000 − 600,000)×10% = 10,000천원
- 아버지 : (50,000 − 50,000) = 0
- 할아버지 : (20,000 − 0)×10% = 2,000천원
∴ 증여세 합계 : 12,000천원

20 증여유형의 예시규정에 대한 설명으로 적절하지 않은 것은?

① 특수관계자에게 양도한 재산을 그 특수관계자가 양수일부터 3년 이내에 당초 양도자의 배우자·직계존비속에게 다시 양도한 경우에는 당초 양도자가 그의 배우자 등에게 직접 증여한 것으로 본다.
② 특수관계에 있는 자 간의 거래 시, 대가와 시가와의 차액이 시가의 30% 이상이거나 3억원 이상인 경우에는 증여에 해당한다.
③ 특수관계에 있는 자로부터 부동산을 무상으로 사용하는 경우에는 증여에 해당하며, 그 가액이 1억원 이상인 경우에만 과세대상이 된다.
④ 특수관계에 있는 자로부터 1억원 이상의 금전을 무상 또는 적정이자율보다 낮은 이자율로 대출받은 경우 적정이자율과 거래이자율과의 차액을 대출받은 자의 증여재산가액으로 평가한다.
⑤ 등기등록을 요하는 재산(토지와 건물 제외)의 경우에는 실제 소유자와 명의자가 다른 경우에도 그 명의자가 실제 소유자로부터 증여받은 것으로 본다.

정답 | ①
① 증여한 것으로 '추정'한다.

21 거주자 나고객 씨는 2022년 6월 9일 상가를 9억원에 취득하였다. 그러나 2023년 1월 관할세무서에서 취득자금을 소명하라는 안내장을 받았고 세법상 소명금액으로 인정받은 금액이 5억원일 경우 증여추정에 의한 증여재산가액으로 적절한 것은?

① 0원
② 180,000천원
③ 200,000천원
④ 220,000천원
⑤ 400,000천원

정답 | ⑤
- 증여추정금액의 경우 입증하지 못한 금액은 증여재산으로 추정한다. 단, 입증하지 못한 금액이 재산취득액의 20%와 2억원 중 적은 금액에 미달하는 경우에는 제외한다.
- 증여추정금액 = ① 입증하지 못한 금액 = 400,000천원
  ② Min[취득금액×20%, 2억] = Min[900,000천원 × 20% = 180,000천원, 200,000천원]
∴ 이 경우 입증하지 못한 금액이 취득금액의 20%와 2억원 중 적은 금액을 초과하므로 입증하지 못한 400,000천원을 증여재산가액으로 본다.

22 창업자금 및 가업승계 증여세 과세특례의 내용으로 적절한 것은?

① 둘 다 수증자가 18세 이상인 거주자 또는 비거주자이다.
② 둘 다 증여자는 60세 이상인 부모 또는 친인척이다.
③ 창업자금 특례는 토지·건물 등을 창업자금으로 최대 50억원을 한도로 증여할 수 있다.
④ 가업승계특례는 증여세 법정신고기한까지 가업에 종사하고, 증여일부터 3년 이내에 대표이사에 취임해야 한다.
⑤ 가업승계 증여세 과세특례의 세율은 10%이며 증여재산공제액은 10억원이다.

정답 | ④
① 비거주자는 제외된다.
② 친인척은 제외된다.
③ 창업자금 특례의 창업자금의 범위에는 토지·건물 등 양도소득세 과세대상자산은 제외되며, 창업자금 50억원(창업을 통하여 10명이상 신규고용 100억원)을 한도로 증여할 수 있다.
⑤ 가업승계에 대한 과세특례는 과세표준이 60억원을 초과하면 20% 세율을 적용하며 증여재산공제는 10억원이다.

23 상속세 및 증여세법상 재산평가방법에 대한 설명으로 적절한 것은?

① 상증법상 시가를 산정하기가 어려운 경우에는 재산의 종류와 규모 거래사항 등을 고려하여 감정평가액을 그 가액으로 평가한다.
② 증여일 전·후 3개월 사이에 매매가 있는 경우에 그 매매가액을 시가로 본다. 이때 평가기준일은 잔금일이다.
③ 상장법인의 주식은 상속개시일 전·후 6개월 사이에 매매가 있는 경우에 그 매매가액을 시가로 본다.
④ 토지는 원칙적으로 개별공시지가로 평가한다.
⑤ 해당 재산과 면적·위치·용도·종목이 동일하거나 유사한 다른 재산에 대한 매매 등의 가액이 있는 경우에도 해당 가액을 시가로 볼 수 있다.

정답 | ⑤
① 감정평가액을 그 가액으로 평가하는 것이 아니라 보충적평가방법에 의해 평가한다.
② 평가기준일은 등기접수일이다.
③ 상속개시일 이전 및 이후 2개월 종가평균으로 평가한다.
④ 원칙적으로 시가로 평가한다.

24 상속 및 증여재산의 보충적 평가방법에 대한 설명으로 적절한 것은?

① 부동산 과다보유 비상장법인의 주식은 1주당 순자산가치에 따라 평가한다.
② 예금은 평가기준일 현재 예입총액과 같은 날 현재 미수이자 합계액에서 원천징수세액을 차감한 가액으로 한다.
③ 아파트 분양당첨권은 분양가액으로 한다.
④ 주권상장법인 주식은 평가기준일 전 2월간에 공표된 매일의 최종시세가액의 평균액으로 평가한다.
⑤ 타인으로부터 매입한 비상장 사채는 평가기준일 현재 이를 처분하는 경우에 받을 수 있다고 예상되는 금액으로 평가한다.

정답 | ②
① 1주당 순손익가치와 1주당 순자산가치에 2 : 3 가중평균한 가액으로 평가한다.
③ 평가기준일까지 불입한 금액+평가기준일 현재 프리미엄 상당액으로 한다.
④ 평가기준일 이전 및 이후 2개월 종가평균으로 평가한다.
⑤ 매입가액 + 평가기준일까지의 미수이자상당액으로 평가한다.

25 증여받은 아래 임대상가의 매매사실 등이 없어 상증법상 임대상가의 시가를 산정하기 어려워 보충적 평가방법으로 평가한다고 가정할 경우 상증법상 증여재산의 평가가액은 얼마인가?

임대보증금	1년간 임대료	토지(개별공시지가)	건물(국세청장 산정 · 고시한 건물기준시가)
3억원	3,600만원	3억원	2억원

① 2억원
② 3억원
③ 4억원
④ 5억원
⑤ 6억원

정답 | ⑤
• 임대차 계약이 체결된 임대상가의 보충적 평가가액 = Max[①, ②]
• 보충적 평가방법에 의한 평가가액 = 3억원 + 2억원 = 5억원 ①
• (1년간 임대료 / 12%) + 임대보증금 = 3,600만원 / 12% + 3억원 = 6억원 ②
 ∴ 임대차계약이 체결된 임대상가의 보충적 평가가액 = Max[5억원, 6억원] = 6억원

26 상속 및 증여세 절세 방안에 대한 설명으로 적절하지 않은 것은?

① 사전증여재산을 선택할 때는 소득이 발생하는 재산을 증여하는 것이 중요하다.
② 상속개시일 이후 사후절세방안은 주로 상속세 신고와 관련된 절세방안으로 사전절세방안보다는 절세효과가 크지 않다.
③ 사후절세방안으로는 상속재산 공익법인 출연, 가업상속공제, 배우자상속공제, 동거주택상속공제, 신고세액공제를 활용하는 방안 등이 있다.
④ 증여할 의사가 있는 경우 손자녀보다는 자녀에게 전부 증여하는 것이 세대생략할증을 피할 수 있으므로 세금 면에서 유리하다.
⑤ 부담부증여 시 증여세와 부담분(채무)에 대한 양도소득세의 합계액이 순수증여 시의 증여세액보다 적으면 부담부증여를 선택하는 것이 증여세 및 양도소득세 면에서 유리하다.

정답 | ④

④ 증여할 의사가 있는 경우 자녀에게 전부 증여하는 것보다는 자녀와 손자녀에게 적절히 분배하여 증여하면 세금 면에서 유리할 수 있다.
※ 재산을 많이 보유한 자녀의 재산이 손자녀에게 상속이나 증여될 경우 보다 높은 세율이 적용될 수 있으므로 자녀와 손자녀에게 적절히 분배하는 것이 세금 면에서 유리하다.

CHAPTER 06 가업승계설계

PART 08

학습 가이드

출제 비중 : 0~4%(0~1문항)

학습 목표	교재 페이지	학습 중요도
• 개념 이해 중심으로 학습 필요		
6-1. 가업승계의 절차를 이해하고 실행할 수 있다.	363~406	★★★

01 가업승계에 대한 설명으로 적절하지 않은 것은?

① 가업승계의 목표는 가업의 전통성 계승 이외에 가업의 계속성 유지와 발전, 후계자 선정과 육성, 가업경영자의 노후설계, 세금대책 등으로 다양하다.
② 가업승계는 일반적으로 대기업보다는 중소기업에 보다 적합한 형태이다.
③ 가업승계의 5대 요소에는 승계대상 가업, 가업경영자, 후계자, 이해관계인, 세금 등이 있다.
④ 가업승계설계를 수립하고 실행하는 데는 전문지식이 필요하고 장기에 걸쳐 수행되므로 재무설계사가 단독으로 수행하기에는 한계가 있다.
⑤ 가업승계설계는 어떤 개인이 사업체를 가지고 있는 경우에 그 사업체를 특정 후계인에게 승계시켜 주는 일련의 과정이기 때문에 가업승계설계는 상속설계와는 별도로 이루어지는 경우가 많다.

정답 | ⑤
⑤ 가업승계설계는 어떤 개인이 사업체를 가지고 있는 경우에 그 사업체를 특정 후계인에게 승계시켜주는 일련의 과정이기 때문에 가업승계설계는 상속설계의 일환으로 이루어지는 경우가 많다.

02 가업승계설계의 기본절차를 순서대로 올바르게 나열한 것은?

가. 후계자 선정 및 육성프로그램 설계	나. 모니터링과 조정
다. 가업 관련 정보의 수집	라. 가업승계설계 제안 및 실행
마. 사업승계설계전략 수립	바. 가업경영자의 노후설계

① 다 – 나 – 바 – 라 – 가 – 마
② 나 – 다 – 바 – 라 – 마 – 가
③ 다 – 가 – 바 – 마 – 라 – 나
④ 바 – 나 – 다 – 라 – 마 – 가
⑤ 바 – 다 – 나 – 라 – 마 – 가

정답 | ③

03 가업승계설계 시 주요 외부변수에 대한 설명으로 적절하지 않은 것은?

① 미선정 후보군 중에 상속인이 있는 경우에는 법정상속지분, 유류분청구 등을 고려하여 가업경영자의 다른 재산으로 적절하게 대체해 주는 것을 검토해야 한다.
② 후계자로 선정되지 않은 후보군과 세금의 경우는 가업승계의 역(-)의 효과로 작용한다.
③ 가업이 승계된 후 그 가업의 대표이사의 평점이 낮아지는 것에 대한 대책을 미리 마련해야 한다.
④ 가업이 승계되면 기존의 주주나 투자자가 심리적으로 동요될 수 있으므로 미리 우호적인 관계를 유지해야 한다.
⑤ 법인사업체의 가업승계는 자산과 부채를 개별적으로 승계하는 것으로 자산과 부채를 개별적으로 이전할 필요가 있다.

정답 | ⑤
⑤ 법인사업체의 가업승계는 자산과 부채를 개별적으로 승계하는 것이 아니라 주식이나 출자지분을 통해 해당 법인의 자산과 부채를 포괄적으로 승계하므로 자산과 부채를 개별적으로 이전할 필요가 없다.

04 후계자 육성프로그램에 대한 설명으로 적절하지 않은 것은?

① 후계자 육성프로그램은 직접적인 재무설계 영역이 아니다.
② 상장 기업을 가업승계대상으로 하는 경우 승계후보자는 자녀 중 한 사람이 되는 경우가 대부분이다.
③ 후계자를 선정할 경우에는 후계자의 요건을 충족한 사람 중에서 객관적인 판단으로 선정하여야 한다.
④ 중소기업일수록 사외교육보다는 비용이나 접근성이 용이한 사내교육에 치중하는 경향이 있다.
⑤ 다른 회사에 근무하게 하는 방법은 가업과 관계없는 회사에 근무하게 함으로써 일반 직원의 고충을 경험하게 하는 것이 중요하다.

정답 | ②
② 비상장 중소기업을 가업승계대상으로 하는 경우 승계후보자는 자녀 중 한 사람이 되는 경우가 대부분이다.

05 가업승계설계 전략수립에 대한 적절한 설명으로만 모두 묶인 것은?

> 가. 개인 사업체인 경우 자산과 부채를 개별적으로 이전하는 과정이 필요하다.
> 나. 가업의 평가가액은 '자산의 평가가액 + 영업권의 평가가액 + 부채의 평가가액'이다.
> 다. 유한책임사원은 지분의 이전이나 양도가 가능하나 양도 시 무한책임사원의 동의가 필요하다.
> 라. 유한책임회사의 경우 지분 양도 시 다른 사원의 동의가 필요하다.
> 마. 가업의 주식평가액이 적게 나오는 시점에 소유권을 이전하면 절세할 수 있다.

① 가, 나, 라
② 가, 다, 마
③ 나, 라, 마
④ 가, 다, 라, 마
⑤ 나, 다, 라, 마

정답 | ④
나. 가업의 평가가액 = 자산의 평가가액 + 영업권의 평가가액 − 부채의 평가가액

06 가업승계설계 시 전략적 고려사항으로 적절하지 않은 것은?

① 경영권을 확보할 수 있는 지분을 승계하고 방어하는 대책을 마련한다.
② 가업승계에 따른 세금을 최대한 절세할 수 있는 방안을 마련한다.
③ 후계자가 되지 못한 가족 등과의 갈등은 사전에 예방하여야 한다.
④ 가업승계는 될 수 있는 대로 한 명에게만 한다.
⑤ 가업승계를 위한 사전증여는 고려대상이 아니다.

정답 | ⑤
⑤ 가업승계를 위한 사전증여나 유증을 해야 한다.

07 가업승계설계 방안에 대한 설명으로 적절하지 않은 것은?

① 법인의 경우는 주식의 소유권 이전을 통해 포괄적인 가업승계가 이루어진다.
② 개인기업은 소유권을 이전하기 위해서는 가업용 자산인 토지, 건물, 기계장치, 특허권 등의 자산에 대해서 등기와 등록을 통한 명의이전이 필요하다.
③ 개인기업의 경우 상속세 및 증여세 계산 시 자산과 부채, 수익가치가 모두 고려대상이다.
④ 자산가치는 높으나 수익가치가 적은 기업은 법인으로 전환 후 실행하는 가업승계를 고려할 필요가 있다.
⑤ 개인기업을 승계할 만한 후계자가 없는 경우 법인으로 승계하는 방안을 고려해야 한다.

정답 | ③
③ 개인기업의 경우 이전 대상이 개별 가업용 자산과 부채이므로 상속세 및 증여세 계산 시 자산가치만 고려될 뿐 수익가치는 고려되지 않는다.

토마토패스
CFP® [지식형] 핵심정리문제집

초 판 발 행	2019년 10월 10일
개정4판1쇄	2023년 08월 10일

저 자	김범곤
발 행 인	정용수
발 행 처	(주)예문아카이브
주 소	서울시 마포구 동교로 18길 10 2층
T E L	02) 2038-7597
F A X	031) 955-0660

등 록 번 호 11-76호

정 가 34,000원

- 이 책의 어느 부분도 저작권자나 발행인의 승인 없이 무단 복제하여 이용할 수 없습니다.
- 파본 및 낙장은 구입하신 서점에서 교환하여 드립니다.

홈페이지 http://www.yeamoonedu.com

ISBN 979-11-6386-208-6   [13320]